Power Point

Der Ratgeber für bessere Präsentationen

von
Matthias Garten

Vierfarben

Liebe Leserin, lieber Leser,

mittlerweile ist eine PowerPoint-Präsentation nahezu fester Bestandteil eines jeden Vortrags geworden – sei es am Arbeitsplatz, an der Uni oder für die Schule. Das Prinzip der Präsentation ist einfach: Sie unterstützen Ihren mündlichen Vortrag durch schriftliche Informationen und haben darüber hinaus noch Möglichkeiten, das Ganze mit Bildern und Effekten aufzuwerten und so die Nachhaltigkeit Ihrer Präsentation zu steigern.

So schwer ist das ja nicht, denken Sie sich nun vielleicht – aber Sie müssen zugeben: Wirklich gelungene, originelle Präsentationen sieht man selten. Meistens sind die Folien überladen und unübersichtlich; sie lenken das Publikum ab und verfehlen damit ihren eigentlichen Zweck. An diesem Punkt kommt dieser Ratgeber ins Spiel: In praktischen Anleitungen und mit anschaulichen Beispielen zeigt Ihnen der Präsentationsexperte Matthias Garten, wie Ihnen interessante und informative Folien gelingen, ohne zu übertreiben. Wenn Sie seine kreativen Anregungen aufnehmen und seine Ratschläge zu den »Dos and Don'ts« der Präsentationsgestaltung beherzigen, werden Sie Ihre Zuhörer und Zuschauer beim nächsten Mal mit einer professionellen PowerPoint-Präsentation beeindrucken.

Dieses Buch wurde mit größter Sorgfalt geschrieben und hergestellt. Sollten Sie dennoch einmal Fehler finden oder inhaltliche Anregungen haben, freue ich mich, wenn Sie mit mir in Kontakt treten. Für Kritik bin ich dabei ebenso offen wie für lobende Worte. Doch zunächst einmal wünsche ich Ihnen viel Freude beim Lesen!

Ihr Lars Wolf
Lektorat Vierfarben

lars.wolf@vierfarben.de
www.facebook.de/vierfarben

Auf einen Blick

Sie haben Fragen, Wünsche oder Anregungen zum Buch?
Gerne sind wir für Sie da:

Anmerkungen zum Inhalt des Buches: lars.wolf@vierfarben.de
Bestellungen und Reklamationen: service@vierfarben.de
Rezensions- und Schulungsexemplare: sophie.herzberg@vierfarben.de

An diesem Buch haben viele mitgewirkt, insbesondere:

Lektorat Lars Wolf
Korrektorat Marita Böhm, München
Herstellung Kamelia Brendel
Layout und Typografie Vera Brauner
Einbandgestaltung Mai Loan Nguyen Duy
Coverfotos iStockphoto: 13558579 © Squaredpixels, 66002695 © Yuri_Arcurs
Satz weiss.design / zienke.design, Thomas Weiß
Druck Media-Print Informationstechnologie GmbH, Paderborn

Gesetzt wurde dieses Buch aus der ITC Charter (10,5 pt/15 pt) in Adobe InDesign CC 2014.
Und gedruckt wurde es auf mattgestrichenem Bilderdruckpapier (115 g/m²).
Hergestellt in Deutschland.

Bibliografische Information der Deutschen Nationalbibliothek
Die Deutsche Nationalbibliothek verzeichnet diese Publikation in der Deutschen Nationalbibliografie; detaillierte bibliografische Daten sind im Internet über http://dnb.d-nb.de abrufbar.

ISBN 978-3-8421-0193-7

1. Auflage 2016

Vierfarben ist eine Marke der Rheinwerk Verlag GmbH
Rheinwerkallee 4, 53227 Bonn
www.vierfarben.de

Der Verlagsname Vierfarben spielt an auf den Vierfarbdruck, eine Technik zur Erstellung farbiger Bücher. Der Name steht für die Kunst, die Dinge einfach zu machen, um aus dem Einfachen das Ganze lebendig zur Anschauung zu bringen.

Inhalt

Kapitel 7: Effekte und Animationen sinnvoll einsetzen 293

Kapitel 8: Video- und Audiodateien richtig einbinden 351

Vorwort

Dieser kreative Ratgeber richtet sich an alle, die bessere Präsentationen erstellen wollen. Das Buch ist dabei sehr flexibel aufgebaut. Sie können es konventionell, also von vorn nach hinten lesen, Sie können sich aber auch nur einzelne Kapitel herauspicken oder von einer Idee zur nächsten springen und sich inspirieren lassen. Für einen Teil der Kapitel sind keine Vorkenntnisse erforderlich, bei den Schritt-für-Schritt-Anleitungen ist es jedoch hilfreich, schon einmal die eine oder andere Präsentation mit Microsoft PowerPoint erstellt zu haben.

Break

Das Buch bietet Ihnen darüber hinaus Informationen zu den Grundlagen der Präsentationsgestaltung, beispielsweise zu Themen wie Weißraum, Bildersuche, Platzierung und vieles mehr. Nehmen Sie sich die Zeit, und probieren Sie die neu gewonnenen Erkenntnisse direkt in Ihrer Präsentation aus.

Für alle, die gerne »basteln«, finden sich außerdem Schritt-für-Schritt-Anleitungen, um noch fitter in PowerPoint zu werden. Sollten Sie gerade dabei sein, eine Präsentation zu erstellen und daher wenig Zeit haben, sind für Sie vielleicht die vorgefertigten Elemente, die in den Beispieldateien zum Buch zu finden sind, hilfreich. Sie können sie schnell in Ihre Präsentation einfügen und damit weiterarbeiten. Sämtliche Beispieldateien stehen Ihnen auf der Internetseite zum Buch unter *www.vierfarben.de/3965* zum Download bereit. Sie finden hier außerdem weitere interessante Schritt-für-Schritt-Anleitungen. Lassen Sie sich von den Beispielen inspirieren und gehen Sie die Übungen durch.

Dieses Buch lässt sich auch mit einer älteren PowerPoint-Version als 2016 verwenden, denn an vielen Stellen werden Ideen, Konzepte und Beispiele aufgezeigt, die auch für frühere Versionen gelten. Die Schritt-für-Schritt-Anleitungen sind auf die Version 2016 ausgelegt, können aber zum größten Teil auch mit PowerPoint 2013 oder PowerPoint 2010 umgesetzt werden. Manchmal finden sich dabei die Menüpunkte an anderer Stelle wieder, und manche Befehle gibt es nur in der neuen Version, z. B. Freihandanmerkungen. Besitzer der PowerPoint-Version im Rahmen eines Office-365-Abonnements können sich glücklich schätzen: Microsoft hat in dieser Version ein paar spezielle Funktionen integriert, die in der Standardversion von PowerPoint 2016 nicht (oder noch nicht) enthalten sind, etwa den Folienübergang *Morphen* oder die Funktion *PowerPoint Designer*, mit der Sie sich Gestaltungsvorschläge für einzelne Folien kreieren lassen können. Falls Sie PowerPoint 2016 bisher noch nicht installiert haben, empfehle ich Ihnen, die Software zu erwerben. Für private Zwecke erhalten Sie die Office-2016-Version Home & Student inklusive PowerPoint als Download schon ab ca. 150 € oder als Mietsoftware ab ca. 70 € im Jahresabonnement (Office 365 Home oder Personal). Sie profitieren damit maximal von diesem Buch.

Die Befehlsketten sind immer so aufgebaut, dass zunächst die Registerkarte angegeben ist, danach wird das Untermenü bzw. die Befehls- oder auch Aufgabengruppe genannt, anschließend der Befehl und dann die Auswahl. Beispiel: **Start ▸ Folien ▸ Layout ▸ Leer**, d. h., die Registerkarte ist **Start**, die Befehlsgruppe **Folien**, der Befehl oder die Funktion **Layout** und die Auswahl **Leer** (leere Folie).

Alternativ zur Befehlskette können Sie viele Funktionen in PowerPoint 2016 auch sehr gut über Kontextmenüs, die nach einem Rechtsklick auf ein Element geöffnet werden, und kontextabhängige Aufgabenbereiche erreichen.

Finden Sie für sich heraus, welcher Weg für Sie der bessere ist. Ich gebe im Buch im einen Fall den einen und im anderen Fall den anderen Weg an, um verschiedene Möglichkeiten aufzuzeigen, zum Teil fällt so auch eine Umstellung von einer vorherigen auf die aktuelle Version leichter.

Sie finden im Buch zahlreiche Ideen zur Ausgestaltung von Folien, viele Schritt-für-Schritt-Anleitungen sowie Informationen zu den Grundlagen der Präsentationsgestaltung. Wenn Sie z. B. gerade dabei sind, Textfolien zu erstellen oder zu überarbeiten, schlagen Sie einfach das Kapitel 2, »Texte spannender gestalten«, auf und schauen nach, welche Darstellungsmöglichkeiten es für Textfolien gibt. So können Sie schnell und einfach Ihre Präsentation optimieren.

Noch eine wichtige Anmerkung: Das Buch gibt Ihnen viele Ratschläge und Anregungen, wobei jedoch zu berücksichtigen ist, dass einzelne Gestaltungsregeln und Tipps nur für bestimmte Arten von Präsentationen gelten (siehe dazu z. B. auch die DVD *Erfolgreich präsentieren mit PowerPoint 2010*, das Thema *Presentation-Booster* oder das Buch *Präsentationen erfolgreich gestalten und halten*). Sicherlich gelten für eine Messepräsentation, die Zuschauer an den Messestand ziehen soll, andere Maßstäbe als für eine Finanzpräsentation, bei der die Folien zugleich als Handout verwendet werden. So weit möglich, werde ich versuchen, einen möglichst breiten Querschnitt zu schaffen.

Ich möchte mich zu guter Letzt sehr herzlich bei den Menschen bedanken, die mich unterstützt haben und ohne die das Buch nicht so geworden wäre, wie es heute ist. Dazu gehören vor allem meine liebe Frau Susanne Garten, das ganze Team von smavicon, meiner Präsentationsagentur, insbesondere Lisa Jung und Marc Reitenbach, und auch das Lektorat unter Leitung von Lars Wolf. Mein Dank gilt auch allen anderen, die mir direkt oder indirekt geholfen haben, die mir den Rücken freigehalten haben oder mich mit Ideen inspiriert haben.

Wenn Sie Fragen, Ideen, Anregungen oder Kommentare haben, schreiben Sie mir einfach eine E-Mail an *kontakt@smavicon.de*. Weitere Informationen finden Sie auch auf der Website meiner Firma, *www.smavicon.de*, und auf der Blog-Site *www.smavicon.de/blog*.

Ihr
Matthias Garten

INFO

Die Beispieldateien zum Buch

Auf der Internetseite zum Buch (*www.vierfarben.de/3965*) finden Sie alle Beispieldateien, die für die Anleitungen im Buch verwendet werden, kostenlos zum Download. Darüber hinaus finden Sie Form- und Piktogrammbibliotheken, die Sie bei Interesse durcharbeiten können. Das Passwort für das Archiv lautet *ppt2016!Garten*.

Die Beispieldateien – Folien, Bilder etc. – sind eingeteilt in mehrere Unterordner, die nach den Buchkapiteln gegliedert sind. Welche Datei als Grundlage dient, wird immer in der jeweiligen Anleitung genannt.

Kapitel 1
Professionelles Präsentationsdesign

In diesem Kapitel lernen Sie, Ihre Präsentationen professioneller aussehen zu lassen. Zum einen geht es um Gestaltungsregeln und -richtlinien, zum anderen werden Sie hier aber auch jede Menge Tricks und Kniffe kennenlernen. In vielen Details unterscheidet sich der Profi vom Amateur. Sie erfahren einige dieser Details und werden dann Präsentationen wie ein Profi gestalten.

Gestaltung

Sie werden u. a. lernen, was ein Gestaltungsraster ist und wie Sie damit Ihre Präsentationen interessanter designen können. Es gibt verschiedene Prinzipien der Gestaltung, die Ihnen dabei helfen, Folien professionell aussehen zu lassen. Mit Farben und Designeffekten lässt sich leicht ein einheitlicher

Look erzeugen, und viele Bilder machen Ihre Präsentationen interessanter und abwechslungsreicher. Dennoch sollten Sie auf genügend Weißraum achten – warum, das erfahren Sie im Folgenden ausführlich. Zu guter Letzt zeige ich Ihnen, wie Sie die Spielräume des Corporate Designs geschickt nutzen.

Das professionelle Gestaltungsraster

Das Gestaltungsraster ist die unsichtbare Hilfskonstruktion hinter einer Präsentation und besteht aus einer Konstruktion von Hilfslinien bezogen auf ein Präsentationsformat. Häufig werden Angaben zur typografischen Gestaltung (z. B. Schriftarten und -größen), zur Nutzung von Bildern und grafischen Elementen ergänzt.

Eine professionelle Präsentation ist u. a. durch zwei Parameter gekennzeichnet, die Sie leicht umsetzen können:

- Es gibt ein definiertes Gestaltungsraster.
- Das Raster wird in der Präsentation durchgängig eingehalten.

Gerade der zweite Punkt ist sehr wichtig, denn ein Zuschauer beurteilt unbewusst, ob die Folien eine gestalterische Einheit bilden, und diese vermittelt – ebenfalls unbewusst – ein Gefühl von Sicherheit. Achten Sie daher auf folgende Punkte:

- Sind die Titel immer an der gleichen Stelle angeordnet und ausgerichtet?
- Erhalten die Titel immer die gleiche Schriftart, Schriftgröße usw.?
- Haben die Inhalte je nach Gliederungsebene immer die gleiche Anordnung, Ausrichtung, Schriftart, Schriftgröße usw.?
- Wird der linke, obere, rechte und untere Rand immer eingehalten?
- Sind die Bilder in das Raster eingepasst?
- Werden immer dieselben Farben verwendet?

Einige Gestaltungsraster kennen Sie sicherlich schon aus PowerPoint. Solche vordefinierten Raster finden Sie z. B. über **Start ▸ Folien ▸ Layout**.

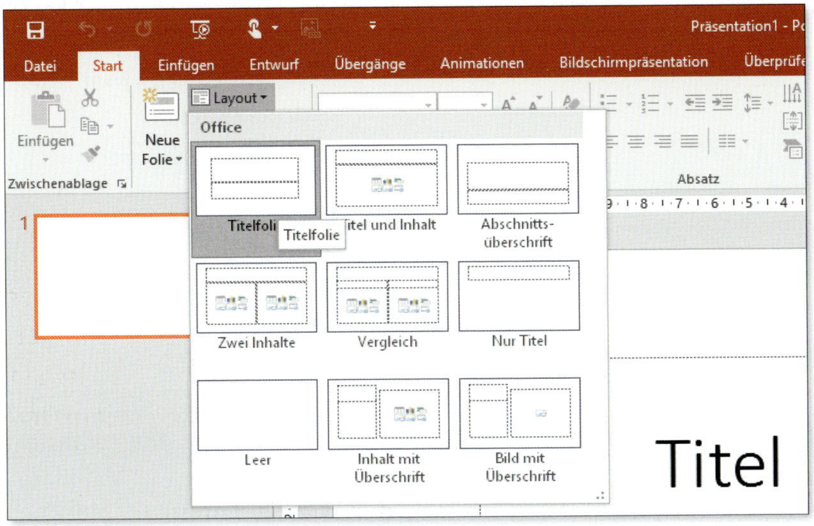

Falls Sie das Gestaltungsraster erweitern, anpassen oder verändern möchten, können Sie einfach den Folienmaster anpassen (**Ansicht ▸ Masteransichten ▸ Folienmaster**).

1. Legen Sie dazu zunächst eine neue Präsentation an, und wählen Sie über **Start ▸ Folien ▸ Layout** das Layout **Titel und Inhalt** aus.
2. Schreiben Sie jeweils einen Satz in das Feld für den Titel und in das für den Inhalt.
3. Klicken Sie auf **Ansicht ▸ Masteransichten ▸ Folienmaster**.

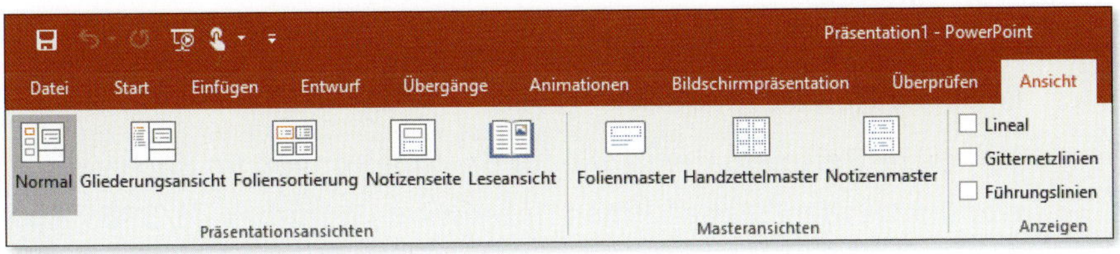

4. Wählen Sie jetzt mit einem Mausklick den Textrahmen für den Titel aus, und verändern Sie die Breite des Rahmens etwa um die Hälfte.

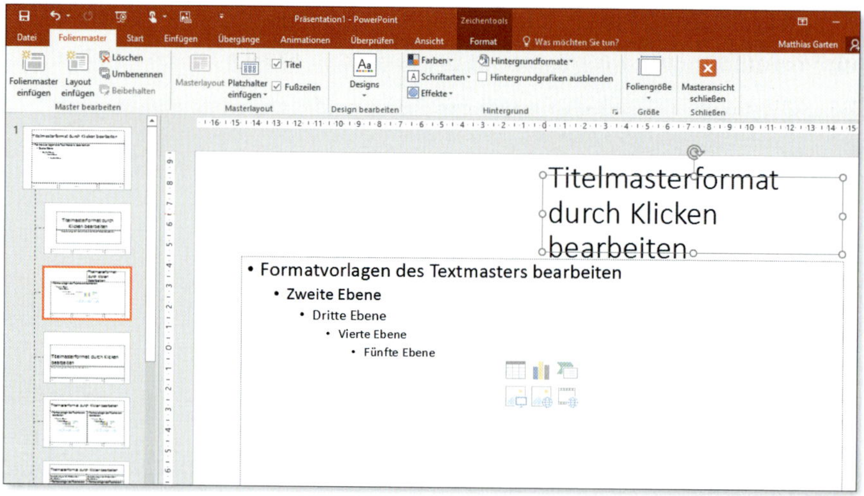

5. Schließen Sie dann die Ansicht über die Schaltfläche **Masteransicht schließen**.

Wie Sie sehen, hat sich die Anordnung bzw. das Raster der Folie verändert.

Ein eigenes Gestaltungsraster anlegen

Spannend wird es, wenn Sie nicht das Standardraster von PowerPoint, sondern ein eigenes Raster verwenden. Sie können dann mit dem neuen Layout spielen, Ideen ausprobieren und mehr Pep in die Präsentation bringen. Allein durch das veränderte Raster unterscheidet sich Ihre Präsentation dann schon von anderen.

INFO

Beispieldateien zum Buch

Sämtliche Beispieldateien, die für die Anleitungen im Buch verwendet werden, stehen Ihnen unter *www.vierfarben.de/3965* zum kostenlosen Download bereit. Das Passwort für das Archiv lautet *ppt2016!Garten*. Welche Datei als Grundlage dient, wird immer in der jeweiligen Anleitung genannt.

Im folgenden Beispiel, das Sie unter dem Dateinamen *01_Raster-16zu9.pptx* im Verzeichnis *01* der Beispieldateien finden, sehen Sie eine 16:9-Präsentation mit einem neuen Gestaltungsraster:

1. Starten Sie mit einer leeren Präsentation, als Layout verwenden Sie **Start ▸ Folien ▸ Layout ▸ Leer**.
2. Wählen Sie **Ansicht ▸ Masteransichten ▸ Folienmaster**. Scrollen Sie links in der Folienübersicht hoch, und klicken Sie den Folienmaster an.

3. Um eine Tabelle als Rastergrundlage einzufügen, fügen Sie über **Einfügen ▸ Tabellen ▸ Tabelle** eine Tabelle mit fünf Spalten und fünf Zeilen ein. Ziehen Sie die Tabelle folienfüllend auf, damit sie sich über die gesamte Folie erstreckt.

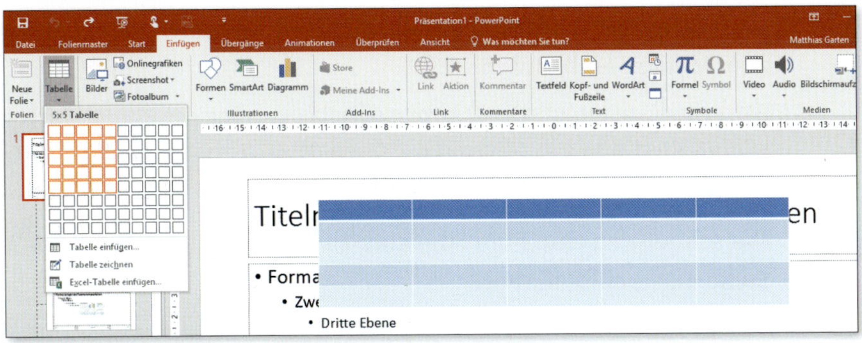

4. PowerPoint bietet Ihnen Führungslinien (teilweise auch Zeichnungslinien genannt) an, die Sie bei der Gestaltung unterstützen. Um sie einzublenden, drücken Sie die Tasten `Alt` + `F9`. In der Standardeinstellung richten sich, nachdem die Führungslinien eingeschaltet wurden, alle Folienelemente an diesen Hilfslinien aus. Ebenfalls mit `Alt` + `F9` können die Linien wieder ausgeblendet werden. Eine Ausrichtung der Folienelemente erfolgt dann nicht mehr.

5. Im nächsten Schritt geht es darum, die Führungslinien entlang der Tabellenspalten und -zeilen aufzubauen. Doch bevor Sie damit loslegen, müssen Sie erst das Ausrichten-Raster ausschalten. Klicken Sie dazu mit der rechten Maustaste auf den Hintergrund neben der Folie, und wählen Sie den Befehl **Raster und Führungslinien** aus dem Kontextmenü. Überprüfen Sie, ob im Folgemenü Häkchen bei den Optionen **Führungslinien** und **Intelligente Führungslinien** gesetzt sind. Falls ja, entfernen Sie jeweils das Häkchen.

6. Sie können nun beginnen, Hilfslinien aufzubauen. Lesen Sie hierzu auch den Infokasten »Veränderungen an Führungslinien« auf Seite 22. Folgende Funktionen stehen Ihnen zur Verfügung:

   - Um eine Führungslinie *hinzuzufügen*, öffnen Sie mit einem Rechtsklick auf den Folienhintergrund das Kontextmenü und wählen **Raster und Führungslinien ▸ Vertikale Führungslinie hinzufügen** bzw. **Horizontale Führungslinie hinzufügen**.
   - Um eine Führungslinie zu *verschieben*, klicken Sie sie mit der Maus an und ziehen sie dann mit gedrückter linker Maustaste an die passende Stelle. Einfacher geht es, wenn Sie sie außerhalb der Folie anklicken und zusätzlich über **Ansicht ▸ Anzeigen ▸ Lineal** das Lineal zum Messen einblenden.
   - Um eine Führungslinie zu *kopieren*, drücken Sie die `Strg`-Taste und ziehen die Linie mit gedrückter linker Maustaste an die gewünschte Position.
   - Um schließlich eine Führungslinie zu *löschen*, ziehen Sie sie an eine Stelle außerhalb der Folie.

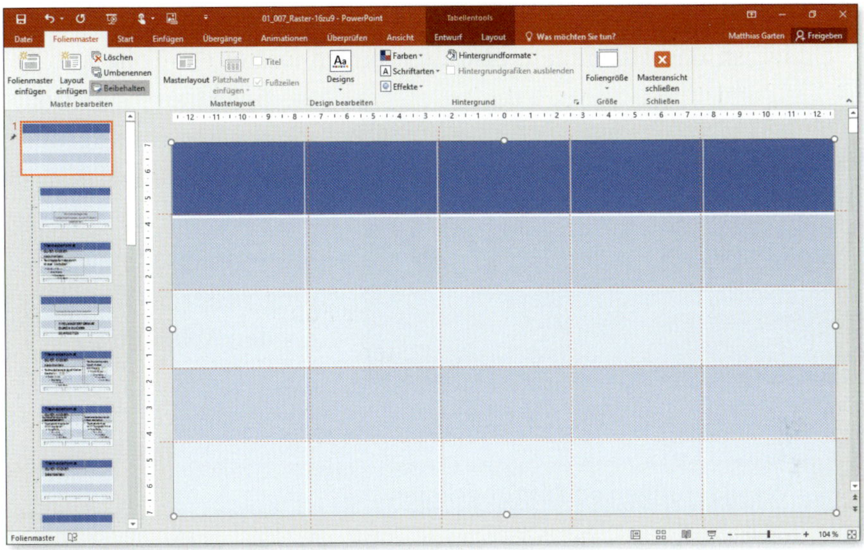

7. Speichern Sie nun die Präsentation. Danach duplizieren Sie den Folienmaster, indem Sie links in die Folienübersicht klicken und `Alt` + `D` drücken. Löschen Sie dann auf der ersten Masterfolie die Tabelle. Daraufhin sehen Sie auf der Folie nur noch die Hilfslinien. Dank der duplizierten Folie haben Sie dennoch jederzeit Zugriff auf die Tabelle und können die Hilfslinien später noch einmal passgenau versetzen.

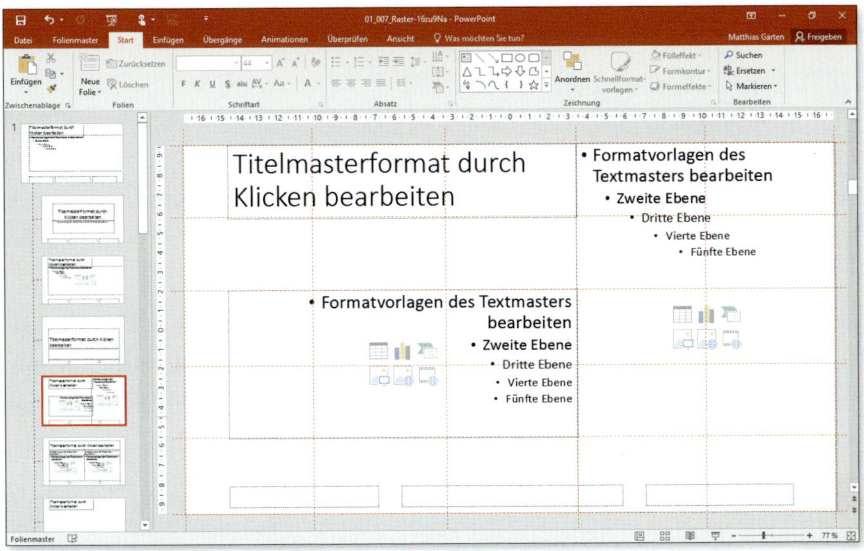

8. Richten Sie nun die Platzhalter für Titeltext, Textbereich, Bildbereiche usw. an den Hilfslinien, also dem neuen Raster der Folie aus. Passen Sie Schriftarten, Textausrichtungen und Hintergrundfarbe Ihren Vorstellungen an (siehe das Beispiel für eine fertige Musterfolie mit neuem Gestaltungsraster in der nebenstehenden Abbildung).

INFO

Veränderungen an Führungslinien

Veränderungen an einer Führungslinie können nicht, wie etwa andere Befehle per [Strg] + [Z], rückgängig gemacht werden. Verschoben ist verschoben, kopiert ist kopiert, gelöscht ist gelöscht! Bevor Sie also Führungslinien bearbeiten, überlegen Sie genau, welchem Zweck sie dienen sollen.

Seit PowerPoint 2013 wird zwischen den Führungslinien auf dem Folienmaster und den Folienlayouts unterschieden. Sie erkennen das an der Farbe. Die Führungslinien des Folienmasters gelten für alle Layouts und sind schwarz. Die individuellen Hilflinien der Folienlayouts sind rot.

Informationsrelevanz

Jedes einzelne Folienelement stellt eine Information dar. Eine gute Gestaltung rückt nur die wirklich relevanten Informationen in den Blickpunkt und lässt die unwichtigen Informationen weg, ohne die inhaltliche Aussage zu verändern.

Stellen Sie sich bei der Folienerstellung oder -überarbeitung die folgenden Fragen:

- Gibt es redundante Informationen auf der Folie?
- Welche Linien, Gitter, Rahmen, Legenden, Nachkommastellen usw. können weggelassen werden, ohne dass dadurch der Inhalt verändert wird?
- Wie lässt sich die Textmenge beschränken, um nur die wichtigsten Informationen darzustellen?
- Wie soll der Zuschauer eine Folie »lesen«, damit sie für ihn Klarheit vermittelt?

Zum besseren Verständnis habe ich im Folgenden einige Beispiele eingefügt. Sie sehen immer die Originalfolie (vorher) sowie die veränderte Folie (nachher). Teilweise sind die Inhalte nicht ganz ernst gemeint.

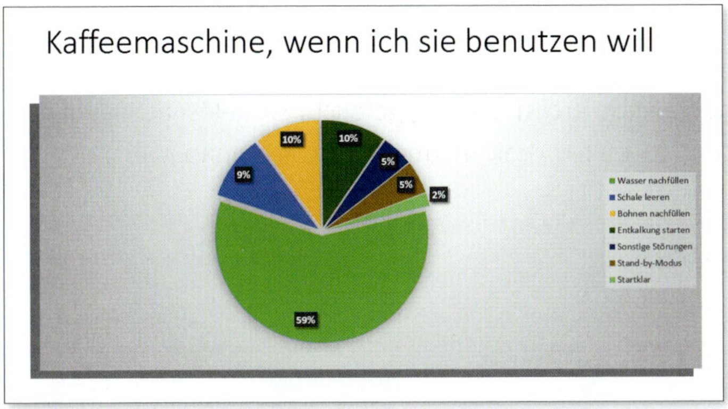

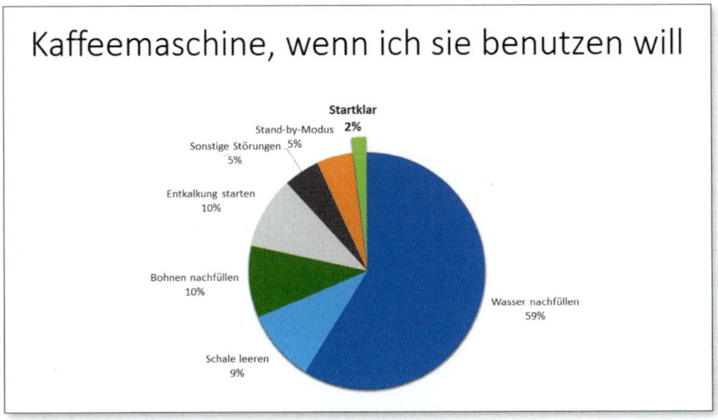

Tortendiagramm zur Kaffeemaschine (vorher/nachher)

Rahmen und Legende wurden weggelassen, sinnvoll, wenn die Legende nur einmal verwendet wird. Die Farbgebung wurde angepasst: Grün für Startklar, Wasser füllen – blau, … Die Präsentation *01_Kaffeemaschine.pptx* finden Sie im Verzeichnis *01* der Beispieldateien, die Sie unter *www.vierfarben.de/3965* herunterladen können.

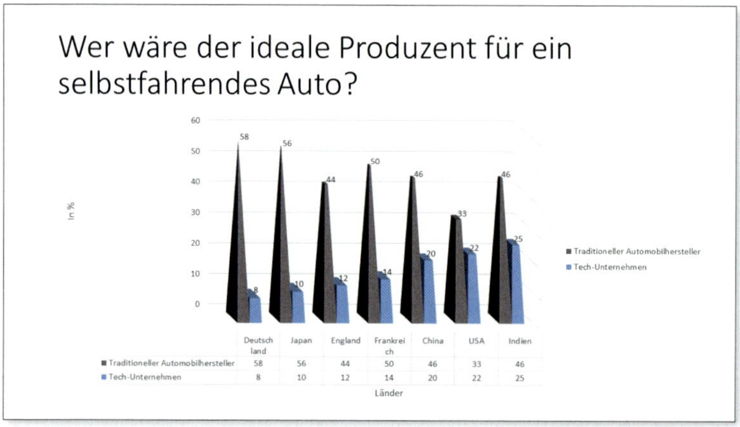

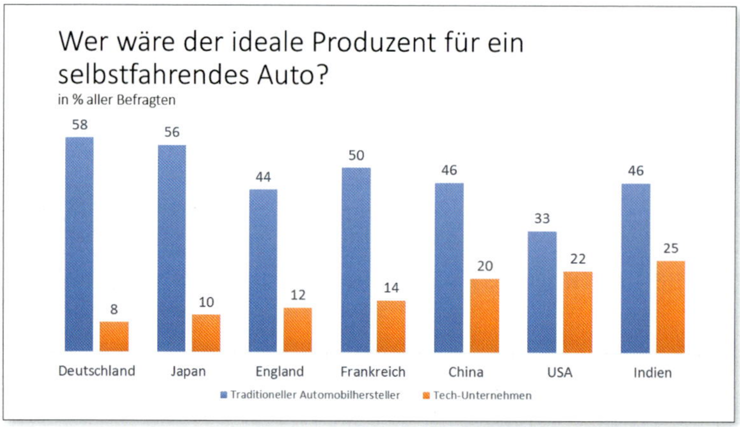

Säulendiagramm zur E-Mobilität weltweit (vorher/nachher)

Gitterlinien, Rahmen und Nachkommastellen wurden in der finalen Version dieses Diagramms weggelassen, die 3D-Darstellung wurde in 2D verändert, die Säulenoptik wurde modernisiert. Sie finden die Diagramme im Verzeichnis *01* der Beispieldateien unter *01_e-mobilitaet.pptx*.

Filmcharts (vorher/nachher)

Durch die verschiedenfarbige Zeilendarstellung auf der Nachher-Folie sind die Filmtitel für den Zuschauer leichter zu lesen. Da es in dieser Präsentation darum geht, die Wertigkeit und den Einfluss verschiedener Filme bzw. Regisseure aufzuzeigen, ist das Weglassen von Informationen gerechtfertigt. Zudem wird ein Link auf die gesamte Liste genannt. Diese Tabelle finden Sie im Verzeichnis *01* der Beispieldateien zum Buch unter dem Dateinamen *01_Top-100_Filme.pptx*.

Mit Weißraum arbeiten

Jeder ausgebildete Grafiker, Designer oder Drucker kennt den Begriff *Weißraum* – alternativ auch *Leerraum* oder *negativer Raum* genannt. Der Begriff steht für die Fläche auf einer Folie, auf der nichts außer dem Hintergrund zu sehen ist, d. h., der Weißraum ist das Gegenstück zu dem Platz, den Text, Bilder oder Diagramme einnehmen.

Ein ausreichend großer Weißraum zeugt von Klarheit, Reinheit, Aufgeräumtheit, Konzentration und Qualität. Dagegen erscheinen vollgestopfte Folien wie eine Bedrohung, wie ein unaufgeräumtes Zimmer mit viel Krimskrams, wenig fokussiert und nicht auf das Wichtigste konzentriert. Das lenkt vom Ziel der Präsentation ab und erzeugt eine falsche Wirkung. Fragen werden nicht beantwortet, und es ist z. B. unklar, was der Zuschauer sich merken soll, was wichtig und was unwichtig ist.

Auf dieser Folie wird Ihr Blick unweigerlich auf die Aussage unten gelenkt.

Die Regel lautet also: Gestalten Sie Ihre Präsentationen mit entsprechend viel Weißraum. Die Größe des Weißraums hängt vom Inhalt ab. Sie können sich auch an bekannten Regeln wie dem Goldenen Schnitt oder der Dreier-Regel orientieren (siehe Kapitel 3, »Bilder pfiffig präsentieren«). Prinzipiell gilt: Je mehr Fläche eine Folie hat und je weniger Informationen dargestellt werden, desto fokussierter und klarer kommt die Botschaft der Folie an.

Um Weißraum zu schaffen, können Sie Inhalte auch über mehrere Folien verteilen. Im folgenden Beispiel wurde eine Folie in mehrere Folien aufgeteilt mit dem Ziel, mehr Klarheit und einen deutlichen Fokus zu gestalten.

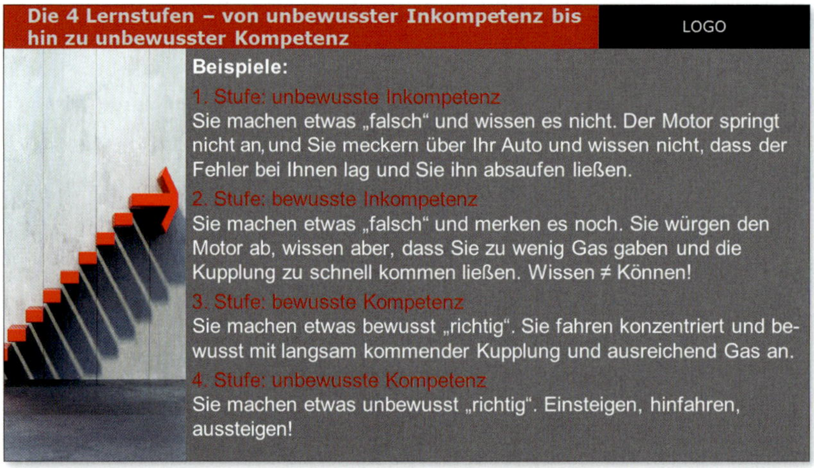

Die Ausgangsfolie ist sehr reich an Informationen, insbesondere an Text, der auf der Folie verteilt wurde.

In einer ersten Variante wurde das Bild vergrößert und wurden Textredundanzen eliminiert (siehe Überschrift). Die Schriftgröße wurde verkleinert, und so konnte Weißraum sowohl um den Text als auch durch das größere Bild gewonnen werden.

Die Verkleinerung der Schriftgröße ist nicht immer möglich. Auf den folgenden Folien sehen Sie, wie Sie noch mehr Wirkung durch Weißraum erzielen. Die Inhalte werden auf vier Folien aufgeteilt und Stück für Stück eingeblendet. Gerade der Weißraum auf den ersten Folien lässt den Zuschauer sehr stark auf den Text fokussieren, und dieser wird unmittelbar wahrgenommen. Aber selbst die letzte Folie enthält noch hinreichend Weißraum.

Die Masterfolie und die Flächenaufteilung wurden verändert, der Weißraum wurde vergrößert. Die Folien wirken spannend und interessant.

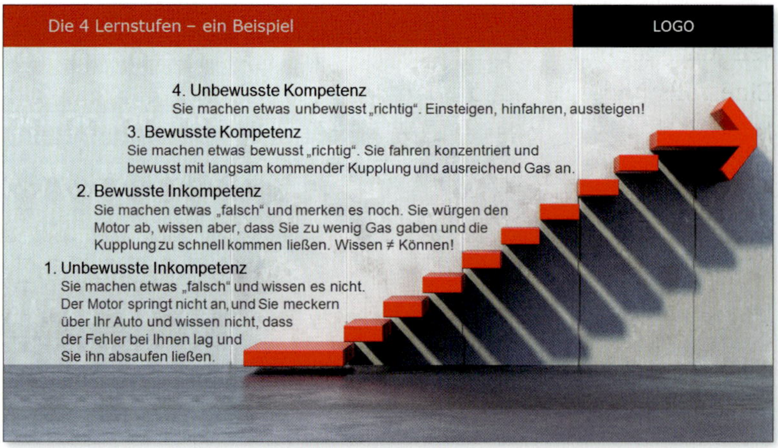

Einheitlichkeit

Einheitlichkeit oder Durchgängigkeit bedeutet, dass die Folien einen einheitlichen Stil haben. Sie schaffen damit einen hohen Wiedererkennungswert (aufgrund Wiederholung), und ein Zuschauer kann sehr schnell erkennen, dass die Präsentation aus Ihrer Hand stammt. In großen Unternehmen gibt es häufig detaillierte Vorgaben für das öffentliche Auftreten, die auch für Präsentationsgestaltungen gelten, doch wenn das nicht der Fall ist, liegt es in Ihrem Ermessen, wie Sie mit der Einheitlichkeit umgehen. Das Corporate Design, also die durchgängige Unternehmenserscheinung, schließt Farben, Schriften, Logos usw. mit ein und kann sich auch durch grafische Gestaltungselemente, Formen, Hintergründe oder Anordnungen herstellen lassen.

Vieles davon, also Farben, Schriften oder Hintergründe, wird in PowerPoint durch die Designs bzw. Varianten (**Entwurf ▸ Designs** oder **Entwurf ▸ Varianten**) abgedeckt. Durchgängigkeit geht aber noch einen Schritt weiter. Seit PowerPoint 2007 wird das sehr gut unterstützt, z. B. durch vordefinierte Effekte (**Entwurf ▸ Designs ▸ Effekte**).

Damit es Ihnen leichter fällt, in der Präsentation Durchgängigkeit zu gewährleisten, hilft eine Folienbibliothek. Eine Folienbibliothek ist letztlich eine Sammlung von vordefinierten Folienelementen, z. B. Grafikelementen. Sie können sie selbst anlegen oder in Teilen auch schon fertig kaufen. So können Sie etwa Vorlagen für Blockpfeile einfach herauskopieren und in Ihre Folie einfügen. Eine vollständige Folienbibliothek finden Sie im Verzeichnis *01* der Beispieldateien unter dem Dateinamen *01_Folienbibliothek_Muster.pptx*.

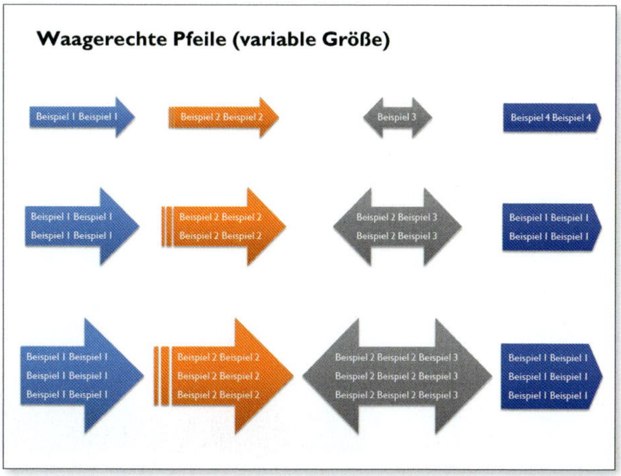

Die Abbildung zeigt eine Folie aus einer Folienbibliothek.

Als Alternative zu Folienbibliotheken können Sie, um Durchgängigkeit zu erreichen, auch gleich Musterfolien anlegen. Im Folgenden sehen Sie vier Musterfolien aus einer ganzen Sammlung. Alle Folien haben einen einheitlichen Stil: In den Folien dominieren die Farben Beige, Anthrazit, Blau und Grau, die Textrahmen sind halbtransparent und auf allen Folien an der gleichen Position. Der Text ist außerdem kurz und auf Schlagworte reduziert. Alle Folien wirken dadurch wie aus einem Guss.

Eine Folienbibliothek anlegen

Bei der folgenden Übung legen wir eine Folienbibliothek mit Gestaltungselementen an, die in der gesamten Präsentation immer wieder verwendet werden sollen. Die Wiederverwendung von Elementen wirkt ebenfalls durchgängig. Die zu dieser Übung gehörende Präsentation *01_Formen.pptx* finden Sie im Verzeichnis *01* der Beispieldateien.

1. Zunächst müssen Sie ein Design festlegen. Legen Sie dazu eine neue Folie an. Wählen Sie für diese Übung über **Entwurf ▸ Designs** als Design **Netz** aus. Tippen Sie als Titelüberschrift auf der ersten Folie »Folienbibliothek« ein.

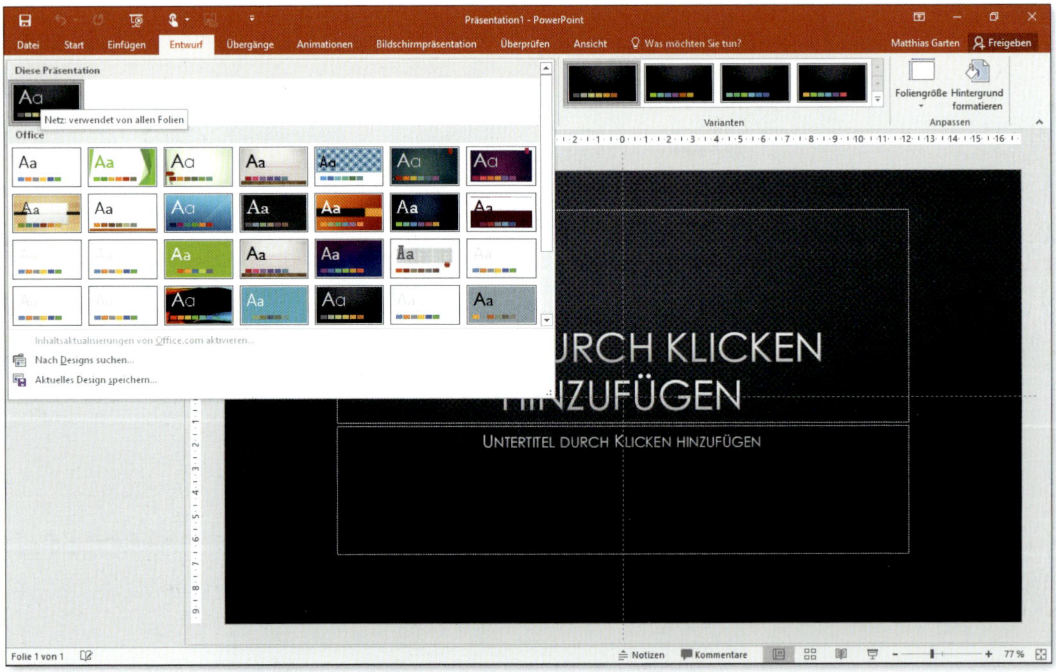

2. Über **Start ▸ Folien ▸ Neue Folie** legen Sie eine weitere Folie mit dem Layout **Nur Titel** an. Tippen Sie »Formen (1)« als Titel ein. In diesem Schritt legen wir die Formen fest, die später in unserer Folienbibliothek erscheinen und die für die Bearbeitung von Präsentationen verwendet werden können. Über **Start ▸ Zeichnung ▸ Formen** wählen Sie **Rechteck** aus. Zeichnen Sie ein Quadrat auf die Folie (indem Sie beim Aufziehen mit der linken Maustaste einfach die ⇧-Taste gedrückt lassen).

3. Klicken Sie das Rechteck an, und versehen Sie es über **Start ▸ Zeichnung ▸ Schnellformatvorlagen** mit dem Format **Farbige Füllung – Orange, Akzent 6, keine Kontur**. Merken Sie sich diesen Effekt. Letztlich wirken alle Elemente und Formen dann wie aus einem Guss, wenn Sie immer den gleichen Effekt wählen, unabhängig davon, welche Farbe Sie gerade verwenden.

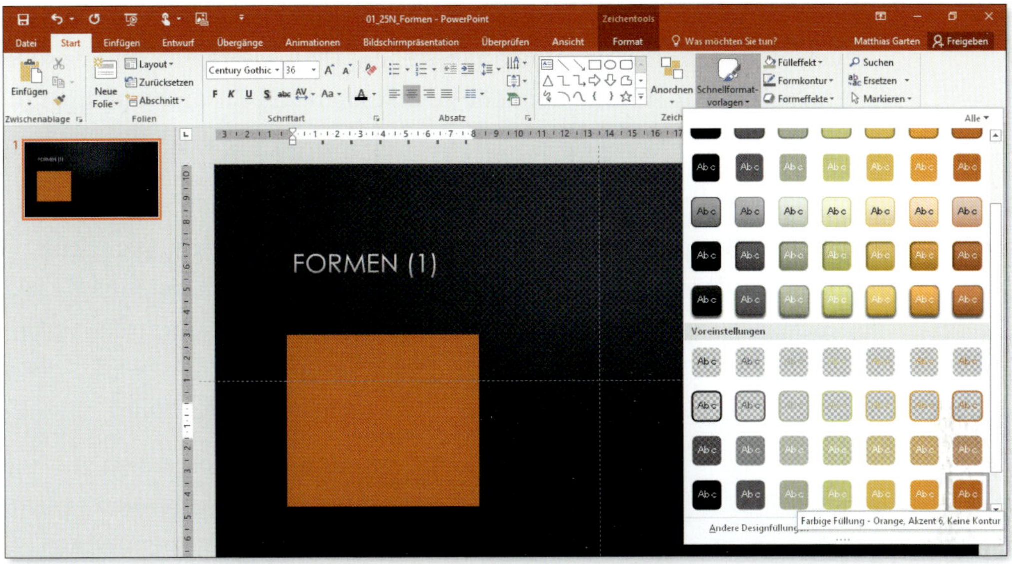

4. Duplizieren Sie die Form zweimal (über `Strg` + `D`), und verschieben Sie die Rechtecke dann so wie in der folgenden Abbildung zu sehen. Wählen Sie beim dritten Quadrat die Formatierung **Farbige Füllung – Orange, Akzent 4, keine Kontur** aus. Damit haben Sie eine Basis erstellt, hier drei Quadrate, die für Ihre gesamte Präsentation verbindlich ist. Die Musterfolie könnte z. B. als Agendafolie eingesetzt werden, oder die Rechtecke werden als Grundlage für weitere Formen verwendet.

Definieren Sie auf weiteren Folien je nach Bedarf andere Objekte wie Pfeile, Kreise, Figuren usw., und ordnen Sie ihnen jeweils den intensiven Effekt zu. So können Sie eine Folienbibliothek mit Elementen aufbauen, auf die Sie immer schnell zurückgreifen können.

Anordnung und Nähe

Jedes Element auf einer Folie sollte bewusst angeordnet werden und über eine unsichtbare Linie verbunden sein. Das hilft Ihnen, die Folie harmonisch zu gestalten und sie für den Zuschauer strukturiert und logisch aussehen zu lassen.

Nähe bedeutet, dass Folienelemente, die thematisch zusammengehören, auch auf der Folie nah beieinanderstehen. Dem Zuschauer fällt es so leichter, die Logik im Aufbau der Folie zu erkennen und Zusammenhänge zu verstehen.

Die folgenden beiden Folien demonstrieren dies:

Im ersten Beispiel sind die Elemente klar verteilt. Auf den ersten Blick ist zu erkennen, dass der Titel der Präsentation und der Referentenname zusammengehören. Genauso die verlinkten Icons der sozialen Netzwerke als auch die Cover links in der Folie.

Im zweiten Beispiel stehen die inhaltlich zusammengehörenden Elemente wie Logo und Claim beisammen. Titel, Untertitel und Datum sind auf der Folie gruppiert und nicht darüber verteilt.

Durch den Einsatz von Weißraum wirkt diese Folie aufgeräumt und klar.

Gegensätze bewusst einsetzen

Das Prinzip des Gegensatzes bedeutet, die Unterschiede zwischen einzelnen Folienelementen zu verdeutlichen. Dadurch machen Sie die Folie interessanter, lenken die Aufmerksamkeit Ihres Publikums und strukturieren die Folie, wodurch es dem Zuschauer leichter gemacht wird, die Zusammenhänge zu erkennen. Außerdem können Sie auf diese Weise wichtige Punkte besser herausstellen. Gegensätze können auf verschiedene Arten erreicht werden, wie die folgende Abbildung veranschaulicht.

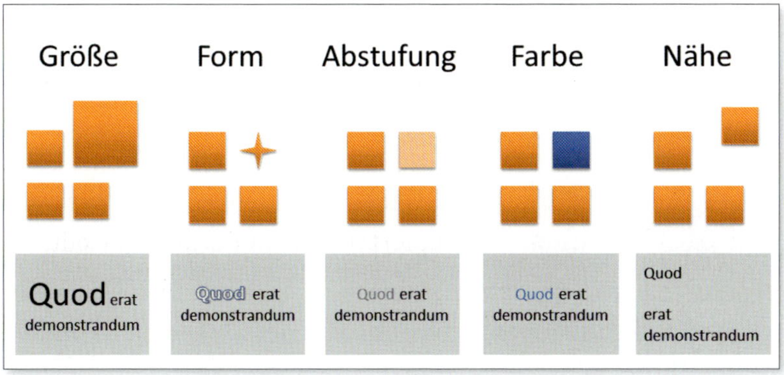

Durch die bildhafte Gestaltung werden die Unterschiede deutlich.

Meistens wird bereits intuitiv mit dem Gegensatzprinzip gearbeitet. Zum Beispiel gestaltet man Spaltenüberschriften einer Tabelle anders als den Rest der Tabelle, oder man hebt ein Wort hervor, weil es besonders wichtig ist.

Farbauswahl und -gestaltung

Über Farbauswahl und -gestaltung gibt es einen riesigen Fundus an Literatur, angefangen bei Leonardo da Vinci über Goethe und Küppers bis hin zu neueren Werken wie der Farbpsychologie, z. B. »Das große Buch der Farben« von Klausbernd Vollmar (Königsfurt: Urania 2009).

Farben unterliegen Trends! Das heißt, es gibt nicht »die Farbe« oder »die Farbregel«. Dennoch gibt es einige Hinweise für die tägliche Praxis.

Die Farben, die Sie am Monitor Ihres Rechners sehen, wirken anders als die in der Beamerprojektion. So kann es vorkommen, dass ein Gelb auf einmal orangefarben ist oder ein Rot zu einem Braun wird. Schauen Sie sich daher Ihre Präsentation bereits vorab mit dem Projektor an, um die Farbechtheit zu prüfen. Gleichen Sie die Farbe am besten direkt in der Projektion an. Wenn Sie nicht wissen, welchen Projektor Sie für die Präsentation nutzen werden, orientieren Sie sich bei den Farbwerten an den reinen Grundtönen wie Rot, Blau oder Grün.

TIPP

Kontraste schaffen und Abstufungen einbauen

Gestalten Sie Texte kontrastreich (im Zusammenspiel von Text und Hintergrund), damit sie gut gelesen werden können. Nutzen Sie Farbabstufungen für einen professionellen Look.

Die meisten PC-Monitore haben einen wesentlich größeren Kontrastumfang als die Projektoren. Das bedeutet, dass ein Projektor nur einen Teil der Farben richtig darstellen kann; den Rest ordnet er anderen Farbwerten zu. Im ungünstigsten Fall kann dies dazu führen, dass der Text nicht lesbar ist, selbst wenn er auf Ihrem Bildschirm perfekt ausgesehen hat.

PowerPoint bietet Ihnen einige Möglichkeiten zur Farbabstufung bzw. der Farbzusammenstellung und macht es Ihnen damit sehr leicht, die richtige Auswahl zu treffen. Wenn Sie mehrere Elemente auf einer Folie haben, nutzen Sie die Abstufungen (verschiedene Helligkeitsstufen) einer Grundfarbe. Damit liegen Sie fast immer richtig.

Im folgenden Beispiel sind die einzelnen Phasen des Phasendiagramms farblich hervorgehoben und können flexibel angepasst werden, je nachdem, welche Phase Sie auf der aktuellen Folie besprechen. Die entsprechende Präsentation *01_Farbgestaltung.pptx* finden Sie im Verzeichnis *01* der Beispieldateien.

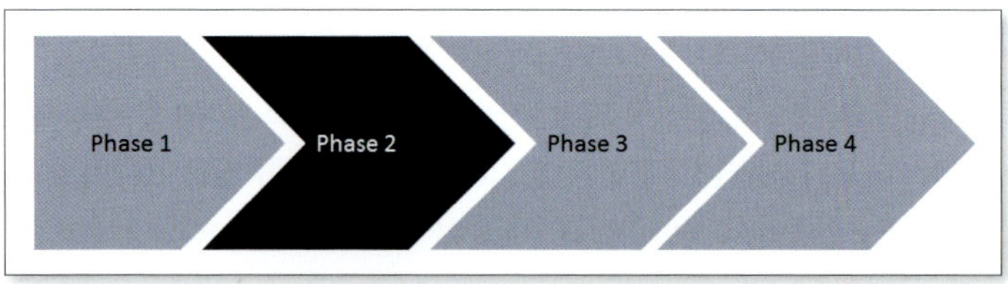

PowerPoint liefert zusammen mit dem Masterlayout verschiedene Grundfarbenreihen, die sogenannten *Designfarben*. Sie finden sie unter **Entwurf ▸ Varianten ▸ Farben**. Die Grundfarben, die Sie sehen, sind von Microsoft definiert und stehen allen Mastervorlagen bzw. Designs zur Verfügung. Wenn Sie ein Design wechseln, werden demnach automatisch auch die Grundfarben gewechselt. Sie können aber dennoch die Grundfarben anpassen, indem Sie eine andere Zusammenstellung wählen.

Wenn Ihnen keine der Farbzusammenstellungen gefällt, können Sie über **Entwurf ▸ Varianten ▸ Farben ▸ Farben anpassen** (1) auch eigene Designfarben kreieren. Die Farbwerte können Sie dann z. B. an Ihr Corporate Design anpassen.

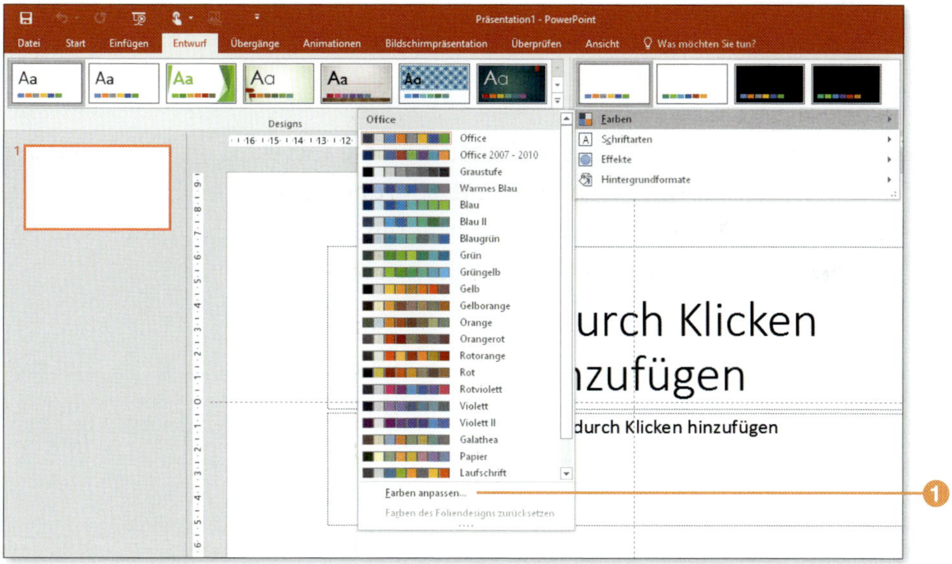

Geeignete Farbabstufungen finden

In dieser Übung geht es darum, zu erkennen, welche Farben im Allgemeinen für Ihre Präsentation geeignet sind.

1. Nachdem Sie eine neue Folie angelegt haben (Layout **Leer**), fügen Sie auf einer leeren Folie ein Rechteck ein (**Start ▸ Zeichnung ▸ Formen**).

2. Klicken Sie in der gleichen Befehlsgruppe (**Zeichnung**) auf die Schaltfläche **Fülleffekt** ①.

3. Im Menü der Schaltfläche sehen Sie eine Reihe von Abstufungen für die Grundfarben. Die Farben, die zueinander gehören, sind immer senkrecht untereinander angeordnet. Probieren Sie einfach verschiedene Farbabstufungen aus, indem Sie den Mauszeiger auf die gewünschte Farbe bewegen.

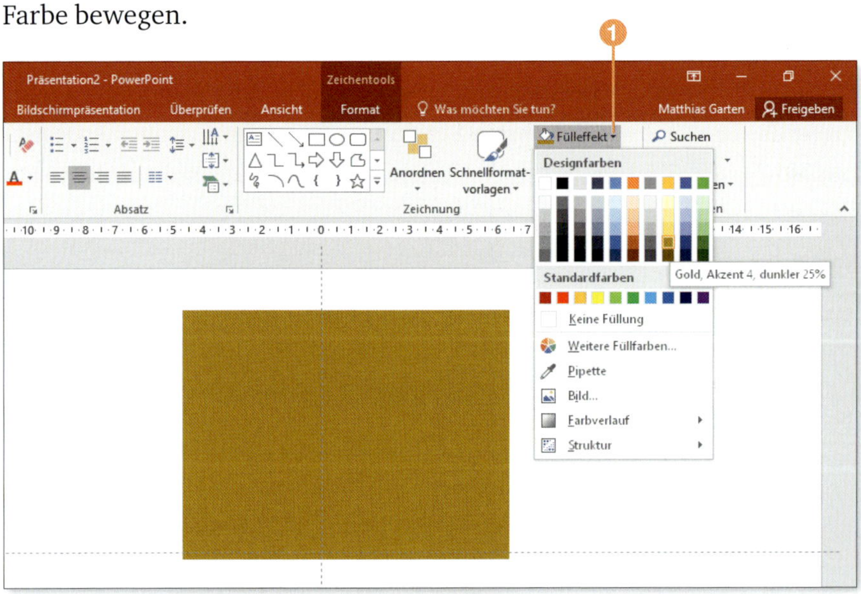

Im folgenden Abschnitt stelle ich Ihnen eine weitere Möglichkeit vor, Farbabstufungen auf Ihren Folien gewinnbringend einzusetzen.

Ein Inhaltsverzeichnis mit Farbabstufungen anlegen

In dieser Übung legen wir ein Inhaltsverzeichnis zu vier Themen an. Die dazugehörige Präsentation finden Sie im Verzeichnis *01* der Buchbeispiele unter dem Dateinamen *01_Inhaltsverzeichnis-bunt.pptx*. Das aktuell behandelte Thema soll dabei jeweils hervorgehoben werden. Alle Farben sind aufeinander abgestimmt: Es gibt zwei Farbabstufungen bzw. -akzente auf Basis eines Blautons (siehe folgende Abbildung).

1. Legen Sie zunächst eine neue Folie mit dem Layout **Leer** an. Oben links zeichnen Sie ein Rechteck (**Start ▸ Zeichnung ▸ Formen**) und tippen »Thema 1« in dessen Textfeld ein (dazu klicken Sie einfach das Rechteck an und legen direkt mit dem Schreiben los).
2. Zum Formatieren klicken Sie das Rechteck mit der rechten Maustaste an, dann erscheint ein Kontextmenü. Füllen Sie das Rechteck per Klick auf **Füllung** mit einem Grundton – etwa **Blaugrau, Text 2, dunkler 25 %.**

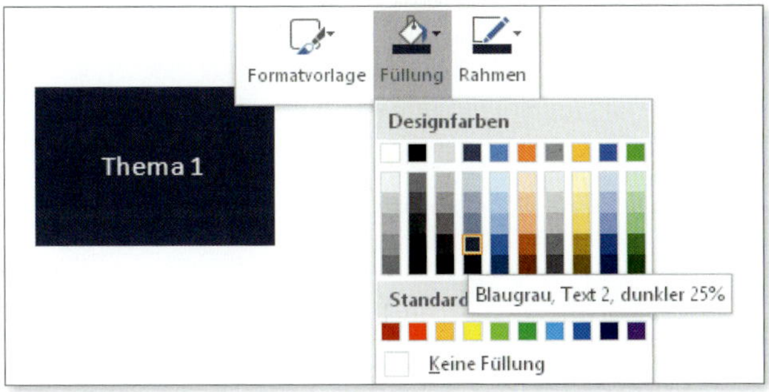

TIPP

Schriftfarbe passend zum Hintergrund wählen

Bei einem dunklen Hintergrund (z. B. **dunkler 20 %** oder **dunkler 40 %**) sollten Sie eine helle Schriftfarbe (**heller 60 %** oder **heller 80 %**) wählen und umgekehrt, um die Lesbarkeit zu gewährleisten.

3. Wählen Sie bei **Rahmen** die gleiche Farbe wie bei **Füllung** (siehe vorherige Abbildung). Passen Sie gegebenenfalls über **Start ▸ Schriftart ▸ Schriftfarbe** oder auch direkt im Kontextmenü die Schriftfarbe an.

4. Duplizieren Sie nun das erste Rechteck, und platzieren Sie es neben diesem. Ziehen Sie es in die Breite wie in der Abbildung zu sehen. Setzen Sie **Füllung (Fülleffekt)** auf **Keine Füllung** und **Rahmen (Formkontur)** auf die gleiche Farbe wie beim ersten Rechteck.

5. Markieren Sie dann beide Rechtecke, und drücken Sie [Strg] + [D], um sie zu duplizieren. Platzieren Sie die neuen Rechtecke unterhalb der beiden anderen. Ändern Sie den Text in »Thema 2« und die Farbe der Formkontur auf einen anderen Helligkeitswert, der sich einerseits von der Schriftfarbe und andererseits von der Füllfarbe unterscheidet – in unserem Beispiel **Blaugrau, Text 2, heller 80 %**. Ändern Sie den Fülleffekt für das Rechteck mit »Thema 2« ebenfalls auf den neuen Farbwert.

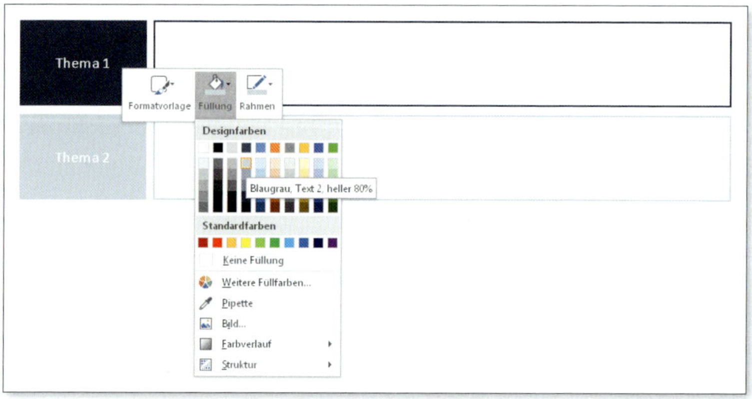

6. Um die restlichen Felder des Inhaltsverzeichnisses zu erstellen, markieren Sie die untersten Rechtecke, duplizieren sie mit [Strg] + [D] und platzieren sie an dritter Stelle. Ändern Sie den Textinhalt entsprechend, z. B. in »Thema 3«, »Thema 4« usw.

7. Hin und wieder kann es sein, dass der Abstand der Rechtecke zueinander schwankt, also einmal ein bisschen größer, einmal ein bisschen kleiner ist. Um das zu beheben, gibt es eine einfache Möglichkeit: Markieren Sie die (vier) Rechtecke, die untereinanderstehen, und wählen Sie **Start ▸ Zeichnung ▸ Anordnen ▸ Ausrichten ▸ Vertikal verteilen**. Markieren Sie immer nur eine Spalte mit Rechtecken, andernfalls versucht das Programm, den Abstand aller Rechtecke auszugleichen. Das Gleiche machen Sie noch einmal mit den anderen (vier) Rechtecken.

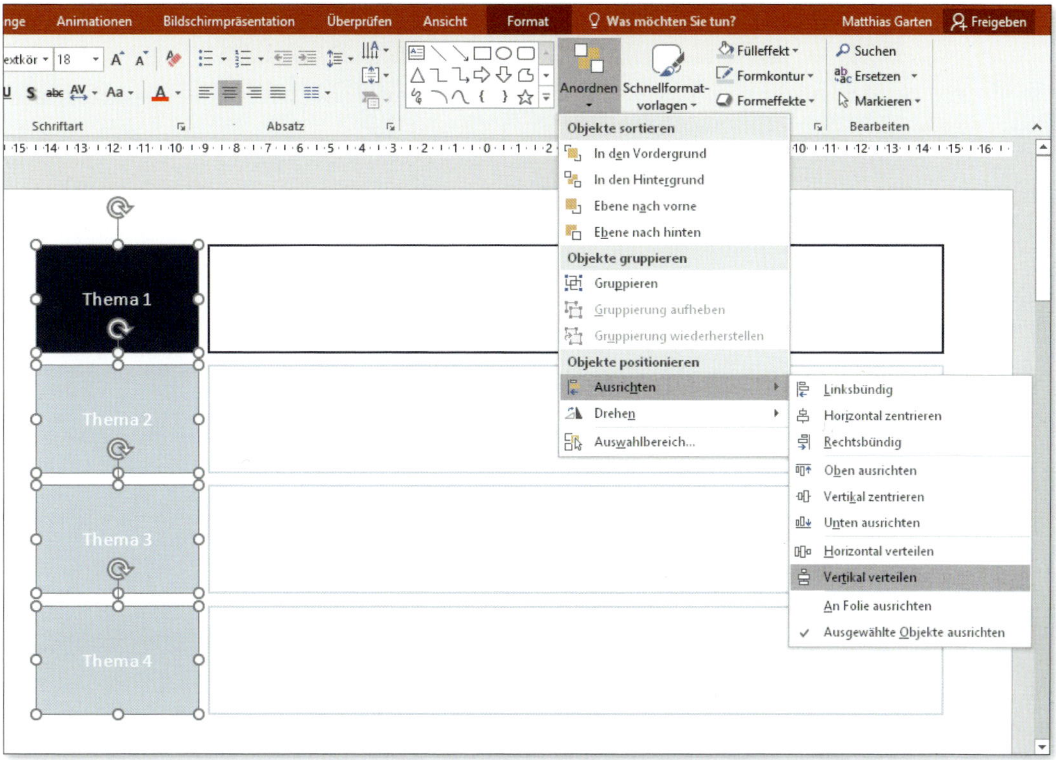

8. Um nun die Folie für das nächste Thema zu erstellen, klicken Sie links in die Folienübersicht und drücken `Strg` + `D`. Die Folie wird dupliziert.

9. Klicken Sie daraufhin das Rechteck mit »Thema 1« an (❶ auf Seite 42), und wählen Sie **Start ▸ Zwischenablage ▸ Format übertragen** ❷. Wenn Sie den Mauscursor auf die Folie ziehen, sehen Sie, dass sich der Cursor zu einem »Pinsel« verändert hat.

10. Klicken Sie dann das Rechteck mit »Thema 2« an. Fülleffekt, Formatkontur, Schriftfarbe – alles wird auf das neue Rechteck übertragen. Dann müssen Sie umgekehrt ein helles Format auf das erste Rechteck übertragen, weil Sie auf dieser Folie ja nur das Thema 2 hervorheben wollen.

11. Um auch die Rechtecke für »Thema 3« und »Thema 4« passend einzufärben, gehen Sie genauso weiter vor.

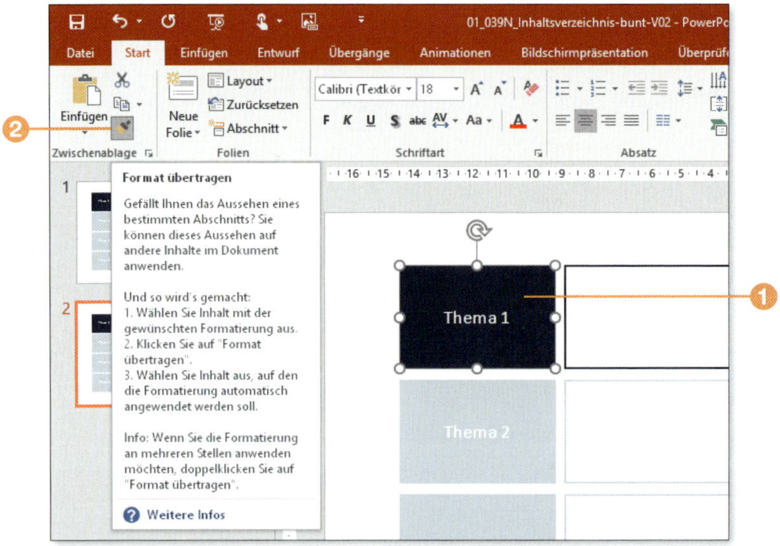

Designeffekte

Um Ihre Präsentation in einem speziellen Stil zu erstellen, können Sie neben der Farbauswahl auch noch Designeffekte verwenden.

> TIPP
>
> **Entscheiden Sie sich für einen Stil**
>
> Um ein möglichst einheitliches Erscheinungsbild zu erreichen, sollten Sie bei den Schnellformatvorlagen in einem Stil bleiben und nicht verschiedene Stile mischen.

Legen Sie eine neue Präsentation an, und zeichnen Sie beispielsweise ein beliebiges Rechteck (**Start ▸ Zeichnung ▸ Formen**). Tippen Sie einen Text in das Rechteck, und öffnen Sie dann die Auswahl der Schnellformatvorlagen (**Start ▸ Zeichnung ▸ Schnellformatvorlagen**). Sie sehen jetzt pro Farbe (**Akzent**) zwölf Stilmöglichkeiten: farbige Konturen, farbige Füllungen, farbige Konturen mit farbigen Füllungen, subtile, moderate und intensive Effekte. Außerdem die Voreinstellungen **Transparent**, **Halbtransparent**, **Farbige Füllung ohne Kontur** und einen Farbverlauf. Treffen Sie Ihre Auswahl jedoch nur innerhalb einer Reihe; springen Sie also nicht von subtilem zum intensiven Effekt. Entscheiden Sie sich bei Ihrer gesamten Präsentation am besten für einen einheitlichen Stil.

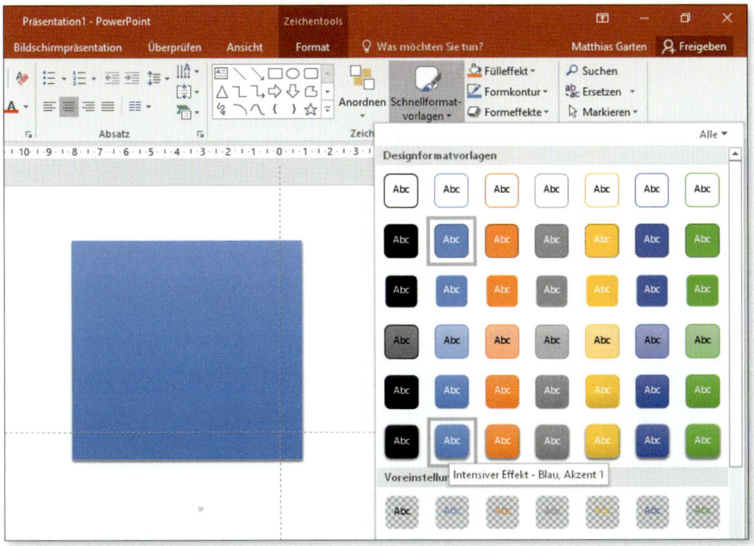

Die Grundlage für die Schnellformatvorlagen sind die Designeffekte. Über **Entwurf ▸ Varianten ▸ Effekte** können Sie sich die verschiedenen Möglichkeiten ansehen. Ändern Sie hier einfach einmal den Designeffekt, und schauen Sie sich danach die Schnellformatvorlagen an.

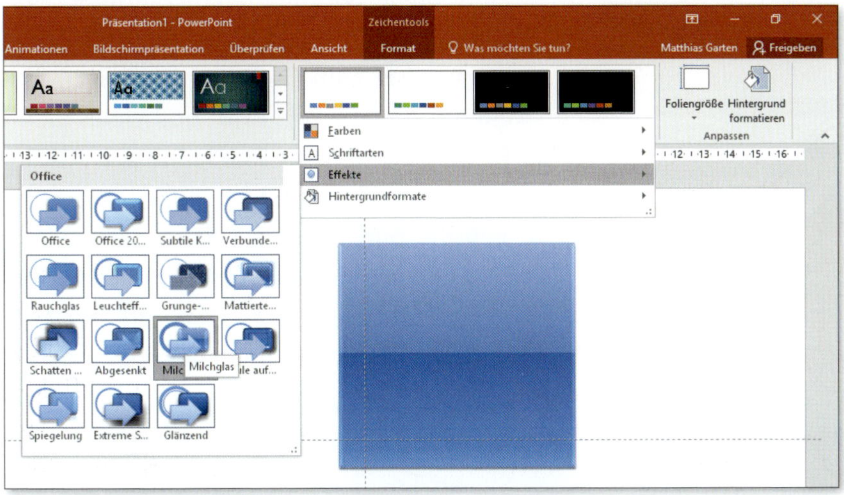

Bilder als Stärken einer Präsentation

Lassen Sie mich an dieser Stelle ein wenig weiter zum Thema Bilder ausholen, denn Bilder haben eine Reihe von Vorteilen für die Wirkung einer Präsentation. Der Profi konzentriert sich daher darauf, sinnvolle und erinnerbare Bilder in seine Präsentationen einzubauen. Hier die wichtigsten Gründe, die für die Verwendung von Bildern sprechen:

- **Aufmerksamkeit:** Bilder stellen sehr schnell Kontakt zum Zuschauer her. Plakate mit einem markanten Bild, z. B. von einer Person, ziehen die größte Aufmerksamkeit auf sich. Hingegen werden Plakate, auf denen nur Text steht, als langweilig und wenig interessant empfunden.
- **Schnelle Informationsaufnahme:** Überlegen Sie einmal, wie lange Sie brauchen, um einen Satz zu lesen oder einen ganzen Text zu erfassen. Bilder dagegen werden in einem Bruchteil von Sekunden vom Gehirn aufgenommen und verarbeitet.
- **Gespeicherte Gefühle:** Bilder haben eine emotionale Wirkung und beeinflussen unsere Gefühle. Sie stimulieren Menschen, bringen sie zum Lachen, motivieren, machen traurig, geben Kraft und vieles mehr. Denken Sie z. B. an Ihre letzte private Feier, bei der Sie viel gelacht haben. Wenn Sie sich die Bilder von der Feier nachher anschauen, werden sie Sie vermutlich wieder in gute Stimmung versetzen und damit ein positives Gefühl in Ihnen hervorrufen.
- **Steuern und Lenken:** Bilder haben Steuerungs- und Lenkungscharakter. Denken Sie an Logos von Unternehmen oder an

Verkehrsschilder. Letztere steuern z. B. Ihr Verhalten. Diesen Effekt können Sie sich auch in Präsentationen zunutze machen.

- **Nachhaltigkeit:** Bilder und Bewegtbilder prägen sich besser ein als Texte. Dies haben jedoch auch viele Menschen in der Werbebranche verstanden, und die Bilderflut hat dazu geführt, dass wir Bilder, die wir schon einmal gesehen haben, nicht mehr speichern. Die Herausforderung besteht also darin, Bilder zu verwenden, die bislang wenig verbreitet sind, oder gar neue Bilder zu gestalten, die es in dieser Form noch nicht gab. Sehen Sie sich beispielsweise das Bild rechts an. Es wird sehr häufig für das Thema Partnerschaft verwendet. Leider hat der Zuschauer dieses Bild in verschiedenen Varianten schon in Broschüren, im Internet, in Präsentationen oder in Filmen gesehen. Es wird nicht speziell mit Ihrer Präsentation verknüpft, und die Wahrscheinlichkeit, dass dieses Bild im Gedächtnis bleibt, ist sehr gering.

Um es noch deutlicher zu machen, zeige ich Ihnen im Folgenden zwei Folien, die ich für einen Kunden erstellt habe. Ausgangspunkt war eine klassische Tabelle, wie sie sehr häufig in Präsentationen vorkommt.

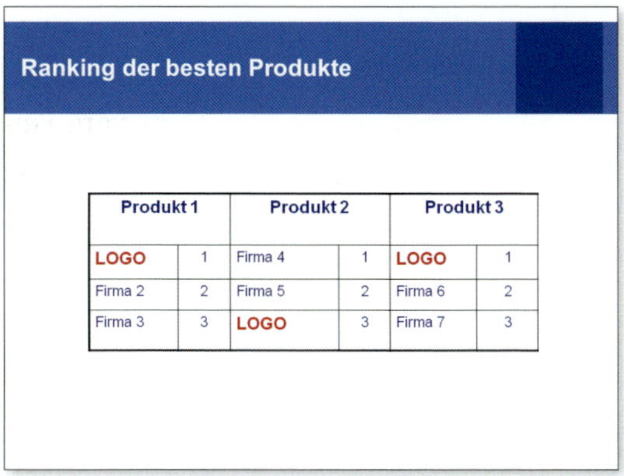

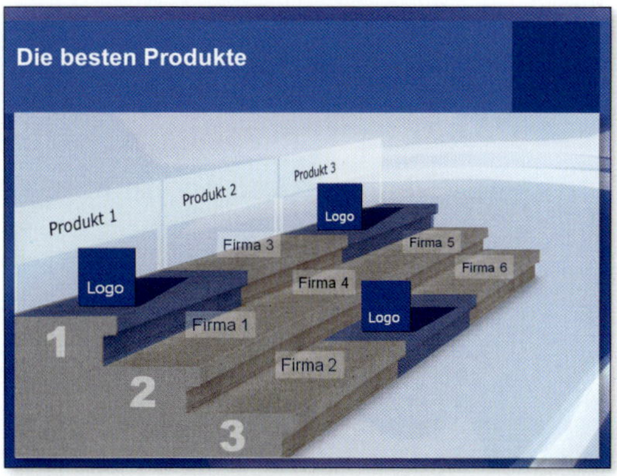

Welche Folie können Sie leichter und damit länger im Gedächtnis behalten? Ich tippe einmal, dass Ihre Antwort darauf lautet: »Die zweite Folie!« Der Grund dafür ist das anschauliche Bild, das wir in Verbindung mit den Informationen besser behalten können. Diese Folie konnte, im Gegensatz zur ersten, von den meisten Zuschauern auch noch nach einer Woche beschrieben werden.

Sie haben nun die Vorteile der Verwendung von Bildern kennengelernt. In den folgenden Kapiteln wird es noch häufiger um die Arbeit mit Bildern gehen. In Kapitel 2, »Texte spannender gestalten«, lernen Sie z. B., wie Sie den Übergang von einer Textfolie zu einer Bildfolie schaffen. Kapitel 3, »Bilder pfiffig präsentieren«, hilft Ihnen, passende Bilder zu finden und sie originell aufzubereiten.

Spielräume des Corporate Designs

»Das Corporate Design (CD) muss aber eingehalten werden« oder »Das CD schränkt uns zu sehr ein!« – das gehört zu den häufigsten Aussagen, die ich im Rahmen von Beratungen und der Erstellung von Präsentationen regelmäßig zu hören bekomme. Dabei lassen sich auch unter CD-Maßgaben interessante Präsentationen gestalten. Ich stelle mir das immer vor wie bei einem Künstler. Der Pinsel, die Farben, die Leinwandgröße – all das ist vorgegeben, dennoch ist der Inhalt jedes Mal ein anderer. Denken Sie an Künstler wie Miró oder van Gogh, die zahlreiche Werke mit einem unverkennbaren Stil schufen.

Der größte Spielraum eröffnet sich Ihnen, wenn Sie abwechslungsreiche Varianten und Anordnungen von folgenden Elementen verwenden:

- Bilder
- Bildausschnitte
- Formen
- Texte
- Aufzählungen
- Hervorhebungen
- Animationen

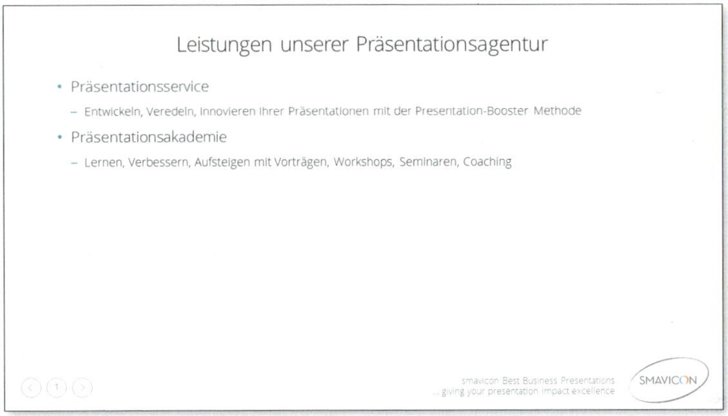

Die Ausgangsfolie im Corporate Design

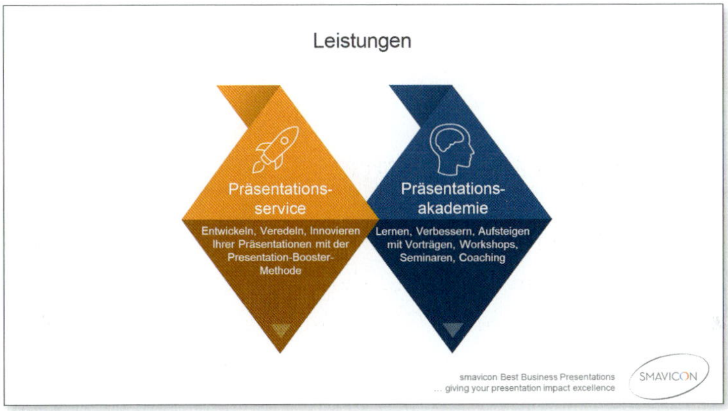

Variante 1 – Aufzählungsvariante mit einer aus SmartArts abgeleiteten Form und Piktogrammen (Icons).

Variante 2 – Stufenband erstellt aus einzelnen Rechtecken

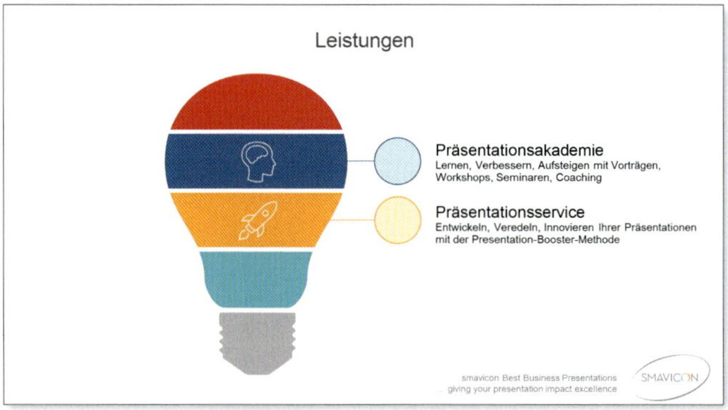

Variante 3 – Glühbirne mit Segmenten, erstellt mit Funktionen der Formenbearbeitung

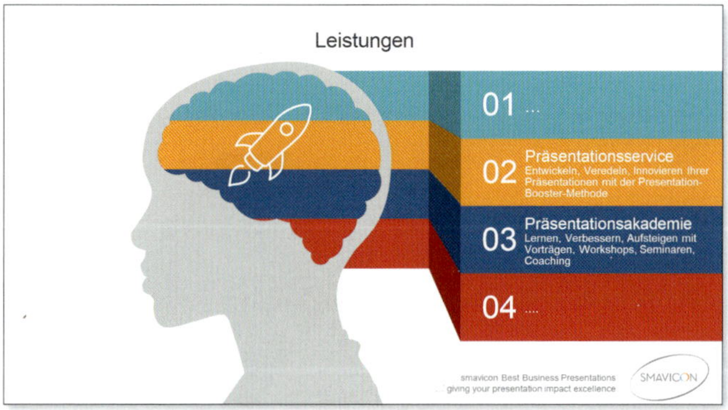

Variante 4 – Der Kopf ist eine Clipart, die restlichen Elemente wurden aus Formen (z. B. Rechtecken) und Freihandzeichnungen erstellt.

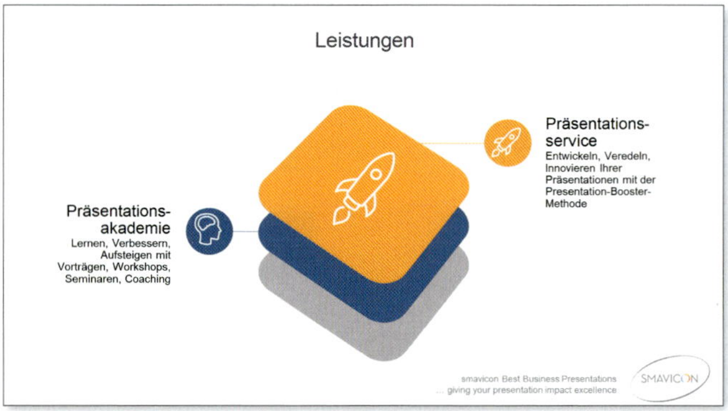

Variante 5 – Gestapelte Flächen, abgerundete Rechtecke mit der Option »3D-Drehung« angeordnet

Es gibt noch eine weitere Variante, nämlich eine animierte Version (siehe die Präsentation *01_Spielräume_smavicon.pptx* im Verzeichnis *01* der Beispieldateien). Wie Sie sehen, wurden alle Varianten an das Corporate Design angepasst und sind dennoch völlig unterschiedlich aufgebaut. Lösen Sie sich von der Standardaufzählung, und schaffen Sie Abwechslung.

INFO

Corporate Design

Das *Corporate Design* (CD) eines Unternehmens ist die Festlegung eines einheitlichen Erscheinungsbildes vor allem für seine Produkte und Kommunikationsmittel (wie Plakate oder die Internetseite). Es ist ein Teilbereich der *Corporate Identity* (CI), also wörtlich der »Unternehmensidentität«.

Die nächsten Folienbeispiele stammen von einem Unternehmen mit sehr strengen Corporate-Design-Richtlinien. In ihnen ist genau festgehalten, was bezüglich des Logos, der Schriften, des Rasters und der Farben eingehalten werden muss. Freiräume ergeben sich in der Aufbereitung des Textes, in seiner Anordnung innerhalb des Rasters, der Bildgestaltung, der Umsetzung mit Formen und Symbolen und der animativen Ausgestaltung. Die Richtlinien wurden zur Zufriedenheit der Corporate-Communications-Abteilung umgesetzt, doch der Freiraum wurde kreativ genutzt.

Links: Das Thema der Präsentation sind die Produktion und der Verkauf von Containern. Sehr schlicht gehalten, ist sofort klar, um was es geht. Rechts: Im Rahmen des Corporate Designs – Bereich »Präsentationen« sind vollflächige Kapitelfolien (Abschnittsfolien) erlaubt, hier der Bereich »Stärken«.

Die Kacheln der Folien auf der folgenden Seite symbolisieren Schilder. Schilder, wie sie an Gebäuden, Containern, usw. sein könnten. Durch die Darstellung soll der Eindruck von Hochwertigkeit dargestellt werden. Die fünf Rubriken rechts zeigen dem Zuschauer, über welchen Bereich gesprochen wird und welche noch folgen werden, quasi eine Mini-Agenda. Die Piktogramme geben eine zusätzliche visuelle Qualität und sind zeitgemäß.

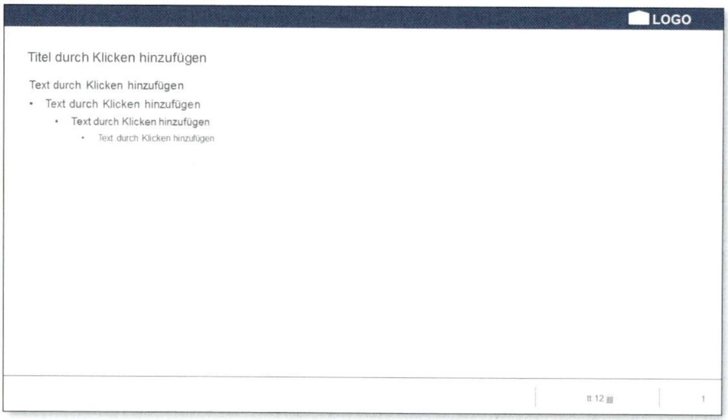

Die Vorgaben des Marketings für das Corporate Design des Folienmasters, wie sie in vielen Firmen üblich sind

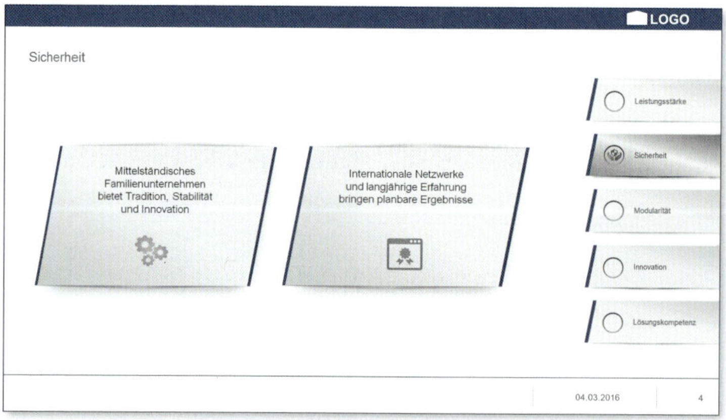

Neben reinen Textkacheln lassen sich auch Bildkacheln aufbauen. Die Darstellung unterscheidet sich von der Standardaufzählung und schafft dadurch eine neue Sichtweise.

Auch an diesem Beispiel können Sie sehen, welche kleinen und größeren Spielräume genutzt werden können. Eine Idee ist, mit unterschiedlichen Bildern, Bildgrößen und -ausschnitten zu arbeiten. Setzen Sie in Ihren Präsentationen mehr Symbolik und aussagekräftige Grafiken ein, um Abwechslung zu schaffen.

Emotionalität und Sachlichkeit

Das Thema der Betonung von Gefühl (Emotion) oder Verstand (Ratio) hat sicher schon Heerscharen von Präsentationserstellern und Referenten beschäftigt. Wie emotional darf eine Präsentation sein? Sollte man sie doch lieber sachlich halten? Eine pauschale Antwort darauf gibt es nicht. Meine lautet: Es ist immer abhängig vom Kontext, also im Zusammenhang mit dem Thema, dem Inhalt, den Zuschauern, dem Raum und dem Zeitpunkt zu sehen. Dazu verschiedene Beispiele:

- Ein Hochschullehrer erläutert seinen Studenten die mathematische Herleitung einer Formel.
- Ein Ingenieur präsentiert vor einem Fachpublikum die Konstruktion einer neuen Tragfläche.
- Ein Finanzvorstand präsentiert die neue Bilanz.
- Eine Marktforscherin zeigt den Marketingverantwortlichen einer Shampoomarke das Ergebnis einer Wettbewerberanalyse.
- Ein Vertriebsmitarbeiter stellt seinen Kunden die neue Altersvorsorge vor.
- Eine Marketingleiterin präsentiert Vertriebsleuten die Produktneuheit, mit der Endverbraucher mehr Strom sparen.
- Ein Trainer motiviert Mitarbeiter zu positivem Denken und Handeln.

Diese Beispiele reichen von der Vermittlung von faktenorientiertem Wissen (reiner Information) bis hin zu handlungsorientierter Überzeugungsarbeit. In dem Maße, in dem Menschen zu Verhaltensänderungen gebracht werden sollen, z. B. in Bezug auf Motivation, Verkauf und Begeisterung, muss die Emotionalität der Präsentation zunehmen.

Sachlichkeit in der Gestaltung erreichen Sie durch folgende Folienelemente, die gut aufeinander abgestimmt sein sollten:

- klare, eckige Formen (z. B. Quadrat, Dreieck, Raute)
- kühle Farben (z. B. Blautöne, Grautöne, Schwarz)

- gerade Linien
- technische Zeichnungen und Konstruktionen

Emotionalität hingegen erzielen Sie durch folgende Präsentationsbestandteile:

- weiche, runde Formen (z. B. Kreis, Oval)
- warme Farben (z. B. Orange, Gelb, Rot)
- Kurven, Bewegungen
- Fotos (z. B. Menschen, Landschaften)

Weiterführende Informationen zu Emotion und Ratio erhalten Sie beispielsweise unter *www.presentation-booster.de*.

Die Top 11 des Präsentationsdesigns

Dieser Abschnitt ist praktisch die Zusammenfassung der vorangegangenen Abschnitte mit den elf wichtigsten Inhalten für eine professionelle Präsentationsgestaltung:

1. **Gestaltungsraster:** Arbeiten Sie mit den Standardlayouts (**Start ▸ Folien ▸ Layout**), oder nutzen Sie ein eigenes Raster, um Professionalität zu zeigen. Bauen Sie mithilfe von Führungslinien und Tabellen ein eigenes Gestaltungsraster.
2. **Informationsrelevanz:** Welche Informationen lassen sich auf der Folie entfernen, ohne dass dadurch der Inhalt verändert wird (doppelte Informationen, Beschriftungen, Striche usw.)?
3. **Weißraum:** Nutzen Sie den Weißraum (Leerraum) auf der Folie, um klarer zu kommunizieren.
4. **Durchgängigkeit:** Arbeiten Sie mit einem einheitlichen Aussehen (*Look*). Nutzen Sie dazu die Möglichkeiten, die PowerPoint Ihnen bietet, z. B. Designs, Schnellformatvorlagen und Voreinstellungen. Erstellen Sie eine Folienbibliothek, d. h. eine Sammlung von Standardfolien und

-elementen für Ihre Präsentationen. Das hilft Ihnen dabei, schnell ein einheitliches Aussehen zu erreichen.

5. **Anordnung und Nähe:** Überlegen Sie sich, welche Elemente (Text, Bild usw.) zusammengehören, und platzieren Sie diese nah beieinander.
6. **Gegensätze:** Mithilfe des Prinzips der Gegensätze können Sie wichtige Informationen herausstellen und die Folien spannender gestalten. Verändern Sie einen oder mehrere der folgenden Parameter: Größe, Form, Abstufung, Farbe und Nähe.
7. **Sinnvolle Farbauswahl und -gestaltung:** Es gibt hierbei drei wichtige Aspekte:
   - Schauen Sie sich die Farben am Projektor an.
   - Gestalten Sie kontrastreich.
   - Nutzen Sie Farbabstufungen.
8. **Designeffekte:** Setzen Sie gezielt Designeffekte ein, um einen individuellen Look zu erzielen, z. B. über die Schnellformatvorlagen.
9. **Bilder:** Nutzen Sie viele Bilder in Ihren Präsentationen, denn diese bleiben besser in Erinnerung (Nachhaltigkeit), erzeugen Kontakt (Aufmerksamkeit), werden schneller verarbeitet (schnelle Informationsaufnahme), erzeugen Gefühle (Erinnerungen) und haben Steuerungscharakter (Steuern und Lenken).
10. **Spielräume des Corporate Designs:** Nutzen Sie die Spielräume, indem Sie alternative Aufzählungsmöglichkeiten, andere Hervorhebungen, andere und neue Formen oder sinnvolle Animationen einsetzen.
11. **Emotionalität und Sachlichkeit:** Fragen Sie sich, welchen Zweck Sie mit Ihrer Präsentation verfolgen. Wollen Sie gezielt Gefühle ansprechen, oder sollen schlicht Informationen übermittelt werden? Emotionalität schaffen Sie z. B. mit warmen Farben und weichen Formen; Sachlichkeit erzeugen u. a. kalte Farben und gerade, klare Formen.

Kapitel 2
Texte spannender gestalten

Bei Präsentationen geht es naturgemäß darum, Informationen zu vermitteln. Üblicherweise wird dafür in erster Linie Text eingesetzt. So banal das klingen mag – schon die Gestaltung einer simplen Aufzählung kann darüber entscheiden, ob der Zuschauer Ihnen folgen kann oder nicht. In diesem Kapitel wird es also darum gehen, Ihnen zu zeigen, wie Sie Wort und Schrift sinnvoll einsetzen und welche Fehler Sie vermeiden sollten.

Sie werden lernen, welche Funktionen Sie für die professionelle Textgestaltung brauchen und wie Sie damit Text und Schrift sinnvoll gestalten. Text lässt sich spannend aufbereiten, u. a. durch die Verwendung von Bildern. Im Zuge dessen zeige ich Ihnen auch, wie Sie gelungene Übergänge zwischen Text und Bild schaffen. Zum Thema Spannung und Abwechslung gehört darüber hinaus, welche interessanten Alternativen PowerPoint Ihnen anstelle von Standardaufzählungen bietet. Da man bei Präsentationen häufig nicht umhinkommt, Zitate zu verwenden, erfahren Sie zu guter Letzt auch noch, wie Sie sie professionell gestalten, sodass sie ihre Wirkung voll entfalten.

Wichtige Funktionen für Texte

Vermutlich werden Sie die meisten Basisfunktionen zur Textformatierung bereits kennen. Dazu zählen für mich Schriftgröße, -farbe und -schnitt (kursiv, fett usw.) oder auch Absatzformatierungen wie linksbündig, rechtsbündig oder zentriert. Im Folgenden wird daher nur ein sehr grober Überblick über die Textfunktionen gegeben. Lediglich einzelne Aspekte und Ideen, die Texte auf Ihren Folien besser aussehen lassen, werden näher betrachtet.

Die Standardformatierungen für die Schriftart finden Sie in der Befehlsgruppe **Start ▸ Schriftart**. In diesem Abschnitt werde ich Ihnen weitere Möglichkeiten aufzeigen, die die Textgestaltung interessanter machen.

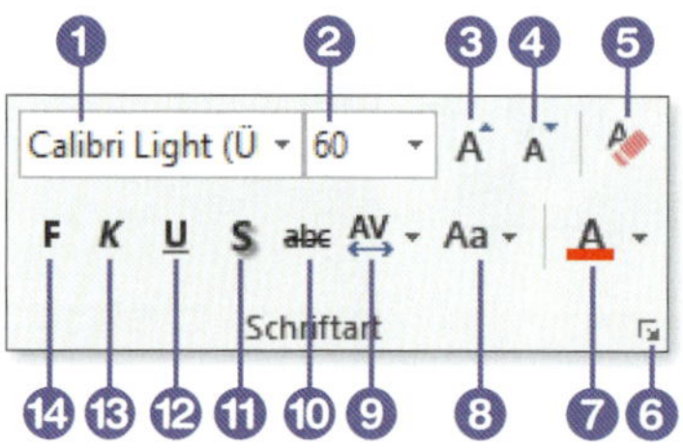

❶ Auswahl der Schriftart
❷ Schriftgröße
❸ Schriftgröße eine Stufe vergrößern
❹ Schriftgröße eine Stufe verkleinern
❺ Schriftartformatierung zurücksetzen
❻ Dialogfeldstarter
❼ Schriftfarbe
❽ Groß-/Kleinschreibung
❾ Buchstabenabstand
❿ Durchstreichen
⓫ Schatten
⓬ Unterstreichen
⓭ Kursiv
⓮ Fett

Prinzipiell erhalten Sie mehr Details oder weitere Funktionen und Feinheiten zu der Schriftformatierung, wenn Sie in der Befehlsgruppe **Schriftart** den Dialogfeldstarter (den kleinen Pfeil unten rechts in der Gruppe) anklicken. Das Dialogfenster **Schriftart** erscheint jedoch nur, wenn Text auf Ihrer Folie steht. Tippen Sie am besten ein paar Wörter in einen Platzhalter oder in einen Freitext (**Start ▸ Zeichnung ▸ Formen ▸ Textfeld**), und klicken Sie anschließend auf den Dialogfeldstarter.

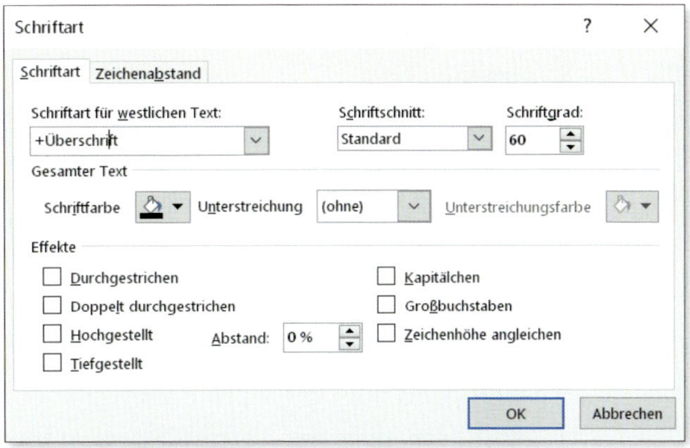

Besonders interessant ist in diesem Fenster die Option **Unterstreichung**. Gerade wenn Sie wichtige Wörter hervorheben wollen, bietet diese Funktion viele Varianten, die Ihre Folien von anderen abheben. Probieren Sie verschiedene Möglichkeiten aus. Prüfen Sie jedoch in jedem Fall auch die Darstellung auf der Leinwand mit einem Beamer, denn je nach Modell kann es zum Flimmern der Unterstreichung kommen.

Spationierung ist ein Begriff aus der Typografie und bezeichnet den Abstand von Buchstaben und Wörtern (*Laufweite*). Beispiele für verschiedene Laufweiten finden Sie unter dem Dateinamen *02_Laufweite.pptx* im Ordner *02* der Beispieldateien. Um eine Schrift gut lesen zu können, muss der Abstand der Buchstaben zueinander unterschiedlich groß sein. Vergleichen Sie z. B. die Kombinationen »ll« und »ww«. Bei »ll« muss für eine bessere Lesbarkeit der Abstand der Buchstaben weiter sein als bei »ww«. PowerPoint bietet die Möglichkeit, die Spationierung in kleinen Schritten einzustellen. Klicken Sie dazu im Dialog **Schriftart** auf den Reiter **Zeichenabstand**.

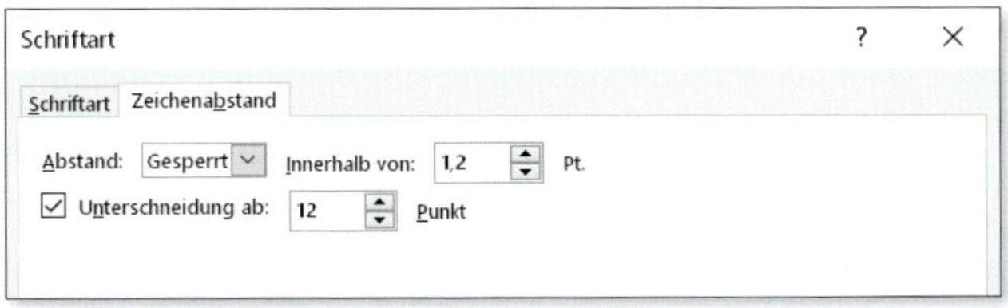

Markieren Sie eine Zeile Text, und wählen Sie im Feld **Abstand** die Option **Gesperrt** (für eine Verbreiterung des Abstands) und bei **Innerhalb von** dann beispielsweise »1,2 Pt.« aus. Nachdem Sie den Dialog mit **OK** geschlossen haben, sehen Sie den Text mit einem größeren Abstand zwischen den Buchstaben.

TIPP

Einen moderaten Zeichenabstand wählen

Der Leser soll es möglichst einfach haben, die Texte zu lesen. Extrem gesperrte oder extrem schmale Abstände erschweren das Lesen, deshalb sollten Sie hier nur moderate Änderungen vornehmen. Überhaupt sollten Sie darauf achten, diese Anpassung nur selten und nur für einzelne Wörter vorzunehmen. Und denken Sie auch daran, dass der Abstand vor und hinter einem gesperrten Wort ebenfalls vergrößert werden muss.

Eine Veränderung der Abstände hilft Ihnen u. a. in folgenden Fällen:

1. Sie haben eine Zeile geschrieben, und lediglich ein Wort wird in eine neue Zeile umbrochen. In diesem Fall hätten Sie die Möglichkeit, den Zeichenabstand zu verkleinern (wählen Sie hierzu im Dialogfenster **Schriftart** im Feld **Abstand** die Option **Schmal**), um das Wort noch mit in die vorige Zeile zu setzen.
2. Sie stellen fest, dass zwei aufeinanderfolgende Buchstaben ein Wort optisch in zwei Teile trennen, weil der Abstand zwischen den Zeichen zu groß ist. Das passiert z. B. bei »älteren« Schriftarten wie Arial oder Times New Roman. Verkleinern Sie den Zeichenabstand zwischen den zwei Buchstaben.
3. Sie benutzen eine Schriftart mit dem Zusatz *condensed*, in der die Buchstaben eng beieinanderstehen (enge Laufweite). Sperren Sie in diesem Fall die Texte (vergrößern Sie also den Zeichenabstand), um sie leicht lesbar zu machen.

Wie bei der Befehlsgruppe **Schriftart** finden Sie in der Gruppe **Absatz** der Registerkarte **Start** eine Reihe von Standardbefehlen, die Sie sicherlich bereits kennen, z. B. die Ausrichtung des Absatzes am linken oder rechten Rand.

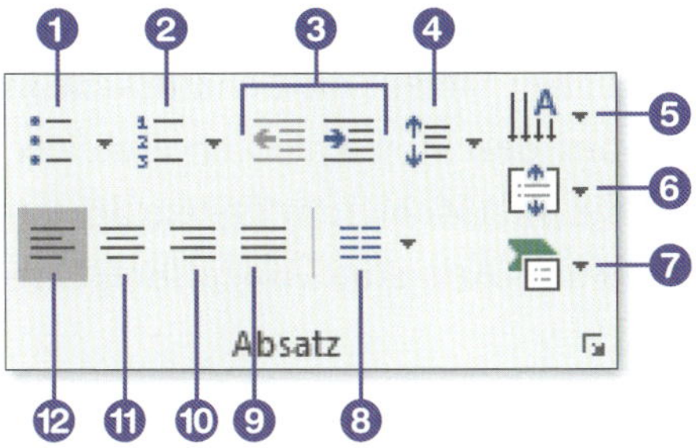

❶ Aufzählungszeichen (Bullet)

❷ Nummerierte Aufzählung

❸ Eine Gliederungsebene tiefer oder höher stufen (entsprechend den definierten Gliederungsebenen im Masterlayout)

❹ Zeilenabstand

❺ Textrichtung, z. B. horizontal, um 90° Grad gedreht usw.

❻ Vertikale Ausrichtung des Absatzes innerhalb einer Textbox oder AutoForm

❼ Absatz in eine SmartArt konvertieren

❽ Anzahl der Spalten in einem Absatz

❾ Blocksatz

❿ Rechtsbündiger Absatz

⓫ Zentrierter Absatz

⓬ Linksbündiger Absatz

Weitere Details eröffnen sich Ihnen wieder über den Dialogfeldstarter. Im Dialogfenster **Absatz**, das daraufhin geöffnet wird, können Sie Zeilenabstände, Einzüge usw. einstellen.

Besonders interessant in der Gruppe **Absatz** ist der Befehl **In eine SmartArt-Grafik konvertieren** ❼. Mit diesem können Sie Text schnell in eine ansprechende Form bringen (siehe dazu auch den Abschnitt »SmartArts statt Aufzählungszeichen« ab Seite 95).

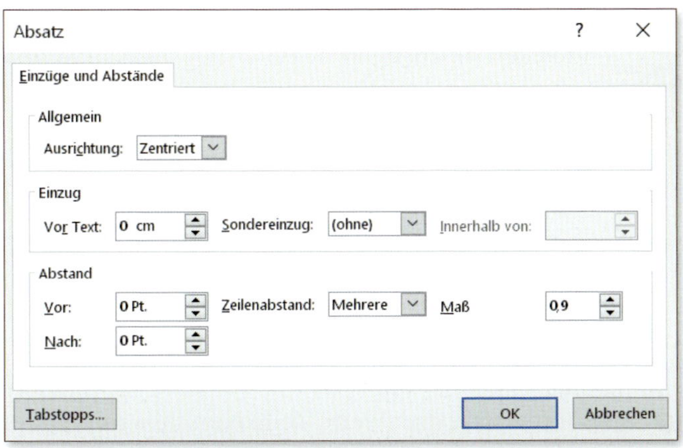

Markieren Sie ein paar Zeilen Text, und klicken Sie auf die Schaltfläche **In SmartArt-Grafik konvertieren**. Wählen Sie aus den Möglichkeiten eine aus, und sehen Sie sich das Ergebnis auf der Folie an. (Mehr zum Thema SmartArt-Grafiken erfahren Sie im Abschnitt »SmartArts statt Aufzählungszeichen« ab Seite 95.)

Im Zusammenhang mit der Absatzformatierung gibt es eine wichtige Tastenkombination, auf die ich hier noch einmal gesondert eingehen möchte, weil sie in jeder Präsentation gebraucht wird. Es geht um zwei verschiedene Arten des Zeilenumbruchs, nämlich *harte* und *weiche Umbrüche*. Um Ihnen die Unterschiede zwischen den beiden Umbrucharten deutlich zu machen, legen wir eine neue Folie mit dem Folienlayout **Titel und Inhalt** an. In das Inhaltsfeld geben Sie den Text »Das ist eine sehr lange Zeile, die einmal absichtlich umbrochen werden soll.« ein.

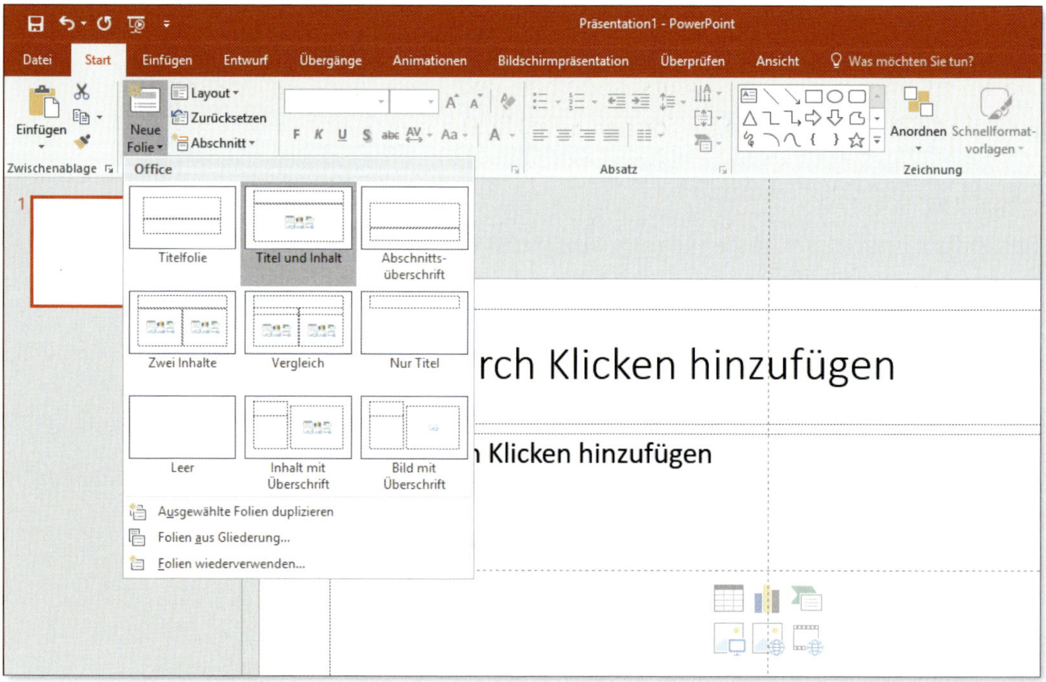

Der Standardweg zum Erzeugen eines Zeilenumbruchs dürfte Ihnen bekannt sein, es ist die Taste [↵]. Brechen Sie die Zeile nach dem Komma auf diese Weise »hart« um. Sie sollten jetzt die zweite Zeile ebenfalls mit einem

Aufzählungszeichen (*Bullet*) sehen. Machen Sie den Umbruch wieder rückgängig (Strg + Z).

Probieren Sie nun einen weichen Umbruch mit der Tastenkombination ⇧ + ↵ aus. Wie Sie sehen, erscheint kein Aufzählungszeichen, und Sie vermeiden damit Fehler auf Ihrer Folie.

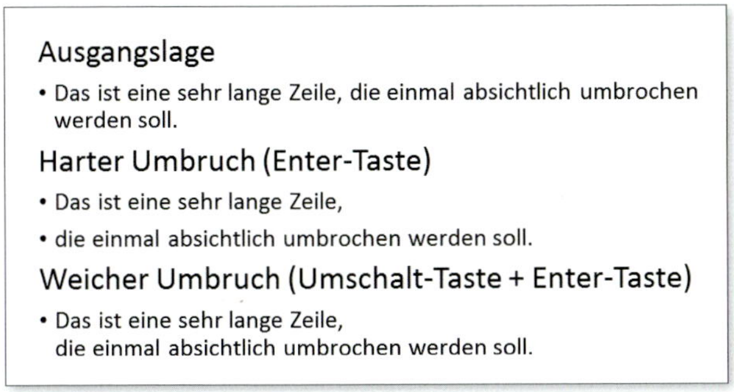

Entscheiden Sie sich normalerweise bewusst, in welchem Fall Sie Text in die Platzhalter des Folienlayouts schreiben und wann eher die Freitext-Funktion (**Start ▸ Zeichnung ▸ Formen ▸ Textfeld**) sinnvoll ist? Generell hat es nämlich viele Vorteile, die Standardplatzhalter der Layouts für Titeltext, Inhaltstext usw. zu nutzen:

1. Ihre Texte sind immer im Gestaltungsraster positioniert.
2. Ihre Folien haben ein einheitliches Schriftbild, d. h., Größe, Farbe oder Schnitt bleiben identisch.
3. Änderungen am Design der Präsentation werden automatisch in allen Folien übernommen.
4. Die Texte werden in der Gliederung angezeigt.

Aufgrund dieser und weiterer Vorteile sollten Sie so lange wie möglich mit Platzhaltern arbeiten. Stellen Sie sich nur einmal vor, die Corporate-Design-Vorgaben würden geändert, dann wäre es für Sie ein Leichtes, die Folien gemäß des neuen Designs zu ändern. Denn Sie ändern nur die Mastervorlagen (Masterlayout), und schon sind alle Folien entsprechend angepasst. Eine Präsentation mit vielen verschiedenen Platzhalter-Folien liegt für Sie unter dem Dateinamen *02_Platzhalter.pptx* im Ordner *02* der Beispieldateien bereit.

- **Regel 1:** Benutzen Sie Platzhalter so lange, wie Sie ihre Größe und Position nicht ändern müssen.

Es kommt vor, dass Sie Position und Größe des Platzhalters im Rahmen Ihres Gestaltungsrasters (siehe Kapitel 1, »Professionelles Präsentationsdesign«) anpassen müssen und es kein passendes Folienlayout gibt. In diesem Fall gilt Folgendes:

- **Regel 2:** Wenn Sie Größe und Position des Platzhalters ändern müssen, verändern Sie das Masterlayout und fügen ein neues Layout hinzu (siehe Kapitel 1, »Professionelles Präsentationsdesign«). Die Grenzen der Anpassung des Folienlayouts werden erreicht, wenn Sie sehr viel mit Formen und Bildern arbeiten oder nahezu auf jeder Folie ein neues Masterlayout erforderlich ist. Häufig müssen Sie sehr viele Platzhalter erstellen. In diesen Fällen arbeiten Sie einfacher mit den Freitexten (Textfeldern). Hierzu lesen Sie am besten den Abschnitt »Vier Text-Platzhalter im Folienmaster anlegen« ab Seite 65.
- **Regel 3:** Wenn die Anzahl der Platzhalter auf einer Folie wächst (mehr als acht) oder Sie bei jeder Folie ins Masterlayout wechseln müssen, ist es einfacher, mit Freitext zu arbeiten (siehe dazu den Abschnitt »Freitexte richtig nutzen« ab Seite 67).
- **Regel 4:** Für Sondertexte oder Texte in AutoFormen sollten Sie freie Textfelder nutzen.

Mit PowerPoint können Sie Texte darüber hinaus effektvoll in Szene setzen. Sobald Sie einen Text auf der Folie angeklickt haben, sind die Effektfunktionen über **Zeichentools/Format ▸ WordArt-Formate** aufrufbar.

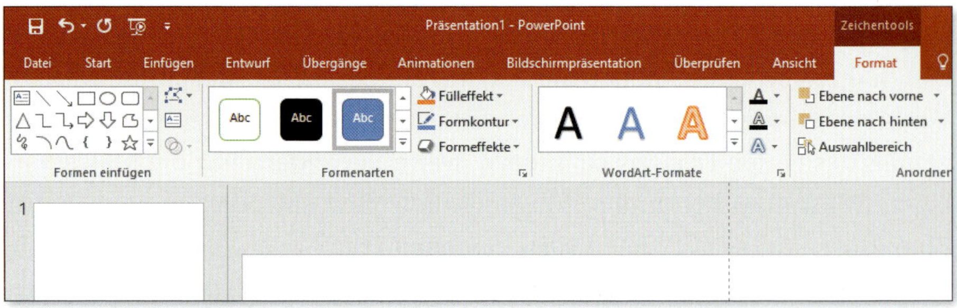

Außerdem finden sich in der Befehlsgruppe **WordArt-Formate** unter **Texteffekte** ❶ weitere Möglichkeiten zur Gestaltung Ihrer Texte wie **Schatten**, **Spiegelung**, **Leuchteffekt**, **Abschrägung**, **3D-Drehung** und **Transformieren**.

Texteffekte eignen sich besonders, wenn es nur um einzelne Wörter bzw. kurze Sätze geht und eine 3D-Wirkung erzielt werden soll, z. B. wenn Sie Text räumlich platzieren wollen. Außerdem sind Texteffekte sinnvoll, wenn es um eine Angleichung an Formen und Bilder im Sinne einer grafischen Gestaltung geht, z. B. wenn Sie Text als Plakette, Stempel, Medaille, Pyramide oder Ähnliches abbilden wollen. Die Präsentation *02_WordArt_Muster.pptx* finden Sie im Ordner *02* der Beispieldateien.

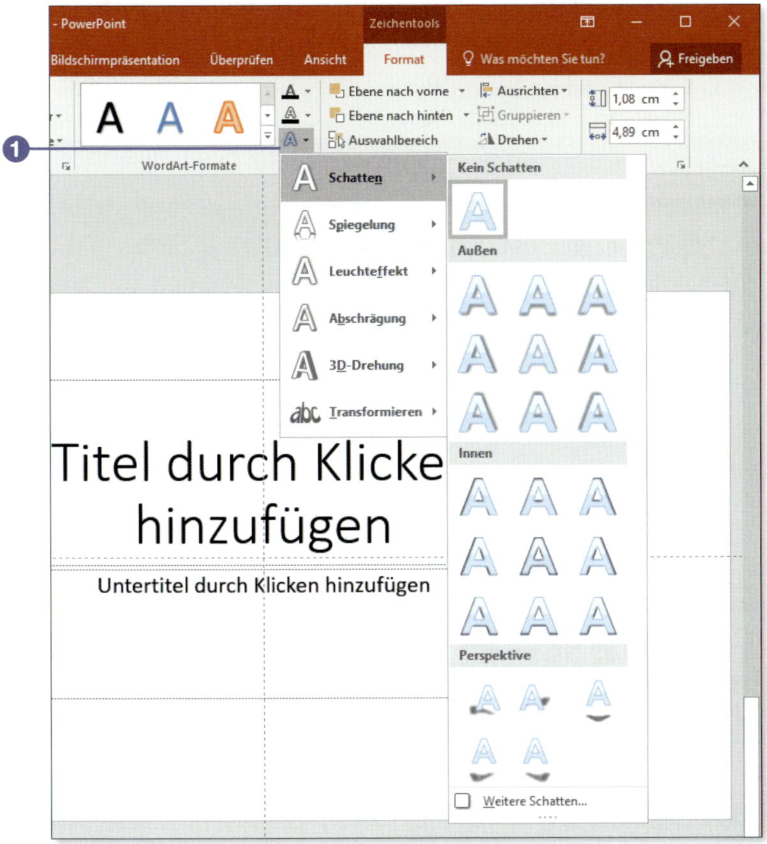

Texteffekte, wie Sie sie in den Abbildungen rechts sehen, können Sie über die Option »Texteffekte« hinzufügen.

Einen Texteffekt erstellen

In diesem Abschnitt zeige ich Ihnen nun ein Beispiel für einen Texteffekt, nämlich eine abgeschrägte 3D-Perspektive.

1. Öffnen Sie die PowerPoint-Datei *02_New-Message.pptx*, die Sie im Ordner *02* der Beispieldateien finden. (Sämtliche Beispieldateien zum Buch stehen Ihnen unter **www.vierfarben.de/3965** zum kostenlosen Download bereit.) Tippen Sie mithilfe der Freitext-Funktion (**Start ▸ Zeichnung ▸ Formen ▸ Textfeld**) oder über den Platzhalter den Text »new message« ein. Wählen Sie als Schriftgröße »88 Pt.« aus.
2. Über **Zeichentools/Format ▸ WordArt-Formate** wählen Sie ein Grafikformat als Texteffekt aus, z. B. **Füllung – Schwarz, Text 1, Kontur – Hintergrund 1, Harter Schatten – Hintergrund 1**.

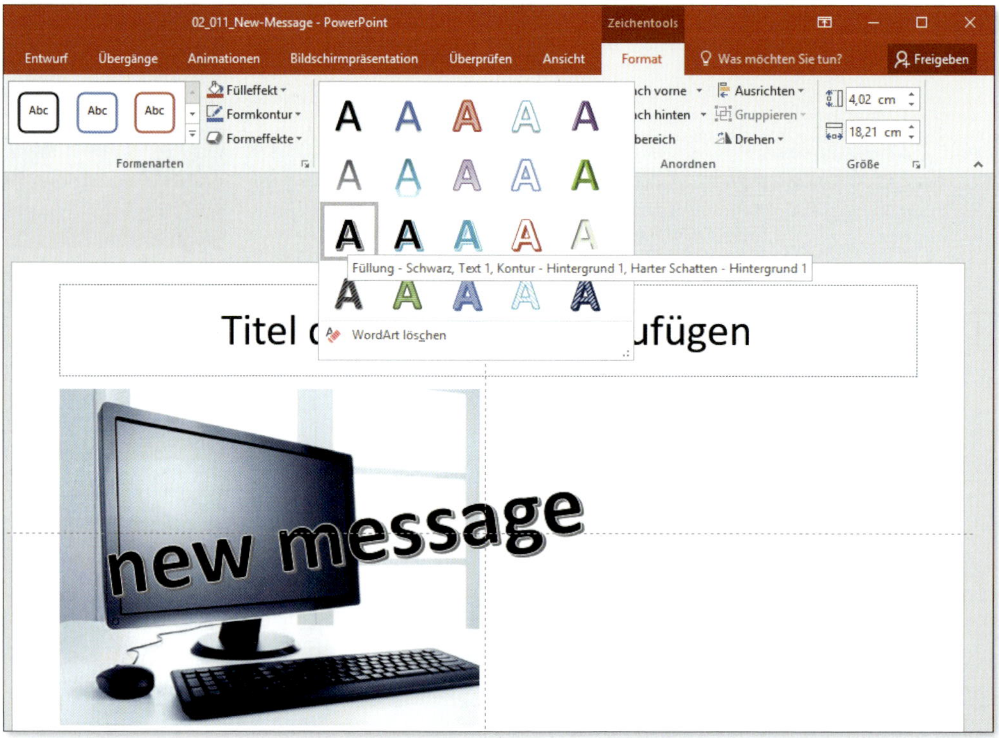

3. Für den zweiten Texteffekt wählen Sie **Zeichentools/Format ▸ WordArt-Formate ▸ Texteffekte ▸ 3D-Drehung ▸ Perspektive links (Stufe 3)**.

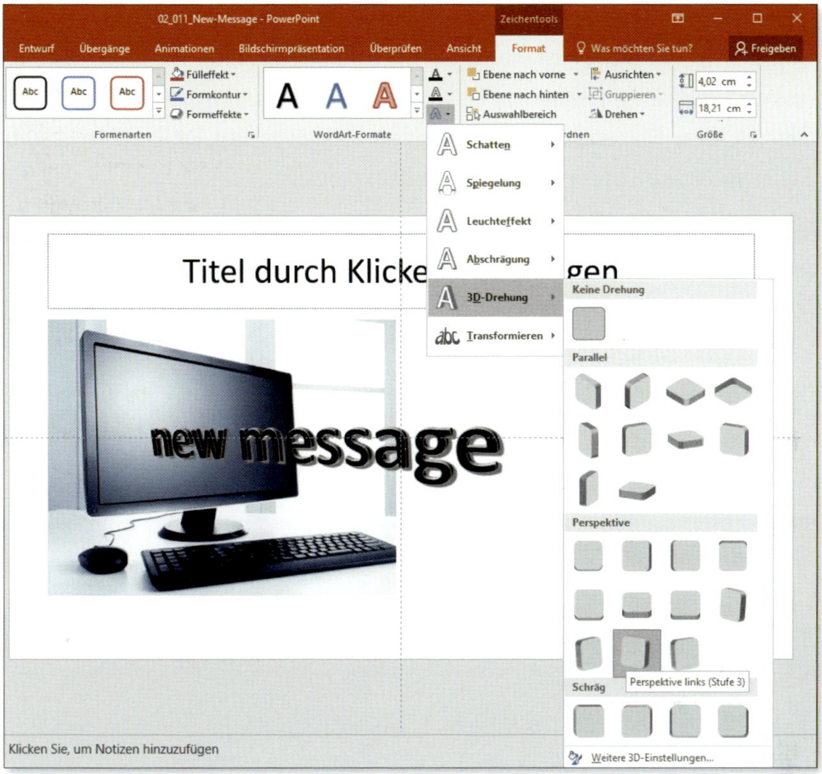

4. Verschieben Sie dann den Text in Richtung des Monitors, und drehen Sie ihn mithilfe des Ankersymbols am Text. Sie können auch mit der rechten Maustaste auf den Textrahmen klicken, dann im Kontextmenü **Größe und Position** wählen und im Aufgabenbereich bei **Drehung** den Wert »352°« eingeben.

Aber nicht nur der jeweilige Effekt, auch die Verteilung des Textes ist wichtig, wie Sie im folgenden Abschnitt sehen werden.

Vier Text-Platzhalter im Folienmaster anlegen

Gerade wenn Sie Text »sauber« platzieren und dabei ein bestimmtes Textgestaltungsraster häufiger verwenden wollen, bietet es sich an, ein eigenes Folienlayout im Master zu bauen.

1. Legen Sie eine neue leere Präsentation an. Dann wechseln Sie in den Folienmaster (**Ansicht ▸ Masteransichten ▸ Folienmaster**). Wählen Sie in der linken vertikalen Leiste das Folienlayout **Titel und Inhalt**. Klicken Sie mit der rechten Maustaste auf das links ausgewählte Layout, und wählen Sie **Layout duplizieren** aus dem Kontextmenü.

2. Von nun an arbeiten Sie auf dem duplizierten Layout. Verkleinern Sie den Platzhalter für den Inhalt auf ein Viertel der Größe. Klicken Sie entweder auf einen der Eckanfasser, und ziehen Sie den Platzhalter mit gedrückter Maustaste kleiner. Oder klicken Sie hierzu mit der rechten Maustaste auf den Platzhalter, wählen Sie **Größe und Position** aus dem Kontextmenü, und geben Sie im Aufgabenbereich bei **Höhe** »6,0 cm« und bei **Breite** »14,40 cm« ein.

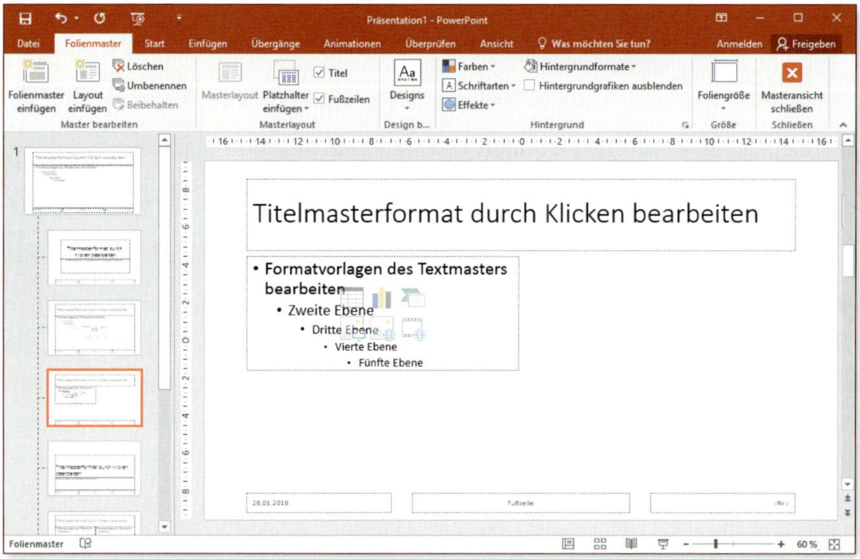

3. Klicken Sie danach auf den Rahmen des Platzhalters, und duplizieren Sie den Platzhalter mit [Strg] + [D]. Platzieren Sie die Kopie rechts daneben an ihre neue Stelle. Wiederholen Sie diesen Schritt für die anderen beiden Rahmen.

Um das Ergebnis zu testen, schließen Sie das Masterlayout mit einem Klick auf **Masteransicht schließen** ❶.

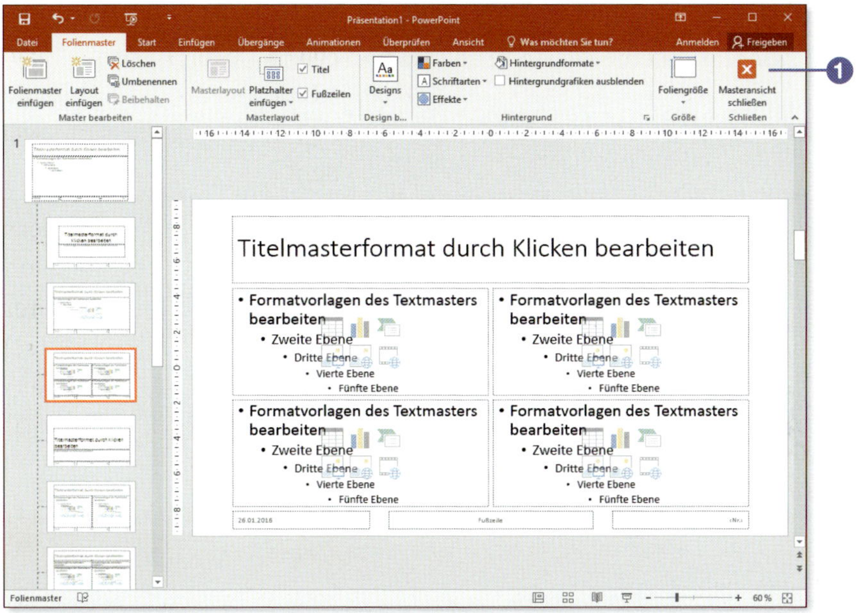

4. Legen Sie über **Start ▸ Folien ▸ Neue Folie** eine neue Folie an, und wählen Sie als Layout das neue Layout aus. Füllen Sie die Platzhalter beispielsweise mit Text oder Bildern.

INFO

Platzhalter einfügen

Alternativ können Sie anstelle von **Duplizieren** auch die Funktion **Platzhalter einfügen** in der Befehlsgruppe **Masterlayout** verwenden. Mit dieser Funktion können Sie später beim Ausfüllen des Platzhalters die Auswahl auf bestimmte Folienelemente einschränken, z.B. auf ein Bild, eine Tabelle oder Ähnliches.

Freitexte richtig nutzen

Bei der Verwendung von Freitexten passieren manchmal merkwürdige Dinge. In diesem Abschnitt zeige ich Ihnen, worauf Sie hier besonders achten sollten bzw. wie Sie Fehler vermeiden.

1. Öffnen Sie eine neue Präsentation, oder legen Sie in einer bestehenden Präsentation eine Leerfolie an (**Start ▸ Folien ▸ Layout ▸ Leer**).
2. Wählen Sie **Start ▸ Zeichnung ▸ Formen ▸ Textfeld**, und klicken Sie mit der linken Maustaste in die Folie. Schreiben Sie den folgenden Text: »Die Zeile kann sehr lang werden und wird nicht am Blattende umbrochen. Sie geht über die Folie hinaus.«
3. Um einen Freitext (ein Textfeld) mit Zeilenlängenbegrenzung zu erstellen, wählen Sie **Start ▸ Zeichnung ▸ Formen ▸ Textfeld**, und ziehen Sie unterhalb des zuvor geschriebenen Satzes mit gedrückter linker Maustaste einen Rahmen auf. Schreiben Sie den folgenden Text: »In einem schmaleren Textrahmen wird der Text automatisch umbrochen. Probieren Sie es aus, indem Sie einfach diesen Text schreiben.«

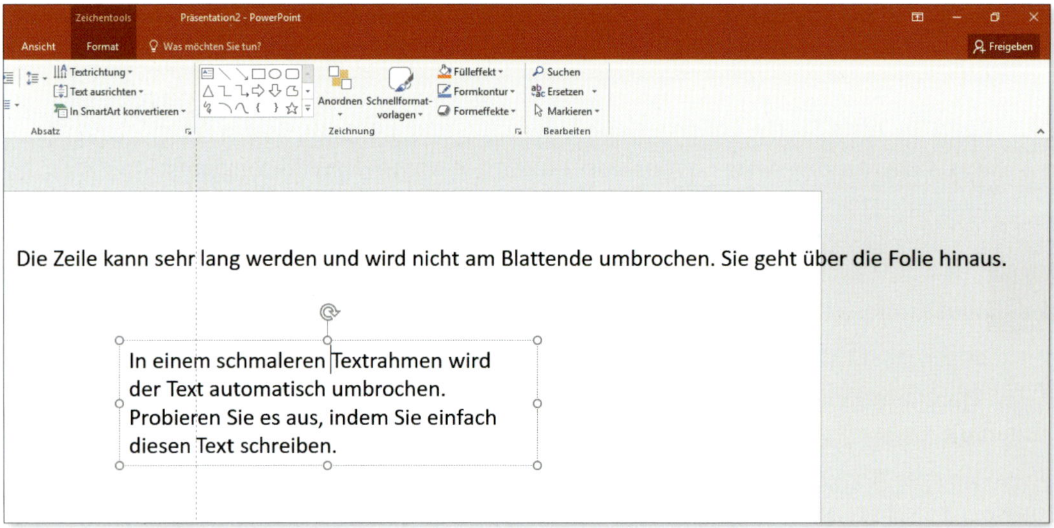

4. Wenn Sie nachträglich ändern wollen, ob der Text rechts über den Folienrand hinauswandert oder innerhalb der Textbox umbrochen wird, klicken Sie mit der rechten Maustaste auf das Textfeld, und wählen Sie im Kontextmenü den Befehl **Form formatieren**. Wenn Sie dann im gleichnamigen Aufgabenbereich bei **Textoptionen ▸ Textfeld ▸ Text in Form umbrechen** ① ein Häkchen setzen, können Sie den automatischen Zeilenumbruch erzwingen.

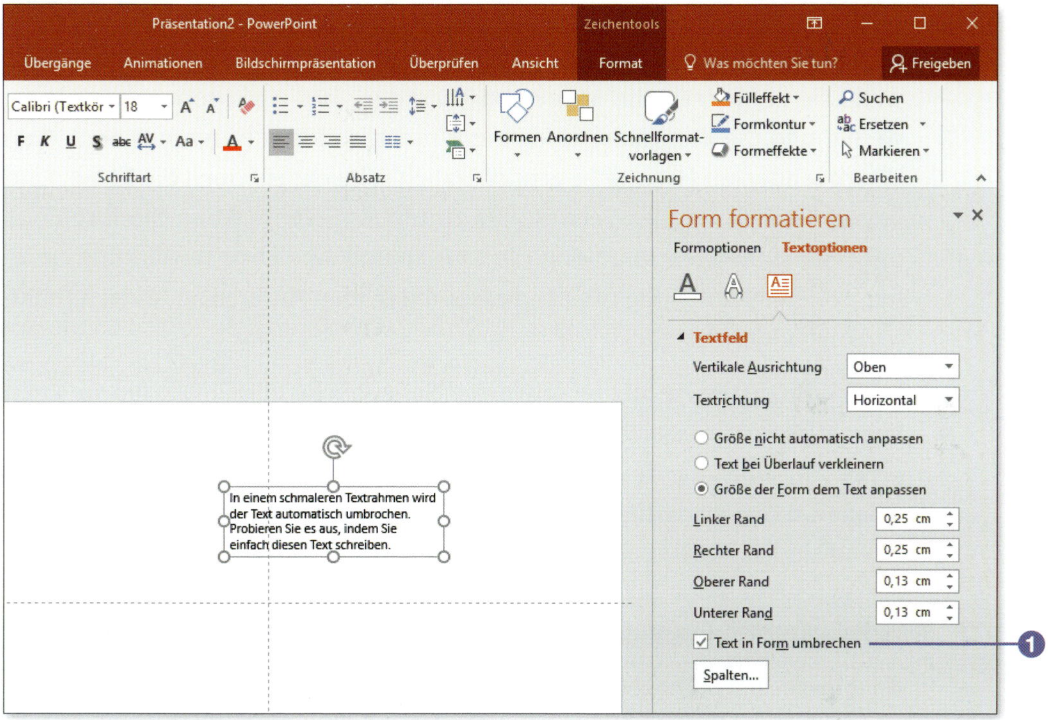

Sinnvolle Textgestaltung

Eine der häufigsten Fragen, die mir gestellt werden, ist die, wie viel Text auf einer Folie stehen sollte. In diesem Abschnitt geht es nicht nur um diese Frage, sondern auch darum, wie der Text gestaltet werden kann, um ihn präsentationstauglich zu machen.

In der Standardliteratur finden sich verschiedene Regeln für die *Textmenge*, beispielsweise die 7×7-Regel, die 4×4-Regel oder die 1-7-7-Regel. Die 7×7-Regel besagt: Gestalten Sie pro Folie maximal 7 Zeilen (7 Aufzählungszeilen) mit maximal 7 Wörtern pro Zeile. Für einfachere Zusammenhänge gilt die 4×4-Regel, d. h. 4 Zeilen mit maximal 4 Wörtern pro Zeile. Die 1-7-7-Regel besagt, dass man nur ein Argument pro Folie zeigen sollte und darauf wiederum die 7×7-Regel anwendet.

Einerseits sind diese Regeln recht einfach umzusetzen, doch andererseits sind sie besonders dann mangelhaft für die Wirkung einer Präsentation, wenn sie auf jeder Folie angewendet werden. Das wirkt sehr schnell langweilig, und die Zuschauer lesen nicht mehr, sondern hören nur noch dem Vortragenden zu (was nicht grundsätzlich schlecht ist, doch die Folien sind ja gerade dazu da, das Verständnis zu unterstützen). Wenn Sie Ihre Folie mit einer sinnvollen Textmenge ausstatten und eine positive Wirkung erzielen wollen, wenden Sie für sich besser die beiden Ansätze an, die ich Ihnen im Folgenden vorstelle.

Nach dem ersten Ansatz beantworten Sie zunächst die Frage, um welchen *Präsentationstyp* es sich handelt, und aufgrund dessen fällen Sie die Entscheidung über die Textmenge auf Ihren Folien. Eine entscheidende Rolle spielt dabei auch die Zielgruppe der Präsentation. Menschen, die es gewohnt sind, schnell zu lesen und viel Text in kurzer Zeit zu erfassen, können entsprechend mehr Text auf einer Folie verarbeiten als andere. Hierzu einige Beispiele für Präsentationstypen:

- **Messe- bzw. Teaser-Präsentation:** Das Ziel der Messepräsentation ist es, Aufmerksamkeit zu erzeugen, Besucher neugierig zu machen und an den Messestand zu locken. Wie viel Text lesen Zuschauer, wenn sie am Messestand vorbeigehen? Eher wenig. Nutzen Sie für Messe- bzw. Teaser-Präsentationen also sehr wenig Text, d. h. nur ein bis sieben Wörter pro Folie. Vor allem wenn Sie internationales Publikum haben, ist es leichter, mit Bildern und Infografiken zu arbeiten, weil diese allgemein und weltweit verständlich sind.
- **Präsentation eines neuen Produkts, z. B. Marketing- und Verkaufspräsentation:** Ihr Ziel ist es, den Außendienst und darüber hinaus auch Interessenten und Kunden zu begeistern und zu informieren (das Stichwort lautet also *Infotainment*). Sie sollten einerseits sehr emotionale Folien, also Folien mit vielen Bildern und Multimedia, aber wenig Text (ein bis sieben Wörter) einsetzen. Andererseits sollten Sie sachliche Folien präsentieren, die Produkteigenschaften anhand von Zahlen, Daten und Fakten belegen. Diese Folien können z. B. nach der 7×7-Regel gestaltet sein. Insgesamt sollte der sachliche Teil nicht mehr als 50 % und nicht weniger als 20 % der Präsentation ausmachen.

- **Verhaltensbezogene Trainings- und Schulungspräsentationen, z. B. Persönlichkeitsentwicklungsseminare, Kommunikation oder Führung:** Ihr Ziel ist es, eine Verhaltensänderung bei den Teilnehmern herbeizuführen. Die Präsentation sollte nur zur Erklärung und Emotionalisierung verwendet werden. Setzen Sie daher wenig Text ein: maximal ein bis zwei Zeilen Text pro Folie.
- **Sachbezogene Trainings- und Schulungspräsentationen, z. B. Softwareschulungen oder Maschinenlehrgänge:** Hierbei soll viel Wissen und reichlich Information bei den Teilnehmern verankert werden. Da die Präsentation damit gleichzeitig auch als Dokumentation verstanden werden kann, darf auf den Folien auch mehr Text stehen: maximal fünf Zeilen Text pro Folie. Wichtig sind hier die gute Strukturierung der Folien und gegebenenfalls die Arbeit mit Lückentexten (man lässt Wörter weg, sodass der Teilnehmer das Wort selbst ergänzen muss).
- **Projekt- und Beratungspräsentationen:** Das Ziel dieser Art Präsentationen ist die umfangreiche Dokumentation des Projekts oder der Beratung. Da es sich hier nicht mehr um eine klassische Vortragspräsentation handelt, sondern um eine Informationssammlung, können die Folien sehr viel Text umfassen. Die Textmenge ist unbegrenzt, die Obergrenze bildet jedoch die lesbare Schriftgröße. Ein Ausdruck der Präsentation sollte am besten vor der Livepräsentation an die Teilnehmer verteilt werden, damit sie sich einlesen können.

Aus diesen Beispielen lassen sich zwei Regeln ableiten, anhand derer sich die ideale Textmenge bestimmen lässt:

1. Je emotionaler das Thema Ihre Präsentation besetzt ist oder je deutlicher es dabei um die sogenannten *Soft Skills* (»weiche« Kompetenzen) geht, z. B. im Bereich der Persönlichkeitsentwicklung, desto weniger Text darf auf der Folie stehen. Meine Empfehlung: gar kein Text oder maximal ein Satz.
2. Je mehr die Präsentation einer Dokumentation ähnelt, desto mehr Text darf auf den Folien stehen. Die Obergrenze der Textmenge ist durch die Schriftgröße bzw. Lesbarkeit bestimmt. Eine Präsentation mit viel Text sollte dann aber idealerweise vor der Livepräsentation an die Teilnehmer ausgeteilt werden.

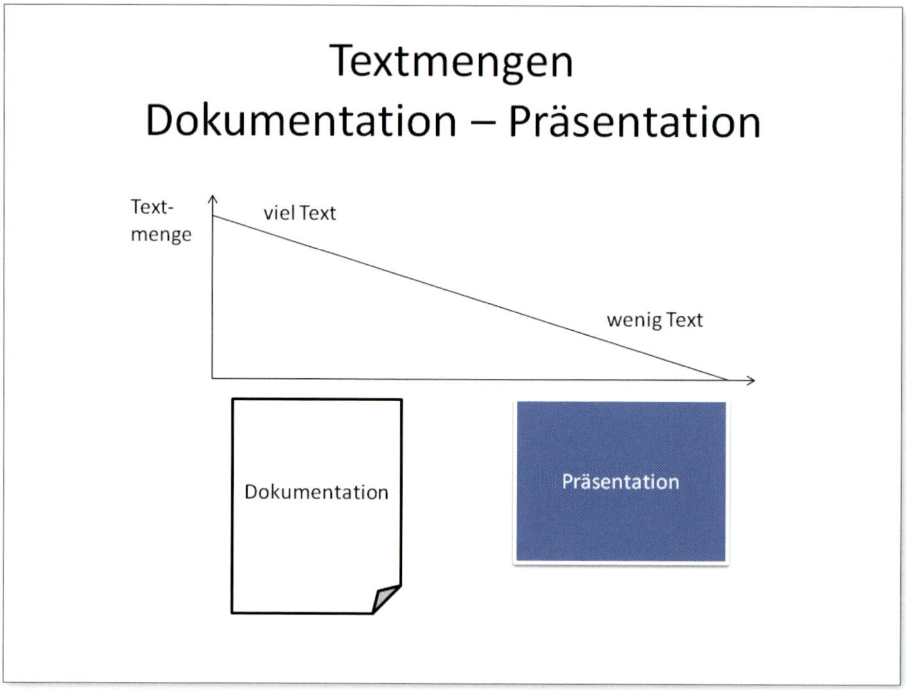

Größere Textmengen sind für die meisten Präsentationsarten ungeeignet.

Der zweite Ansatz für die Bestimmung der optimalen Textmenge orientiert sich am *Fokus*. Es geht dabei darum, worauf oder auf wen die Aufmerksamkeit des Publikums gerichtet wird: auf den Vortragenden oder auf die multimediale Präsentation. Worauf soll sich der Zuschauer konzentrieren? Soll er lesen oder dem Referenten zuhören?

Bei sehr vollen Folien sieht das Szenario im Normalfall so aus, dass alle Zuschauer zu Beginn einer Präsentation den Text »brav« lesen, aber dem Referenten nicht richtig zuhören. Da Zuhören an sich aber einfacher und bequemer ist, hören sie im Laufe der Präsentation mit dem Lesen auf und konzentrieren sich nur noch auf das Zuhören. Häufig tritt noch ein weiterer Effekt auf: Werden auf den Folien alle Texte gleichzeitig angezeigt, lesen die Zuschauer sie durch und sind dann gelangweilt, vor allem wenn der Referent jede Zeile noch einmal vorliest.

TIPP

Die Rede nicht als Präsentationstext verwenden

Kürzen Sie die Texte auf Ihren Folien, und tragen Sie den Rest mündlich vor. Die Langfassung des Textes bzw. Ihr Redemanuskript können Sie, wenn nötig, auch in die Notizen packen.

In der Präsentationslehre herrscht darüber Einigkeit, dass der Referent wichtiger ist als die visuelle Präsentation. Der Fokus sollte also weitestgehend auf den Referenten gerichtet sein. Die Präsentation dient der medialen Unterstützung und soll die Zuschauer vor allem auf der visuellen Ebene ansprechen. Der zweite hier vorgestellte Ansatz zur Bestimmung der Textmenge arbeitet mit einer zeitlichen Begrenzung für die Darbietung einer Folie. Es gilt die *20-Sekunden-Regel*: Eine Folie oder Informationseinheit muss in maximal 20 Sekunden von den Zuschauern verstanden werden können, damit der Referent im Vordergrund steht und wahrgenommen wird.

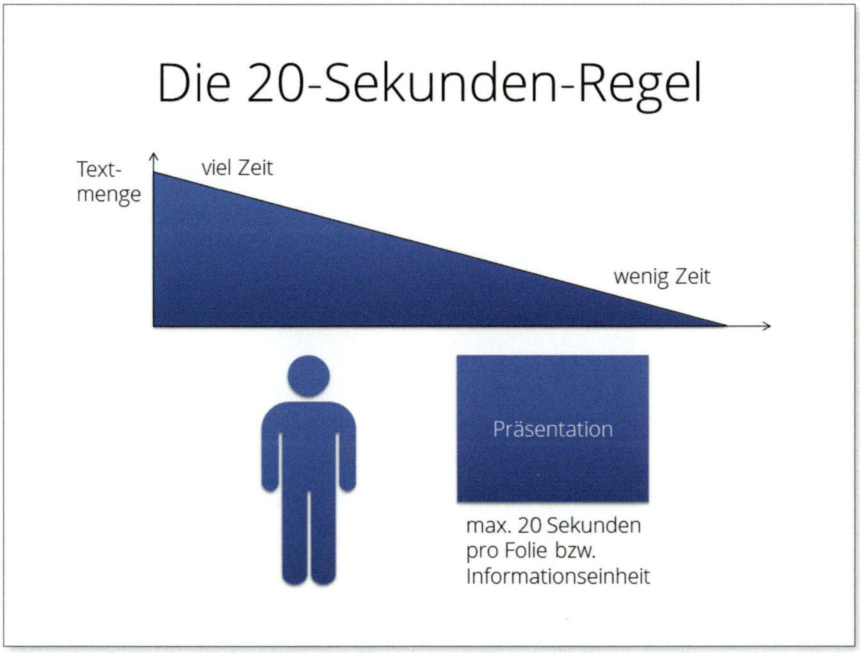

Braucht der Zuschauer zu lange, um die Informationen einer Folie aufzunehmen, tut er sich schwer, dem Referenten zu folgen.

Der Ansatz beruht darauf, die maximale Aufmerksamkeit auf den Referenten zu richten. Eigentlich bedeutet das sogar, dass die 20 Sekunden das Maximum sind – besser sind Werte zwischen 3 und 10 Sekunden pro Folie. Eine Informationseinheit kann dabei z. B. eine Zeile Text sein oder aus einem Text und einem Bild bestehen. In diesem Zusammenhang wird auch noch einmal deutlich, warum Texte gut lesbar sein sollten. Je schneller ein Zuschauer die Information aufnehmen kann, desto eher richtet er seine Aufmerksamkeit wieder auf den Referenten. Wenn Sie Texte dagegen drehen oder knallig bunt gestalten, erschwert das das Lesen und kostet damit Zeit.

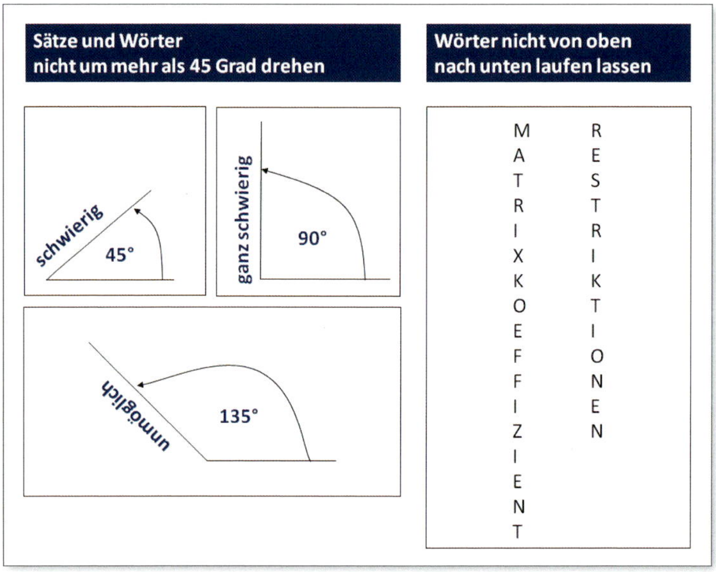

Je mehr die Formatierung vom Standard abweicht, umso schwieriger ist es, die Information zu erfassen.

Sie haben zwei Ansätze kennengelernt, wie und wann Sie die Textmenge begrenzen können bzw. sollten. Einige Referenten zeigen nur noch Stichwörter, um die Aufmerksamkeit möglichst rasch wieder auf sich zu lenken. Das hat allerdings den Nachteil, dass dabei Informationen und Handlungsaufforderungen verloren gehen können. Darüber hinaus hängt es vom Präsentationsstil des Referenten ab, wie informativ die Folien sein müssen, und es sollte im Einzelfall entschieden werden, was das Richtige ist.

Sinnvolle Schriftgestaltung

Eine gute Schriftgestaltung in Präsentationen verlangt vor allem eines, nämlich eine gute Lesbarkeit. Stellen Sie sich vor, Sie sitzen in einem Raum ganz hinten und können von den Folien nichts erkennen. Im Normalfall sind Sie ziemlich gefrustet und schalten vermutlich schnell ab.

Lesbarkeit hängt von verschiedenen Parametern ab, z. B. von Schriftart, Stil, Größe und Farbe. Daneben spielt auch die optische Anmutung eine Rolle: Wirkt die Schrift verspielt, sachlich, alt, innovativ?

In der Typografie werden zwei *Schriftarten* unterschieden: *Serifenschriften* und *serifenlose Schriften*. Serifenschriften (z. B. Times New Roman) haben an den Enden der Buchstaben oben und unten kleine »Füßchen«, die die Leserlichkeit fördern. Solche Schriften werden häufig für längere Texte gebraucht. Serifenlose Schriften (z. B. Calibri) dagegen haben diese Füßchen nicht und sind daher in längeren Texten schlechter lesbar. Dafür sind sie aber für Überschriften und kurze Texte in Präsentationen besser geeignet.

Gute Schriftarten für Präsentationen sind z. B.:

- Verdana
- Tahoma
- Trebuchet
- Calibri

Die ersten drei Schriften haben den Vorteil, dass sie auf jedem Windows-PC standardmäßig vorhanden sind. Die Calibri ist nur dann nutzbar, wenn mindestens Office 2007 installiert ist. Das Problem von fehlenden Schriften können Sie allerdings umgehen, indem Sie die Schriftart zusammen mit Ihrer PowerPoint-Präsentation speichern, sie also *einbetten*. Der Vorteil: Sie haben die passende Schriftart immer dabei und können auch an fremden Computern »sauber« präsentieren.

Die Schrifteinbindung hat jedoch einen kleinen Haken: Ihre Präsentation braucht mehr Speicherplatz, was eventuell beim Versand per E-Mail Schwierigkeiten bereiten könnte.

> **INFO**
>
> **Einbettung immer neu einstellen**
>
> Die Schriftart wird nur in der jeweiligen PowerPoint-Datei eingebettet! Wenn Sie eine neue Präsentation erstellen, ist die Option nicht automatisch aktiv, und Sie müssen das Speichern der Schriftart neu einstellen.

Die Funktion der Schrifteinbettung erreichen Sie über **Datei ▸ Optionen ▸ Speichern ▸ Schriftarten in der Datei einbetten**. Stellen Sie dort am besten **Alle Zeichen einbetten (zum Bearbeiten durch andere Personen)** ❶ ein. Wenn Sie Speicherplatz sparen wollen, genügt die Option **Nur die in der Präsentation verwendeten Zeichen einbetten (zum Reduzieren der Dateigröße)** ❷.

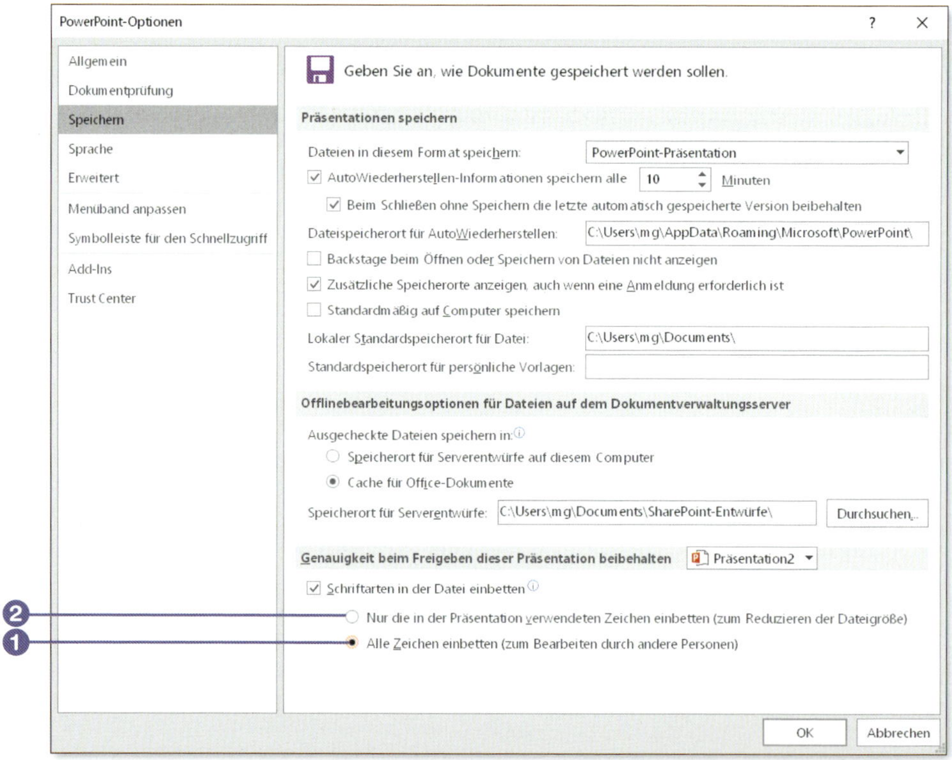

Ein weiterer Parameter für die gute Lesbarkeit eines Textes ist die *Schriftgröße*, die in Punkt (Pt.) angegeben wird. Die optimale Schriftgröße für Präsentationen lässt sich mithilfe einer von mir entwickelten Näherungsformel leicht berechnen. Die Formel bezieht sich auf serifenlose Standardschriften wie die bereits genannten. Die Schriftgröße hängt demnach von zwei Parametern ab: von der Höhe der Projektionsfläche (Höhe der Leinwand bzw. projizierten Fläche) und vom Abstand der Zuschauer in der letzten Stuhlreihe zur Leinwand. Die Formel lautet also wie folgt:

»Abstand letzte Stuhlreihe zu Leinwand in m mal 4,8 Pt. geteilt durch Höhe der Leinwand in m gleich Schriftgröße in Pt.«

Und hier zum Verständnis ein Beispiel für die Berechnung: Der Abstand von der letzten Stuhlreihe beträgt 10 Meter, die Leinwand ist 3 Meter hoch. Man rechnet also Folgendes: 10 m × 4,8 Pt. ÷ 3 m. Das Ergebnis ist 16, d. h., eine Schrift in der Größe von 16 Punkt könnte unter diesen Umständen gut gelesen werden. Unterschreiten Sie diese Schriftgröße für den Text nicht. Die Schrift des Titels kann weit größer sein, z. B. 24 Punkt.

Wenn Sie die Räumlichkeiten nicht kennen, müssen Sie die Werte schätzen. Als Anhaltspunkt kann dann die Zuschauermenge gelten. Überlegen Sie, wie viele Personen in eine bestimmte Raumgröße passen. Wenn Sie z. B. 100 Personen erwarten, liegt die Raumgröße bei geschätzten 10 × 20 m, der Abstand zur Leinwand beträgt ca. 15 m, die Leinwandhöhe etwa 2,5 m, d. h., Sie rechnen 15 m × 4,8 Pt. ÷ 2,5 = 28,8 Pt. Nach meiner Erfahrung liegen Sie mit Schriftgrößen zwischen 22 und 28 Punkt im Normalfall auf der sicheren Seite.

Wenn Sie wiederkehrende Veranstaltungen in einem bestimmten Konferenzraum planen, können Sie natürlich auch live testen. Lassen Sie sich dazu eine Folie mit verschiedenen Schriftgrößen anzeigen, und finden Sie so die optimale Größe heraus. Dabei können Sie auch gleich noch überprüfen, ob die anderen Parameter für die Lesbarkeit passend sind, z. B. die Schriftfarbe. Als Vorlage können Sie dafür einfach und komfortabel die Präsentation *02_Sehtest.pptx* aus dem Ordner *02* der Beispieldateien auf Ihr Masterlayout übertragen.

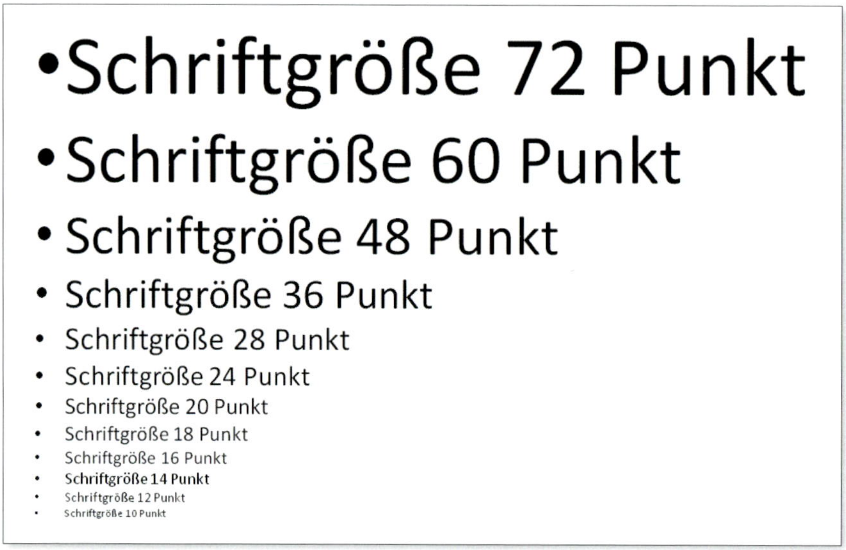

Eine gute Lesbarkeit zeichnet sich vor allem dadurch aus, dass die Schrift sich deutlich vom Hintergrund oder von dem dahinterliegenden Motiv abhebt. Das bedeutet: Wenn die *Schriftfarbe* hell ist, sollte der Hintergrund dunkel sein und umgekehrt. Gestalten Sie Hintergründe und Text auf Ihren Folien sehr kontrastreich! Die folgende Tabelle zeigt einige Beispiele für Farbkombinationen.

Schrift	Hintergrund
Weiß	Dunkelgrau
Schwarz	Beige
Dunkelblau	Hellgelb

So einfach diese Regel ist, so schwierig kann ihre Umsetzung in der Realität werden. Denn ein Teil der Projektoren hat Probleme mit der Darstellung des vollen Kontrastumfangs, wie es Laptops oder PC-Monitore können. Der Beamer ordnet die »Fehlfarben« dann einfach einer anderen Farbe zu. Im ungünstigsten Fall unterscheiden sich die Schriftfarbe und der Hintergrund dann kaum noch, d.h., der Text lässt sich gar nicht mehr lesen. Mein Tipp lautet daher: Testen Sie die Farben vor der Präsentation am Projektor aus.

Über die Lesbarkeit hinaus hat die Verwendung unterschiedlicher Farben auch eine psychologische Wirkung. Studien belegen, dass bestimmte Farbkombinationen auch bestimmte Stimmungen erzeugen. Die folgende Abbildung zeigt einige Beispiele. (In Anlehnung an Eva Heller »*Wie Farben wirken: Farbpsychologie. Farbsymbolik. Kreative Farbgestaltung.*« Reinbek: Rowohlt 2004.)

<table>
<tr><td>Die beste Fernwirkung hat schwarze Schrift auf gelbem Grund.</td><td>Die beste Nahwirkung hat schwarze Schrift auf weißem Grund (Papier).</td></tr>
<tr><td>Weiße Schrift auf blauem Grund wird als positives Signal betrachtet.</td><td>Weiße Schrift auf rotem Grund wird als Verbots- oder Achtungssignal betrachtet.</td></tr>
<tr><td colspan="2">Rotgedrucktes erweckt den Eindruck von unwichtiger Information.

Je farbiger ein Text ist, desto schwieriger ist er zu lesen und desto unwichtiger erscheint die Information.</td></tr>
</table>

Eine zu große Anzahl an Schriftarten, -größen und -formatierungen (Farbe, Schnitt usw.) auf einer Folie wirkt sehr beliebig und ungestaltet. Orientieren Sie sich daher lieber an folgenden vier Grundsätzen:

1. Benutzen Sie nur ein bis zwei unterschiedliche Schriftarten, z. B. eine für den Titeltext und eine für den Fließtext (Inhalt).
2. Eine zusätzliche Schriftart können Sie noch für Sondereffekte verwenden, z. B. Hinweisschilder.
3. Beim Schriftformat (z. B. Farbe oder Schnitt) sollten Sie bei einem Stil bleiben. Abweichungen, z. B. ein fetter oder kursiver Schriftschnitt, sollten nur für hervorgehobene Textstellen gelten.
4. Definieren Sie feste Schriftgrößen, z. B. eine für die Überschrift, eine bis drei für den Fließtext und eine für Sondereffekte.

Im folgenden Beispiel habe ich die Schriftart Calibri für Titel und Inhalt verwendet und die Sonderschrift Kristen ITC für besondere Effekte eingesetzt.

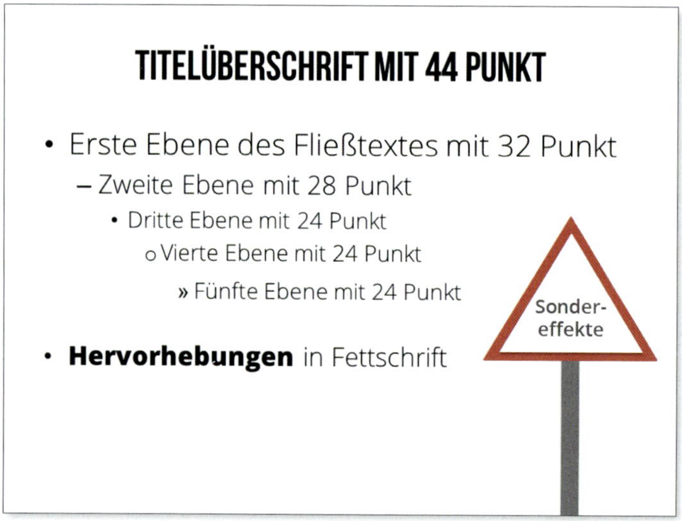

Die Gestaltung und deren Wirkung unterliegen sehr deutlichen Trends. Dinge, die vor zehn Jahren sehr schick waren, können heute veraltet und rückständig wirken (es sei denn, sie gehören zu einem Retro-Trend). Bezogen auf das Thema Schrift heißt das, dass 20 Jahre alte Schriften wie Arial oder Times New Roman nicht nur technisch fehlerhaft, sondern inzwischen auch aus der Mode sind und in einer aktuellen Präsentation nichts mehr verloren haben. Nutzen Sie neuere Schriften wie Verdana, Tahoma, Trebuchet oder Calibri, die darüber hinaus technisch einwandfrei sind.

Interpretation – der Weg zur Botschaft

Sie haben in den vorangegangenen Abschnitten gelesen, dass Referenten im Vordergrund stehen und Texte je nach Präsentationsart kurz gehalten werden sollen. Außerdem wissen Sie, dass Bilder schnell verarbeitet werden können und darüber hinaus weitere Vorteile besitzen (siehe dazu Kapitel 3, »Bilder pfiffig präsentieren«). Was liegt also näher, als eine Technik einzusetzen, um aus Texten ein Bild oder mehrere Bilder zu machen? Wenn

Sie Ihre Botschaften in Bilder »übersetzen«, transportieren Sie die Botschaft einer Folie besser und machen sie leichter merkbar. Das Vorgehen besteht aus fünf Schritten:

1. Legen Sie die Botschaft der jeweiligen Folie fest.
2. Schreiben Sie die Inhalte als Text auf die Folie.
3. Kopieren Sie den Text in die Notizseiten.
4. Reduzieren Sie den Text auf der Folie auf das Wesentliche – der Notizenbereich enthält ja immer noch den vollständigen Text.
5. Überlegen Sie, wie der Text auf der Folie aussagekräftig bebildert werden kann.

Nun zeige ich Ihnen diese Schritte noch einmal im Detail anhand einer Beispielpräsentation mit dem Thema Geldpolitik. Die folgende Abbildung zeigt die Schritte 1 und 2, d. h., deren Inhalte und die gewünschte Botschaft wurden festgelegt. Die meisten Präsentationen hören bereits an dieser Stelle mit der Gestaltung auf – ein Verlust, wie sich im Folgenden zeigen wird.

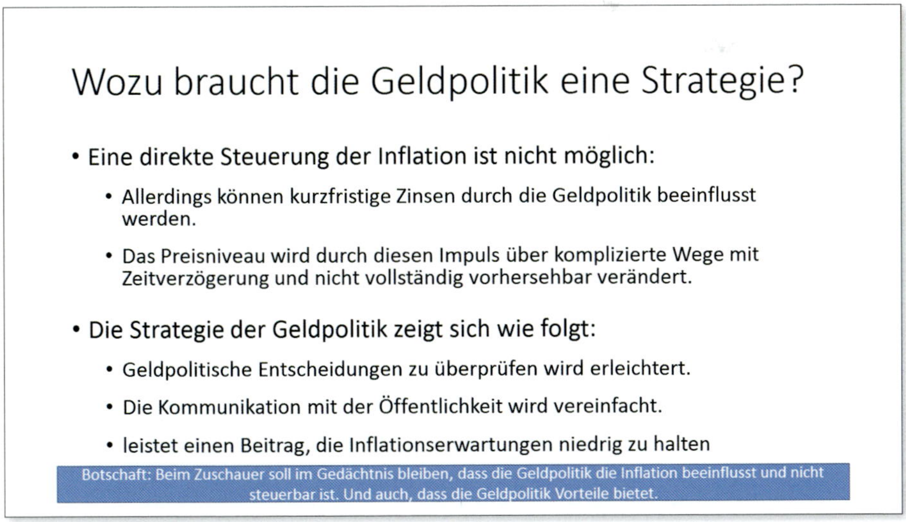

Im dritten Schritt übertragen Sie den gesamten Inhalt in die Notizen. Dazu markieren Sie den Text, drücken [Strg] + [C], klicken unten in die Notizen und drücken [Strg] + [V]. Falls kein Notizfeld zu sehen ist, klicken Sie auf den Button **Notizen** in der Statuszeile unterhalb der Folie, und ziehen Sie das Notizfeld mit gedrückter Maustaste auf, um es größer zu machen.

Im vierten Schritt wird der Text auf der Folie gekürzt. Dazu lassen Sie u. a. alles weg, was keine wesentliche Information enthält, etwa Artikel, Hilfsverben, doppelte Wörter usw. Kürzen Sie den Inhalt sinnvoll ein.

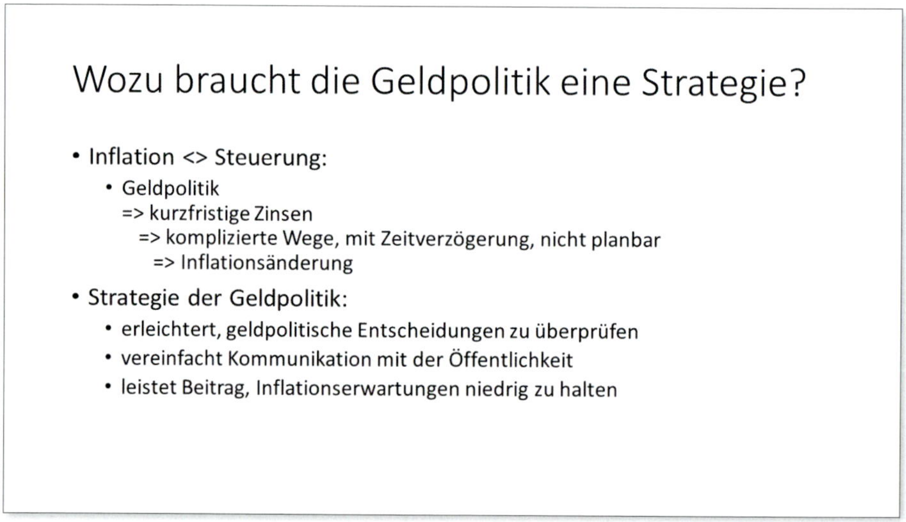

Der Folieninhalt wird auf die wesentlichen Informationen reduziert.

Nicht immer ist es sinnvoll, nur Stichwörter auf der Folie zu nennen. Etwa wenn Sie die PowerPoint-Präsentation weitergeben. Dann ist es für den Leser verständlicher, wenn er alles nachlesen kann. Hier würde sich auch ein Kompromiss anbieten, z. B. geben Sie die Präsentation inklusive der Notizen weiter, sodass jeder Leser bei Unverständnis die Möglichkeit hat, Ihren Gedankengang anhand der Notizen nachzuvollziehen.

In Schritt 5 ist Kreativität gefragt. Analysiert man den ersten Teil der Folie, stehen die Begriffe Inflation und Steuerung im Vordergrund. Steuern erinnert an Fahren, Schifffahrt usw. Also bietet sich die Bebilderung mit einem Schiff und einem Steuerruder an. Das bleibt besser im Gedächtnis, und mit dem Thema Schifffahrt könnten für weitere Folien noch Abbildungen abgeleitet werden.

In den folgenden Zeilen geht es um einen Ablauf nach dem Muster »Wenn … dann«. Dafür bietet sich eine prozessorientierte Darstellung mit Icons an.

Beim letzten Textabschnitt habe ich mich für ein SmartArt und Piktogramme entschieden. Die Aussage wird dadurch bildlich untermauert und einprägsam gestaltet.

Wenn Sie sich die fertige Folie im sogenannten Metro-Design anschauen, ist aus einer textlastigen eine bildhafte Präsentation geworden. Nun kann der Referent Bereich für Bereich einblenden und seine Erklärung dazu abgeben. Es ist für den Zuschauer spannend, und die Präsentation bleibt nachhaltig im Gedächtnis.

Die Ersetzung von Text durch Bilder macht den Vortrag spannender und nachhaltiger. Die neue Anordnung (SmartArt) von Text schafft eine räumliche Zuordnung im Kopf des Zuschauers und wird besser behalten.

Aufzählungen

Aufzählungen mit klassischen Symbolen wie Spiegelstrich, Rechteck, Dreieck, Kreis und Raute sind der Standard in PowerPoint. Jeder Anfänger beginnt damit, und Microsoft macht es dem Anwender leicht, mit diesen

Symbolen zu arbeiten. Das Fatale daran ist, dass sich alle Präsentationen dadurch ähneln, die Aufmerksamkeit der Zuschauer nimmt ab, und es entsteht wenig Abwechslung und Spannung.

Der Profi weiß, dass er dieses Muster durchbrechen muss, um die Wirkung der Präsentation zu verbessern. Er variiert die klassische Aufzählungsform – etwa durch individuelle Aufzählungssymbole oder Text-Bild-Kopplungen. Diese sollten immer kontextbezogen sein, d. h. zum Inhalt und/oder zu der Gestaltung einer Folie passen. In den folgenden Abschnitten finden Sie alternative Ideen für Textaufzählungen, mit deren Hilfe Sie Ihre Präsentationen aufpeppen und ihre Wirkung steigern können.

Moderne oder kontextorientierte Aufzählungssymbole können z. B. ein Logo oder ein gezeichnetes Symbol sein. Das Aufzählungszeichen (auch *Bullet* genannt) sollte immer in Zusammenhang mit dem Inhalt oder der Gestaltung der Folie stehen (Kontextorientierung). Geht es in einer Präsentation beispielsweise um Limonaden mit verschiedenen Geschmacksrichtungen, können als Aufzählungszeichen die entsprechenden Früchte aufgegriffen werden, z. B. Orangen, Äpfel oder Zitronen. Für ein Fitnessstudio könnten Hanteln oder Gewichte verwendet werden. Bei einem Automobilzulieferer bieten sich Zündkerzen, Scheinwerfer oder Ähnliches als Motive an.

Nutzen Sie solche kreativen Extras jedoch sparsam, und setzen Sie sie sinnvoll ein. Andernfalls wirken sie wie Spielerei, nutzen sich schnell ab und lenken vom eigentlichen Präsentationsinhalt ab!

Wählen Sie nur Zeichen, die einfach zu erkennen sind. Komplexe Bilder als Aufzählungszeichen bewirken eher, dass der Zuschauer sich fragt, was das Zeichen eigentlich bedeuten soll. Denken Sie auch immer daran, dass die Zeichen ausreichend groß sein müssen, um erkannt zu werden. Die entsprechenden Einstellungen nehmen Sie über **Start ▸ Absatz ▸ Nummerierung und Aufzählungszeichen** (Sie erreichen diesen Befehl, indem Sie auf das Pfeilsymbol der Schaltfläche **Nummerierung** bzw. **Aufzählungszeichen** klicken) vor. Geben Sie in das Feld **Größe** des folgenden Dialogs »120 %« bis »150 %« ein, dann sind die Zeichen ausreichend groß.

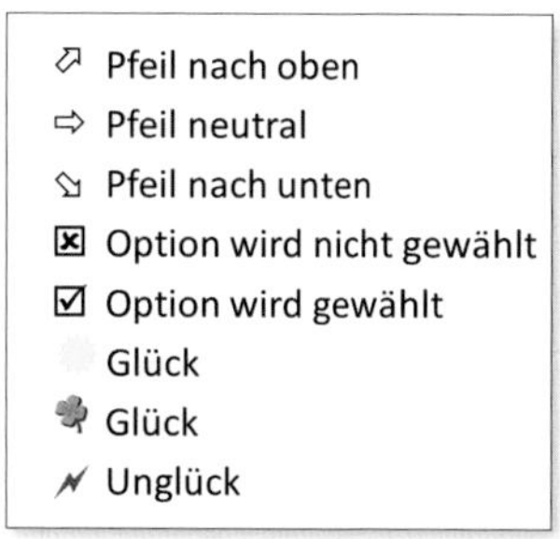

Das Thema wird hier durch ein Blatt symbolisiert. Wichtig ist, dass das Aufzählungszeichen gut zu erkennen ist.

Sie können beliebige Grafikformate als Aufzählungszeichen verwenden, am besten eignen sich jedoch PNG-Dateien, denn diese können transparente Bereiche enthalten und fügen sich damit harmonischer in die Folie ein. Eine entsprechende Folie befindet sich im Ordner *02* der Beispieldateien unter dem Namen *02_Firma.pptx*.

Auch das Logo einer Firma kann als Aufzählungszeichen dienen.

Ihr Logo als Aufzählungszeichen verwenden

In diesem Abschnitt zeige ich Ihnen, wie Sie Ihr Firmenlogo als Aufzählungszeichen nutzen und so Ihrer Präsentation eine individuelle Anmutung geben.

1. Legen Sie eine neue Präsentation bzw. eine neue Folie an. Geben Sie einen Titel sowie ein paar Zeilen Inhaltstext ein, und fügen Sie ein Logo hinzu (**Einfügen ▸ Bilder ▸ Bilder**). Sie können auch mit der Präsentation *02_Aufzählungszeichen_Modern.pptx* arbeiten, die Sie im Ordner *02* der Beispieldateien finden.
2. Um das Logo einzufügen, markieren Sie alle Zeilen, klicken mit der rechten Maustaste darauf und wählen aus dem Kontextmenü **Aufzählungszeichen ▸ Nummerierung und Aufzählungszeichen**.

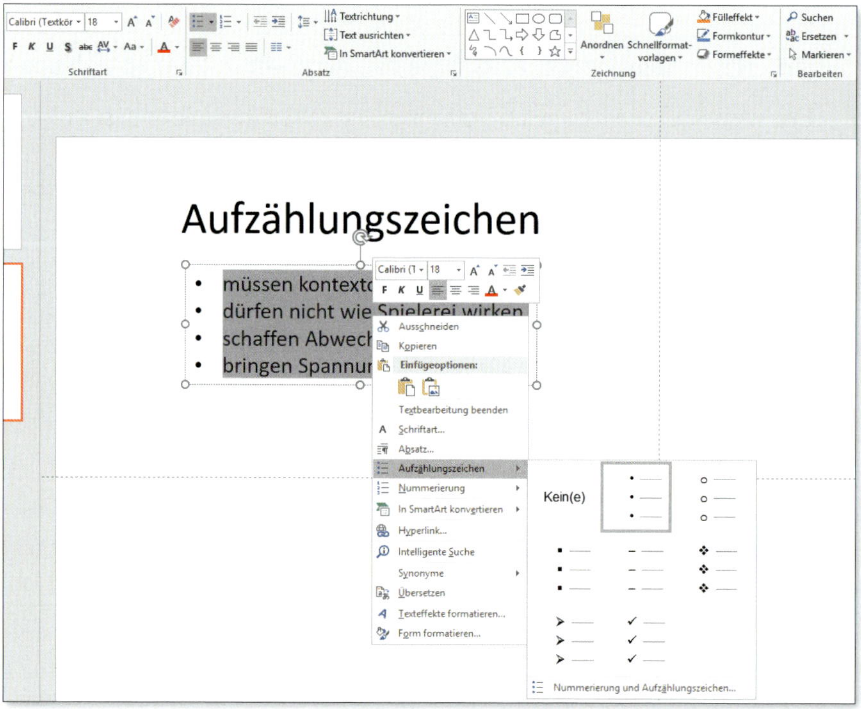

3. Im Dialogfenster klicken Sie auf die Schaltfläche **Bild**.

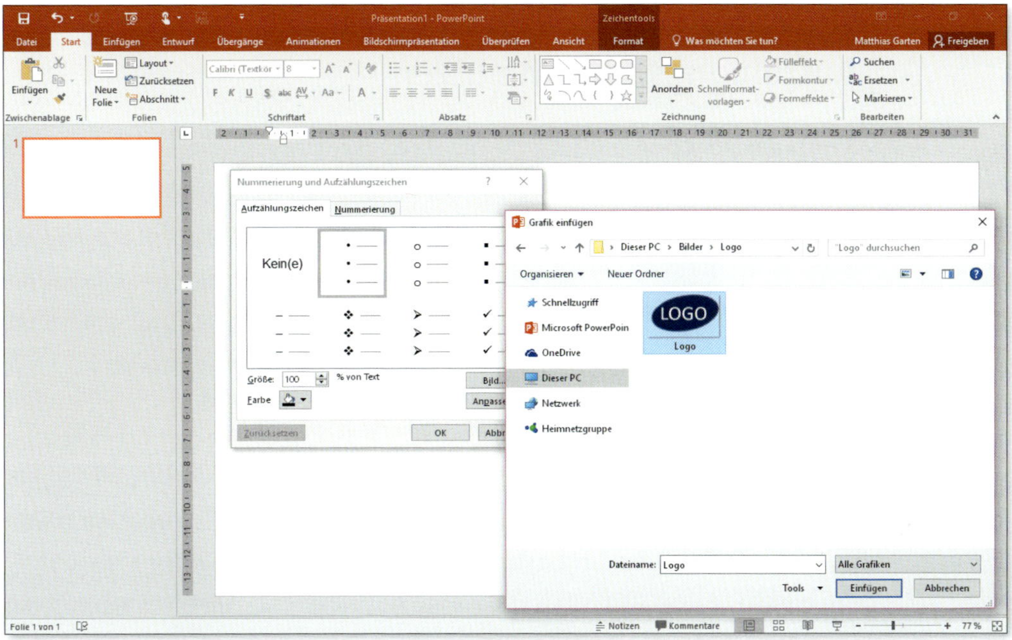

4. Ein weiteres Dialogfenster namens **Grafik einfügen** öffnet sich. Wählen Sie den Speicherort Ihrer Grafikdatei mit Ihrem Logo aus (alternativ können Sie für diese Anleitung auch die Bilddatei *02_Logo.png* aus dem Ordner *02/Bilder* der Beispieldateien verwenden), und bestätigen Sie die Wahl mit einem Klick auf **Einfügen**.

5. Das Ergebnis sehen Sie in der folgenden Abbildung: Die Folie wirkt individueller und dadurch interessanter, Ihre Präsentation bleibt den Zuhörern länger im Gedächtnis.

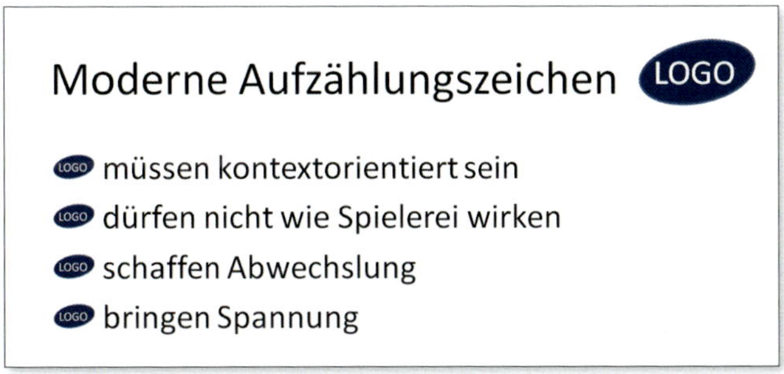

Ein Vorteil-Nachteil-Symbol als Aufzählungszeichen nutzen

Symbolische oder moderne Aufzählungszeichen helfen Zuschauern, die Tendenz einer Aussage schneller zu erkennen. Achten Sie dabei jedoch darauf, nur wenige verschiedene Farben zu verwenden, damit es nicht zu spielerisch aussieht. Mit Symbolen wie Smileys können Sie z. B. zeigen, was gut, was neutral und was negativ war.

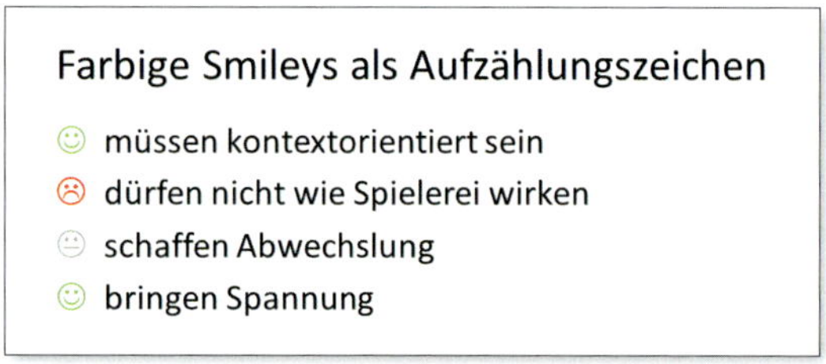

1. Legen Sie für dieses Beispiel zunächst eine neue Präsentation bzw. eine neue Folie mit dem Layout **Vergleich** an (**Start ▸ Folien ▸ Layout ▸ Vergleich**). Alternativ verwenden Sie die Datei *02_Ausdauersport.pptx* aus dem Ordner *02* der Beispieldateien. Schreiben Sie »Ausdauersport« in das Titelfeld. In die Unterüberschriftenfelder links und rechts tippen Sie »Nachteile« und »Vorteile«. Darunter folgen dann die Begriffe, wie sie auf der Folie zu sehen sind.

2. Markieren Sie die Textzeilen unterhalb von »Nachteile«, also »zeitaufwendig« usw. Drücken Sie die rechte Maustaste, und wählen Sie aus dem Kontextmenü **Aufzählungszeichen ▸ Nummerierung und Aufzählungszeichen**. Danach klicken Sie auf die Schaltfläche **Anpassen**, um in den Dialog **Symbol** zu gelangen. Wählen Sie hier als Schriftart **Wingdings** und als Zeichen das Symbol **Daumen nach unten**. Anschließend bestätigen Sie beide Dialogfenster mit **OK**.

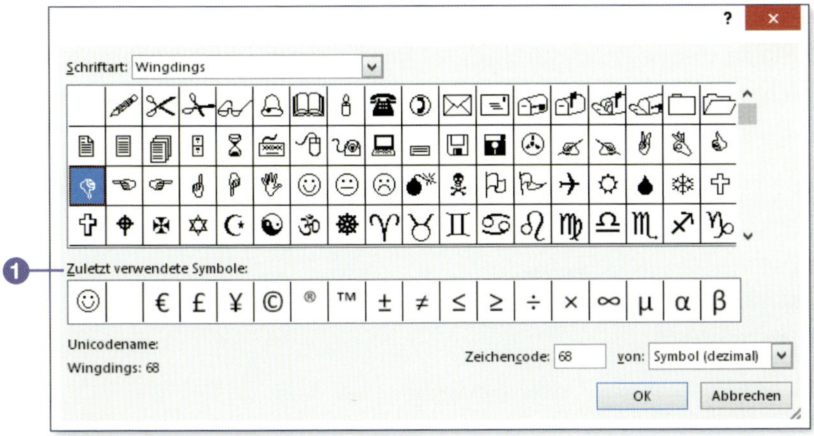

Sollte das Symbol nicht im Dialog verfügbar sein, fügen Sie es zunächst über **Einfügen ▸ Symbole ▸ Symbol** ein. Danach steht es Ihnen auch unter **Zuletzt verwendete Symbole** ❶ bei den Aufzählungszeichen zur Verfügung.

3. Bis jetzt sind die Daumen schwarz-weiß. Wenn die Zuschauer noch schneller erkennen sollen, was gut oder schlecht ist, können Sie sie noch zusätzlich einfärben und vergrößern. Rufen Sie erneut den Dialog **Nummerierung und Aufzählung** auf. Dort wählen Sie im Feld **Farbe** beispielsweise »Rot« aus und bei **Größe** »150 %«.

4. Vielleicht ist Ihnen aufgefallen, dass der Abstand des Aufzählungszeichens zum Text mitunter sehr knapp ist. Um das zu ändern, müssen Sie den Einzug anpassen. Blenden Sie dazu zunächst das Lineal ein (über **Ansicht ▸ Anzeigen ▸ Lineal**), und verändern Sie dann den Einzug mithilfe der Schieberegler. Ziehen Sie den unteren Regler ❷ mit gedrückter Maustaste nach rechts und den oberen ❸ nach links.

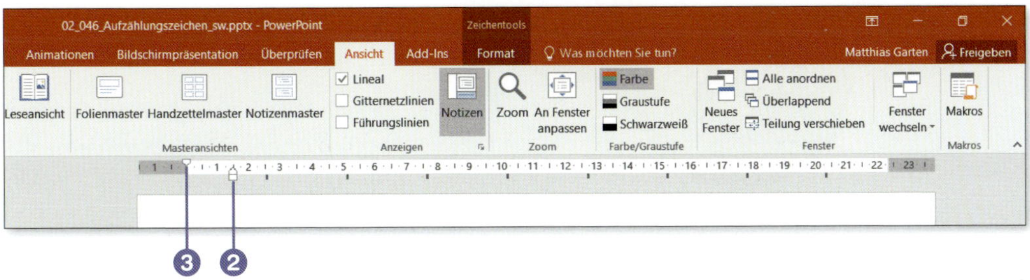

Das Ergebnis sehen Sie in der folgenden Abbildung. Vor- und Nachteile könnten Sie in dieser Folie durch den Einsatz von Bildern noch anschaulicher machen. Im nächsten Abschnitt erfahren Sie, wie Texte und Bilder aufeinander abgestimmt werden können.

Durch die farbig gestalteten Symbole sind Vor- und Nachteile nun auf den ersten Blick gut erkennbar.

Kopplung von Text und Bild

Text-Bild-Kopplungen heben sich erfrischend von den klassischen Aufzählungsformen ab. Anstelle von Aufzählungszeichen werden gleich ganze Bilder oder Zeichnungen verwendet. Diese werden übersichtlich auf der Folie angeordnet, z. B. im Kreis, und mit Text verknüpft. In den folgenden Beispielen sehen Sie, dass immer ein Text zu einem Bild gehört.

Da jeder Kiwis kennt, kann der Text das Bild überdecken. Durch einen Schatten hebt sich der Text jedoch kontrastreich ab.

Die gesamte Folie wirkt dann besonders gut, wenn die Bilder mit ihren Texten jeweils nacheinander eingeblendet werden (siehe dazu die Präsentation *02_Text-Bild-Kopplungen.pptx* im Ordner *02* der Beispieldateien). So baut sich die Folie langsam auf, was Spannung erzeugt und die Informationen gut nachvollziehbar macht.

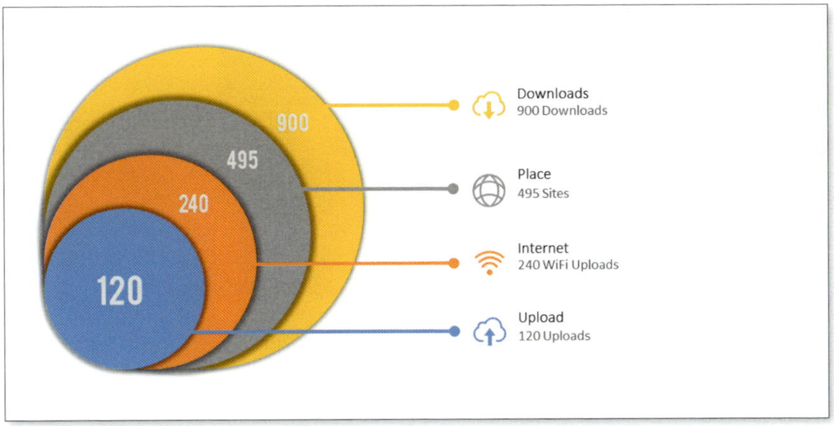

Die Scheiben zeigen die größer werdenden Zahlen. Die farbigen Icons mit den Linien helfen, den Bezug zum Thema herzustellen. Die bildhafte Darstellung bleibt besser im Gedächtnis.

Vier Kreissegmente wurden jeweils mit einem Bild gefüllt. Der Text steht seitlich neben den Kreissegmenten.

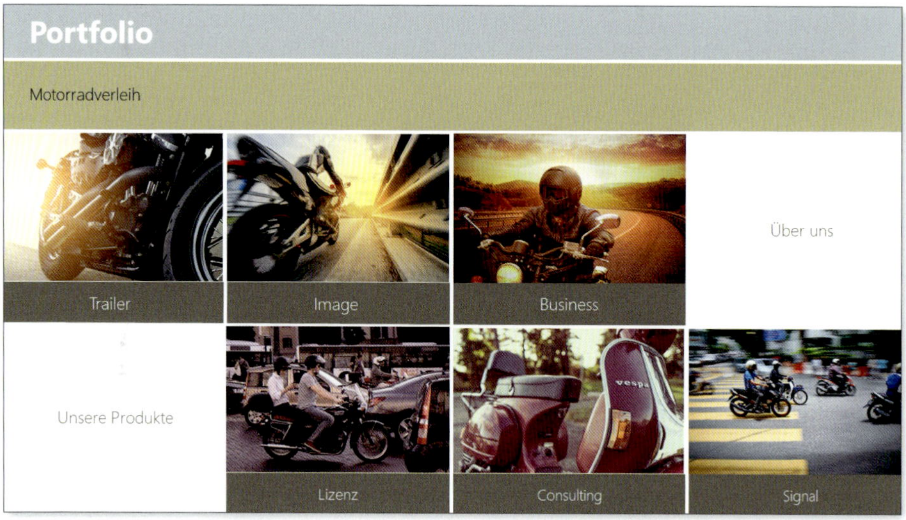

In diesem Business-Porträt wurden die Texte durch Bilder verstärkt und durch das Metro-Design interessant in Szene gesetzt.

Texte und Bilder koppeln

In diesem Beispiel, das Sie unter dem Dateinamen *02_Stufen.pptx* im Ordner *02* der Beispieldateien finden, erstellen wir eine Text-Bild-Kopplung mit einzelnen Text- und Bildelementen. In der Beispielpräsentation sind die Bildelemente Piktogramme, was dem aktuellen Zeitgeist entspricht. Die Darstellung unterscheidet sich deutlich von den gängigen SmartArt-Grafiken und lässt sich interessant animieren. Sie können die Folie für jegliche Darstellung von Abläufen, Schritt-für-Schritt-Anleitungen und vieles mehr verwenden.

1. Öffnen Sie für dieses Beispiel zunächst die Präsentation *02_Stufen.pptx* aus dem Ordner *02* der Beispieldateien. Fügen Sie in die Präsentation eine neue Folie mit dem Layout **Nur Titel** ein (**Start ▸ Folien ▸ Layout ▸ Nur Titel**). Schreiben Sie in das Titelfeld der neuen Folie »Stufen zur Marketingkooperation«.

2. Fügen Sie auf der Folie einen Kreis für das erste Piktogramm unten links ein (**Start ▸ Zeichnung ▸ Formen ▸ Standardformen ▸ Ellipse**), und verwenden Sie einen hellblauen Farbton für die Füllung (**Start ▸ Zeichnung ▸ Fülleffekt**). Die Linienfarbe setzen Sie auf **Keine Kontur** (**Start ▸ Zeichnung ▸ Formkontur**). Der Kreis soll in etwa 1,8 cm groß sein (**rechte Maustaste – Form formatieren ▸ Größe und Eigenschaften ▸ Größe**).

3. Duplizieren Sie den Kreis mit `Strg` + `D`, und verschieben Sie ihn auf gleicher Höhe nach rechts. Vergrößern Sie den Kreis ein kleines Stück, sodass er größer ist als der erste Kreis (richten Sie hier ca. »2,1 cm« ein). Duplizieren Sie den ersten Kreis noch einmal, und positionieren Sie ihn oberhalb des zweiten Kreises.

4. Fügen Sie auf der Folie eine waagerechte Linie ein (**Start ▸ Zeichnung ▸ Formen ▸ Standardformen ▸ Linie**). Verschieben Sie die Linie zu den Kreisen, und verbinden Sie so mit ihr den linken und rechten Kreis. Ändern Sie die Stärke auf »45 Pt.«. Klicken Sie dazu mit rechts auf die Linie, und wählen Sie **Form formatieren ▸ Füllung und Linie ▸ Linie ▸ Stärke**. Setzen Sie die Transparenz auf »60 %«. Die Linie soll die gleiche Farbe haben wie die Kreise. Standardmäßig sollte die Farbe passen. Falls nicht, bitte noch anpassen. Klicken Sie erneut mit rechts auf die Linie, wählen Sie im Kontextmenü den Befehl **in den Hintergrund**, sodass die Linie hinter dem Kreis liegt.

5. Duplizieren Sie die Linie, und legen Sie die Linie vom rechten Kreis zu dem darüber liegenden Kreis. Tippen Sie in den rechten Kreis »01«. Fügen Sie ein Textfeld neben den Kreis ein, und beschriften Sie es mit »Konzept«.

> **TIPP**
>
> **Zoom**
>
> Wenn die Darstellung für Sie zu klein ist, vergrößern Sie sie mit der Zoomfunktion unten rechts in der Statusleiste. Die Ansicht wird automatisch immer so vergrößert, dass die markierten Objekte im Fokus bleiben.

6. Markieren Sie alle Elemente bis auf den ersten Kreis links. Duplizieren Sie die Elemente mit `Strg` + `D`, und verschieben Sie sie auf die nächste Stufe – orientieren Sie sich an der folgenden Abbildung. Zum Verschieben nutzen Sie am besten die Pfeiltasten (*Cursortasten*).

Der Vorteil bei dieser Vorgehensweise: Befinden sich die Elemente an der richtigen Stelle und drücken Sie erneut `Strg` + `D`, weiß PowerPoint, wie der neue Abstand sein soll, und platziert Ihnen die Elemente exakt an die gewünschte Stelle. Das Ganze wiederholen Sie dreimal, bis alle Stufen angelegt sind. Löschen Sie die letzte senkrechte Linie und den Kreis.

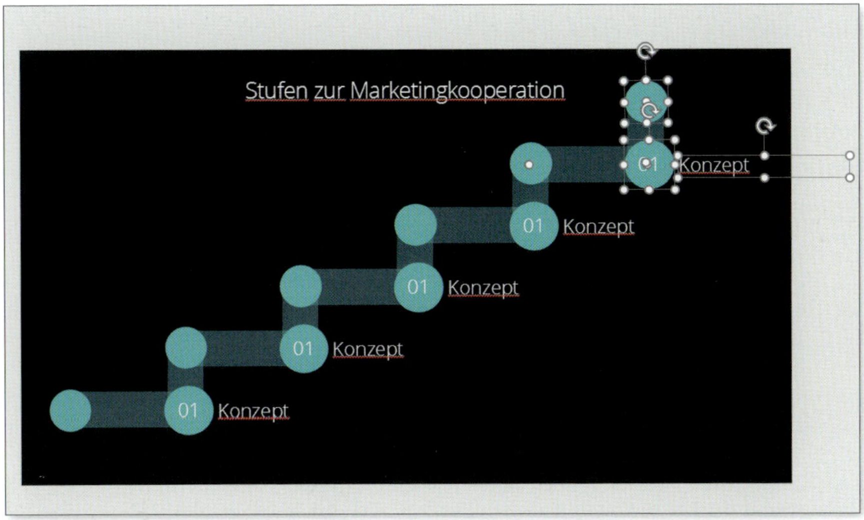

7. Nummerieren Sie die Kreise von »01« bis »05« durch, und passen Sie die Texte in der Reihenfolge »PowerPartner«, »Vorteilsideen«, »PowerPartner-Suche« und »Controlling« an.
8. Ändern Sie die Farben der Linien und Kreise auf jeder Stufe. Lassen Sie die Farbe immer mehr ins Dunkelblaue laufen.
9. Wechseln Sie zu Folie 1 von Ihrer Präsentation (*02_Stufen.pptx*), und kopieren Sie alle Piktogramme auf Ihre Folie mit den Stufen. Verkleinern Sie die Icons, und legen Sie sie der Reihenfolge nach auf die kleinen Kreise.

Sobald Sie Kapitel 7, »Effekte und Animationen sinnvoll einsetzen«, gelesen haben, können Sie die Stufengrafik geschickt animieren, sodass jede Stufe nach Aufruf eingeblendet wird.

SmartArts statt Aufzählungszeichen

Mit SmartArts haben Sie eine fantastische Möglichkeit, von der klassischen Textaufzählung wegzukommen und interessantere Alternativen zu gestalten. In der klassischen Präsentationslehre werden SmartArts auch als

Strukturgramme bezeichnet. In der Version PowerPoint 2003 hießen sie *schematische Darstellung*. Allerdings gab es in der 2003er-Version lediglich sechs verschiedene Darstellungsarten, nämlich Zyklus, Radial, Venn, Pyramide, Zieldiagramm und Organigramm. PowerPoint 2007 stellte bereits ca. 110 SmartArts zur Verfügung, in der 2010er-Version sind es über 200 und 2013/2016 ca. 210 – mit der Möglichkeit, weitere online nachzuladen, was die wachsende Bedeutung der SmartArts widerspiegelt.

In der folgenden Tabelle finden Sie eine Auflistung, wann Sie welches SmartArt am besten verwenden können.

SmartArt-Typ	Zweck
Liste	nicht aufeinander aufbauende Informationen anzeigen
Prozess	Schritte in einem Prozess oder auf einer Zeitachse anzeigen, d. h. aufeinander aufbauende Informationen
Zyklus	einen kontinuierlichen Prozess anzeigen
Hierarchie	Entscheidungsstruktur anzeigen, Organigramm erstellen
Beziehung	Verbindungen veranschaulichen
Matrix	anzeigen, wie sich Teile auf ein Ganzes beziehen
Pyramide	Anzeigen von abhängigen und proportionalen Beziehungen
Grafik	Auswahl von SmartArt-Typen, in die man Grafiken bzw. Bilder einbinden kann

Die im Folgenden gezeigten Beispiele finden Sie gesammelt in der Präsentation *02_SmartArt-Beispiele.pptx* im Ordner *02* der Buchdateien. Alle Dateien stehen Ihnen unter *www.viefarben.de/3965* zum kostenlosen Download zur Verfügung.

Beispiel für das SmartArt »Segmentierte Pyramide« aus der Gruppe »Pyramide«

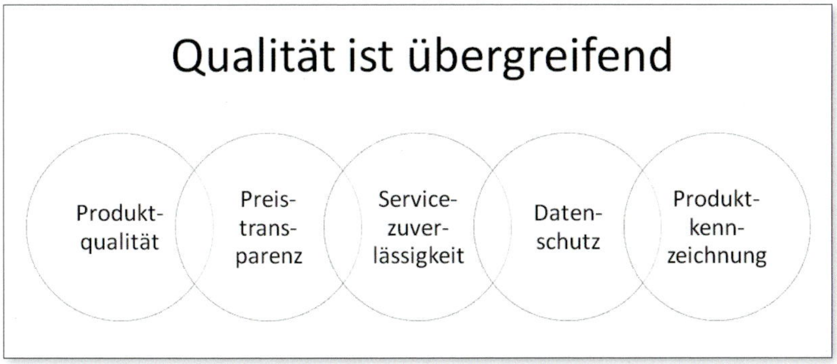

Beispiel für das SmartArt »Lineares Venn« aus der Gruppe »Beziehung«

Im nächsten Beispiel wurden zwei SmartArt-Grafiken übereinandergelegt: zweimal **Vertikale Bildakzentleiste** aus der Gruppe **Grafik**, wobei rechts die Option **Text von links nach rechts** genutzt wurde (siehe die Präsentation *02_Ursache_Wirkung.pptx* aus dem Ordner *02* der Beispieldateien).

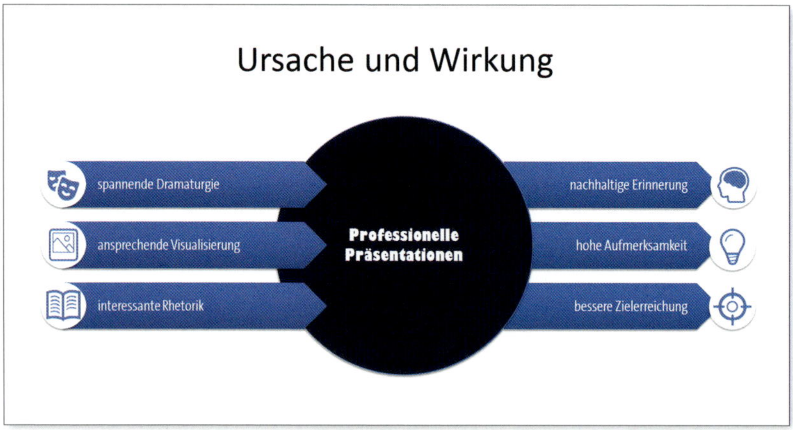

Die letzte Abbildung dieses Abschnitts zeigt das SmartArt **Radialkreis** aus der Gruppe **Zyklus**. Über **SmartArt-Tools/Entwurf ▸ SmartArt-Formatvorlagen ▸ Farben ändern** lässt sich die farbliche Darstellung von SmartArts komfortabel ändern.

SmartArts formatieren

Das folgende Beispiel zeigt Ihnen, wie Sie SmartArts auf einfache Art und Weise optisch anpassen und aufwerten können.

1. Legen Sie zunächst folgende Ausgangsfolie mit dem Folienlayout **Titel und Inhalt** an, oder öffnen Sie die Präsentation *02_SmartArts.pptx* aus dem Ordner *02* der Beispieldateien.

2. Um diese einfache Aufzählung in ein SmartArt zu konvertieren, klicken Sie auf den Textrahmen, oder markieren Sie alle Textzeilen. Über **Start ▸ Absatz ▸ In SmartArt konvertieren** können Sie sich eine Vorauswahl an SmartArts anzeigen lassen. Für eine Vorschau fahren Sie einfach mit der Maus über die einzelnen Varianten. Wählen Sie schließlich mit einem Klick **Vertikale Aufzählung** aus.

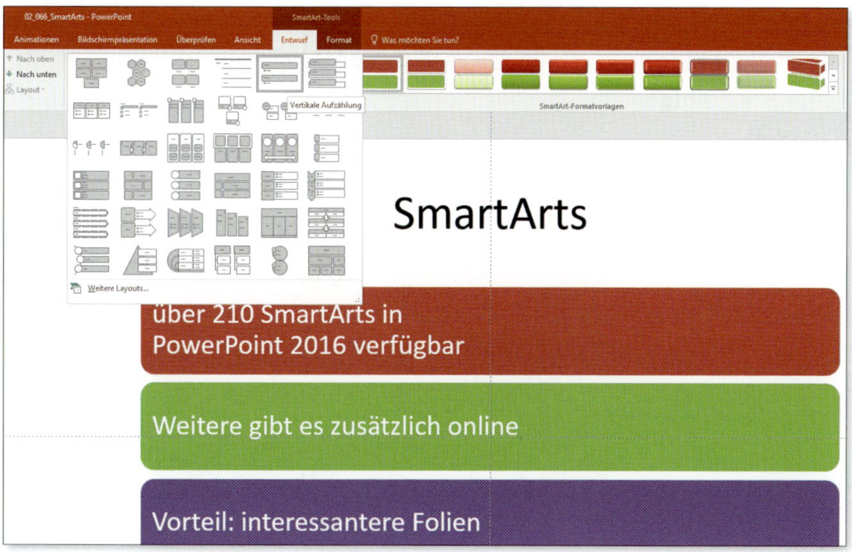

3. Nachdem Sie sich für ein SmartArt entschieden haben, erscheinen zwei kontextabhängige Registerkarten im Menüband (**SmartArt-Tools/Ent-**

wurf und **SmartArt-Tools/Format**); außerdem sehen Sie links neben dem SmartArt ein Textfeld, mit dessen Hilfe Sie schnell Änderungen am Inhalt durchführen können, z. B. Text korrigieren oder löschen, ganze Zeilen löschen, Aufzählungspunkte höher oder tiefer stufen usw. Drücken Sie in diesem Textfeld nach der dritten Zeile die [↵]-Taste, und geben Sie dann »Fazit« ein – das SmartArt wird erweitert.

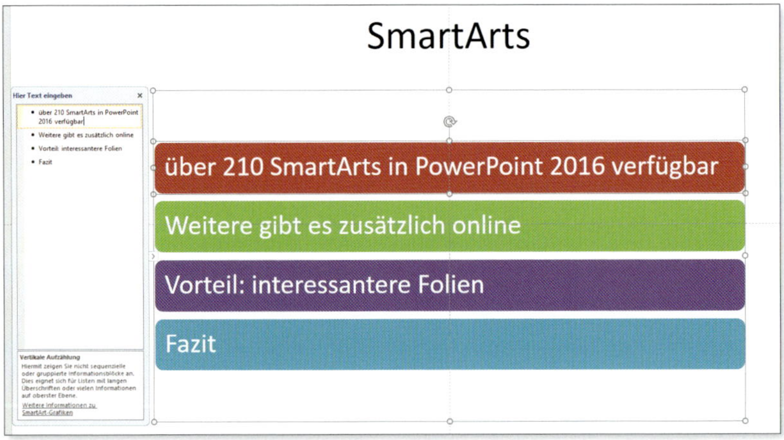

4. Klicken Sie dann mit der Maus in diese letzte Zeile, und drücken Sie entweder einfach die [↹]-Taste (*Tabulator*), oder wählen Sie alternativ **SmartArt-Tools ▸ Entwurf ▸ Grafik erstellen ▸ Tiefer stufen**. Sie sehen die Veränderung unmittelbar in der SmartArt-Grafik.

5. Um das SmartArt nun noch zu formatieren, wählen Sie **SmartArt-Tools/Entwurf ▸ SmartArt-Formatvorlagen**. Wählen Sie im folgenden Menü als

Format beispielsweise **Moderater Effekt** aus, dann wirkt das SmartArt interessanter und moderner.

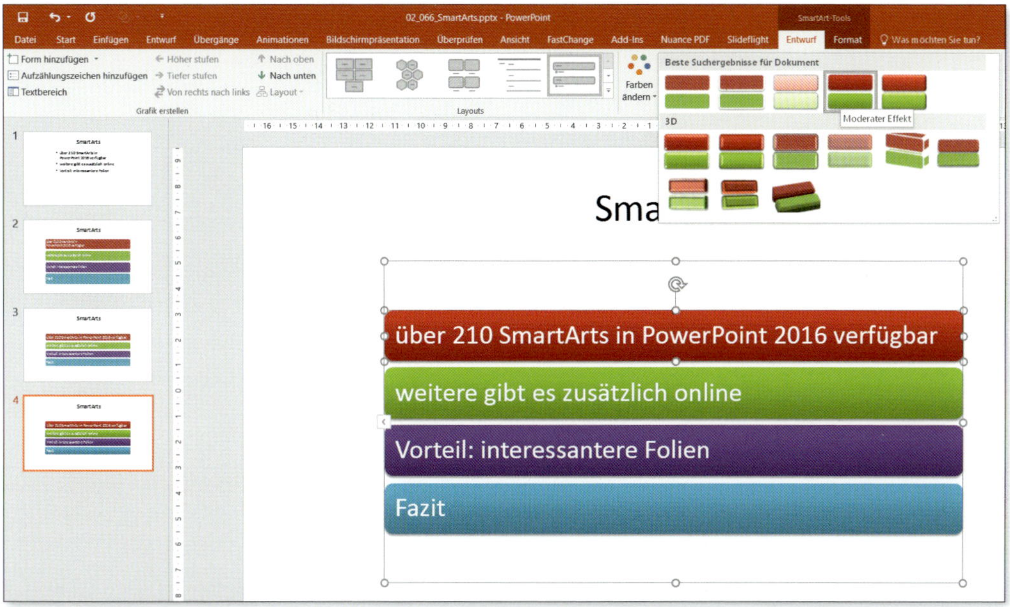

Die Grundstruktur des SmartArts verändern

Ziel dieses Beispiels, das Sie unter dem Dateinamen *02_SmartArt_aufsteigend.pptx* im Ordner *02* der Buchdateien vorfinden, ist es, eine Folie mit einem SmartArt zu erstellen, das einen Prozess darstellt. Normalerweise zeigt die SmartArt-Voreinstellung den Prozess von oben nach unten an; wir wollen den Verlauf nun aber umkehren. Das klingt sehr einfach, doch ist ein solches SmartArt in PowerPoint nicht enthalten. Darum müssen wir es uns selbst »bauen«.

1. Zunächst legen Sie eine neue Folie an und wählen als Folienlayout **Titel und Inhalt** (wie immer über **Start ▸ Folien ▸ Neue Folie**). Tippen Sie als Überschrift »Wie ich die Dinge geregelt kriege« ein.

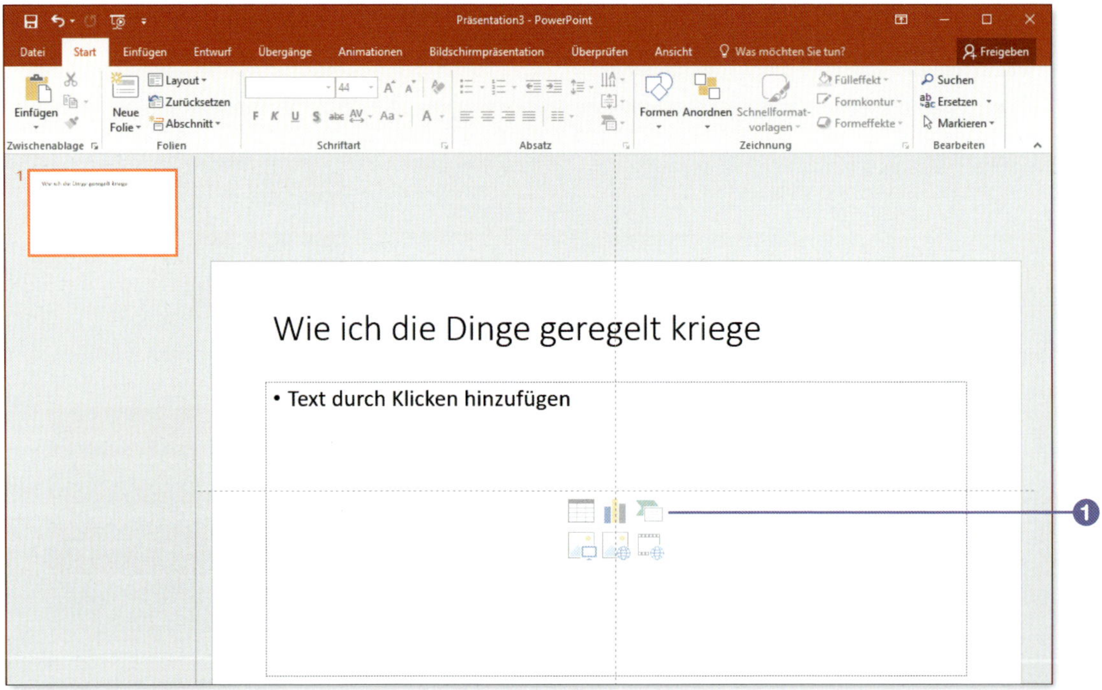

2. Klicken Sie dann auf das Symbol **SmartArt-Grafik einfügen** ❶ im Platzhalter **Inhalt**, und wählen Sie im daraufhin erscheinenden Dialogfenster **Prozess ▸ Vertikaler Prozess** aus.

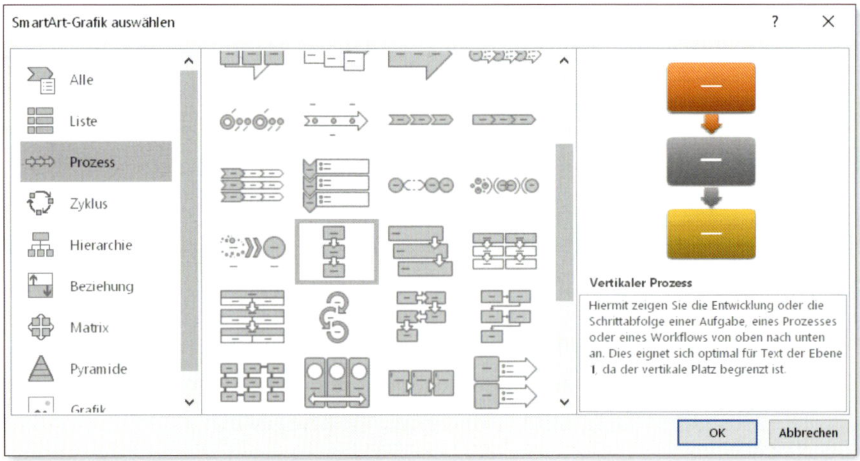

3. Tippen Sie folgende Texte in das Textfeld ❷ neben der SmartArt-Grafik ein:
   - Tun
   - Überprüfen
   - Ordnen
   - Durcharbeiten
   - Erfassen
4. Vergrößern Sie die Schrift so weit wie möglich, also auf ca. 24 bis 28 Punkt. Dazu klicken Sie einfach auf den Rahmen der SmartArt-Grafik und drücken Strg + ⇧ + ,. Um die Schrift hingegen zu verkleinern, drücken Sie Strg + ⇧ + .. Ihre Folie sollte nun wie in der folgenden Abbildung aussehen.

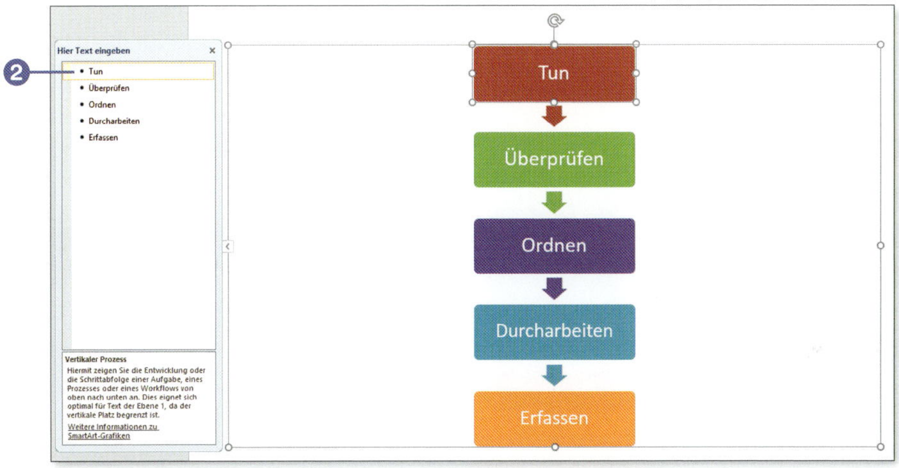

5. Wenn Sie genau hinschauen, sehen Sie, dass die Pfeile von oben nach unten zeigen. Die Pfeile müssen also noch gedreht werden. Klicken Sie dazu den untersten Pfeil an, halten Sie die ⇧-Taste gedrückt, und markieren Sie auch alle anderen Pfeile. Klicken Sie dann mit der rechten Maustaste auf den markierten Bereich. Im Kontextmenü wählen Sie **Form formatieren**. Im Aufgabenbereich wählen Sie **Effekte ▸ 3D-Drehung** und stellen den Wert **Z-Drehung** auf »180°« ein und schließen den Dialog. Jetzt zeigen die Pfeile nach oben. Alternativ können Sie auch **Größe und Position ▸ Größe ▸ Drehung** wählen.

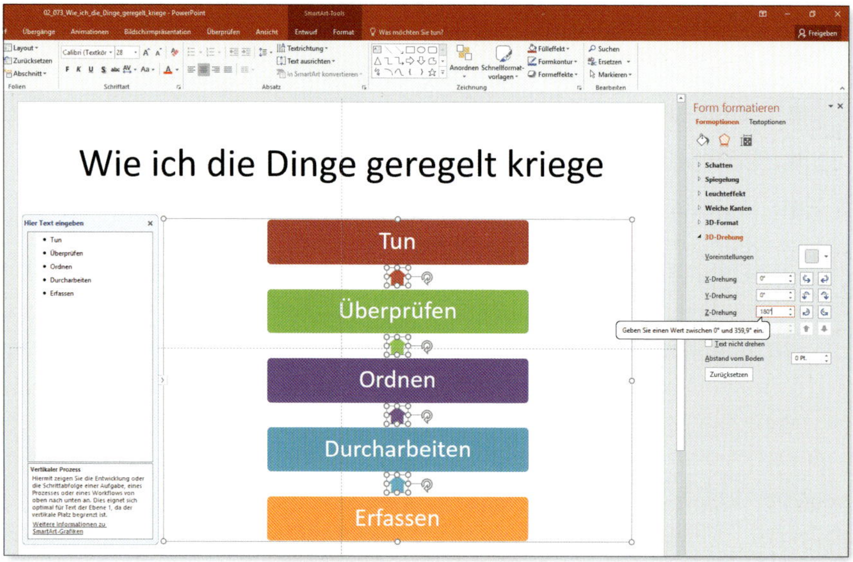

6. Zu guter Letzt verschönern Sie noch die Textboxen, indem Sie sie etwas verbreitern. Dazu markieren Sie alle Textboxen und ziehen sie über einen der Markerpunkte breiter. Fertig!

Wie Sie anhand dieses Beispiels gesehen haben, sind SmartArts auch nachträglich veränderbar und bieten Ihnen daher sehr viele flexible Möglichkeiten der Gestaltung.

Der Einsatz von Zitaten

Zitate sind ein beliebtes Mittel, um Botschaften zu transportieren. Die einfachste Variante wäre, den Text wie bei Zitaten üblich in Anführungszeichen zu setzen und so auf eine Folie zu bringen. Doch auch Zitate prägen sich mit einem zugehörigen Bild besser ein. Bilder im Hintergrund unterstützen die Wichtigkeit der Aussage, Rahmen für Texte und Bilder schaffen z. B. Klarheit und Stabilität. Die beiden folgenden Abbildungen zeigen zwei Beispiele dafür, wie sich Zitate gekonnt in Szene setzen lassen.

In der folgenden Abbildung mit dem Strandmotiv zeigt der Mann in die Ferne. Die Botschaft des Zitats wird also bildlich unterstützt und kommt so klar und einprägsam an. Durch den transparenten Balken wird die Lesbarkeit deutlich gesteigert. Auch in der zweiten Abbildung (siehe folgende Seite) wirkt das Motiv unterstützend: Die Straße symbolisiert den Weg, was den ersten Teil der Botschaft klar unterstreicht. Keiner ist auf der Strecke zu sehen, was den zweiten Teil des Zitats darstellen soll. Der Text ist einfach in das Bild integriert. Es wirkt natürlich und selbstverständlich auf dem Teer.

Das perfekte Motiv: Das gewählte Bild unterstützt die Aussage des Texts.

Kapitel 3
Bilder pfiffig präsentieren

Die meisten Bilder in einer Präsentation würden besser wirken, wenn sie passender ausgewählt oder nachbearbeitet worden wären. Manchmal genügt schon eine richtige Auflösung bzw. Größe, und schon sieht das Bild wesentlich besser aus. Auch die richtige Platzierung und eine klare Bildaussage im Zusammenhang mit dem Folieninhalt spielen eine entscheidende Rolle. Sie haben bereits in Kapitel 2, »Texte spannender gestalten«, gelesen, dass Bilder besonders wichtig für die Wirkung und Nachhaltigkeit einer Präsentation sind. In diesem Kapitel lernen Sie nun, wie Sie Ihre Folien mit den passenden Bildern ideenreich gestalten.

Bilder

Sie werden erfahren, was Sie bei der Verwendung von Bildern grundsätzlich beachten sollten und woher Sie Bilder überhaupt beziehen können. Wie Sie die ausgewählten Bilder bearbeiten und verändern und sie dann richtig auf der Folie platzieren, wird der nächste Schritt sein. Damit in Zusammenhang steht auch, welche Möglichkeiten Sie überhaupt haben, Bilder interessant darzustellen. Diese Frage werde ich anhand von verschiedenen Beispielen klären. Zu guter Letzt zeige ich Ihnen noch zwei »technische« Aufgaben: Wie »lösen« Sie eine Person oder ein Objekt vom Hintergrund (das sogenannte *Freistellen*), um es vor einen beliebigen anderen Hintergrund platzieren zu können? Und wie komprimieren Sie die Bilder am besten, damit Sie Ihre PowerPoint-Präsentation problemlos per E-Mail versenden können?

Die Auswahl ist entscheidend

Sie wollen sicher wissen, wie man das Beste aus den Bildern einer Präsentation herausholt. Ein überaus wichtiger Aspekt ist natürlich die Bildauswahl. Ein weiterer wichtiger Punkt ist die Bildgestaltung, auf die wir im Abschnitt »Grundlagen der Bildgestaltung« ab Seite 115 noch zu sprechen kommen.

Gehen Sie zunächst einmal davon aus, dass ein Profi seine Bilder sehr genau auswählt und sie auch verändert, wenn sie die Aussage der Folie bzw. Präsentation nicht (genügend) unterstützen. Um das passende Bild zu finden, sollten Sie für sich folgende Fragen beantworten:

- Was ist die Aussage bzw. Botschaft der Folie?
- Welches Bildmotiv könnte diese Aussage unterstützen?
- Wie und wo lässt sich ein solches Bild beschaffen?
- Was muss gegebenenfalls am Bild geändert werden, damit es interessant, spannend und professionell aussieht?

Wenn Sie die Folie selbst erstellen, dürfte Ihnen klar sein, was sie aussagen oder welche Botschaft sie vermitteln soll. Wenn Sie die Präsentation für jemand anderen überarbeiten, versuchen Sie, die Folie vorher wirklich zu verstehen, oder wenden Sie sich im Fall von Rückfragen an den Auftraggeber.

Seien Sie kreativ, und sammeln Sie einfach erst einmal Ideen (*Brainstorming*). Dabei ist es wichtig, dass Sie Bildideen nicht direkt bewerten, sondern erst einmal wertneutral sammeln. Sobald Sie eine gewisse Anzahl beisammenhaben, beginnen Sie im zweiten Schritt mit der Auswertung. Beurteilen Sie die Bilder vor allem danach, welches die Botschaft aus Sicht der Zuschauer am besten unterstützt. Reduzieren Sie die Ideensammlung auf maximal drei Bilder. Gehen Sie dann zum nächsten Schritt über, der Bildbeschaffung (siehe den Abschnitt »Bildbeschaffung« ab Seite 110).

Wenn Sie in einem Unternehmen arbeiten, das eine corporate-design-konforme Bilddatenbank hat, werden Sie jetzt sagen, dass Ihnen die Bilder vorgegeben sind und Sie nicht viel Spielraum bei der Auswahl haben. In diesem Fall sollten Sie sich zumindest darauf konzentrieren, wie Sie die Bilder verändern können, um sie spannender und interessanter aussehen zu lassen. Zum besseren Verständnis habe ich hier ein Beispiel angeführt, das in der Präsentationspraxis häufiger vorkommt. Sie finden es unter dem Dateinamen *03_Umsatzentwicklung.pptx* im Ordner *03* der Beispieldateien. Auf dem Chart ist die vereinfachte Umsatzentwicklung eines Unternehmensbereichs zu sehen.

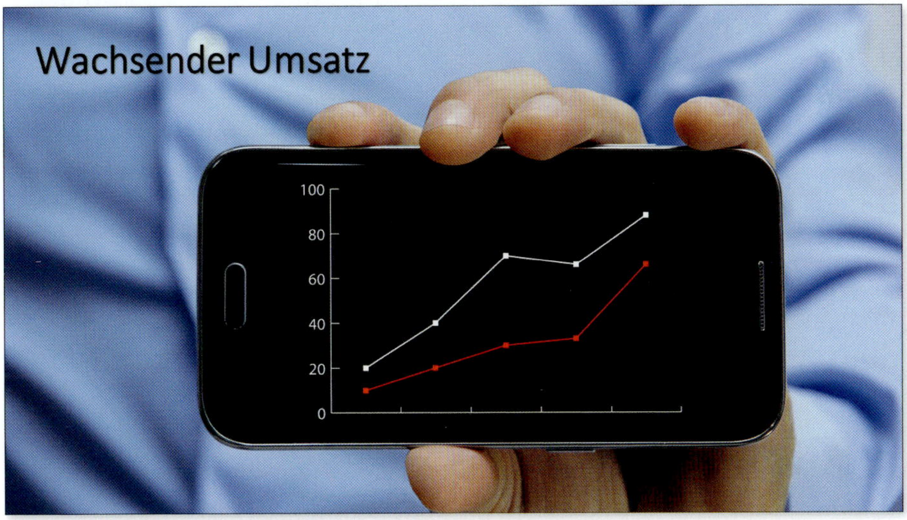

Die Botschaft »Wachstum im Bereich Smartphones« steht auf dieser Folie im Vordergrund und wird durch das Bildmotiv unterstützt.

Das Motiv für Wachstum lässt sich auch anders darstellen z. B. durch eine Pflanze, einen Münzstapel, einen Stapel Geldscheine oder Ähnliches. Die Wahl ist natürlich auch davon abhängig, in welcher Branche die Präsentation eingesetzt werden soll.

Die folgende Tabelle zeigt noch weitere Beispiele für mögliche Motive.

Aussage	Mögliches Bildmotiv
Sachen, Ideen, Dienstleistungen usw. sind abhängig voneinander oder hängen zusammen	Zahnräder, die ineinandergreifen, Fischernetz,gewebter Teppich, Turmbau
»Wir haben ein individuell zusammenstellbares System.«	Baukasten mit einzelnen Bauelementen aus Holz, Kunststoff usw., Lego-Bausteine
Marktführer	Sportler, der sein Ziel erreicht (z. B. Marathonläufer oder Radfahrer), Siegertreppchen, Berggipfel
»Wir liefern Qualität.«	Diamant oder Brillant neben dem Produkt, Glanzpunkt auf dem Produkt
»Wir sind serviceorientiert.«	Butler mit weißen Handschuhen, Silbertablett, jemand, der einem Reiter aufs Pferd hilft

Bildbeschaffung

Die Bildrecherche und -beschaffung (auf Neudeutsch auch *Artbuying* genannt) ist ein wichtiger Bestandteil der Erstellung einer professionellen Präsentation. Der erste Punkt, den Sie klären sollten, ist das *Budget*. Wie viel dürfen Sie gute Bilder kosten? Gerade wenn Sie Zeit sparen und dennoch eine optimale Wirkung erreichen wollen, ist es sinnvoll, auf kostenpflichtige Angebote zurückzugreifen. Professionelle Bilddatenbanken bieten Ihnen dann schnelle Suchfunktionen und einen umfangreichen Bildbestand. Auch ohne Budget werden Sie natürlich fündig werden, allerdings müssen Sie dann etwas mehr Zeit für die Bildsuche einplanen und kostenfreie Bildarchive nutzen.

Ein zweiter wichtiger Punkt sind die *Nutzungsrechte*. Sie brauchen immer zumindest die Freigabe desjenigen, der das Bild erstellt hat (z. B. des Fotografen). Manchmal brauchen Sie auch die Freigabe durch das Motiv: Wenn z. B. die Person, die auf dem Bild zu sehen ist, mit einer Verwendung in einer Präsentation nicht einverstanden ist, dürfen Sie es nicht nutzen. Wenn Sie auf der sicheren Seite sein wollen, klären Sie die rechtliche Frage, bevor Sie ein Bild erwerben.

In diesem Zusammenhang füge ich noch einen Hinweis zu den Begriffen *lizenzfrei* und *lizenzpflichtig* ein. Lizenzfreie Bilder können Sie frei in der Nutzung verwenden (in den meisten Fällen nach Zahlung einer einmaligen Lizenzgebühr), d. h., Sie können sie in Ihrer Präsentation, im Internet, in einer Broschüre, in einem Videoclip oder Ähnlichem einsetzen. Lizenzpflichtige Bilder bezahlen Sie separat bei jeder Nutzung.

Bei den lizenzfreien Bildern gibt es auch kostenfreie Bilder, sogenannte *Creative Commons* (abgekürzt CC). Bei dieser Art Bilder sollten Sie aber dennoch immer auch auf Auflagen des Urhebers achten, in aller Regel müssen Sie ihn namentlich nennen.

Einer der wichtigsten Punkte für den Einsatz von Bildern ist natürlich deren Qualität. Dazu gehört vor allem die *Auflösung*, also die Größe des Bildes. Verwenden Sie für die Darstellung in PowerPoint bzw. in Ihren Präsentationen nur Bilder mit einer Mindesthöhe von 600 Pixeln, andernfalls sehen sie unscharf (*verpixelt*) und damit unschön aus.

INFO

Bildgröße

Die optimale Bildauflösung für den Einsatz in Präsentationen beträgt im Standardformat, also 4:3, 960 × 720 Pixel und im Breitbildformat, d. h. im 16:9-Format, 1280 × 720 Pixel.

Bei Anlage einer neuen Präsentation unter PowerPoint 2016 wird grundsätzlich das Verhältnis Breitbild mit 16:9-Format verwendet. Eine PowerPoint-Folie im Seitenverhältnis von 4:3 hat eine Größe von 25,4 × 19,05 cm und bei 16:9 eine Größe von 33,867 × 19,05 cm. Wenn Sie ein Bild vollflächig auf die Folie legen möchten, brauchen Sie eine Pixelauflösung von 960 × 720 bzw. 1280 × 720 Pixel. Die Information zur Pixelgröße erhalten Sie, wenn Sie im Explorer mit der Maus über den Dateinamen fahren: Eine sogenannte *QuickInfo* wird eingeblendet. Sie können auch mit der rechten Maustaste auf die Bilddatei klicken und im Kontextmenü über **Eigenschaften** die Größe (**Eigenschaften ▸ Details ▸ Bild**) herausfinden. Alternativ laden Sie das Bild in PowerPoint und schauen, wie groß es im Verhältnis zur Folie ist.

Wenn Sie Bilder über Dritte beschaffen wollen, z. B. Ihre Marketingabteilung oder eine Werbeagentur, kann es sein, dass Sie gefragt werden, welche Auflösung das Bild haben soll. Meistens erwartet man dann einen dpi-Wert von Ihnen. *dpi* ist die Abkürzung für *Dots per Inch*, also Punkte pro Zoll. Bei einer DIN-A4-Seite genügen 96 dpi.

Nach diesen Vorbemerkungen finden Sie hier nun einige Anregungen und Hinweise zu Bildquellen. In der folgenden Tabelle habe ich zunächst einmal vier Gruppen von Bildarchiven im Internet aufgeführt. Sie unterscheiden sich durch die Größe des Archivs, die Art der Bildmotive, die Suchqualität (Schnelligkeit und Suchergebnis) und den Preis für die Bilder.

URLs	Besonderheiten	Preise pro Bild
www.gettyimages.de	Die größte Bilddatenbank der Welt. Hier finden Sie zu fast jedem Suchbegriff ein Bild zu Politik, Wirtschaft usw. Die Datenbank umfasst sowohl lizenzfreie (LF) als auch lizenzpflichtige (LP) Bilder.	lizenzfreie Fotos ab 10 €, lizenzpflichtige Fotos ab 100 €
www.ccvision.de, *www.mev.de*, *www.istockphoto.de*, *www.fotolia.de*	Diese Datenbanken enthalten sehr schöne Fotostrecken (Bildfamilien) und viele unterschiedliche Bildstile. Sehr professionelle Bilder, gute Suchergebnisse.	zwischen 1 und 100 €

www.imagepoint.biz, *www.photos.com,* *www.shutterstock.com*	Hierbei handelt es sich um kleinere Datenbanken mit weniger Auswahl.	zwischen 1 und 30 €
www.pixelio.de, *www.photocase.de,* *www.freepixels.com,* *www.fotodatenbank.com*	Diese Datenbanken werden meistens von Privatpersonen gespeist. Die Qualität ist sehr durchwachsen, die Auswahl eher klein, die Suchergebnisse sind mäßig. Dafür sind die meisten Bilder kostenfrei.	zwischen 0 und 5 €
www.unsplash.com *www.stocksnap.io* *www.negativespace.com* *www.picjumbo.com* *www.gratisography.com* *www.lifeofpix.com* *publicdomainarchive.com* *www.pexels.com* *www.stockup.com*	Auf diesen Portalen werden von relativ kleinen Anbietern hochauflösende Profifotos angeboten. Mit etwas Glück findet man hier tolle Bilder, obwohl die Auswahl begrenzt ist.	kostenfrei

Google, Bing …: Auch Suchmaschinen wie Google, Yahoo, Bing usw. bieten eine Bildersuche an. So finden Sie meist schnell ein passendes Bild. So schnell und praktisch diese Art der Bildsuche jedoch ist, so problematisch ist sie häufig auch. Oft ist die Bildqualität stark beeinträchtigt, die Auflösung zu gering, und die Nutzungsrechte sind nicht geklärt. Aus professioneller Sicht fällt die Entscheidung häufig gegen diese Bilder aus. Wenn Sie dennoch Suchmaschinen nutzen wollen, klären Sie auf jeden Fall die rechtlichen Aspekte. Mit ein wenig Geschick finden Sie einen Urheber und können diese Punkte direkt mit ihm klären. Wenn Sie Bing innerhalb von PowerPoint 2016 nutzen, werden Ihnen automatisch schon Bilder mit der Lizenz Creative Commons (= kreatives Allgemeingut) vorgeschlagen. Diese können Sie kostenfrei verwenden, müssen aber, wie erwähnt, bestimmte Auflagen erfüllen, etwa dass Sie das Bild nicht verändern oder den Autor nennen. Das ist individuell abhängig vom Bild.

Wikipedia & Co.: Auch über Wissensportale wie Wikipedia findet man häufig Bilder mit Motiven, die von allgemeinem und öffentlichem Interesse sind, z. B. Politiker, Schauspieler, Prominente, Gebäude und Kultureinrichtungen. Der Vorteil: Diese Bilder sind immer mit einem rechtlichen Hinweis zur Nutzung versehen. Wenn Sie Glück haben, finden Sie hier das eine oder andere Bild zum Nulltarif.

Flickr: Mittlerweile wird Flickr nicht nur von Privatpersonen zum Teilen von Aufnahmen genutzt, sondern lässt sich auch bedingt als Bildarchiv für Ihre Bildersuche nutzen. Bei dem Dienst finden Sie derzeit über 1 Milliarde Bilder. Wenn Sie die Suche auf **Kommerzielle Nutzung erlaubt** einschränken, erhalten Sie viele kostenfreie Bilder, die Sie für Ihre Präsentationen nutzen dürfen. Achten Sie aber auch hier auf die Creative-Commons-Bedingungen.

Flickr bietet viele Bilder mit kostenfreier Creative-Commons-Lizenz.

Sie können natürlich auch Fotos oder Zeichnungen aus Ihrem Archiv und von Freunden oder Bekannten verwenden. Die Bilder haben einen persönlichen Bezug und darüber hinaus den Vorteil, dass sie passend erstellt werden können. Lassen Sie sich dennoch eine schriftliche Freigabe für die Verwendung des Motivs vom Fotografen und gegebenenfalls auch von den darauf abgebildeten Personen geben. Jede Person besitzt das Recht am eigenen Bild – von daher ist die Einwilligung der abgebildeten Person sehr wichtig.

Bilder lassen sich nicht nur fotografieren, sondern auch mithilfe spezieller Software erstellen, z. B. mit 3D-Programmen (wie *3ds Max* oder *Cinema 4D*) oder Zeichenprogrammen (*CorelDRAW*, *Adobe Illustrator*, *SmoothDraw*, *Artweaver* u. a.). Der Vorteil: Sie schaffen ein eigenes Werk, das einzigartig ist und Ihre Präsentation damit von vielen anderen abheben wird. Bedenken Sie allerdings auch, dass Sie für die Erstellung einige Zeit veranschlagen müssen.

Bei Business-Präsentationen sind schnell einige Hundert Euro für Bilder aus Bildarchiven ausgegeben. Wenn Sie nur ein kleines Budget haben, versuchen Sie, einen Fotografen auf Stunden- oder Halbtagsbasis zu buchen. Ein Fotograf kann Ihnen einzigartiges Material produzieren, und darüber hinaus gewährleistet diese Methode Ihnen Rechtssicherheit. Gerade wenn es um individuelle Fotos, ganze Bildstrecken oder einen bestimmten Bildstil geht, ist der Fotograf aus meiner Sicht zu bevorzugen.

Grundlagen der Bildgestaltung

Nachdem Sie ein passendes Bild gefunden haben, lernen Sie in diesem Abschnitt, es professionell und wirkungsvoll zur Geltung zu bringen. Dabei gibt es einige Punkte zu beachten.

Der *Bildstil* beschreibt die Art und Weise, wie ein Motiv dargestellt wird. Das lässt sich am besten mit einer Schrift vergleichen: Hier können Sie die Schriftart (Times, Arial, Brush oder handgeschrieben), den Schriftschnitt (z. B. kursiv oder fett), die Schriftfarbe und vieles andere einstellen. Bei einem Bild funktioniert das ähnlich. Ein Bildstil lässt sich an vielen Dingen festmachen, z. B.:

- Bildgröße
- Bildausschnitt (Großaufnahme, Nahaufnahme, Totale, Halbtotale usw.)
- Motivanschnitt
- Farbgebung
- Verhältnis von Schärfe/Unschärfe
- Bildeffekte

Professionelle Präsentationen heben sich vor allem dadurch hervor, dass sich ein Bildstil durch die gesamte Präsentation hindurchzieht. Beispielsweise können alle Bilder von den gleichen Farben dominiert sein. Oder denken Sie an Werbespots oder -plakate, bei denen Sie sofort wissen, um welche Firma oder welches Produkt es sich handelt, ohne dass Sie sich die Details angeschaut haben – Sie haben es lediglich aufgrund eines bestimmten Stils erkannt. Das heißt wiederum auch, dass sich Ihre Präsentation bei den Zuschauern einprägen wird, wenn Sie dafür einen eigenen Stil festlegen und ihm treu bleiben.

Den Bildstil festlegen

Mit PowerPoint können Sie sehr einfach einen Bildstil festlegen. Wie das geht, zeige ich Ihnen in diesem Abschnitt. Die dazugehörige Präsentation finden Sie unter dem Dateinamen *03_Bildstil.pptx* im Ordner *03* der Beispieldateien.

1. Legen Sie zunächst eine neue Folie mit dem Layout **Titel und Inhalt** an. Klicken Sie auf der Folienmitte auf das Platzhaltersymbol **Bilder** ①, und suchen Sie sich ein Bild aus, beispielsweise das Bild *03_Hohensalzburg.jpg* im Ordner *03/Bilder* der Buchbeispiele.

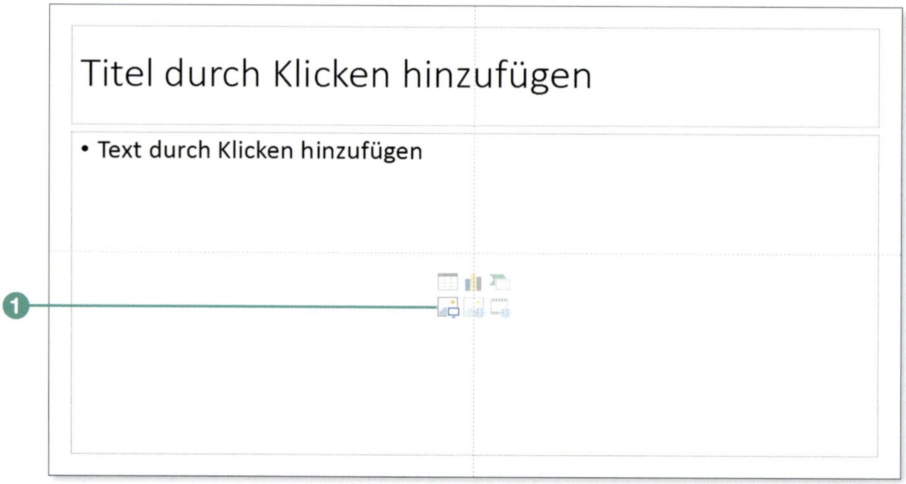

2. Wenn Sie das Bild anklicken, wird die kontextabhängige Registerkarte **Bildtools/Format** im Menüband eingeblendet, mit deren Hilfe Sie das Bild weiterbearbeiten und gestalten können.

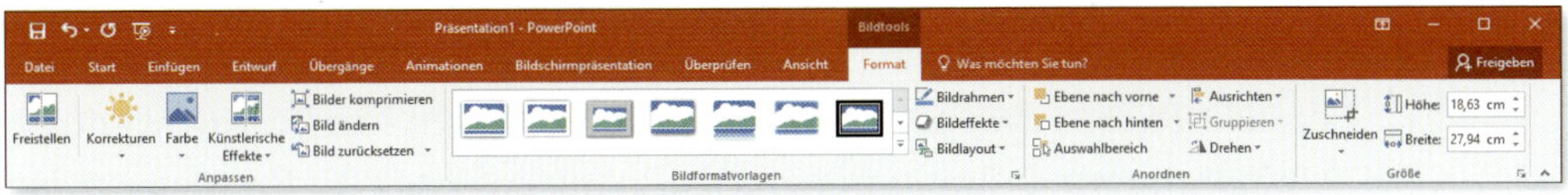

3. Über **Bildtools/Format ▸ Bildformatvorlagen** können Sie den Bildstil des eingefügten Bildes und damit seine Wirkung ganz einfach verändern. Hier finden Sie eine große Auswahl an vorgefertigten Bildformaten bzw. -stilen. Wählen Sie z. B. **Gedreht, weiß**. Schon haben Sie Ihr Bild mit einem besonderen Effekt versehen.

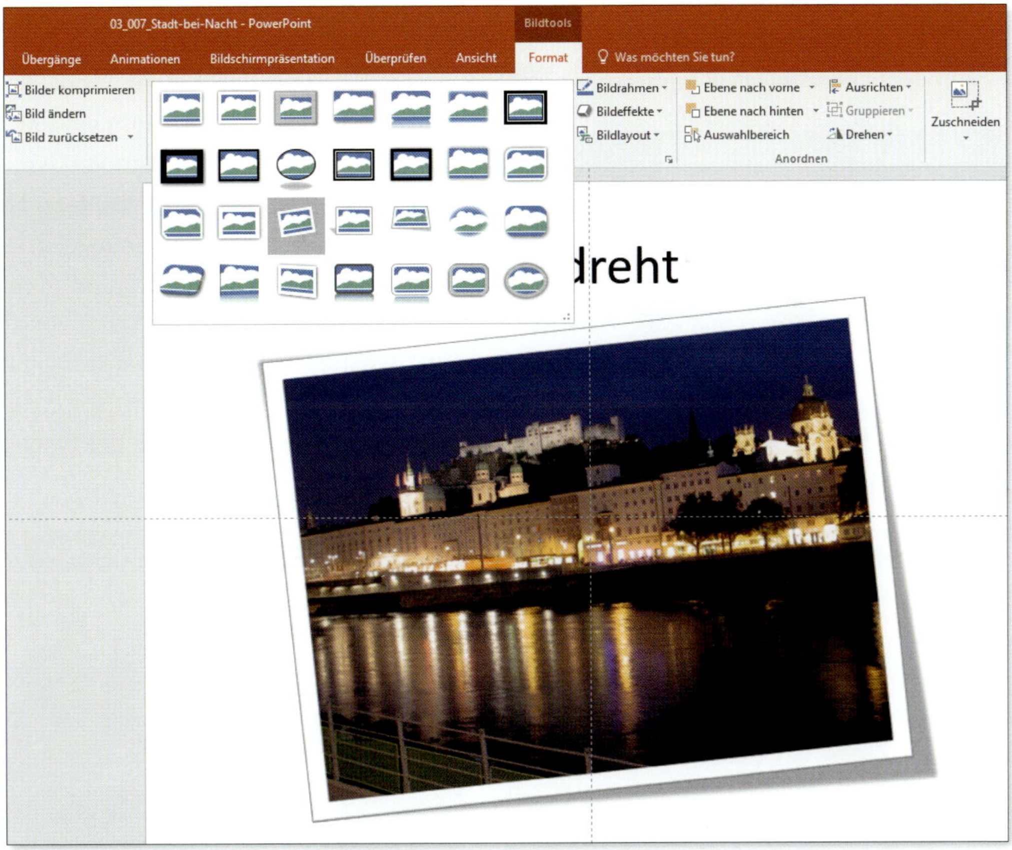

Bildstrecken

Bevor ein professioneller Fotograf überhaupt mit der Arbeit beginnt, definiert er zusammen mit dem Kunden einen bestimmten Bildstil. Erst danach finden die Fotoaufnahmen statt. Fotografen sprechen dann auch davon, dass sie *Bildstrecken* erstellen. Bildstrecken eignen sich hervorragend für die Gestaltung von Präsentationen, aber natürlich auch für Broschüren, Homepages usw. Sie tragen zu einem einheitlichen und in sich schlüssigen Auftreten bei, was besonders bei Unternehmens- und Imagepräsentationen wichtig ist, denn diese sollen das Unternehmen nach außen hin repräsentieren.

Das folgende Beispiel zeigt den Unternehmensberater und Marketingprofi Christian Görtz (*www.marketingtip.de*), fotografiert von Gregor Pfitzer. Sie finden die Fotografien unter den Dateinamen *03_Marketing_1.jpg*, *03_Marketing_2.jpg* und *03_Marketing_3.jpg* im Ordner *03/Bilder* der Beispieldateien. Der einheitliche Bildstil ist geprägt von den Farben Grau, Silber, Schwarz und Rot. Außerdem sind Möbel, Accessoires, Requisiten, Lampen usw. modern, aber dezent gehalten. Der Fokus liegt immer auf den Personen. Auch das Gegenüber des Beraters tritt im gleichen Stil auf. Das Beispiel eignet sich vor allem für Dienstleistungen und Beratungsunternehmen, denn der Stil wirkt seriös, kompetent, sachlich und wegen des Rots auch aktiv.

(Fotos: www.juergen-schmid.de)

Im zweiten Beispiel geht es darum, Innovation, Kreativität und Professionalität zu unterstreichen. Die Firma Design Tech ist ein Designunternehmen mit der Spezialisierung auf zielorientiertes Industrial Design für den Maschinenbau und weltweit die Nummer eins. In den Bildern finden sich die Unternehmensfarben Weiß und Gelb wieder. Die Bilder haben in vielen Fällen Elemente wie Gegenstände, Accessoires, Geräte usw., um damit aus dem Rahmen zu fallen. Sie schaffen Aufmerksamkeit und Neugier, wirken aber gleichzeitig innovativ und kreativ. Die Idee für Ihre Bilder könnte sein, dass Sie bei jedem Bild etwas hinzufügen, was auffällt oder vielleicht sogar immer wieder auf Bildern zu sehen ist. Typische Beispiele dafür sind Würfel, Symbole oder Ähnliches, die sich in Bildern verstecken.

Das nächste Beispiel (Sie finden es im Ordner *03* der Beispieldateien unter dem Dateinamen *03_Clear-Style_Soft-Style.pptx*) verwendet Kieselsteine als Metapher und das in zwei Varianten, nämlich links im *Clear-Style* und rechts im *Soft-Style*. Beide Stile eignen sich für Berufe in den Bereichen Gesundheit, Coaching usw. oder für Themen wie Balance oder Ruhe. Der Clear-Style ist ein sehr klarer und reiner Bildstil. Dazu können etwa ein weißer Hintergrund oder Bildelemente gehören, die sehr scharf und damit deutlich abgebildet sind. Im Gegensatz dazu wirkt der Soft-Style bei »weichen« Themen wie Sanftheit oder Ausgeglichenheit sehr gut. Am besten sollten Sie dafür Pastellfarben und *Duo-Töne* (also Darstellungen mit zwei Farbtönen) verwenden.

Das letzte Beispiel (*03_Illustrationsstil.pptx* im Ordner *03* der Beispieldateien) zeigt einen Stil aus Figuren und Objekten. Alle Objekte sind computergeneriert und im Duo-Ton gehalten. Dieser Illustrationsstil eignet sich z. B. für Präsentationen von IT- und Telekommunikationsunternehmen, weil er technisch und modern wirkt. Mit solchen Objekten lassen sich auch Abläufe und Prozesse besonders gut darstellen.

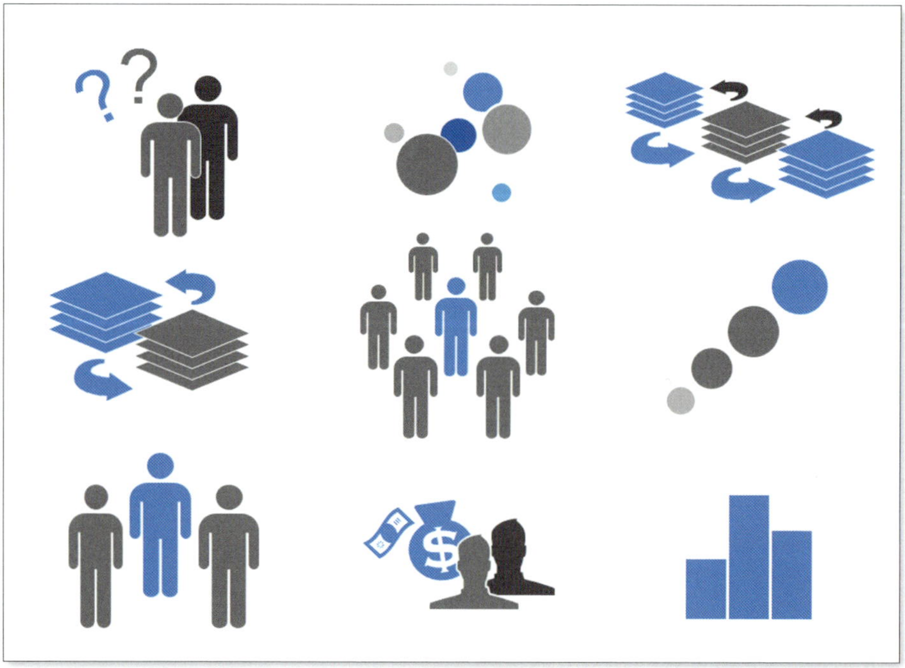

Neben diesen Bildstilen gibt es zahlreiche weitere Möglichkeiten für Bildstrecken, z. B. folgende:

- Für »schnelle« oder »sportliche« Themen kann man sehr gut Bilder mit Bewegungsunschärfe einsetzen, die die Dynamik unterstreichen.

- Wenn man zeigen will, dass man genau hinschaut oder eine Sache sehr genau nimmt, kann man Nah- bzw. Makroaufnahmen von Objekten verwenden. Wenn Sie also Nahaufnahmen von Werkzeugen zeigen, wie z. B. Lot oder Lineal, kann das mit Präzision, Bodenständigkeit usw. assoziiert werden.

Sie haben nun gelernt, was einen Bildstil oder auch eine Bildstrecke ausmachen kann. Nun können Sie zukünftig bei Präsentationen, Broschüren oder Werbematerialien versuchen, einen persönlichen Bildstil herauszufiltern, um Ihren Wiedererkennungswert zu erhöhen.

Bildspannung

Präsentationen leben von spannenden Bildern, und sie erhöhen die Aufmerksamkeit Ihres Publikums. Spannung können Sie auf verschiedene Arten erzeugen, z. B. durch ungewöhnliche Bildmotive, ungewöhnliche Perspektiven oder interessante Bildausschnitte:

- Das Bildmotiv ist in dem Präsentationsumfeld ungewöhnlich, z. B. die Oberfläche eines Planeten im Zusammenhang mit Elektroprodukten wie Steckdosen und Lichtschaltern, das schnellste Auto der Welt im Zusammenhang mit einer Produktpräsentation über Waschmittel oder die Flügeloberfläche eines Marienkäfers im Zusammenhang mit einer Unternehmenspräsentation eines Stahlkonzerns.
- Beispiele für Bilder mit einer ungewöhnlichen Perspektive wären z. B. die Makroaufnahme einer Orange, die Luftbildaufnahme einer Schafherde oder die Weitwinkelaufnahme eines Fußballtors.
- Schon sehr lange ist bekannt, dass Bilder, die nach der Regel des Goldenen Schnitts aufgebaut sind, interessanter wirken. Eine Vereinfachung dieser Regel ist die sogenannte *3er-Regel*. Sie teilen das Bild in drei mal drei gleich große Segmente ein, wie es in der folgenden Abbildung zu sehen ist. Der Motivschwerpunkt muss an einem der Kreuzungspunkte liegen.

Ein Bild mithilfe der 3er-Regel verbessern

Mithilfe der 3er-Regel können Sie Bilder spannender gestalten. Wie das funktioniert, zeige ich Ihnen in diesem Abschnitt. Die dazugehörige Präsentation finden Sie im Ordner *03* der Beispieldateien unter dem Dateinamen *03_Weg.pptx*.

1. Legen Sie zunächst eine neue Präsentation an, oder fügen Sie eine neue Folie ein. Laden Sie das Originalbild *03_Weg.tif* aus dem Ordner *03/Bilder* der Beispieldateien (über **Einfügen ▸ Bilder ▸ Bilder**).

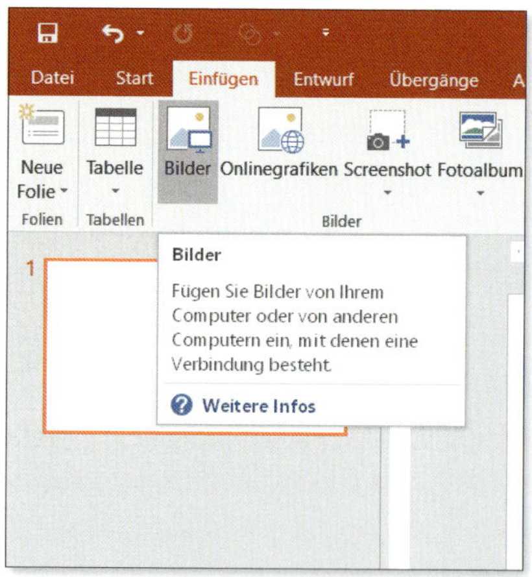

2. Positionieren Sie das Bild zunächst in einer Ecke der Folie. Ziehen Sie es danach mithilfe der entsprechenden Eckanfasser auf, sodass es die volle Folienfläche ausfüllt.

3. Um später den gewünschten Bildausschnitt besser finden zu können, legen Sie als Hilfskonstrukt eine Tabelle in der Größe 3 × 3 (drei Spalten, drei Zeilen) über das Bild (indem Sie auf **Einfügen ▸ Tabelle** klicken). Die Tabelle wird sofort über das Bild gelegt und ist markiert, sodass Sie direkt mit ihr weiterarbeiten können.

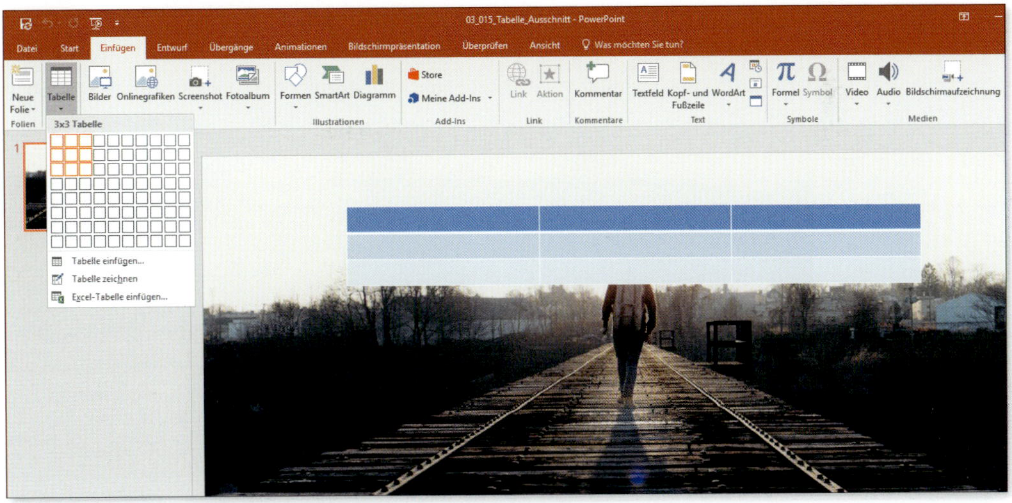

4. Wählen Sie nun über **Tabellentools/Entwurf ▸ Tabellenformatvorlagen** das Tabellenformat **Keine Formatvorlage, Tabellenraster** aus.

5. Ändern Sie über **Tabellentools/Entwurf ▸ Rahmenlinien zeichnen** die **Stiftfarbe** auf **Schwarz, Hintergrund 1** und die **Stiftstärke** auf **3 Pt**, und klicken Sie dann in der Gruppe **Tabellenformatvorlagen** auf **Rahmen ▸ Alle Rahmenlinien**.

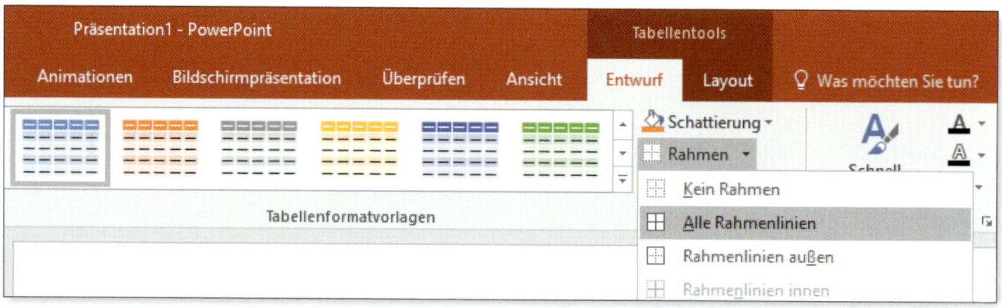

6. Verändern Sie die Tabelle in Höhe und Breite (**Tabellentools/Layout ▸ Zellengröße**), bis Sie den optimalen Bildausschnitt für Ihr Gestaltungsvorhaben gefunden haben. Setzen Sie das zentrale Bildmotiv – die Person auf der Brücke – spannend in Szene, indem Sie eine der vertikalen Linien und Kreuzungspunkte der Tabelle genau auf den Rücken bzw. den Mittelpunkt der Person legen.

7. Klicken Sie nun wieder das Bild an, um es weiter zu bearbeiten. Wählen Sie dazu im Menüband die Option **Bildtools/Format ▸ Größe ▸ Zuschneiden**.

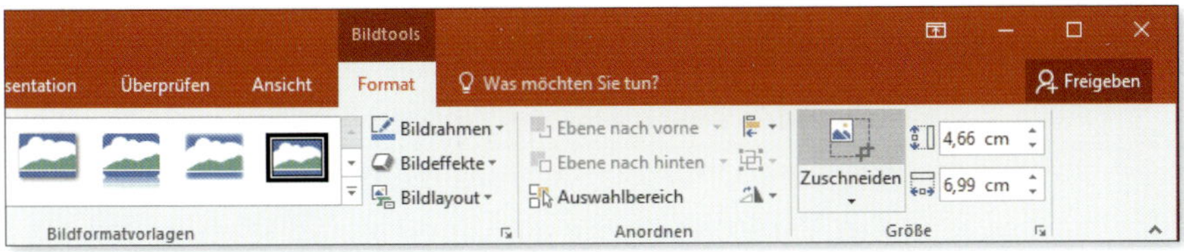

8. Die runden Marker werden daraufhin rechteckig und schwarz. Klicken Sie auf einen der schwarzen Marker, und verändern Sie den Bildausschnitt durch Ziehen mit gedrückter Maustaste. Schneiden Sie das Bild genau auf die Tabelle zu.

9. Löschen Sie die Tabelle, und ziehen Sie den Bildausschnitt auf Foliengröße auf. Das Ergebnis sieht dann aus wie in der nebenstehenden Abbildung zu sehen.

> **TIPP**
>
> **Hilfslinien nutzen**
>
> Falls Sie während des Zuschneidens Probleme haben, sich an der Tabelle zu orientieren, nutzen Sie die Hilfslinien (Sie blenden sie mit [Alt] + [F9] ein). Verschieben Sie die Linien an die Tabelle, und beschneiden Sie das Bild genau bis zur Hilfslinie.

Funktionen der Bildbearbeitung

In diesem Abschnitt stelle ich Ihnen Funktionen vor, die aus meiner Sicht für die Bearbeitung von Bildern (in der PowerPoint-Sprache häufiger *Grafiken* genannt) sehr wichtig sind. Zunächst gebe ich Ihnen jedoch eine komplette Befehlsübersicht.

Jedes Mal, wenn Sie ein Bild anklicken (markieren), erscheint die kontextabhängige Registerkarte **Bildtools/Format**, die Ihnen eine Menge nützlicher Funktionen zur Verfügung stellt.

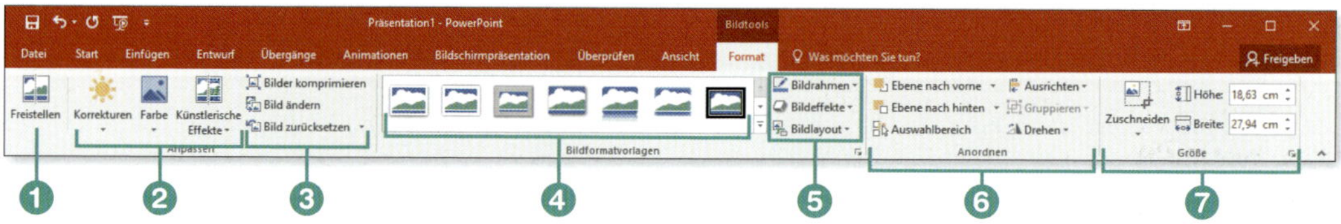

1. Freistellen von Person, Objekten usw.
2. Helligkeit, Kontrast, Weichzeichner, Einfärbungen und Effekte wie Kreidezeichnung o. Ä.
3. Bilder komprimieren (Größe der Präsentationsdatei optimieren), Bilder ändern bzw. austauschen, Bild auf Originalbild zurücksetzen
4. Verschiedene vordefinierte Bildstile
5. Rahmen definieren, Bildeffekte (wie Schatten, 3D-Drehung), Bildlayout = SmartArt-Format für Bilder
6. Tiefenebene bestimmen; Bilder ausrichten, gruppieren und drehen, spiegeln usw.
7. Größe und Zuschnitt ändern; Bildformen auswählen, z. B. Oval, Herz

Die erste hier vorgestellte Funktion (**Bildtools/Format ▸ Anpassen ▸ Bild zurücksetzen**) ist der kleine Bruder der bekannten und äußerst hilfreichen Funktion **Rückgängig machen**. Der Unterschied besteht darin, dass die Bildbearbeitung selbst dann noch rückgängig gemacht werden kann, wenn die PowerPoint-Datei schon mehrmals gespeichert, geschlossen und geöffnet wurde. Mithilfe der Funktion **Bild zurücksetzen** wird das Bild also wieder in den Ausgangszustand zurückversetzt, also in den Zustand, in dem es beim ersten Mal in PowerPoint eingefügt wurde. Wenn das Bild danach eingefärbt, verzerrt, gestaucht, gedreht oder verkleinert wurde, werden mit dieser Funktion die Originalparameter wiederhergestellt.

Wenn Sie die zum Befehl **Bild zurücksetzen** gehörige Dropdown-Liste aufklappen, erscheint die Option, das Originalbild mitsamt seiner Originalgröße wiederherzustellen (**Bild und Größe zurücksetzen**). **Bild zurücksetzen** hingegen löscht alle Bildeffekte und setzt Rahmen, Rahmenfarbe, Helligkeit, Kontrast usw. zurück (die Größe bleibt jedoch erhalten).

Um die Bildgröße zu verändern, ziehen Sie einfach mit gedrückter linker Maustaste einen der Bildmarker in die gewünschte Richtung. Wenn Sie es sehr genau nehmen, wählen Sie **Bildtools/Format ▸ Größe** und geben dort die Breite oder Höhe des Bildes in Zentimetern an.

Mehr Details zur Größe des Bildes, zu Drehung, Position usw. finden Sie, wenn Sie den Dialogfeldstarter (den kleinen Pfeil unten rechts) in der Gruppe **Größe** anklicken und dadurch in den Aufgabenbereich wechseln.

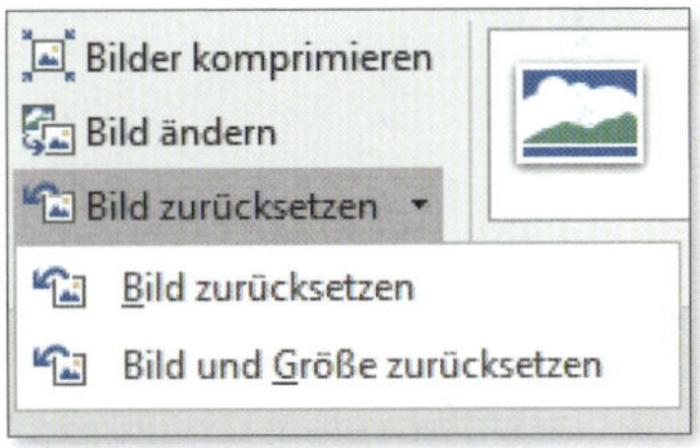

Um den Bildausschnitt eines Bildes zu verändern, benutzen Sie die Funktion **Zuschneiden** in der Befehlsgruppe **Größe**. Sie erkennen den Zuschneiden-Modus daran, dass die Marker des Bildes rechteckig und schwarz sind. Klicken Sie einen Marker an, und verschieben Sie ihn mit gedrückter linker Maustaste.

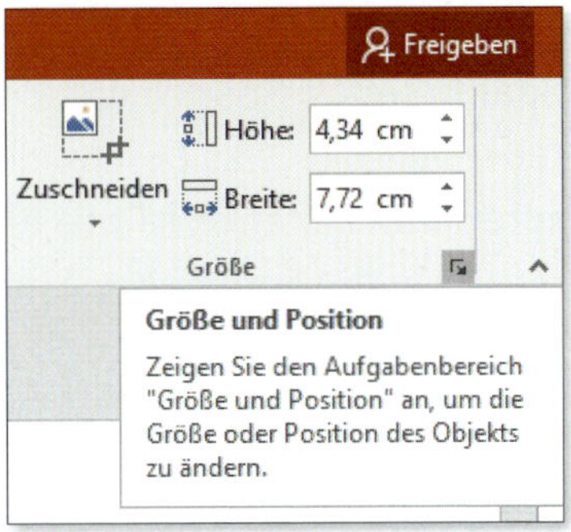

INFO

Bild bleibt in Originalgröße bestehen

Solange keine Bildkomprimierung durchgeführt wird, bleibt das Bild auch nach dem Zuschneiden in Originalgröße in der PowerPoint-Datei erhalten! Die beschnittenen Teile werden quasi nur ausgeblendet.

Darüber hinaus lässt sich die Form des Bildes verändern, wenn Sie **Zuschneiden ▸ Auf Form zuschneiden** wählen. Normalerweise ist ein Bild rechteckig beschnitten; hier können Sie es in eine Ellipse oder eine andere Form ändern.

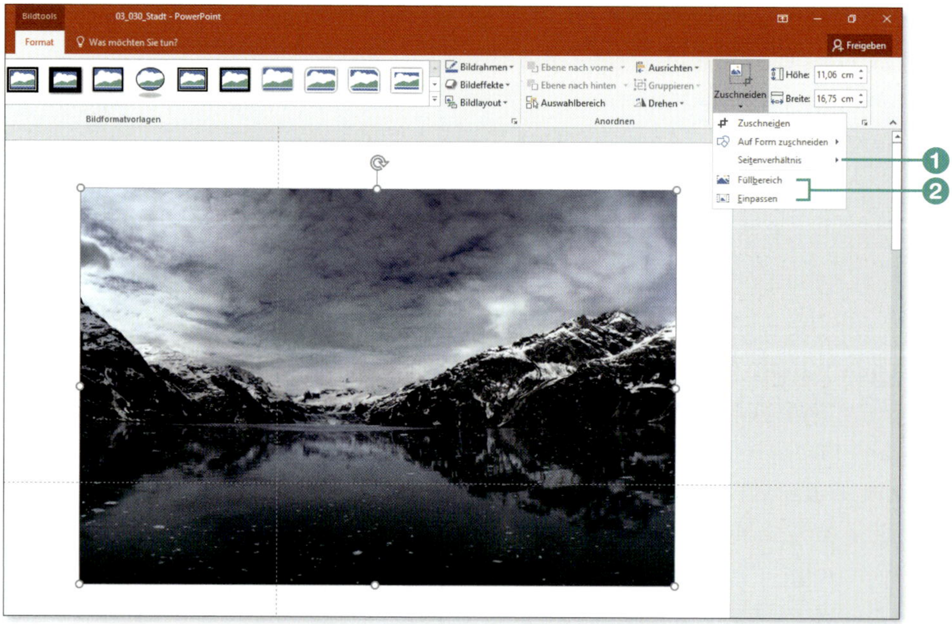

Sehr hilfreich ist auch die Möglichkeit, ein Bild unter Einhaltung eines Seitenverhältnisses zu beschneiden (im Dropdown-Menü heißt der Befehl entsprechend **Seitenverhältnis** 1). Das spart viel Zeit. Wenn Sie beispielsweise einen quadratischen Ausschnitt aus einem Digitalfoto brauchen, stellen Sie ein Verhältnis von 1:1 ein. Das klassische Verhältnis für Digitalbilder, Monitore und Fernseher war bislang 4:3 (das ändert sich jedoch gerade in Richtung 16:9).

Die Befehle **Füllbereich** und **Einpassen** ❷ im gleichen Menü helfen Ihnen außerdem, wenn Sie mit Seitenverhältnissen arbeiten. Probieren Sie es aus, indem Sie ein Bild anklicken, ein Verhältnis von 1:1 einstellen und dann **Zuschneiden ▸ Füllbereich** aufrufen. Testen Sie auch den Befehl **Einpassen**, und schauen Sie sich den Unterschied an. Hier wird das Bild einfach in den bestehenden Ausschnittbereich eingepasst.

Um ein Bild zu drehen (2D), können Sie den Marker oberhalb des Bildes benutzen. Klicken Sie ihn an, und ziehen Sie damit das Bild mit gedrückter Maustaste nach links oder rechts.

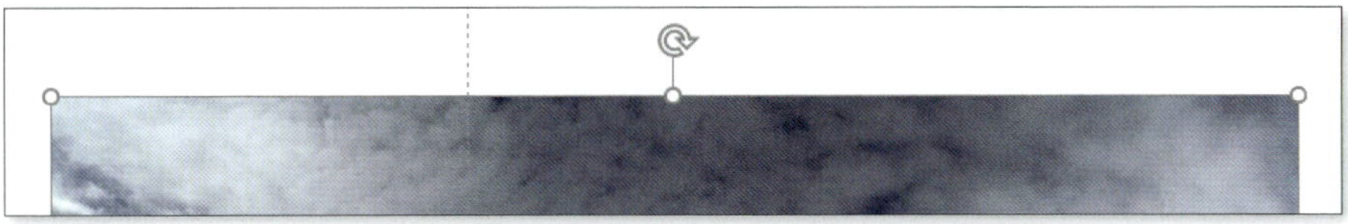

Alternativ können Sie mit der Funktion **Drehen** (in der Befehlsgruppe **Anordnen**) arbeiten, was den Vorteil hat, dass Sie exakte Gradzahlen eingeben können. Die gleichen Befehle finden Sie auch über **Start ▸ Zeichnung ▸ Anordnen**. Mit **Vertikal umdrehen** oder **Horizontal spiegeln** lässt sich das Bild spiegeln; mit dem Menübefehl **Weitere Drehungsoptionen** lassen sich auch hierbei ganz genaue Gradwerte für die jeweilige Drehung einstellen. Probieren Sie es einfach einmal aus.

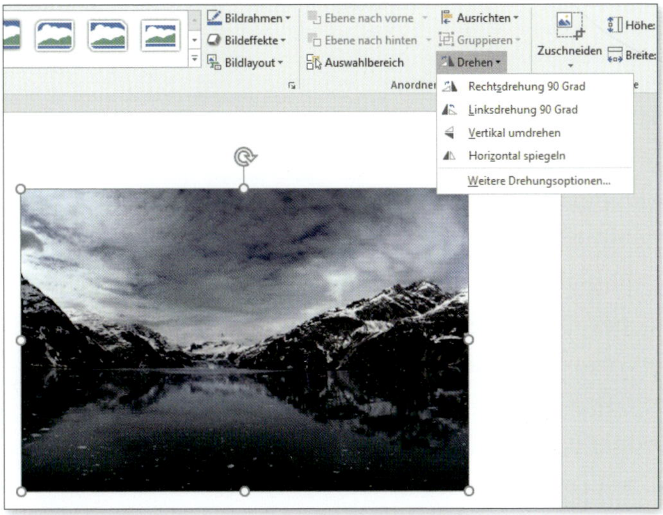

Wenn Sie ein Bild räumlich drehen möchten (3D), wählen Sie **Bildtools/Format ▸ Bildformatvorlagen ▸ Bildeffekte ▸ 3D-Drehung**. In diesem Menü finden Sie eine Reihe von vordefinierten Drehungen und Perspektiven.

Diese Funktion ist sehr nützlich, wenn Sie einer Folie Tiefe bzw. Räumlichkeit verleihen möchten. Wenn Sie dreidimensionale Objekte und Anordnungen einsetzen, hat der Zuschauer den Eindruck, als schaue er in die Tiefe des Raumes. Die Folie wirkt dadurch interessanter und spannender.

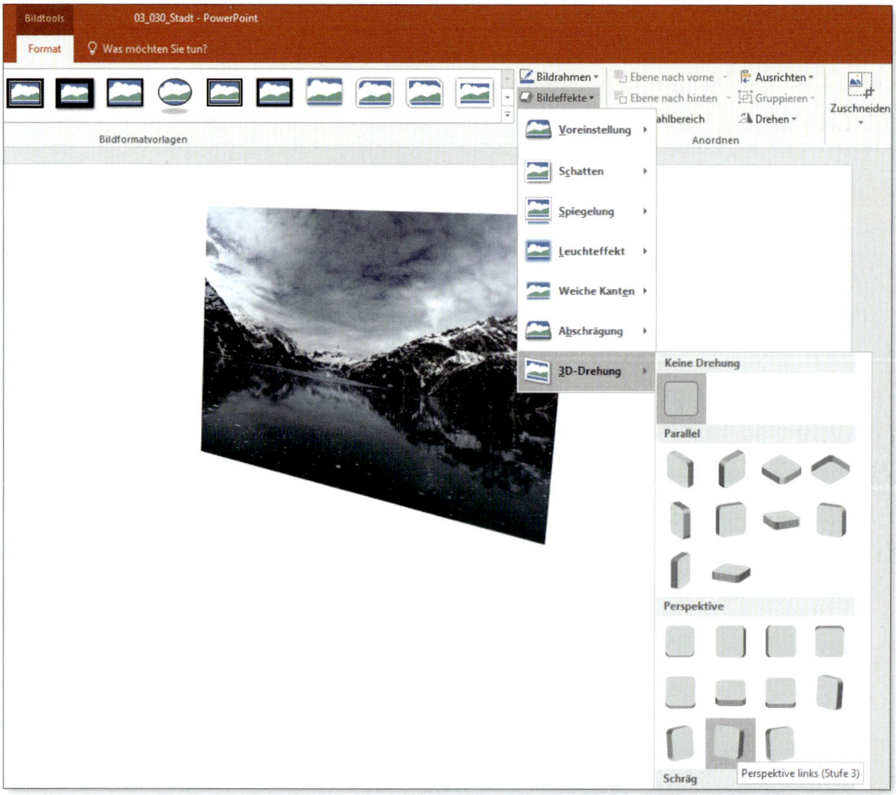

Sie können die 3D-Drehung z. B. sehr gut verwenden, wenn Sie eine Serie von Urlaubsbildern oder Software-Screenshots gestaffelt hintereinander auf einer Folie zeigen oder zwei Bilder räumlich gegenüberstellen wollen. Eine Präsentation mit Beispielen finden Sie unter dem Dateinamen *03_Bergmotiv.pptx* im Ordner *03* der Buchdateien. Weitere Einsatzgebiete zeige ich Ihnen im Abschnitt »Einen Bilderwürfel aufbauen« ab Seite 150.

Über **Weitere 3D-Einstellungen** können Sie wie gehabt exakte, gradgenaue Einstellungen vornehmen. Alternativ gelangen Sie zu den 3D-Einstellungen, wenn Sie mit der rechten Maustaste auf das Bild klicken und aus dem Kontextmenü **Grafik formatieren** und im Aufgabenbereich **Effekte ▸ 3D-Drehung** wählen.

Die Bearbeitung der Bildqualität, z. B. in Bezug auf Helligkeit, Kontraste oder Weichzeichnung (*Unschärfe*), erfolgt über den Auswahlbefehl **Bildtools/Format ▸ Anpassen ▸ Korrekturen** ❶. Hier können Sie außerdem das Bild umfärben oder mit künstlerischen Effekten versehen. Alternativ klicken Sie mit der rechten Maustaste auf das Bild und wählen im Kontextmenü **Grafik formatieren** und **Bild ▸ Bildkorrekturen** im Aufgabenbereich.

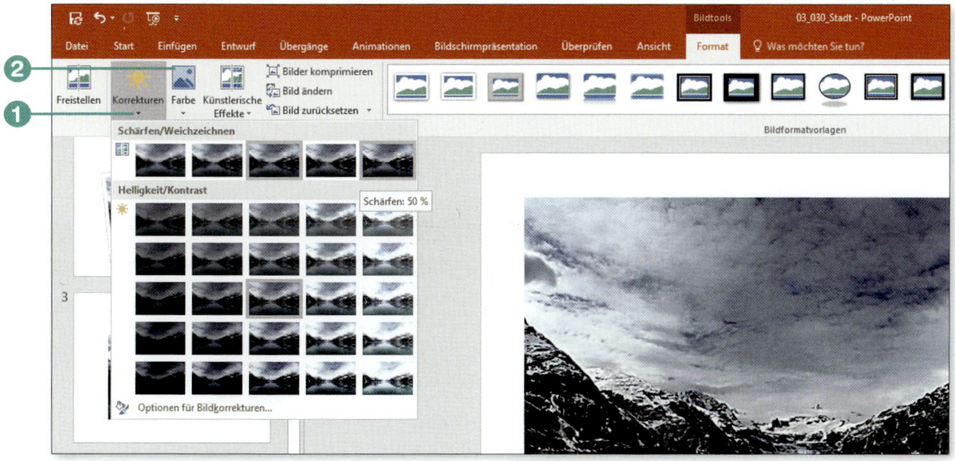

PowerPoint bietet zahlreiche Möglichkeiten, ein Bild zu korrigieren – Sie müssen nicht unbedingt eine Bildbearbeitungssoftware einsetzen.

Eine farbliche Veränderung, nämlich die Reduzierung auf einen Duo-Ton, erzeugen Sie mit **Bildtools/Format ▸ Anpassen ▸ Farbe** ❷. Alternativ klicken Sie mit der rechten Maustaste auf das Bild und rufen dann den Befehl **Grafik formatieren ▸ Bild ▸ Bildfarbe** auf. Diese Funktion, die das Bild in nur zwei Farben darstellt, bietet Ihnen einige Möglichkeiten:

- Sie können damit sehr leicht einen bestimmten Bildstil erzeugen.
- Eingefärbte Bilder oder ClipArts wirken eher aus einem Guss, wenn sie mit dieser Färbefunktion behandelt wurden.

- Sie könnten alle Symbole in einer Präsentation einheitlich färben, um einen hohen Wiedererkennungswert zu schaffen, sodass die Folien beim Publikum besser in Erinnerung bleiben.
- Der Hintergrund einer Folie lässt sich ganz hell oder ganz dunkel darstellen, sodass der Text im Vordergrund gut zu erkennen ist bzw. für ausreichend Kontrast gesorgt ist.

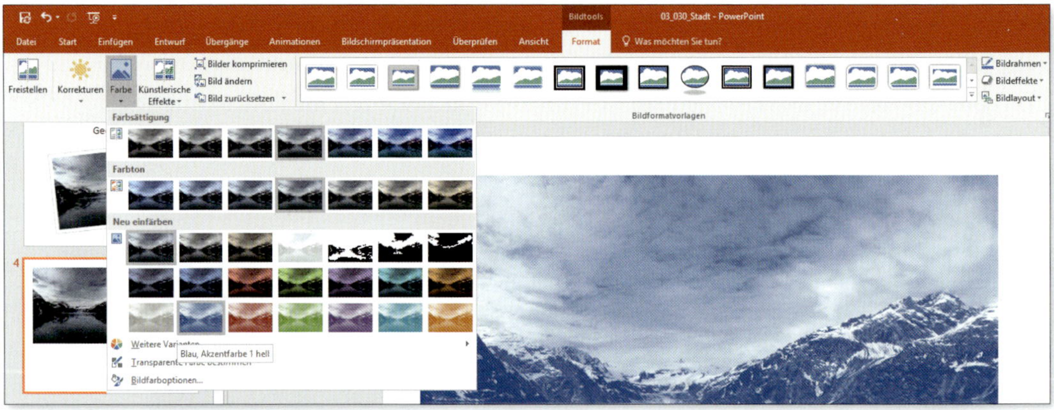

Mit der Option »Neu einfärben« können Sie die Wirkung eines Bildes entscheidend verändern.

Seit PowerPoint 2010 gibt es die Funktion **Künstlerische Effekte** ❶. Sie lässt sich beispielsweise für folgende Fälle nutzen:

- Definition eines Bildstils
- Gestaltung einer Titelfolie, die inspirierend ist und ein wenig wie ein Gemälde wirkt (mit der Option **Markierung**)
- Skizzierung einer Produktidee (z. B. mit **Bleistiftskizze**) oder einer Bauskizze (mit **Bleistift: Graustufen**)
- Hervorhebung eines Produkts mithilfe der metaphorischen Wirkung des Leuchtens (**Leuchteffekt: diffus**)
- Hervorhebung der Konturen für einen modernen, auffälligen Effekt (**Leuchteffekt: Ränder**)

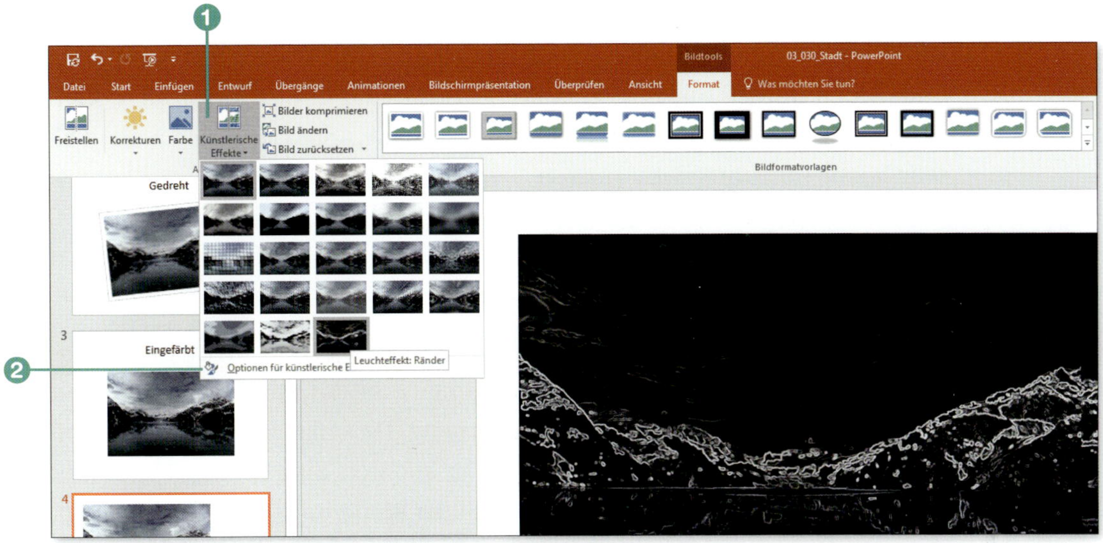

Wenn Sie im gleichen Menü unten den Befehl **Optionen für künstlerische Effekte** ② aufrufen (das geht auch über rechte Maustaste ▸ **Grafik formatieren** und **Effekte** ▸ **Künstlerische Effekte** im Aufgabenbereich), können Sie weitere Einstellungen vornehmen. Ein weiterer interessanter Effekt in der Dropdown-Liste ist z. B. **Heller Bildschirm**. Das Bild wird hier in kleine Quadrate eingeteilt. Deren Größe lässt sich im Aufgabenbereich **Grafik formatieren** über den Schieberegler bei **Rastergröße** verstellen.

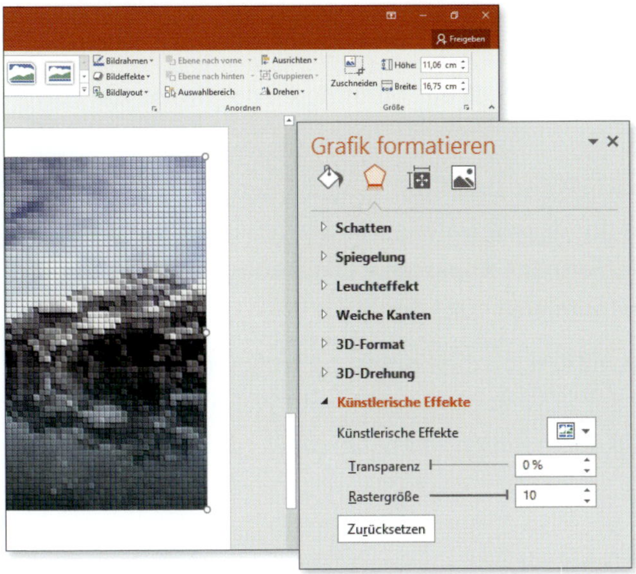

Wenn Sie nun ein Bild auf eine bestimmte Art und Weise formatiert haben und diesen Bildstil auf Ihre gesamte Präsentation anwenden wollen, können Sie das über die Funktion **Bildtools/Format ▸ Anpassen ▸ Bild ändern** ❶ sehr leicht tun (alternativ nutzen Sie den Befehl **Bild ändern** im Kontextmenü). So können Sie die Bilder austauschen, ohne sie jedes Mal neu mit den Effekten versehen zu müssen.

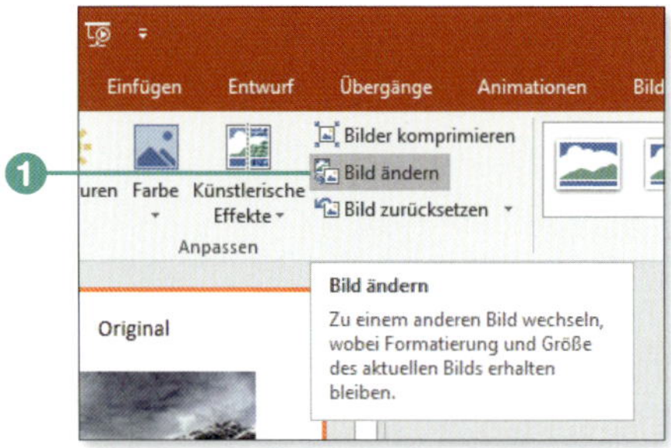

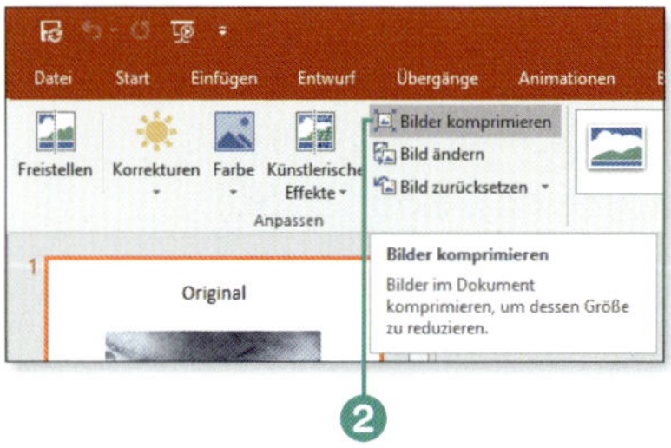

Wenn Sie viele Bilder verwenden, wird die PowerPoint-Datei immer größer und verbraucht damit mehr Speicherplatz. Das macht auch den Versand per E-Mail nicht leichter. Eine Lösung bietet hier die Funktion **Bilder komprimieren** ❷ in der Gruppe **Anpassen**. Hier können Sie die Auflösung der Bilder, also den dpi-Wert anpassen. Diese Komprimierung ist für einzelne Bilder, aber auch für die gesamte Präsentation möglich. Im folgenden Abschnitt zeige ich Ihnen, wie Sie diese Funktion für Ihre Präsentation verwenden.

Die Dateigröße minimieren

Im Folgenden lernen Sie, wie einfach das Minimieren der Größe von PowerPoint-Dateien sein kann.

1. Öffnen Sie eine PowerPoint-Datei mit einem oder mehreren Bildern. Klicken Sie das Bild an, dessen Dateigröße Sie verkleinern wollen, und wählen Sie **Bildtools/Format ▸ Anpassen ▸ Bilder komprimieren**. Das Dialogfenster **Bilder komprimieren** erscheint.
2. Hier können Sie auswählen, ob die Komprimierung nur für das aktuelle oder für alle Bilder der Präsentation gelten soll. Wenn Sie das Häkchen bei **Nur für dieses Bild übernehmen** wegnehmen, werden alle Bilder komprimiert.

3. Die stärkste Komprimierung erhalten Sie, wenn Sie **E-Mail (96 ppi)** auswählen. Aber keine Sorge, Sie werden in der Präsentation keinen Unterschied in der Bildqualität bemerken.

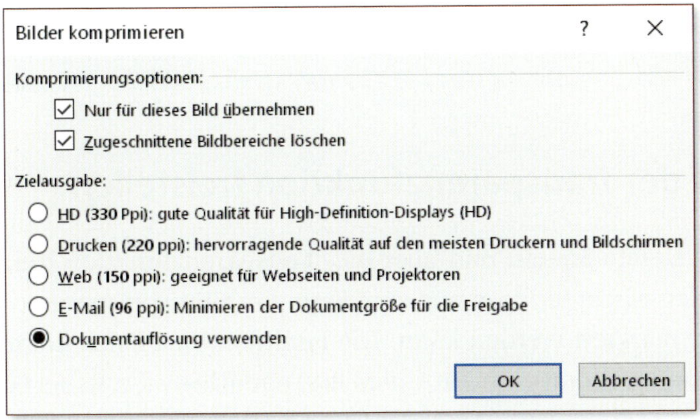

4. Klicken Sie dann auf **OK**. Alle Bilder der Präsentation werden komprimiert. Die Komprimierung kann ein paar Minuten dauern, je nachdem, wie viele Bilder es sind.

INFO

dpi und ppi

Die Auflösung oder Punktdichte eines Bildes wird in *dpi* oder *ppi* angegeben. Die Abkürzung dpi steht für *Dots per Inch* (Punkte pro Zoll) und wird vor allem im Bereich des Vierfarbdrucks verwendet; ppi ist die Abkürzung für *Pixel per Inch* (Pixel pro Zoll) und gilt für den digitalen Bereich (bei der Bildschirmdarstellung).

Freistellen von Bildern

Sie kennen möglicherweise folgende Problematik: Sie haben ein Bild von einer Person vor einem Gebäude oder im Park gemacht, wollen aber eigentlich nur die Person und nicht den Hintergrund zeigen. Vielleicht möchten Sie auch ein Logo, ein bestimmtes Produkt, ein Haus, eine Maschine oder ein anderes Objekt losgelöst vom Hintergrund in Ihre Präsentation einbinden. Um nur das Hauptmotiv eines Bildes zeigen zu können, muss es *freigestellt* werden. Seit PowerPoint 2010 stehen Ihnen dazu drei Möglichkeiten zur Verfügung. Dabei ist es sogar manchmal sinnvoll, zwei Möglichkeiten miteinander zu kombinieren.

Ein Bild mit der Transparenzfunktion freistellen

Am einfachsten stellen Sie ein Bild über die Transparenzfunktion frei. Sie hat allerdings den Nachteil, dass nur eine Farbe im Bild transparent, also durchscheinend markiert werden kann. Die Funktion bietet sich dann besonders an, wenn der Hintergrund in einem Bild einfarbig ist, z. B. bei Logos oder *Packshots* (Produktfotos). Als Beispiel wenden wir die Transparenzfunktion hier auf ein Logo an, die dazugehörige Präsentation *03_Freistellen_mit_Transparenzfunktion.pptx* finden Sie im Ordner *03* der Beispieldateien.

1. Öffnen Sie aus dem Ordner *03/Bilder* das Bild *03_Logo_freistellen.jpg*.
2. Damit man die Freistellung später besser erkennen kann, bauen wir zunächst einen Schlagschatten ein. Klicken Sie dazu das Logo an, und wählen Sie über **Bildtools/Format ▸ Bildformatvorlagen** die Option **Schlagschattenrechteck** aus.

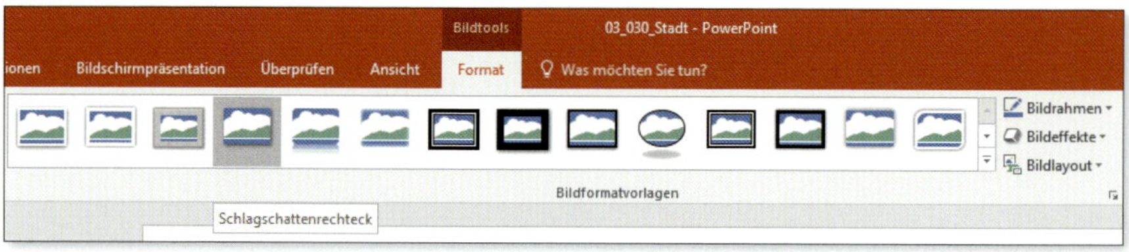

3. Duplizieren Sie das Logo mit der Tastenkombination [Strg] + [D], und positionieren Sie das Duplikat rechts neben dem Original.
4. Klicken Sie das zweite Logo an, und wählen Sie **Bildtools/Format ▸ Anpassen ▸ Farbe ▸ Transparente Farbe bestimmen**. Der Cursor verändert sich – am Mauszeiger erscheint ein Stift.

5. Klicken Sie mit diesem Stift auf den weißen Hintergrund des Logos, um diesen transparent zu machen. Sie können auch probeweise auf eine andere Farbe klicken und sehen, was passiert.

Ein Bild mithilfe eines Pfades freistellen

Die zweite Möglichkeit, das Freistellen mithilfe eines Pfades, löst das Farbproblem. Auf diese Weise können Sie nahezu jedes Motiv freistellen, z.B. eine Person, eine Maschine, ein Haus, ein Spielzeug oder Ähnliches. Der Trick besteht darin, die Kontur des Objekts mithilfe eines Pfades festzulegen. Diese Technik wird auch in Bildbearbeitungsprogrammen wie *Adobe Photoshop* oder CorelDRAW genutzt. Sie eignet sich besonders dann, wenn es wenig Farbkontrast gibt, wie etwa bei Haaren, Schatten usw. Sie finden die entsprechende Präsentation unter dem Dateinamen *03_Freistellen_mit_Pfad.pptx* im Ordner *03* der Beispieldateien.

1. Um eine Person oder ein Objekt auf einem Bild freizustellen, legen Sie zunächst eine neue Folie mit dem Layout **Leer** an. Blenden Sie mit `Alt` + `F9` die Führungslinien aus, falls diese zu sehen sind, und entfernen Sie das Raster, indem Sie auf einem leeren Bereich der Folie die rechte Maustaste drücken und **Raster und Führungslinien** aus dem Kontextmenü wählen. Im Dialog **Raster und Linien** entfernen Sie dann das Häkchen bei **Objekte am Raster ausrichten** ❶.

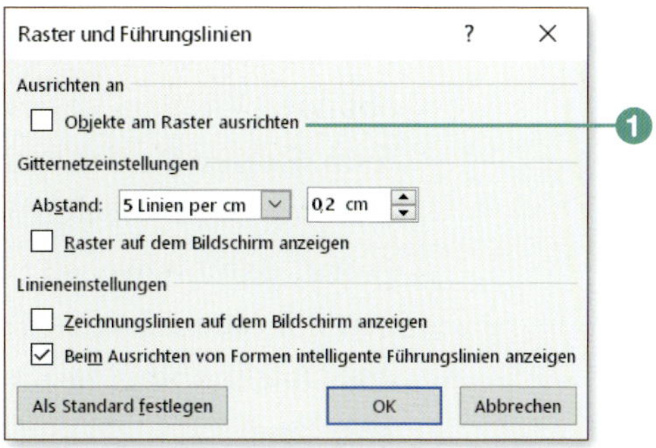

2. Fügen Sie daraufhin das Bild *03_Blatt_freistellen.jpg* aus dem Ordner *03/Bilder* der Beispieldateien ein, oder laden Sie über **Einfügen ▸ Bilder ▸ Bilder** ein anderes Bild, dessen Motiv Sie freistellen wollen, in Ihre Folie.

3. Vergrößern Sie das Bild so weit, bis der freizustellende Teil in etwa der Größe der Folie entspricht. Sollten Teile des Bildes über die Folie hinausragen, verkleinern Sie das Bild mit der Funktion **Zuschneiden**. Es ist sehr wichtig, dass Sie das komplette freizustellende Objekt sehen, ohne scrollen zu müssen!

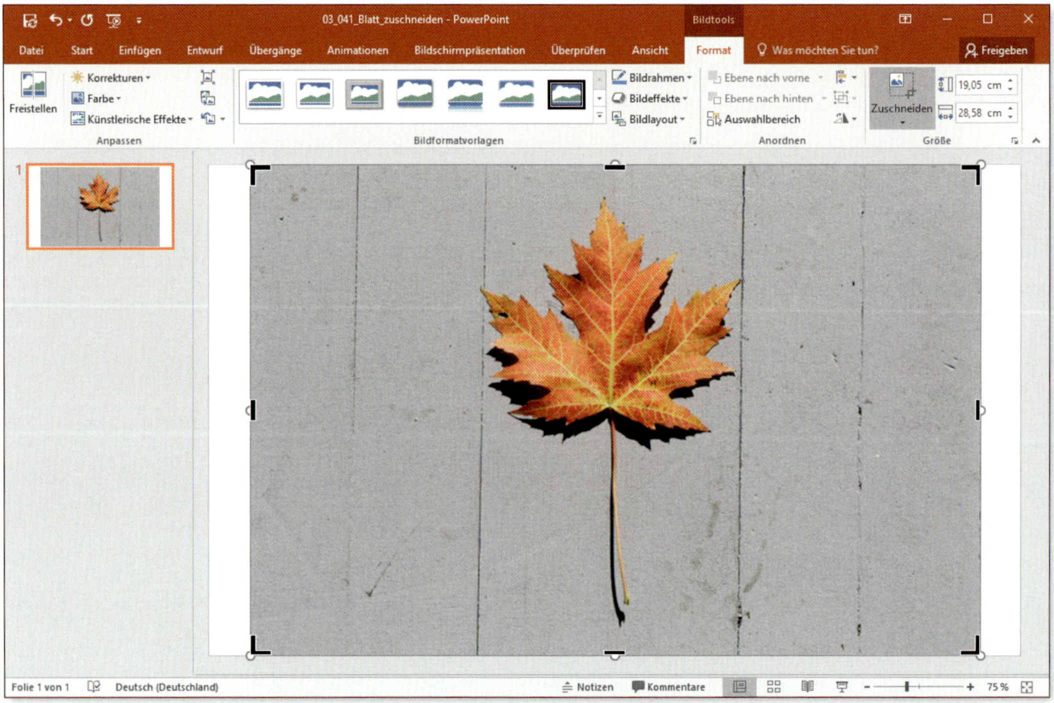

4. Der nächste Schritt ist, eine Form zu bauen, die die Kontur des Objekts abbildet. Wählen Sie dazu **Start ▸ Zeichnung ▸ Formen ▸ Linien ▸ Freihandform**. Fahren Sie dann mit dem Mauszeiger an den Konturen des Objekts entlang. Dazu klicken Sie auf eine Stelle der Kontur und setzen so einen Punkt, dann bewegen Sie den Mauszeiger zur nächsten Stelle und setzen mit einem Klick wieder einen Punkt. Das machen Sie so lange, bis das Objekt komplett umrundet ist. Sobald Sie wieder beim Startpunkt angelangt sind, klicken Sie diesen an. Daraufhin wird die Fläche auto-

matisch geschlossen. Falls Sie den Startpunkt nicht anklicken können oder sich der Pfad nicht schließt, drücken Sie Esc und brechen damit den Vorgang ab. Im weiteren Verlauf zeige ich Ihnen, wie Sie den Pfad nachträglich noch schließen können.

5. Natürlich lassen sich die Konturen auch nachträglich noch korrigieren. Zunächst ändern Sie über **Start ▸ Zeichnung ▸ Fülleffekt ▸ Weitere Füllfarben ▸ Transparenz** die Transparenz der Freihandform auf 50 %, damit Sie das Motiv und die Konturen besser sehen. Klicken Sie dann mit der rechten Maustaste auf die Freihandform, und wählen Sie **Punkte bearbeiten** aus dem Kontextmenü. Verschieben Sie die betreffenden Punkte, indem Sie sie anklicken und mit gedrückter linker Maustaste an die richtige Stelle ziehen.

6. Wenn Sie einen Punkt mit der rechten Maustaste anklicken, erhalten Sie weitere Optionen. Hier können Sie z. B. angeben, ob es sich um einen Übergangs- oder um einen Eckpunkt handelt. Durch das Anklicken wird die Kurve an dem entsprechenden Punkt verändert. Wenn Sie an dieser Stelle eine Rundung benötigen, stellen Sie **Übergangspunkt** ein; wenn Sie spitze Ecken oder Kanten haben möchten, wählen Sie **Eckpunkt**. Sie können Punkte auch glätten, wenn Ihnen der Übergang zu stufig erscheint (mit dem Befehl **Punkt glätten**).

TIPP

Arbeiten Sie genau

Je mehr Punkte Sie auf die Kontur des Motivs setzen, desto feiner wird die Maske und desto höher die Qualität der Freistellung.

7. Nun schneiden Sie das Bild zu, und zwar so, dass der Zuschnitt genau an die Kanten der Freihandform anstößt. PowerPoint 2016 zeigt das sehr genau mithilfe der beweglichen Führungslinien an. Das Bild muss von seiner Breite und Höhe her genauso groß sein wie die Form.

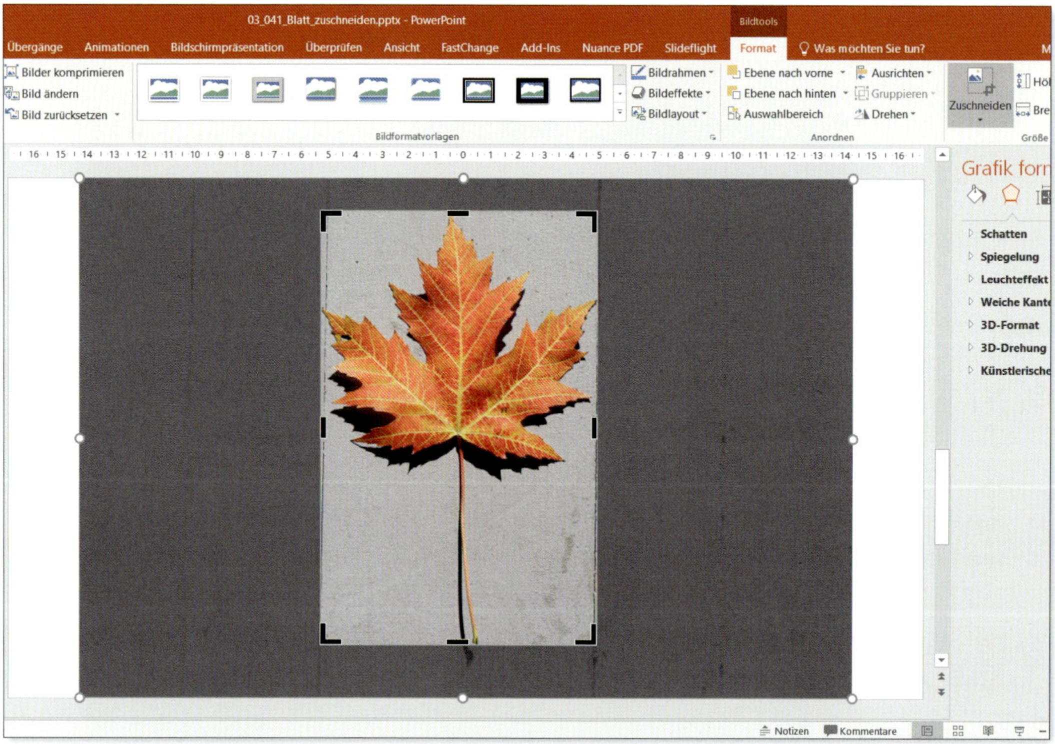

8. Schalten Sie dann den Zuschneiden-Modus aus, indem Sie erneut auf den Befehl **Zuschneiden** oder einfach in den Hintergrund und dann wieder auf das Bild klicken. Verschieben Sie dann das Bild so, dass es mittig auf der Folie liegt.

9. Um das Bild auf Ihrer Festplatte zu speichern, klicken Sie es mit der rechten Maustaste an und wählen **Als Grafik speichern** aus dem Kontextmenü. Geben Sie der Datei einen passenden Namen. Wichtig: Merken Sie sich, wo Sie den Ausschnitt speichern!

10. Klicken Sie die Freihandform mit der rechten Maustaste an, und wählen Sie den Befehl **Form formatieren** aus dem Kontextmenü. Wechseln Sie dann zum Aufgabenbereich **Grafik formatieren ▸ Füllung ▸ Bild- oder Texturfüllung**. Wählen Sie dort unter **Bild einfügen aus** mit einem Klick auf die Schaltfläche **Datei** (1) den Bildausschnitt aus, den Sie eben gespeichert haben, und schließen Sie den Dialog.

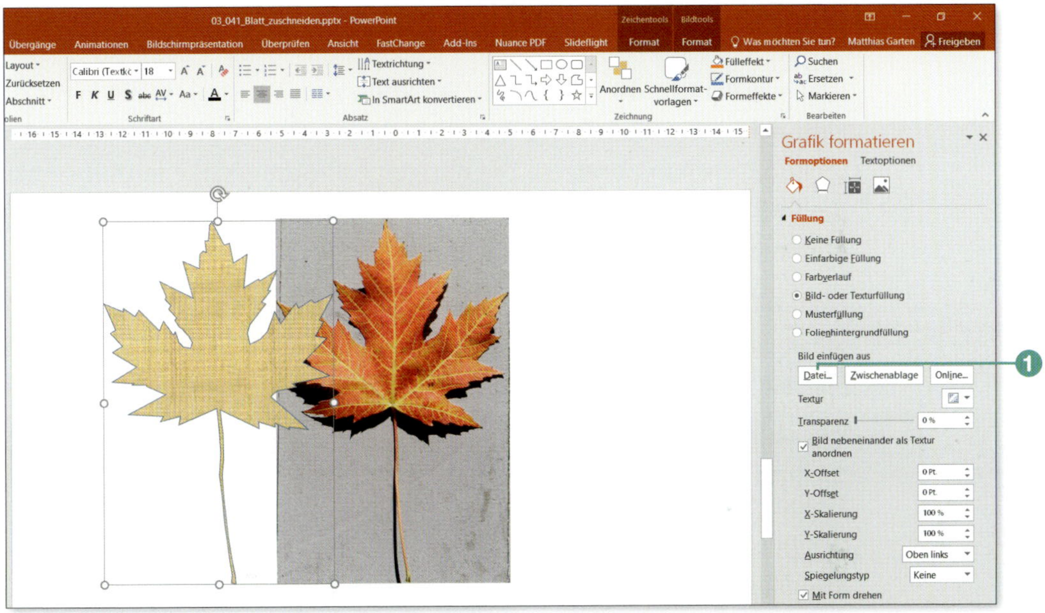

11. Löschen Sie das Bild, z. B. mit der `Entf`-Taste. Jetzt ist nur noch das freigestellte Motiv, also das Blatt auf der Folie zu sehen.

12. Nun können Sie das freigestellte Motiv noch etwas verschönern. Entfernen Sie beispielsweise über **Start ▸ Zeichnung ▸ Formkontur ▸ Kein Rahmen** die Umrisslinie. Über **Start ▸ Zeichnung ▸ Formeffekte ▸ Weiche Kanten** können Sie außerdem die Umrisskante weicher gestalten.

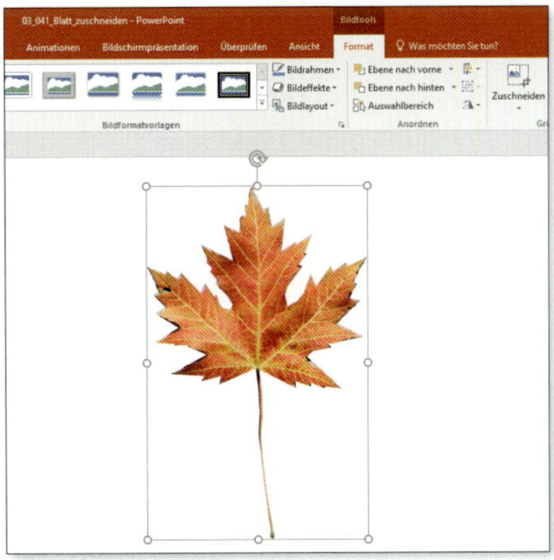

Sie haben nun eine Methode zum Freistellen kennengelernt, die sehr häufig gut funktioniert. Ihnen steht in PowerPoint 2016 aber noch eine weitere Freistellen-Funktion zur Verfügung, die viele Bearbeitungen deutlich erleichtert. Diese zeige ich Ihnen im folgenden Abschnitt.

Die Freistellen-Funktion nutzen

In PowerPoint 2016 gibt es eine Funktion zum Freistellen, die in 80 % aller Fälle sehr gut funktioniert, denn mit ihr lassen sich gleich mehrere Farben im Bild transparent setzen. Die übrigen Fälle können Sie mithilfe eines Pfades freistellen oder – wenn es ganz schwierig wird – über »echte« Grafikprogramme bearbeiten.

Über **Bildtools/Format ▸ Anpassen ▸ Freistellen** finden Sie verschiedene Befehle, mit denen Sie die Bildbereiche sehr leicht freistellen können, indem Sie den Hintergrund transparent setzen (**Zu entfernende Bereiche markieren**). Darüber hinaus lässt sich noch genauer bestimmen, welche Bereiche nicht ausgespart werden sollen (**Zu behaltende Bereiche markieren**). Ich zeige Ihnen anhand eines Beispiels, worauf es dabei ankommt. Im Ordner *03* der Beispieldateien finden Sie die dazugehörige Präsentation unter dem Dateinamen *03_Freistellen_Funktion.pptx*.

1. Legen Sie eine neue Folie mit dem Layout **Leer** an. Laden Sie die Bilddatei *03_Laptop_freistellen.png* aus dem Ordner *03/Bilder* in Ihre Präsentation.
2. Rufen Sie dann den Befehl **Bildtools/Format ▸ Anpassen ▸ Freistellen** auf.
3. Im Bild erscheint ein Markierungsrahmen. Ziehen Sie ihn so weit auf, dass das Objekt umrahmt ist. PowerPoint erkennt im ersten Schritt automatisch die Konturen und färbt den Bereich, der entfernt wird, pink ein.
4. Wenn Sie die Markierung noch verändern wollen, klicken Sie im Menüband auf **Freistellen ▸ Zu behaltende Bereiche markieren.** Der Mauscursor wird zu einem Stift. Ziehen Sie eine Linie entlang der Bereiche, die zum Objekt gehören und daher nicht freigestellt werden sollen. Diese

Bereiche werden mit Pluszeichen markiert. Ebenso können Sie mit dem Minuszeichen markieren, welche Bereiche transparent werden sollen. Zeichnet man eine Plus-Linie und direkt daneben eine Minus-Linie, ist das für PowerPoint eine scharfe Trennung.

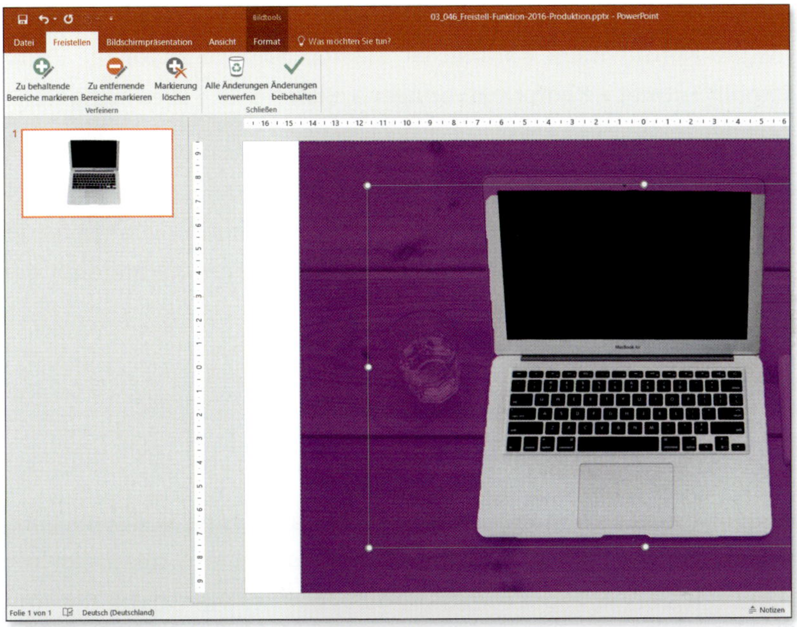

5. Wenn Sie einen Bereich fälschlicherweise angeklickt haben, können Sie die Markierung auch wieder entfernen. Klicken Sie dazu im Menüband auf **Markierung löschen** oder auf **Alle Änderungen verwerfen**. Zum Schluss bestätigen Sie alles mit **Änderungen beibehalten**. Daraufhin werden die ausgewählten Bereiche freigestellt.

6. Falls die Kontur nicht optimal ist, nutzen Sie wie zuvor die Funktion **Bildtools/Format ▸ Bildformatvorlagen ▸ Bildeffekte ▸ Weiche Kanten**.

Sie haben inzwischen drei Möglichkeiten zum Freistellen von Motiven kennengelernt. Die einfache Transparenzfunktion nutzen Sie am besten bei einfarbigen Hintergründen, die neue Freistellen-Funktion können Sie jederzeit verwenden, und die Pfad-Freistellung hilft, wenn die anderen beiden Methoden versagen.

Texte auf Bildern platzieren

Der Begriff *Absoften* kommt aus der Werbesprache und bedeutet, ein Bild verblassen zu lassen. Dadurch können bestimmte Informationen in den Hintergrund treten, sind aber immer noch präsent. Die Palette der Anwendungsmöglichkeiten ist sehr breit: Zum Beispiel können in einer Aufzählung die Texte und Bilder abgesoftet werden, die gerade nicht aktiv sind. An der eigentlichen Aufzählung wird nichts verändert, aber die Zuschauer können jederzeit sehen, an welcher Stelle der Präsentation sich der Sprecher gerade befindet.

Ein weiterer wichtiger Anwendungsfall ist die Hervorhebung von Texten auf einem Bild. Da Texte immer möglichst kontrastreich gestaltet werden sollten, damit sie einfach zu lesen sind, kann man das Bild absoften und dadurch die Texte stärken. Letzteren Fall stelle ich Ihnen nun Schritt für Schritt vor.

1. Legen Sie eine neue Folie mit dem Layout **Leer** an, und laden Sie ein beliebiges Bild in die Folie, das auf deren volle Größe gebracht werden kann (oder öffnen Sie die Datei *03_Absoften.pptx* aus dem Ordner *03* der Beispieldateien).

2. Über **Start ▸ Zeichnung ▸ Formen ▸ Textfeld** legen Sie ein Textfeld über das Bild. Schreiben Sie einen Text hinein, der zum Bild passt. Da das Bild im Beispiel sehr dunkel ist, ist die schwarze Schrift sehr schlecht lesbar.

3. Sie haben jetzt zwei Möglichkeiten: Sie können das Bild über **Bildtools/Format ▸ Anpassen ▸ Farbe ▸ Neu einfärben** so anpassen, dass der Kontrast von Text und Bild deutlicher und der Text besser lesbar wird. Sie können das Bild aber auch einfach über **Bildtools/Format ▸ Anpassen ▸ Korrekturen** absoften (im gleichen Menü gibt es auch den Befehl **Optionen für Bildkorrekturen**, in dessen Dialogfenster Sie manuelle Anpassungen vornehmen können).

In meinem Beispiel habe ich den Kontrast verringert und die Helligkeit erhöht. Alternativ hätte man auch den Text weiß gestalten und den Hintergrund dunkler kontrastieren können.

Text und Bild gestalten mithilfe der Designer-Funktion

Seit der Version 2016 hat PowerPoint eine Funktion, die Ihnen Vorschläge zur Foliengestaltung mit Bild- und Textelementen macht. Hier sind häufig schon recht brauchbare Vorschläge dabei, die Ihre Folien interessanter werden lassen und Ihnen helfen, Ihre Folien schneller zu gestalten.

Im ersten Schritt müssen Sie die Funktion aktivieren, falls noch nicht geschehen: und zwar über **Start ▸ Optionen ▸ Allgemein**. Setzen Sie dort ein Häkchen bei der Option **PowerPoint-Designer aktivieren** ①.

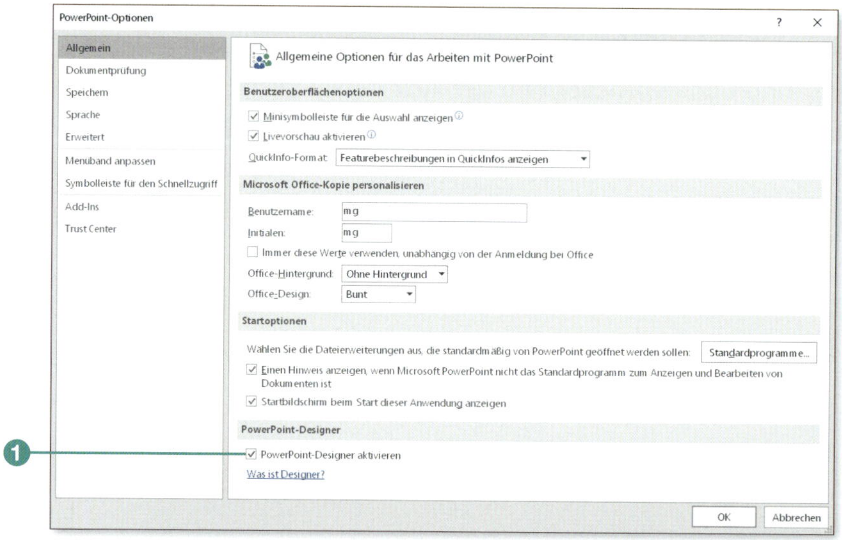

Nach der Aktivierung startet der PowerPoint-Designer automatisch, sobald Sie ein Bild in ein Folienlayout einfügen. Sollte er nicht starten, können Sie ihn jederzeit über **Entwurf ▸ Designer ▸ Designideen** einschalten.

1. Fügen Sie eine neue Folie mit dem Folienlayout **Titel und Inhalt** hinzu.

2. Klicken Sie im **Inhaltsplatzhalter** auf das Bildsymbol, und laden Sie ein Bild in den Platzhalter.

3. In der rechten Seitenleiste wird daraufhin automatisch der Aufgabenbereich **Designideen** eingeblendet. Ihnen wird hier eine Reihe von Gestaltungsoptionen angeboten, die Sie durch Anklicken in Ihre Folie übernehmen können.

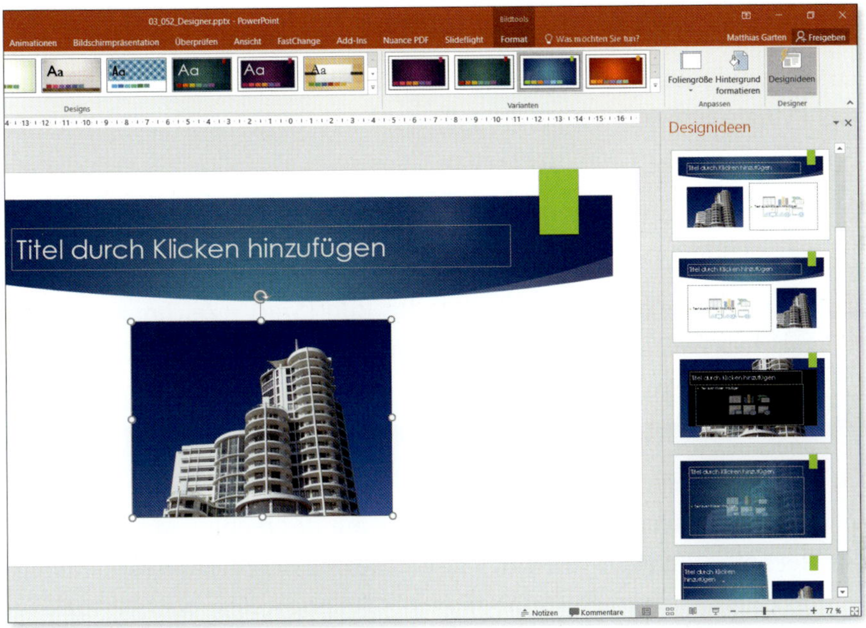

INFO

PowerPoint-Designer starten

Falls die Funktion nicht automatisch erscheinen sollte, können Sie zum Starten auch das Eingabefeld **Was möchten Sie tun?** ganz rechts im Menüband verwenden. Klicken Sie neben das Glühbirnensymbol, und tippen Sie »Designer« ein. Im Menü wählen Sie nun **Designideen**.

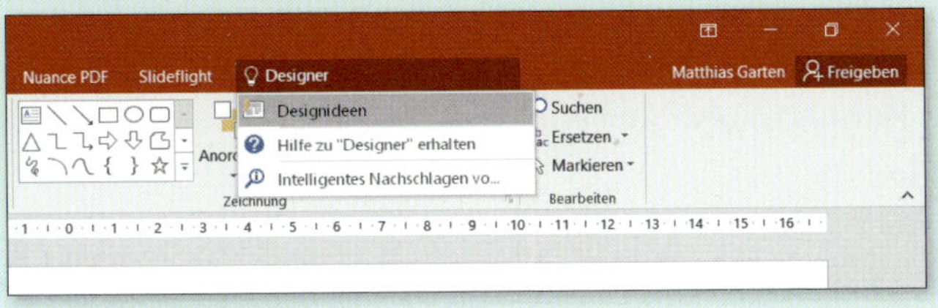

Ein Bild fräsen

Die Silhouette eines Bildmotivs lässt sich sehr schön als Gestaltungselement verwenden. Wird das Ganze noch mit dem Bild selbst kombiniert, entsteht eine interessante Optik. So kann z. B. die Metapher »Schuldenberg« mit einer Bergsilhouette spannend gestaltet werden. Das Beispiel lässt sich auch auf andere Bereiche übertragen, denken Sie z. B. an einen Getreideberg, Milchberg, Stahlberg oder Aufgabenberg.

Das folgende Beispiel zeigt eine Variante für den Schuldenberg. Wenn Sie das Prinzip umsetzen können, gelingt Ihnen damit auch sehr einfach der Transfer auf andere Möglichkeiten.

1. Öffnen Sie die Folie *03_Schuldenberg.pptx*, die Sie im Ordner *03* der Beispieldateien vorfinden.
2. Zeichnen Sie ein Rechteck über das Bild (**Start ▸ Zeichnung ▸ Formen ▸ Rechteck**). Es soll genauso groß sein wie das Bild. Legen Sie das Rechteck in den Hintergrund (über **Start ▸ Zeichnung ▸ Anordnen ▸ In den Hintergrund**).
3. Markieren Sie als nächstes das Bild, und drücken Sie [Strg] + [X], um das Bild auszuschneiden. Klicken Sie mit der rechten Maustaste auf das Rechteck. Im Kontextmenü wählen Sie den Befehl **Form formatieren** und im Aufgabenbereich **Formoptionen ▸ Füllung ▸ Bild- oder Texturfüllung ▸ Zwischenablage**. Jetzt ist das Bild als Füllung in dem Rechteck eingefügt.
4. Zeichnen Sie nun die Bergsilhouette (**Start ▸ Zeichnung ▸ Formen ▸ Linien ▸ Freihandform**). Achten Sie dabei darauf, dass mindestens einer der Punkte der Freihandform am oberen Bildrand oder sogar außerhalb gesetzt wird. In der Abbildung sehen Sie das beispielsweise bei der linken Bergzacke.

   Wenn Sie die Silhouette korrigieren wollen, schließen Sie zunächst die Freihandform oder drücken [Esc] und klicken dann mit der rechten Maustaste im Kontextmenü auf **Punkte bearbeiten**. Verschieben Sie die Punkte nach Bedarf.

5. Markieren Sie zuerst das Bild und anschließend die Freihandform. Die Reihenfolge ist wichtig, andernfalls erhalten Sie nicht das gewünschte Ergebnis. Wählen Sie **Zeichentools/Format ▸ Formen einfügen ▸ Formen zusammenführen ▸ Subtrahieren**.

6. Veredeln Sie die Darstellung des Bergs, indem Sie einen Schatten oder eine Abschrägung hinzufügen (**Zeichentools/Format ▸ Formenarten ▸ Formeneffekte**). Durch die Abschrägung wirkt der Schuldenberg plastischer.

7. Wenn Sie eher weniger Farben möchten, färben Sie das Bild ein (**Bildtools/Format ▸ Anpassen ▸ Farbe**). Zwar ist der Schuldenberg genauso hoch wie vorher, wirkt aber durch die Einfärbung etwas natürlicher.

Einen Bilderwürfel aufbauen

Der Bilderwürfel ist eine schöne Methode, um buchstäblich verschiedene Seiten eines Themas zu zeigen, wie z. B.:

- Vergangenheit, Gegenwart, Zukunft
- Umsatz, Gewinn, Prognose
- Wachstum, Märkte, Branchen
- Vorteile, Nachteile, Fazit

Um in PowerPoint einen Bilderwürfel mit einer 10°-Perspektive zu erstellen, gehen Sie wie folgt vor:

1. Legen Sie eine neue Folie mit dem Layout **Leer** an. Schalten Sie das Raster aus (dazu klicken Sie mit der rechten Maustaste neben die Folie und löschen das Häkchen bei **Raster und Führungslinien ▸ Objekte am Raster ausrichten**). Über **Start ▸ Zeichnung ▸ Formen ▸ Rechteck** zeichnen Sie ein Quadrat und geben eine Seitenlänge von 6 × 6 cm an (über **Zeichentools/Format ▸ Größe**).

2. Wählen Sie dann über die rechte Maustaste den Befehl **Form formatieren** und im Aufgabenbereich **Formoptionen ▸ Effekte ▸ 3D-Format**, und geben Sie im Bereich **Tiefe** den Wert »6 Pt.« ein.

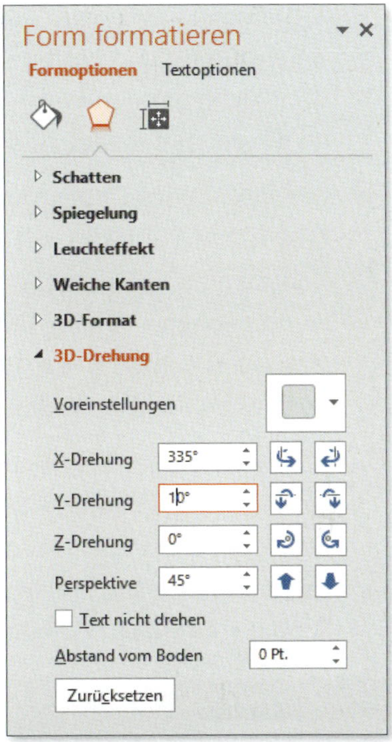

3. Dann klicken Sie unten auf den Eintrag **3D-Drehung**. Wählen Sie über den kleinen Pfeil am Feld **Voreinstellungen** die Option **Perspektive rechts (Stufe 1)** aus. Darunter geben Sie für **X-Drehung** den Wert »335°«, für **Y-Drehung** den Wert »10°« und für **Z-Drehung** den Wert »0°« ein.

4. Nun sehen Sie schon einen Würfel auf der Folie. Damit jede Seite des Würfels ein Bild zeigen kann, müssen Sie das Seitenteil und das Oberteil noch detaillierter bearbeiten. Duplizieren Sie also den Würfel, und klicken Sie mit der rechten Maustaste auf das Duplikat. Im Kontextmenü wählen Sie wieder **Form formatieren**, im Aufgabenbereich dann **Formoptionen ▸ Effekte ▸ 3D-Format ▸ Tiefe** und setzen die Tiefe auf den Wert »0 Pt.«.

5. Wechseln Sie zu **3D-Drehung**, und geben Sie dort für **X-Drehung** den Wert »73,2°«, für **Y-Drehung** den Wert »9°« und für **Z-Drehung** den Wert »1°« ein. Verändern Sie nun noch die Höhe der Fläche auf 5,75 cm, indem Sie mit der rechten Maustaste darauf klicken, **Größe und Position** aus dem Kontextmenü wählen und diesen Wert im Feld **Höhe** angeben. Dann verschieben Sie die Form mit gedrückter linker Maustaste bzw. mithilfe der Richtungstasten an die richtige Stelle an der linken Würfelseite.

6. Um auch die Oberseite anzupassen, duplizieren Sie wieder den Originalwürfel. Reduzieren Sie die Tiefe des Duplikats auf den Wert »0 Pt.«. Geben Sie als Parameter für die Drehung folgende Werte ein: »283°« für

X-Drehung, »290°« für **Y-Drehung** und »78,1°« für **Z-Drehung**. Über den Befehl **Größe und Position** aus dem Kontextmenü setzen Sie die Breite der Fläche auf den Wert »5,74 cm«. Verschieben Sie auch diese Fläche an die entsprechende Stelle.

7. Um dem Würfel noch einen Schatten zu geben, duplizieren Sie das Oberteil und klicken mit der rechten Maustaste auf das Duplikat. Im Kontextmenü wählen Sie **Form formatieren**, im Aufgabenbereich dann **Formoptionen ▸ Füllung und Linie ▸ Füllung** und setzen die Füllfarbe auf Grau (z. B. **Schwarz, Text 1, heller 50 %**) mit einer Transparenz von 50 %. Bestätigen Sie Ihre Änderungen mit **Schließen**.

8. Wählen Sie über **Zeichentools/Format ▸ Formenarten ▸ Formeffekte** die Option **Weiche Kanten ▸ 50 Punkt** aus. Ziehen Sie den Schatten mithilfe der Anfasser etwas größer, verschieben Sie ihn an die richtige Stelle unter dem Würfel, und legen Sie ihn in den Hintergrund (**Zeichentools/Format ▸ Anordnen ▸ Ebene nach hinten ▸ In den Hintergrund**).

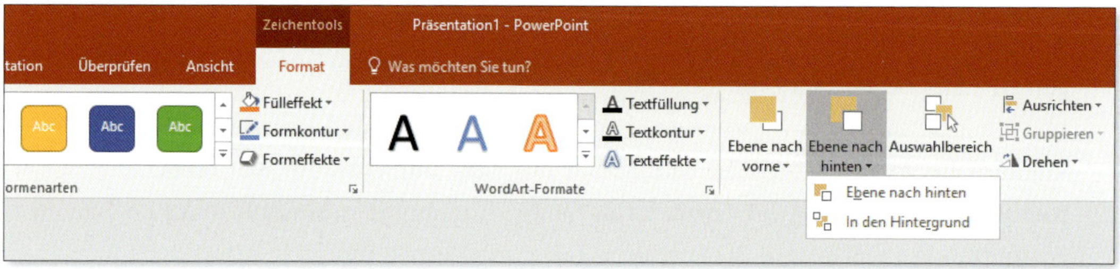

9. Wählen Sie das Würfelobjekt aus, das Sie als Erstes auf der Folie angelegt haben, und reduzieren Sie dessen Tiefe auf »0 Pt.« (indem Sie mit der rechten Maustaste darauf klicken und **Form formatieren ▸ Formoptionen ▸ Effekte ▸ 3D-Format ▸ Tiefe** wählen).

10. Um nun ein Bild auf einer Fläche einzufügen, klicken Sie mit der rechten Maustaste auf die entsprechende Fläche und klicken dann über **Form formatieren ▸ Formoptionen ▸ Füllung und Linie ▸ Füllung ▸ Bild- oder Texturfüllung** auf die Schaltfläche **Datei**. Suchen Sie sich das erste Bild aus, und fügen Sie es mit einem Klick auf **Öffnen** ein. Verfahren Sie dann bei den anderen Flächen genauso.

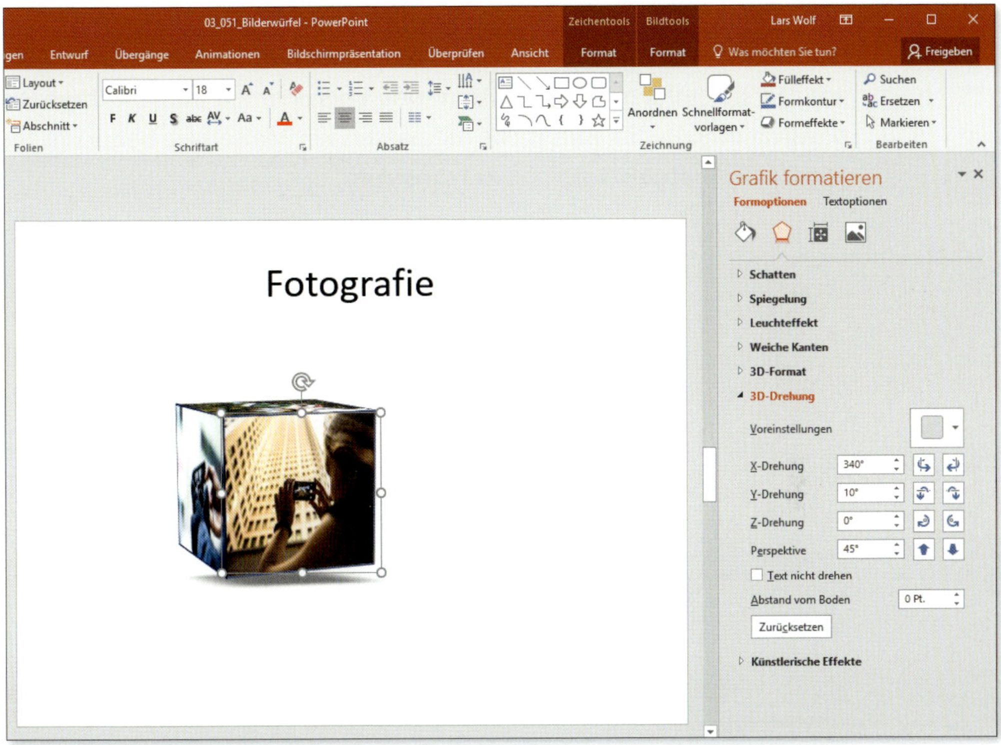

11. Wenn Sie möchten, können Sie zu guter Letzt noch die Linienfarbe des Würfels anpassen: Klicken Sie ihn mit der rechten Maustaste an, und wählen Sie **Form formatieren ▸ Formoptionen ▸ Füllung und Linie ▸ Linie.**

In der Präsentation *03_Bilderwürfel.pptx* im Ordner *03* der Beispieldateien finden Sie verschiedene Würfel mit unterschiedlichen Perspektiven. Sie können sie einfach in Ihre Präsentation übernehmen und mit Ihren Bildern bestücken. Falls Ihr Bild nicht die passenden Maße hat, benutzen Sie das Werkzeug **Bildtools/Format ▸ Zuschneiden**.

Kapitel 4
Mehr Pep mit Grafikelementen

In diesem Kapitel geht es darum, wie Sie mit Formen interessante Grafikelemente erstellen und damit Ihre Folien aufpeppen. Im Gegensatz zu Bildern können grafische Elemente sehr gut an Vorgaben wie das Corporate Design eines Unternehmens angepasst werden. Formen lassen sich skalieren (vergrößern/verkleinern) und schnell in der Kontur oder Farbgebung verändern. Sie bieten Ihnen damit genügend Flexibilität in der Gestaltung Ihrer Präsentationen. Lassen Sie sich von den Möglichkeiten überraschen, und freuen Sie sich auf die Beispiele und Anleitungen!

Da es hierbei vor allen Dingen ums Gestalten geht, enthält dieses Kapitel sehr viele Schritt-für-Schritt-Anleitungen zu unterschiedlichen Themen. Sie werden lernen, wie Sie mit Formen arbeiten. Wichtig ist dabei natürlich zunächst, wie Sie neue Formen erstellen und mit Formen »zeichnen« können. Außerdem zeige ich Ihnen, wie Sie Vektorgrafiken und ClipArts in Formen verwandeln und selbst Piktogramme bauen können. Alle diese Grafikelemente eignen sich wunderbar dazu, Aussagen plakativ zu machen oder z. B. Prozesse anschaulich darzustellen.

INFO

Andere Quellen für ClipArts

Leider hat sich Microsoft mit der Office-Version 2016 von den ClipArts verabschiedet, und es werden Ihnen daher bei der Bildersuche keine ClipArts mehr angezeigt. Nutzen Sie stattdessen andere Quellen für ClipArts wie etwa *www.freepik.com*, *www.cliparts101.com*, *www.all-free-download.com* oder *vector.me*. Achten Sie darauf, dass die Datei in einem der Vektorformate *.eps*, *.ai* oder *.wmf* vorliegt.

Formen als Grundlage für Grafikelemente

Grafikelemente bestehen in erster Linie aus Formen und können beispielsweise Dreiecke, Vierecke, Prozessflusssymbole, 2D-Zeichnungen oder auch 3D-Figuren sein. Mit Formen können Sie Kugeln, Figuren oder Piktogramme »bauen« oder Autos und Eisenbahnen »zeichnen«. Formen kommen vor allem in Verbindung mit Texten, Bildern und Prozess- oder Workflow-Darstellungen zum Einsatz.

TIPP

Vektorgrafiken

Vektorgrafiken sind einfache Computergrafiken, die nicht aus einzelnen Pixeln aufgebaut sind, sondern mittels Kurven dargestellt werden. Sie sind nicht durch eine bestimmte Auflösung in ihrer Größe begrenzt und können daher ohne Qualitätsverluste beliebig skaliert werden.

Formen lassen sich in PowerPoint aber auch miteinander kombinieren, sodass Sie etwa Schnittmengen, Vereinigungen usw. herstellen können. (In der Fachsprache wird dabei von *booleschen Operationen* gesprochen, falls Sie diesen Begriff einmal hören sollten.)

Formen sind ein grundlegender Bestandteil von PowerPoint. Wenn Sie lernen, damit zu arbeiten, erleichtern sie Ihnen das Erstellen von Objekten und die Gestaltung ganzer Folien und Präsentationen, und vor allem können Sie mit ihrer Hilfe eine individuelle Symbolik schaffen. Eine große Auswahl an Basisformen finden Sie über **Start ▸ Zeichnung ▸ Formen** (oder auch über **Einfügen ▸ Illustrationen ▸ Formen**). Klicken Sie hier auf **Weitere** ❶, haben Sie Zugriff auf alle Formen.

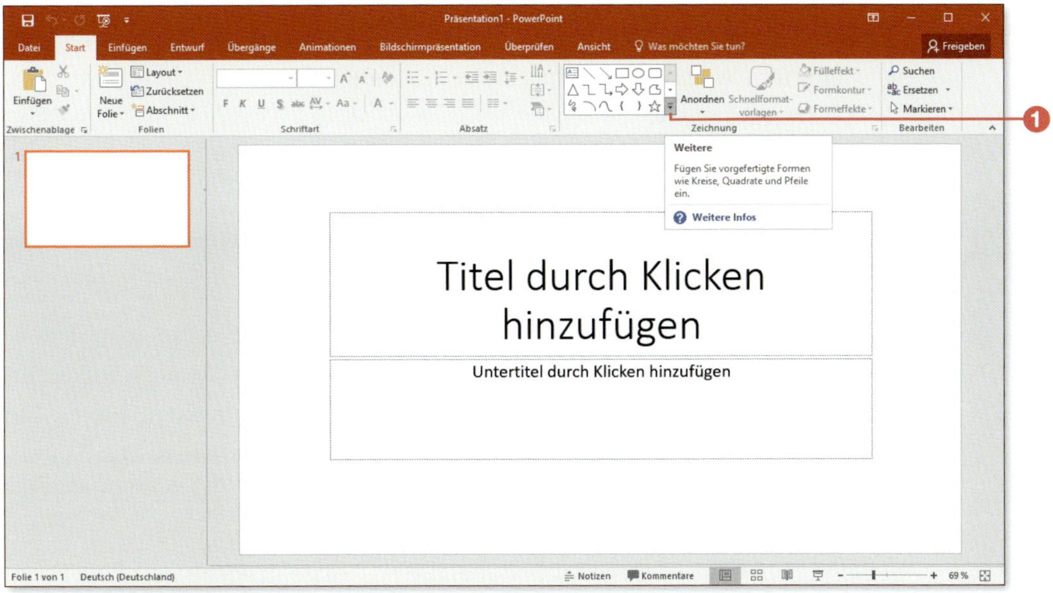

In PowerPoint 2016 können Sie aus über 150 vorgefertigten Formen wählen.

Formen können Sie zum einen über **Start ▸ Zeichnung ▸ Schnellformatvorlagen** formatieren und zum anderen über die kontextabhängige Registerkarte **Zeichentools/Format ▸ Formenarten** (die Registerkarte erscheint erst, wenn Sie eine Form markiert haben). Die erste Möglichkeit ist meist die schnellere bzw. bequemere.

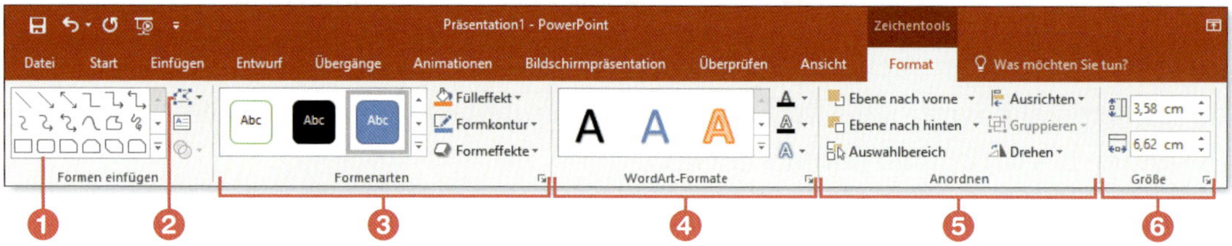

1. Formenauswahl
2. Formen ändern, austauschen, Punkte einer Form verändern usw.
3. Schnellformatvorlagen, Fülleffekte (Formfüllung), Rahmenfarbe, Formeffekte wie Schatten, Weiche Kanten, 3D-Drehung usw.
4. Verschiedene vordefinierte Textformatierungen (WordArt)
5. Tiefenebene der Form bestimmen, ausrichten, gruppieren und drehen, spiegeln etc.
6. Größe und Zuschnitt ändern, Bildformen wie Oval, Herz usw. auswählen

Das Seitenverhältnis beibehalten

Als Einstiegsübung zur Gestaltung mit Formen lernen Sie die grundlegende Funktion **Seitenverhältnis beibehalten** kennen. Wenn Sie eine Form eingefügt haben und nachträglich ihre Größe verändern wollen, halten Sie beim Aufziehen die [⇧]-Taste gedrückt. So wird das Verhältnis von Seitenlänge und Seitenbreite beibehalten. Wenn Sie die Form also bei gedrückter [⇧]-Taste breiter ziehen, wird auch die Höhe proportional verändert. Wenn Sie eine neue Form anlegen und dabei die [⇧]-Taste drücken, wird die Form schon beim Aufziehen mit gleicher Höhe und Breite angelegt, was zu einem Quadrat, einem Kreis oder Ähnlichem führt. Zur Verdeutlichung dient die folgende Anleitung.

1. Legen Sie eine neue Folie mit dem Folienlayout **Leer** (**Start ▸ Folien ▸ Neue Folie ▸ Leer**) an.
2. Klicken Sie auf **Start ▸ Zeichnung ▸ Formen ▸ Rechtecke**, und wählen Sie **Rechteck** aus.

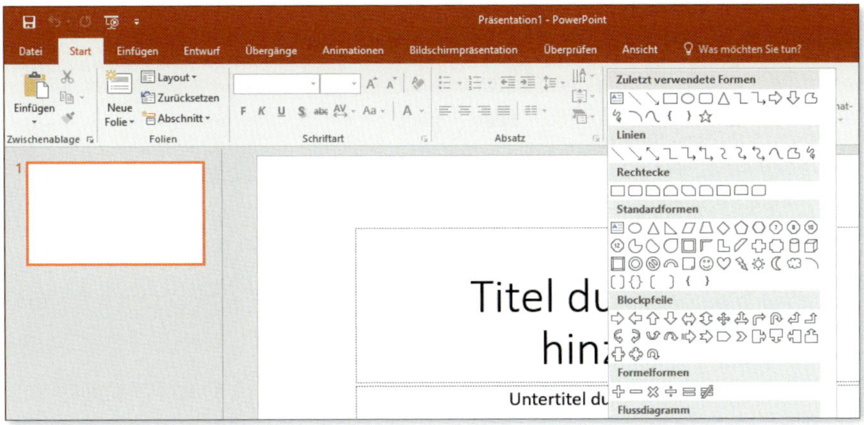

3. Wenn Sie die Form ausgewählt haben, wird der Mauscursor zu einem Kreuz. Ziehen Sie mit gedrückter linker Maustaste ein Rechteck auf der Folie auf.

4. Klicken Sie irgendwo neben der Form auf die Folie, um das Einfügen abzuschließen. Nun klicken Sie die Form wieder an und ziehen sie mit gedrückter linker Maustaste an einem der Eckmarker größer. Drücken Sie dabei die ⇧-Taste. Höhe und Breite werden gleich skaliert, d.h., das Rechteck wird proportional vergrößert (und bleibt somit ein Rechteck).

5. Probieren Sie das Ganze beispielsweise mit einer Ellipse aus (**Start ▸ Zeichnung ▸ Formen ▸ Standardformen ▸ Ellipse**). Zunächst wird ein Kreis eingefügt, den Sie mit gedrückter linker Maustaste in Form einer Ellipse ziehen. Gleiches gilt beim Einfügen eines Rechtecks. Es wird zunächst ein Quadrat eingefügt, das Sie in Form eines Rechtecks ziehen können. Probieren Sie das ruhig auch einmal mit anderen Formen aus.

   Über die Eckanfasser der Form können Sie sie natürlich auch jederzeit vergrößern oder verkleinern. Mit gedrückter ⇧-Taste bleibt die Form bei diesem Vorgang in ihrer Gestalt erhalten und wird nur proportional vergrößert oder verkleinert.

Wenn Sie eine Form komplett austauschen, z.B. ein Rechteck durch einen Kreis ersetzen wollen, können Sie das über **Zeichentools/Format ▸ Formen einfügen ▸ Form bearbeiten ▸ Form ändern** tun.

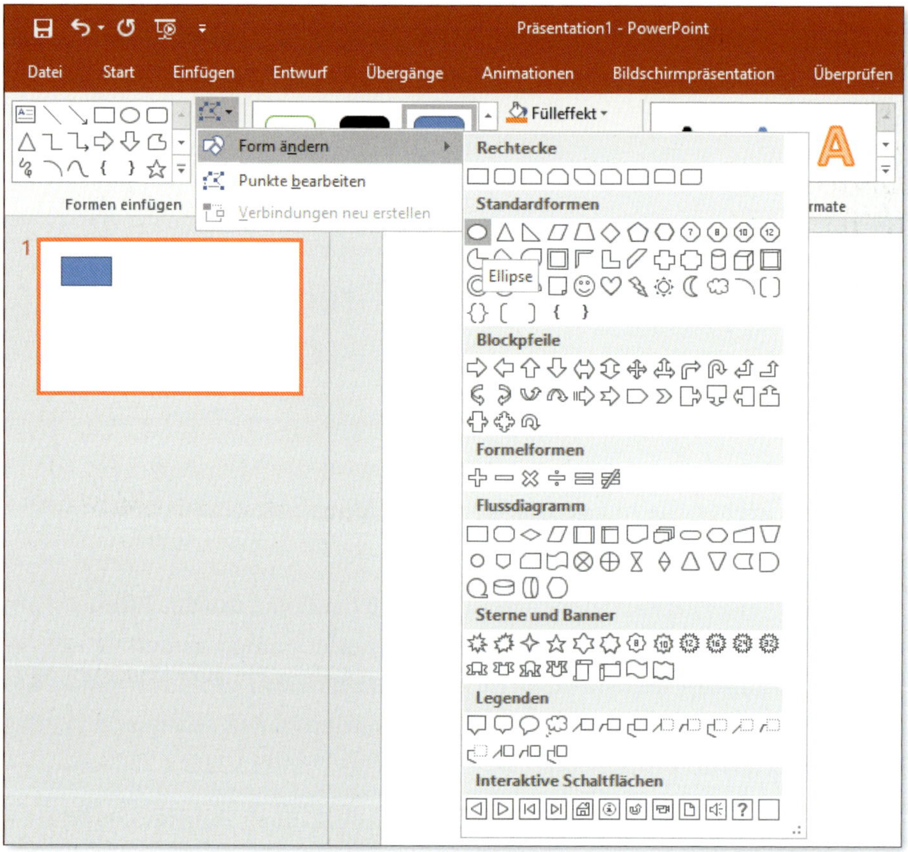

Text in Formen

Am häufigsten werden Formen in Kombination mit Text verwendet, z. B. bei Workflow- oder Prozessdarstellungen. Um eine Form mit Text zu versehen, legen Sie sie an und tippen einfach los. Bei nur einer Form wird automatisch diese mit dem Text gefüllt.

Wenn Sie mehrere übereinanderliegende oder verschachtelte Formen verwenden, klicken Sie die Form an, in die Sie etwas schreiben wollen, und drücken F2. Der Cursor blinkt dann in der jeweiligen Form, und Sie können mit dem Schreiben beginnen.

Um bereits vorhandenen Text innerhalb von Formen zu ändern, klicken Sie einfach mit der Maus in den Text. Bei mehreren Formen arbeiten Sie auch hier wieder mit der Taste F2.

Es gibt drei Möglichkeiten, den Text in einer Form zu formatieren:

1. Sie können die üblichen Formatierungen der Befehlsgruppe **Start ▸ Schriftart** verwenden.

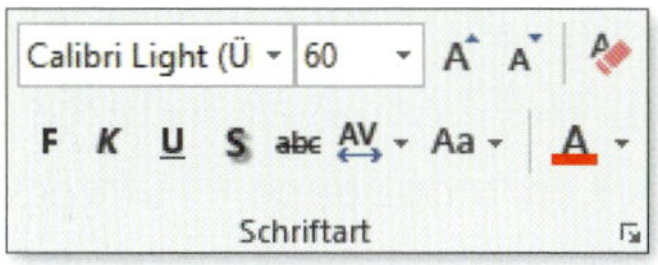

2. Indem Sie die Form mit der rechten Maustaste anklicken, rufen Sie im Kontextmenü den Befehl **Form formatieren** auf. Nehmen Sie im Aufgabenbereich unter **Textoptionen ▸ Textfeld** entsprechende Einstellungen vor. Sie können z. B. die Abstände des Textes zum Rand der Form ändern.
3. Bei der letzten Möglichkeit markieren Sie den Text und gelangen über die rechte Maustaste und den Kontextmenübefehl **Form formatieren** in den Aufgabenbereich zum Bearbeiten des Textfeldes (**Textoptionen ▸ Textfeld**).

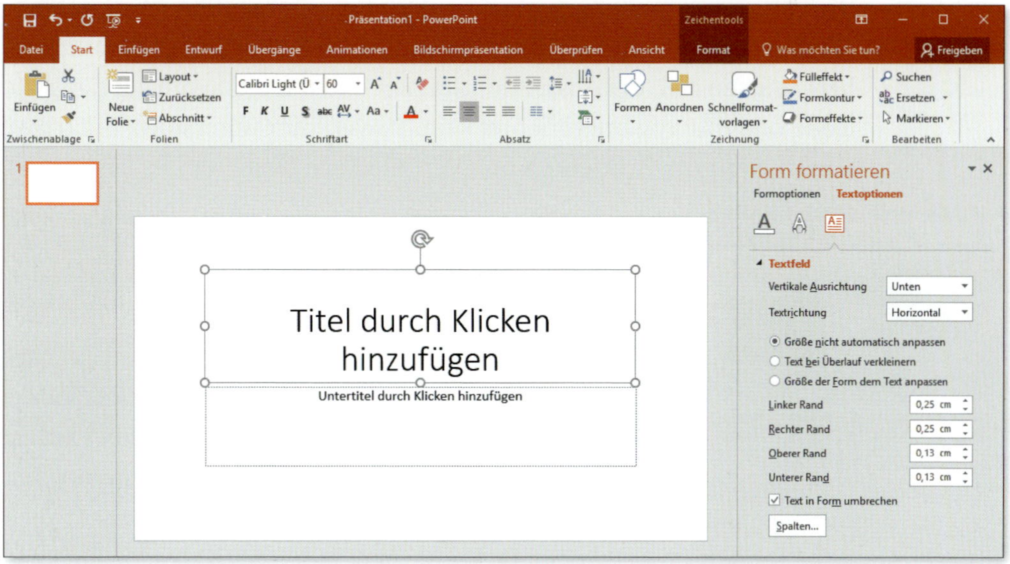

Bilder in Formen

Wenn Sie die vorhergehenden Kapitel bereits gelesen haben, haben Sie schon Möglichkeiten kennengelernt, Bilder zu beschneiden oder in Form zu schneiden. Eine weitere Variante besteht darin, die Form mit einem Bild zu füllen. Klicken Sie dazu mit der rechten Maustaste auf die Form, und wählen Sie dann im Kontextmenü den Befehl **Form formatieren** (wenn Sie den Text angeklickt haben, heißt der Befehl **Grafik formatieren**). Im gleichnamigen Aufgabenbereich fügen Sie über **Formoptionen ▸ Füllung und Linie ▸ Füllung ▸ Bild- oder Texturfüllung** und die Schaltfläche **Datei** ein Bild ein. Wenn Sie doch lieber ein anderes Bild nehmen würden, können Sie auf die gleiche Weise ein neues einfügen. Die entsprechende Präsentation *04_Birthday.pptx* finden Sie im Ordner *04* der Beispieldateien.

Formen ausrichten

Die folgenden grundlegenden Funktionen werden Sie sehr häufig brauchen, wenn Sie viel mit Formen gestalten. Soll eine Folie ordentlich aussehen, müssen z. B. die Abstände stimmen und die Elemente auf der gleichen Höhe oder bündig ausgerichtet sein. PowerPoint unterstützt Sie dabei mit Funktionen zum Ausrichten und Verteilen von Objekten.

1. Legen Sie auf einer Folie drei gleich große Rechtecke an, geben Sie den Rechtecken eine andere Farbe, wenn Sie mögen, und verteilen Sie sie beliebig auf der Folie.
2. Markieren Sie jetzt alle Rechtecke (indem Sie einen Markierungsrahmen darüber aufziehen oder sie mit gedrückter ⇧-Taste nacheinander anklicken).

3. Über **Start ▸ Zeichnung ▸ Anordnen ▸ Objekte positionieren ▸ Ausrichten** oder über **Zeichentools/Format ▸ Anordnen ▸ Objekte positionieren ▸ Ausrichten** finden Sie eine Auswahl an Ausrichtungen und Verteilungen. Wählen Sie in unserem Fall **Oben ausrichten** ❶, dann werden alle Rechtecke an der Oberkante des obersten Rechtecks ausgerichtet (bei **Unten ausrichten** entsprechend an der Unterkante des untersten Rechtecks auf der Folie).

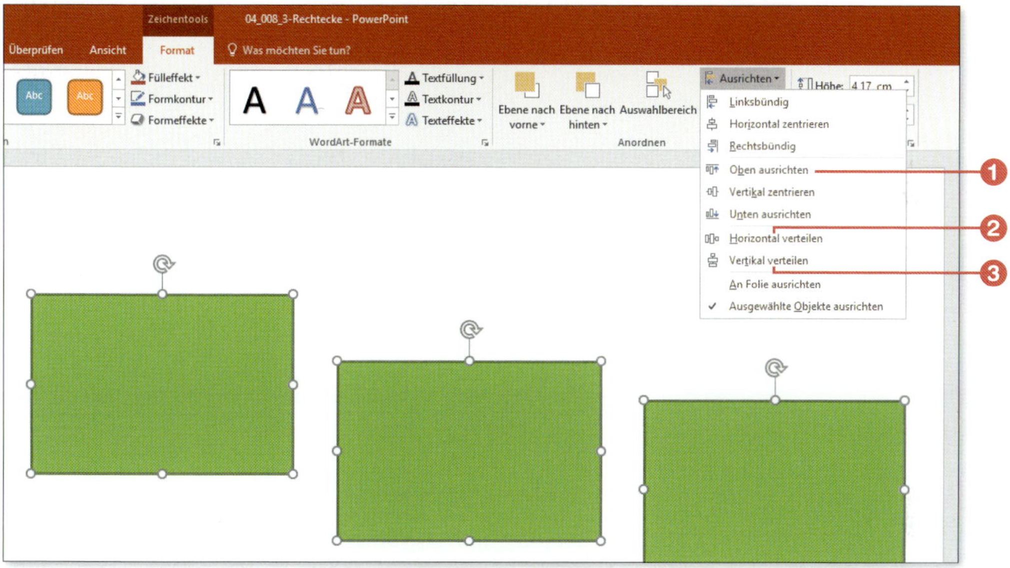

4. Wenn Sie dann im Menü auf **Horizontal verteilen** ❷ klicken, werden die Abstände der Rechtecke zueinander angepasst, sodass sie alle mit dem gleichen Abstand nebeneinanderliegen. Mit **Vertikal verteilen** ❸ werden die Formen so angeordnet, dass sie mit dem gleichen Abstand übereinanderliegen.

Mit Ebenen arbeiten

PowerPoint legt alle Elemente einer Folie, also jeden Text, jedes Bild, jede Grafik, jede Gruppe usw., auf einer zugehörigen Ebene ab.

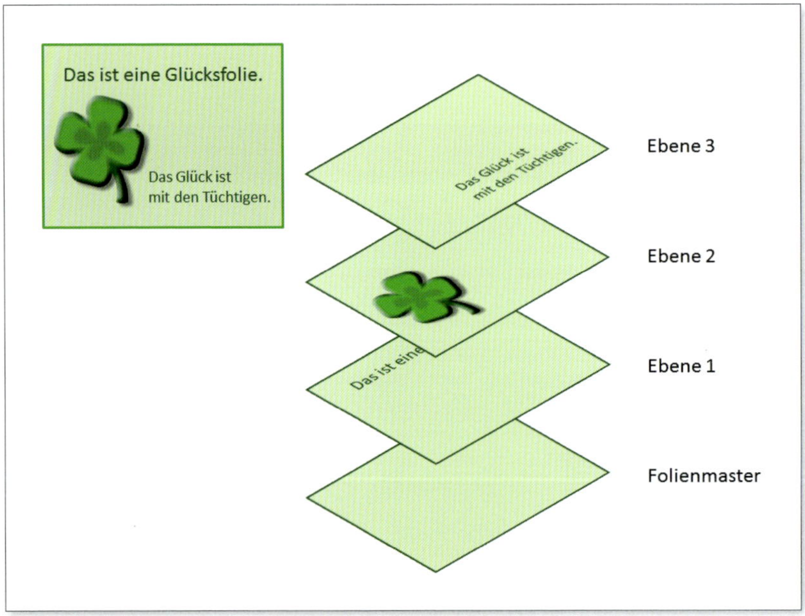

Die Abbildung zeigt beispielhaft den Aufbau einer PowerPoint-Folie mit allen Ebenen.

Manchmal müssen die Ebenen verändert werden, um z. B. mehrere übereinanderliegende Bilder zu vertauschen. In den meisten Fällen wird diese Funktion jedoch bei Formen gebraucht, z. B. wenn Sie ein Textfeld auf eine farbige Form legen wollen.

Sie verändern die Tiefenebene eines Objekts, indem Sie es anklicken und dann **Start ▸ Zeichnung ▸ Anordnen ▸ Objekte sortieren** wählen (eine andere Möglichkeit ist **Zeichentools/Format ▸ Anordnen**). Es gibt vier Ebenenfunktionen. Mit **In den Hintergrund** ❶ verschieben Sie das Objekt hinter alle anderen Objekte der Folie, **In den Vordergrund** holt das Objekt vor alle anderen auf der Folie befindlichen Elemente. Mit **Ebene nach vorne** und **Ebene nach hinten** bringen Sie das jeweilige Objekt genau auf die gewünschte Ebene.

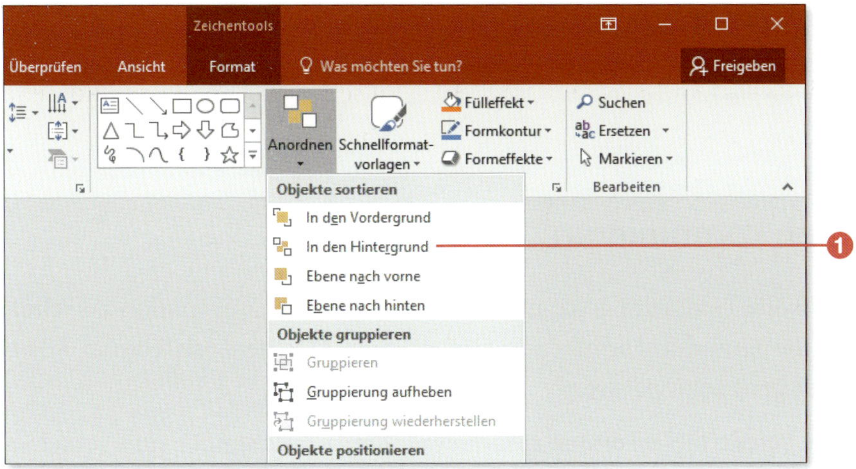

Elemente gruppieren

Eine Gruppe ist eine Sammlung von Folienelementen, die zusammengefasst ein neues Folienelement ergibt. Der Vorteil ist, dass auf diese Weise mehrere Elemente wie ein Einzelelement behandelt und leichter bearbeitet werden können, z. B. beim Skalieren. Gerade in der Arbeit mit Formen ist diese Funktion sehr nützlich.

1. Legen Sie eine Folie mit drei Rechtecken an. Markieren Sie die Formen, und drücken Sie [Strg] + [⇧] + [G]. Wie Sie sehen, sind die Rechtecke nun nicht mehr einzeln markiert, sondern nur noch mit einem Rahmen versehen. Sie wurden gruppiert.

   Sie können auch eine Gruppe bilden, indem Sie mit der rechten Maustaste auf den markierten Bereich klicken und **Gruppieren** wählen. Die dritte Möglichkeit ist **Start ▸ Zeichnung ▸ Anordnen ▸ Objekte gruppieren**.

2. Wenn Sie nun an einem der neuen Eckmarker ziehen, verändert sich die Größe aller Rechtecke gleichzeitig.

3. Zum Auflösen der Gruppe drücken Sie [Strg] + [⇧] + [H]. Auch diesen Befehl erreichen Sie alternativ mit einem Rechtsklick oder über **Start ▸ Zeichnung ▸ Anordnen ▸ Objekte gruppieren ▸ Gruppierung aufheben**.

Gruppierungen spielen in der Präsentationsgestaltung eine wichtige Rolle. Merken Sie sich am besten die beiden Tastaturkürzel, oder – noch besser – wenden Sie sie häufig an.

Formen kombinieren

Gerade wenn es darum geht, neue Formen für eine Präsentation zu schaffen, ist die Funktion **Formen zusammenführen** (**Zeichentools/Format ▸ Formen einfügen**) sehr viel wert.

Über die Schaltfläche **Formen zusammenführen** erreichen Sie fünf verschiedene Befehle:

1. **Vereinigung**: Mehrere Formen werden zu einer Form verschmolzen.
2. **Kombinieren**: Mehrere Formen werden zu einer Form verschmolzen, wobei die Schnittmenge außen vor gelassen wird.
3. **In Einzelmengen zerlegen**: Mehrere Formen werden in einzelne Teile aufgespalten, wobei der Überlappungsbereich die Zerlegung bestimmt.
4. **Schnittmenge bilden**: Die Schnittmenge mehrerer Formen bleibt als Ergebnis bestehen.
5. **Subtrahieren**: Die erste Form bleibt abzüglich der Schnittmenge bestehen. Alle weiteren Formen werden gelöscht.

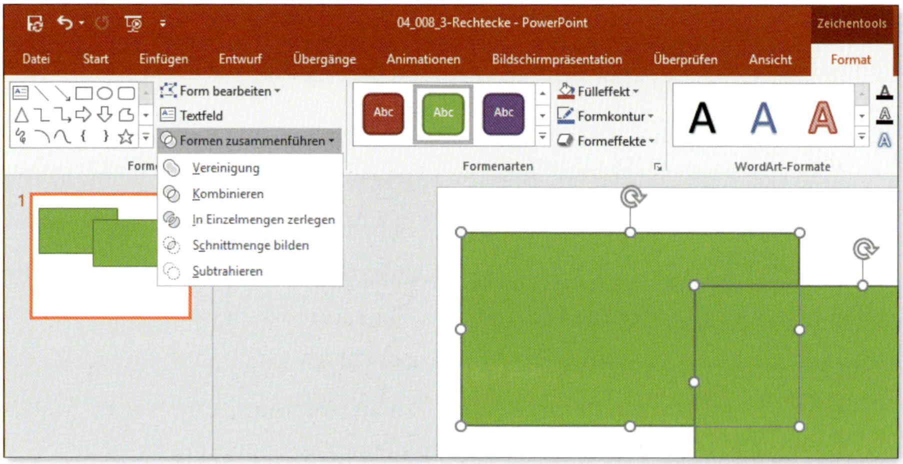

Die folgende Abbildung zeigt die Wirkung der Befehle. Sie können Formen nur dann miteinander kombinieren, wenn mindestens zwei Formen markiert sind. Wichtig ist auch, welche Form Sie zuerst anklicken. Je nachdem unterscheidet sich das Ergebnis.

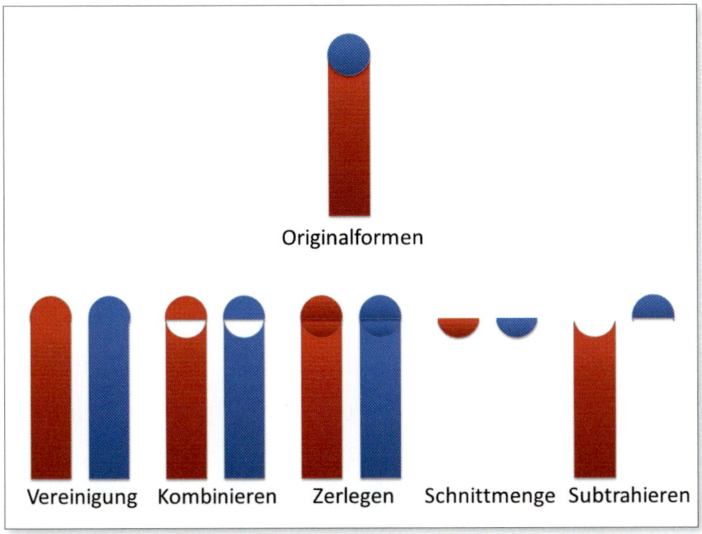

Zwei Seiten einer Medaille darstellen

Das Beispiel, das wir im Folgenden zusammen anlegen werden, eignet sich sehr gut dazu, zwei Seiten einer Medaille zu zeigen oder zwei gegenüberliegende Pole zu verdeutlichen.

1. Legen Sie zunächst auf einer leeren Folie einen Kreis an. Dazu wählen Sie **Start ▸ Zeichnung ▸ Formen ▸ Ellipse** und klicken dann einmal auf die leere Folie. Duplizieren Sie den Kreis (Strg + D), und legen Sie beide Kreise mithilfe der Ausrichten-Funktionen exakt übereinander, indem Sie sie markieren und **Start ▸ Zeichnung ▸ Anordnen ▸ Objekte positionieren ▸ Ausrichten ▸ Oben ausrichten** bzw. **Linksbündig** wählen. Das müssen Sie deshalb tun, weil ein Kreis mit dem Rechteck verschmolzen wird, wir aber in der Mitte noch einen Kreis zeigen wollen. Geben Sie den Kreisen eine Farbe, die Ihnen gefällt.

2. Zeichnen Sie dann ein Rechteck (**Start ▸ Zeichnung ▸ Formen ▸ Rechteck**), und geben Sie dem Rechteck dieselbe Farbe.

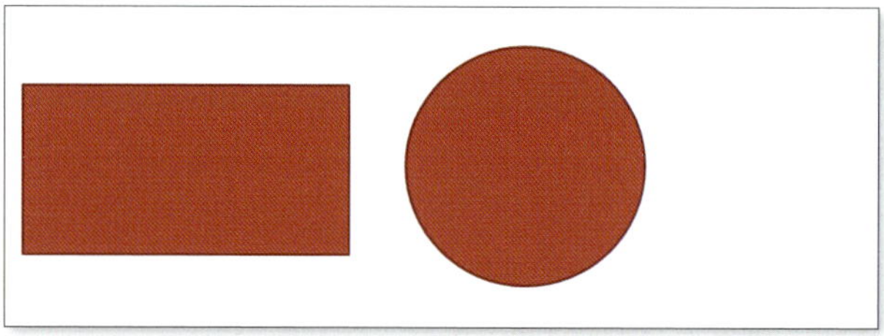

3. Verschieben Sie das Rechteck so über die beiden Kreise, dass beide Formen einander überlappen.

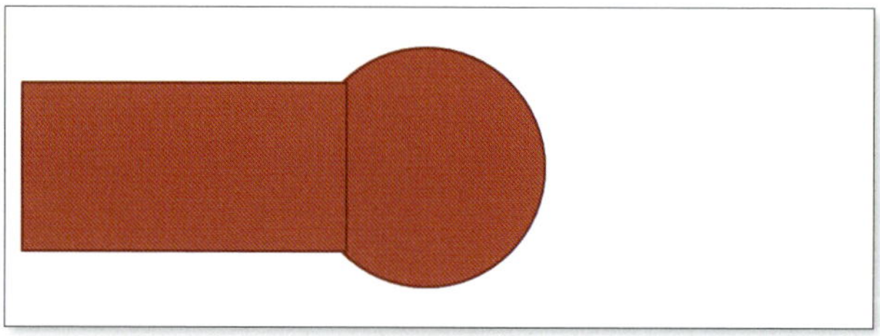

4. Markieren Sie zuerst das Rechteck und danach mit gedrückter `Strg`-Taste den oberen Kreis. Rufen Sie die Funktion **Zeichentools/Format ▸ Formen einfügen ▸ Formen zusammenführen ▸ Subtrahieren** auf. Rechteck und Kreis werden miteinander verbunden.

5. Markieren Sie das Rechteck bzw. das, was davon noch übrig geblieben ist, und duplizieren Sie es mit `Strg` + `D`. Verschieben Sie das duplizierte Element mithilfe der Pfeiltaste `→` auf der gleichen Höhe auf die andere Seite des Kreises.

6. Über **Start ▸ Zeichnung ▸ Anordnen ▸ Objekte positionieren ▸ Drehen ▸ Horizontal spiegeln** drehen Sie das Rechteck und schieben es dann mit der Pfeiltaste `←` auch auf der rechten Seite an den Kreis heran.

7. Verteilen Sie die drei Elemente gleichmäßig auf der Folie (**Start ▸ Zeichnung ▸ Anordnen ▸ Objekte positionieren ▸ Ausrichten ▸ Horizontal verteilen**). Beschriften und formatieren Sie die Formen nach Wunsch.

Natürlich können Sie die Darstellung auch für andere Einsatzzwecke verwenden, beispielsweise um ein Ungleichgewicht zu verdeutlichen. Bilden Sie dazu einfach eine Gruppe aus allen Elementen, und drehen Sie anschließend die Gruppe mithilfe der Drehmarker.

Formen punktgenau bearbeiten

Einige Formen lassen sich über eine genaue Punktbearbeitung erstellen und nachbearbeiten. Diese Möglichkeit brauchen Sie z.B. für das Freistellen oder auch, um neue Formen zu kreieren. Ob sich eine Form auf diese Weise nachbearbeiten lässt, erkennen Sie daran, dass Ihnen im Kontextmenü der Form der Menüpunkt **Punkte bearbeiten** angeboten wird bzw. dass Sie über **Zeichentools/Format ▸ Formen einfügen ▸ Form bearbeiten** den Befehl **Punkte bearbeiten** wählen können.

Um eine Form punktgenau zu bearbeiten, gehen Sie folgendermaßen vor:

1. Legen Sie eine Freihandform an, indem Sie **Start ▸ Zeichnung ▸ Formen ▸ Freihandform** wählen. Setzen Sie dann mit einem Mausklick den ersten Punkt auf die Folie, bewegen Sie die Maus an eine andere Stelle, und setzen Sie den nächsten Punkt usw., bis Sie wieder am Ausgangspunkt angelangt sind. Wenn Sie ihn anklicken, schließt sich die Fläche. Wenn Sie das Erstellen der Freifläche (Freihandform) abbrechen wollen, drücken Sie die [Esc]-Taste.
2. Klicken Sie mit der rechten Maustaste auf die Fläche und im Kontextmenü auf **Punkte bearbeiten**, um sich alle Punkte anzeigen zu lassen.

3. Wenn Sie die Fläche noch verändern möchten, können Sie die einzelnen Punkte mit gedrückter linker Maustaste verschieben. Wenn Sie mit der rechten Maustaste auf einen Punkt klicken, bieten sich Ihnen noch mehr Möglichkeiten. Mit **Punkt glätten** ❶ wird die Kontur z. B. runder und damit harmonischer.

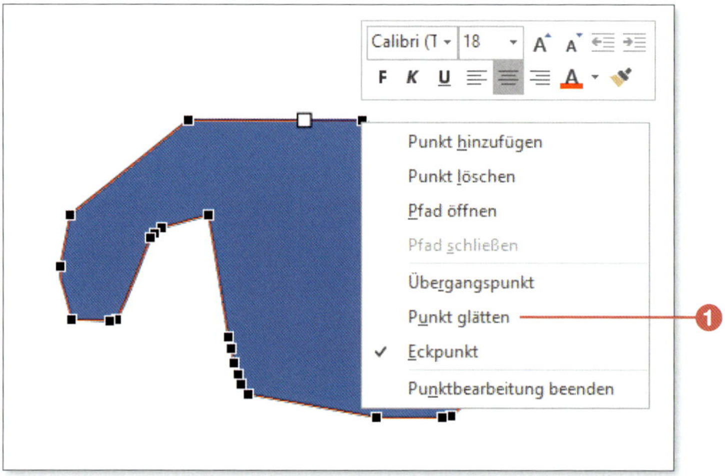

Sie müssen aber nicht selbst »malen«, sondern können auch vorgefertigte Teile aus ClipArts (siehe dazu auch den Hinweiskasten »Andere Quellen für ClipArts« auf Seite 156) verwenden, wie Sie im Folgenden sehen werden.

Formen extrahieren und weiterbearbeiten

Wenn Sie eine zu Ihrem Thema passende Grafik (oder eine ClipArt aus einer ClipArt-Bibliothek) gefunden haben und sie auf Ihrer Folie verwenden, wollen Sie sie vielleicht einfärben, ein wenig ihre Kontur verändern oder lediglich einen Teil der Grafik verwenden. Üblicherweise werden Grafiken als Bild eingefügt und können deshalb nur eingeschränkt verändert werden.

Mithilfe der hier vorgestellten Extraktions- bzw. Zerlegetechnik lassen sich z. B. Vektorgrafiken (aus anderen Programmen wie Adobe Illustrator, CorelDRAW usw.) in PowerPoint weiterbearbeiten. Sie erkennen diese Dateiformate beispielsweise an den Dateiendungen *.ai* oder *.wmf*.

Im folgenden Beispiel wollen wir aus einem Bild ein Flipchart extrahieren.

1. Öffnen Sie dazu die Präsentation *04_ClipArt_zerlegen.pptx* aus dem Ordner *04* der Beispieldateien. Die Datei enthält eine Grafik im *.eps*-Format. Unter dem Suchbegriff »Business« steht sie auf der Internetseite *www.freepik.com* zum freien Download zur Verfügung. Dort finden Sie auch noch weitere Motive, die Sie eventuell für andere Präsentationen nutzen können.
2. Klicken Sie mit der rechten Maustaste auf das Bild, und wählen Sie im Kontextmenü **Gruppieren ▸ Gruppierung aufheben**. Wenn PowerPoint nachfragt, ob die Grafik umgewandelt werden soll, bestätigen Sie mit einem Klick auf **Ja**.
3. Führen Sie den gleichen Schritt noch einmal aus. Erst jetzt sehen Sie alle Einzelteile der Grafik. Um die Markierung der einzelnen Elemente zu entfernen, klicken Sie auf eine freie Fläche der Grafik.

4. Nun können Sie einzelne Elemente auswählen und verschieben, ändern oder löschen. Isolieren Sie alle Elemente, die zum Flipchart gehören, indem Sie einen Markierungsrahmen um diesen aufziehen. Daraufhin können Sie alle Elemente verschieben. Am besten gruppieren Sie aber vorher noch die Elemente des Flipcharts (rechte Maustaste ▸ **Gruppieren**), damit beim Verschieben nichts aus Versehen verrutscht.

TIPP

Teil der Grafik als neue Datei speichern

Wenn Sie mit dem isolierten Teil der Grafik weiterarbeiten möchten und der Befehl **Gruppierung aufheben** nicht aktiv ist, klicken Sie mit der rechten Maustaste auf die Grafik und wählen **Als Grafik speichern** aus dem Kontextmenü. Speichern Sie die Grafik im Format **Erweiterte Windows-Metadatei**. Fügen Sie die Datei dann über **Einfügen ▸ Bilder ▸ Bilder** wieder in die Folie ein, und arbeiten Sie damit weiter.

2D-Figuren anlegen

Mithilfe von Formen lassen sich Figuren bauen, die Sie in Ihren Präsentationen einsetzen können, um diese lebendiger und interessanter zu gestalten. In diesem Abschnitt werde ich Ihnen zeigen, wie Sie an die Sache herangehen können. Sie finden das komplette Beispiel, das Sie für Ihre Zwecke verändern und erweitern können, auch im Ordner *04* der Beispieldateien (*04_2D-Figuren.pptx*).

Die hier gezeigten Figuren lassen sich in vielen Präsentationen zu unterschiedlichen Zwecken einsetzen, beispielsweise:

- zur Darstellung eines Workflows, z. B. von der Bestellannahme bis zur Rechnungsstellung
- für die Funktionen im Unternehmen, z. B. Controlling, Telefonzentrale
- als Hinweis- oder Signalgeber, z. B. mit einem Schild in der Hand: Ist eine Sache okay? Geht der Gewinn nach oben? Wird ein Verlust prognostiziert?
- Als Kennzeichnung für das jeweilige Kapitel, z. B. Buchhaltung, Personalwesen oder Marketing

Die Basisfiguren sehen Sie in der Abbildung rechts.

1. Blenden Sie mit `Alt` + `F9` die Hilfslinien ein, und legen Sie zunächst eine Führungslinie im unteren Drittel der Folie an. Das ist die Grundlinie, auf der alle Figuren zu stehen kommen.
2. Um den Rumpf der männlichen Figur anzulegen, wählen Sie **Start ▸ Zeichnung ▸ Formen ▸ Flussdiagramm ▸ Flussdiagramm: Verzögerung** und ziehen die Form auf einer leeren Folie auf. Größe und Position spielen erst einmal keine Rolle.

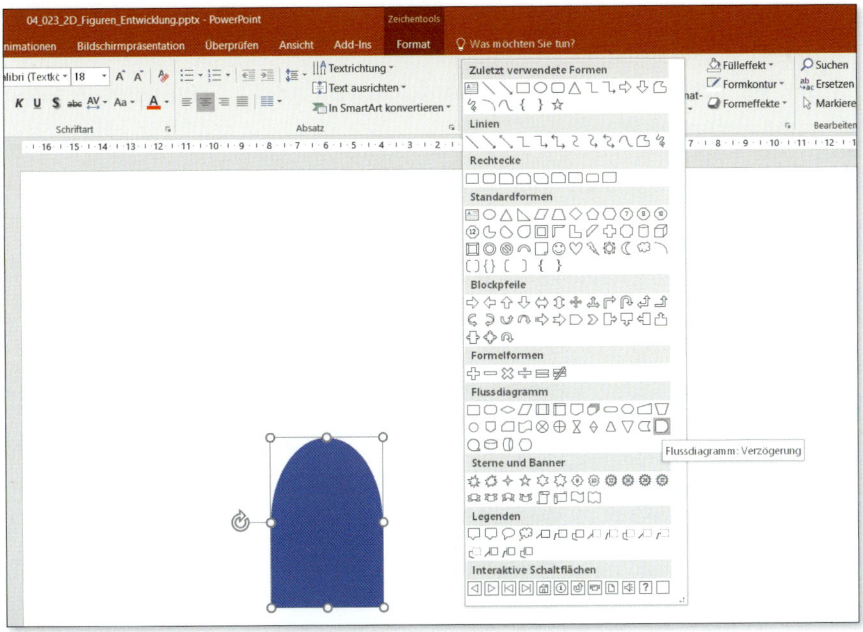

3. Drehen Sie dann das Objekt über **Zeichentools/Format ▸ Anordnen ▸ Drehen ▸ Linksdrehung 90°**. Geben Sie in der Befehlsgruppe **Größe** bei **Höhe** »4 cm« und bei **Breite** »6 cm« ein.

4. Für den Kopf der Figur wählen Sie **Zeichentools/Format ▸ Formen einfügen ▸ Standardformen ▸ Ellipse**. Geben Sie unter **Zeichentools/Format ▸ Größe** bei **Höhe** und **Breite** jeweils »3 cm« ein.

5. Verschieben Sie den Kopf auf den Rumpf, markieren Sie dann Rumpf und Kopf, und richten Sie den Kopf über **Zeichentools/Format ▸ Anordnen ▸ Ausrichten ▸ Horizontal zentrieren** genau aus. Markieren Sie nun nur den Kopf, und verschieben Sie ihn mit den Pfeiltasten [↑] bzw. [↓] an die richtige Position.

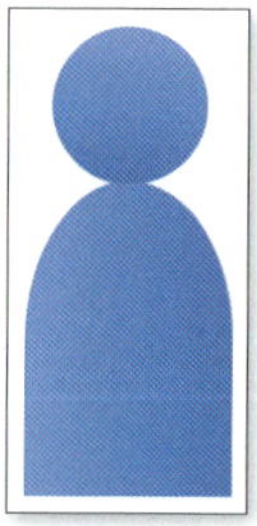

6. Nun wird die Männerfigur noch formatiert. Markieren Sie dazu Kopf und Rumpf, und erstellen Sie eine Gruppe (mit [Strg] + [⇧] + [G] oder über die rechte Maustaste mit dem Kontextmenübefehl **Gruppieren**). Wählen Sie über **Zeichentools/Format ▸ Formenarten ▸ Schnellformatvorlagen** die Vorlage **Moderater Effekt – Blau, Akzent 1**.

7. Um nun die Frauenfigur anzulegen, duplizieren Sie die Männerfigur ([Strg] + [D]) und verschieben das Duplikat nach rechts. Lösen Sie die Gruppe für die Frauenfigur auf (mit [Strg] + [⇧] + [H] oder über die rechte Maustaste mit dem Kontextmenübefehl **Gruppieren ▸ Gruppierung aufheben**).

8. Wir wollen den Rumpf der zweiten Figur verengen, um sie weiblich aussehen zu lassen. Legen Sie dazu zunächst eine zweite horizontale Führungslinie auf der Höhe der geplanten Taille an (indem Sie die erste Linie mit gedrückter [Strg]-Taste und gedrückter linker Maustaste verschieben).

9. Klicken Sie nun einmal auf einen leeren Bereich der Folie, und markieren Sie dann den Rumpf der Frauenfigur. Klicken Sie mit der rechten Maustaste darauf, und wählen Sie **Punkte bearbeiten** aus dem Kontextmenü.

10. Zoomen Sie jetzt an den Rumpf heran, damit Sie feiner arbeiten können, und bearbeiten Sie die Punkte an der Taille, d.h., Sie ziehen die Punkte mit gedrückter linker Maustaste zur Rumpfmitte. Orientieren Sie sich dabei an der zweiten horizontalen Führungslinie. Diese Bearbeitung verlangt sehr viel Fingerspitzengefühl; wenn der Punkt sich nicht dahin bewegt, wo Sie ihn haben wollen, nutzen Sie die Funktion **Rückgängig** (oder [Strg] + [Z]), und setzen Sie neu an.

11. Um die Krümmung der Außenlinie zu verändern, können Sie die *Kurvenmarker* verwenden (sie erscheinen als dünne blaue Linien mit einem Marker am Ende, wenn Sie einen der Bearbeitungspunkte anklicken). Wenn Sie fertig sind, beenden Sie den Punktebearbeitungsmodus, indem Sie einfach auf einen leeren Bereich der Folie klicken. Mit [Strg] + [⇧] + [G] gruppieren Sie Kopf und Rumpf wieder.

12. Zu guter Letzt legen Sie die Kinderfiguren an. Duplizieren Sie die Männer- und die Frauenfigur. Markieren Sie beide Figuren, und klicken Sie mit der rechten Maustaste darauf. Im Kontextmenü wählen Sie **Größe und Position**.

13. Im Aufgabenbereich **Form formatieren** setzen Sie im Bereich **Größe und Eigenschaften ▸ Größe** das Häkchen bei **Seitenverhältnis sperren**. In das Feld **Höhe skalieren** geben Sie »60 %« ❶ ein. Schließen Sie den Dialog mit einem Klick auf das Schließkreuz.

14. Mit Strg + ⇧ + H lösen Sie die Gruppierung der beiden kleinen Figuren. Klicken Sie dann den Rumpf der einen Figur an, und ziehen Sie ihn schmaler. Alternativ klicken Sie mit der rechten Maustaste auf den Rumpf und wählen dann **Größe und Position ▸ Größe ▸ Breite skalieren**. Stellen Sie im Feld **Breite** z. B. den Wert »70 %« ein. Daraufhin müssen Sie Kopf und Rumpf jeweils wieder zentriert ausrichten. Zum Schluss gruppieren Sie jeweils wieder beide Teile der Figuren.

Damit haben Sie die Basisfiguren erstellt. Der nächste Schritt ist die Zuordnung von bestimmten Merkmalen, damit die Figuren eine Bedeutung bekommen und für spezielle Aussagen stehen können: Beispielsweise können Sie Accessoires wie Taschen oder Kommunikationsmittel, andere Grafiken oder Symbole ergänzen.

1. Um z. B. Figuren mit Taschen zu erstellen, gehen Sie wie folgt vor: Für den Koffer des Mannes zeichnen Sie ein abgerundetes Rechteck (**Start ▸ Zeichnung ▸ Formen ▸ Rechtecke ▸ Abgerundetes Rechteck**) und einen Halbbogen (**Formen ▸ Standardformen ▸ Halbbogen**). Passen Sie die Größen entsprechend an, und verschieben Sie die Einzelteile an die richtige Position.

2. Die Accessoires sollen in farbigem Kontrast zu den Figuren stehen. Wählen Sie die gleiche Formatierung, aber eine andere Farbe als für die Figuren: **Start ▸ Zeichnung ▸ Schnellformatvorlagen ▸ Moderater Effekt – Grau-50 %, Akzent 3**. (Alternativ nutzen Sie den gleichen Pfad wie zuvor: **Zeichentools/Format ▸ Formenarten ▸ Schnellformatvorlagen**.) Sie können natürlich auch Farben wählen, die zu Ihrem Corporate Design passen. Für die Damen- und Kindertasche gehen Sie genauso vor, verwenden aber eine andere Grundform (**Start ▸ Zeichnung ▸ Formen ▸ Standardformen ▸ Trapezoid**).

Um den Figuren andere Gegenstände »in die Hand zu geben«, können Sie ebenso gut vorgefertigte Grafiken verwenden. Wenn Ihnen ein Symbol fehlt und Sie es nicht bauen wollen, laden Sie über ein Vektorportal eine Vektorgrafik herunter, fügen Sie sie ein, und wenden Sie zur Formatierung wie gehabt die **Schnellformatvorlagen** darauf an.

Falls die heruntergeladenen Grafiken nicht ganz Ihren Vorstellungen entsprechen, zerlegen Sie sie und entfernen dann die störenden Bestandteile (siehe den Abschnitt »Formen extrahieren und weiterbearbeiten« ab Seite 170). Beachten Sie aber, dass dies nur mit Vektorgrafiken möglich ist, nicht aber mit Bildern oder Bitmaps.

Schließlich können Sie die Figuren auch mit Symbolen versehen, z. B. für Zustimmung, Ablehnung oder Tendenzen. Dazu ziehen Sie einen Kreis auf und beschriften ihn (z. B. indem Sie einfach etwas hineinschreiben); anschließend nehmen Sie die Schnellformatvorlagen wie zuvor beschrieben. Die Symbole aus der PowerPoint-Datei *04_2D-Figuren.pptx* im Ordner *04* der Beispieldateien können Sie ganz einfach austauschen. Duplizieren Sie zuerst die Figur mit dem Symbol (so können Sie sie gegebenenfalls später noch einmal verwenden). Markieren Sie dann nur das Symbol, z. B. den Haken, indem Sie darauf klicken und [Strg] + [A] drücken. Wählen Sie über **Einfügen ▸ Symbole ▸ Symbol** ein anderes Symbol.

Mit diesen unbegrenzten Möglichkeiten können Sie Ihre Figurensammlung stetig erweitern. Am besten duplizieren Sie immer eine Folie mit Figuren und verändern diese dann. Damit bauen Sie sich eine eigene Bibliothek für Ihre Präsentationen auf. Um dann eine Figur zu nutzen, kopieren Sie sie (Strg + C) und fügen sie in die neue Präsentation ein (Strg + V).

3D-Figuren bauen

In sehr vielen Präsentationen geht es um Strategien, Taktiken und Maßnahmen. Eine Möglichkeit der Visualisierung solcher Themen sind Schachfiguren. Sie lassen sich sehr gut mithilfe der 3D-Funktionen von PowerPoint bauen.

Der große Vorteil dieser individuellen Kreationen: Sie können Ihre Sammlung verändern und an spezielle Bedürfnisse anpassen, z. B. in Bezug auf die Farbgebung. Solche Elemente lassen sich darüber hinaus leicht animieren, sodass Veränderungen und verschiedene Zustände sehr gut gezeigt werden können. Im Ordner *04* der Beispieldateien finden Sie alle Figuren in der Präsentation *04_3D-Figuren.pptx*.

1. Wir fangen mit der leichtesten Figur an, dem Bauern. Um dessen 3D-Basis zu bauen, legen Sie erst einmal eine leere Folie an und zeichnen den ersten Kreis (indem Sie ihn über **Start ▸ Zeichnung ▸ Formen ▸ Ellipse** mit gedrückter ⇧-Taste aufziehen). Klicken Sie mit der rechten Maustaste darauf, und wählen Sie **Größe und Position** aus dem Kontextmenü.

Im Aufgabenbereich **Form formatieren** geben Sie für Höhe und Breite jeweils »2,8 cm« an.

2. Öffnen Sie den Bereich **Effekte ▸ 3D-Drehung**. Stellen Sie unter **Y-Drehung** dann den Wert »290°« ein.

3. Wechseln Sie nun wiederum in den Abschnitt **3D-Format**, und wählen Sie unter **Abschrägung oben** die Option **Kreis** ❶ aus. Setzen Sie dessen **Breite** ❷ auf »3 Pt.« und die **Höhe** ❸ auf »20 Pt.«.

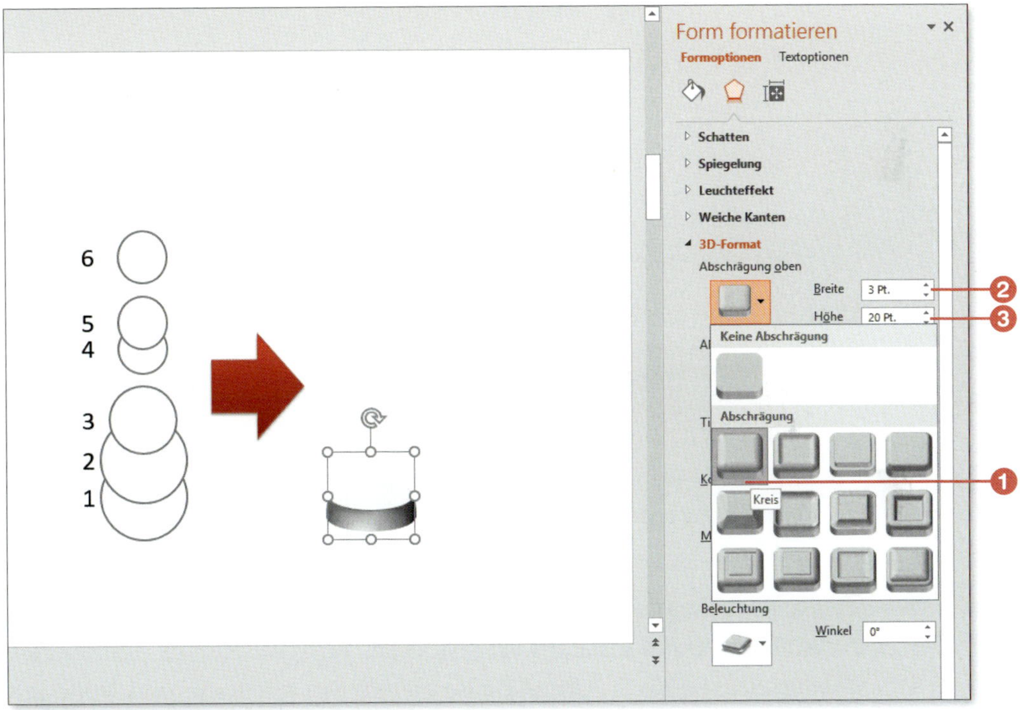

4. Um den zweiten Baustein der Figur zu erstellen, duplizieren Sie den ersten Kreis mit `Strg` + `D`, klicken mit der rechten Maustaste darauf und wählen im Kontextmenü **Form formatieren**, im Aufgabenbereich dann **Formoptionen ▸ Effekte ▸ 3D-Format ▸ Abschrägung oben ▸ Starke Abschrägung**. Unter **Breite** und **Höhe** (❶ auf Seite 180) geben Sie jeweils »12 Pt.« an. Unter **Abschrägung unten** nehmen Sie **Kreis** und geben als Parameter für **Breite** und **Höhe** ❷ jeweils »6 Pt.« an.

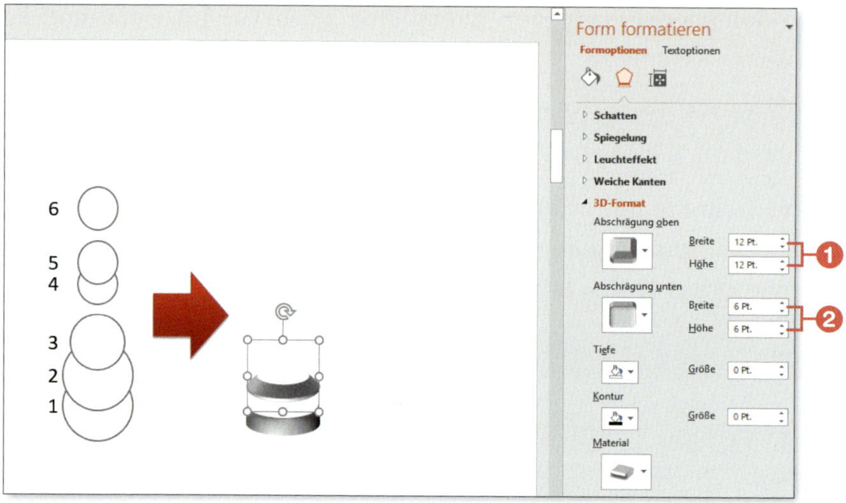

5. Verändern Sie mit der Maus oder mit den Pfeiltasten die Position des zweiten Kreises so, dass er passend über dem ersten Kreis sitzt.

6. Nun duplizieren Sie den zweiten Kreis, indem Sie ihn markieren und `Strg` + `D` drücken. Ändern Sie seine Größe auf dem bekannten Weg: Für **Breite** und **Höhe** geben Sie jeweils »2,2 cm« an. Im Bereich **3D-Format** wählen Sie unter **Abschrägung oben** die Option **Kreis**. Setzen Sie **Stärke** und **Höhe** auf »13 Pt.«. Für **Abschrägung unten** wählen Sie die Vorgabe **Keine**. Platzieren Sie den Kreis an der richtigen Stelle über den beiden anderen.

7. Nun machen wir uns daran, den Rumpf der Figur, einen Zwischenring und die Kugel als Kopf zu gestalten. Für den Rumpf duplizieren Sie den dritten Kreis. Unter **Größe** stellen Sie für **Breite** und **Höhe** jeweils »1,6 cm« ein. Unter **Abschrägung oben** wählen Sie **Starke Abschrägung** mit einer **Stärke** von »6 Pt.« und einer **Höhe** von »40 Pt.«. Bei **Abschrägung unten** geben Sie **Keine** an. Verschieben Sie das Teil über die drei anderen Bausteine.

8. Jetzt ist der Zwischenring dran: Duplizieren Sie den Rumpf. Bei **Abschrägung oben** geben Sie **Kreis** an und versehen ihn mit einer **Stärke** von »20 Pt.« und einer **Höhe** von »6 Pt.«. Für **Abschrägung unten** wählen Sie ebenfalls **Kreis** und geben eine **Breite** von »20 Pt.« und eine **Höhe** von »6 Pt.« an. Positionieren Sie auch diesen Ring entsprechend.

9. Zu guter Letzt setzen Sie der Figur die Kugel auf. Wieder duplizieren Sie zunächst den Zwischenring. Für **Abschrägung oben** wählen Sie dann **Kreis** und geben bei **Stärke** und bei **Höhe** »20 Pt.« an. Auch unter **Abschrägung unten** wählen Sie **Kreis** mit einer **Breite** und einer **Höhe** von jeweils »20 Pt.«. Verschieben Sie die Kugel über die anderen Teile.

10. Nun fehlen noch einige Abschlussarbeiten. Markieren Sie alle Elemente der Figur, und richten Sie sie über **Start ▸ Zeichnung ▸ Anordnen ▸ Objekte positionieren ▸ Ausrichten ▸ Horizontal zentrieren** mittig aus. Dann gruppieren Sie alle Elemente (Strg + ⇧ + G), um sie anschließend einzufärben (rechte Maustaste ▸ **Form formatieren**). Wählen Sie für die Füllung wie auch für die Linienfarbe (für die Kontur der Form) den gleichen Farbton, z. B. Weiß bzw. Grau (für helle Figuren) oder Schwarz (für dunkle Figuren).

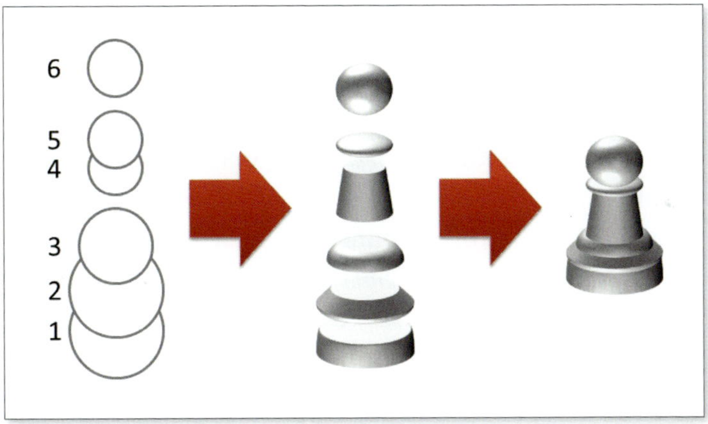

Sie haben nun das Prinzip gesehen, wie die Figuren aufgebaut werden. Versuchen Sie, die übrigen Figuren selbstständig aufzubauen. Dennoch werde ich Ihnen ein paar Tipps zu König, Dame und Springer nicht vorenthalten.

Nachdem Sie einen Kreis gezeichnet haben, denken Sie daran, ihn wie eben beschrieben zu drehen (indem Sie **Form formatieren ▸ Formoptionen ▸ Effekte ▸ 3D-Drehung** wählen und im Feld **Y-Drehung** den Wert »290°« angeben).

- **König:** Das Kreuz für die »Krone« zeichnen Sie über **Start ▸ Zeichnung ▸ Formen ▸ Standardformen ▸ Zierrahmen.** Nutzen Sie den Ziehmarker (die kleine gelbe Raute), um die Form selbst schmaler zu machen. Um das

Kreuz perspektivisch zu zeigen, wählen Sie **Form formatieren ▸ Formoptionen ▸ Effekte ▸ 3D-Drehung ▸ Voreinstellungen ▸ Parallel ▸ Von der Achse 1 nach rechts.** (Eventuell müssen Sie die Perspektive noch über die Werte der X- und Z-Achse nachjustieren.) Bei **3D-Format ▸ Abschrägung** wählen Sie für **Oben** und **Unten** jeweils die Option **Kreis** und geben als Parameter bei **Stärke** und **Höhe** jeweils »3 Pt.« an.

- **Dame:** Für die Abschrägung des zweithöchsten Elements der Dame zeichnen Sie einen Kreis und wählen **3D-Format ▸ Abschrägung oben ▸ Weiche Abrundung** mit einer **Stärke** von »20 Pt.« und einer Höhe von »6 Pt.«. Für **Abschrägung unten ▸ Starke Abschrägung** geben Sie eine **Breite** von »8 Pt.« und eine **Höhe** von »20 Pt.« an. Die Halbkugel ganz oben auf der Figur können Sie mit folgenden Parametern bauen: Unter **3D-Format ▸ Abschrägung oben** wählen Sie **Kreis** und geben für **Stärke** und **Höhe** jeweils »12 Pt.« an.
- **Springer:** Den Kopf des Springers erstellen Sie am einfachsten, indem Sie ihn über ein Vektorbildportal suchen. Geben Sie hier beispielsweise als Suchbegriff »Schach« ein. Dort suchen Sie sich ein passendes Pferdebild aus und zerlegen die Grafik so, dass Sie den Pferdekopf weiterverwenden können (siehe Abschnitt »Formen extrahieren und weiterbearbeiten« ab Seite 170). Alternativ können Sie auch die beiliegende Grafik aus der Beispieldatei *04_Schach_Springer.pptx* verwenden. Sie finden sie im Ordner *04* der Beispieldateien. Gehen Sie dann weiter vor wie bei dem Kreuz auf der Königsfigur.

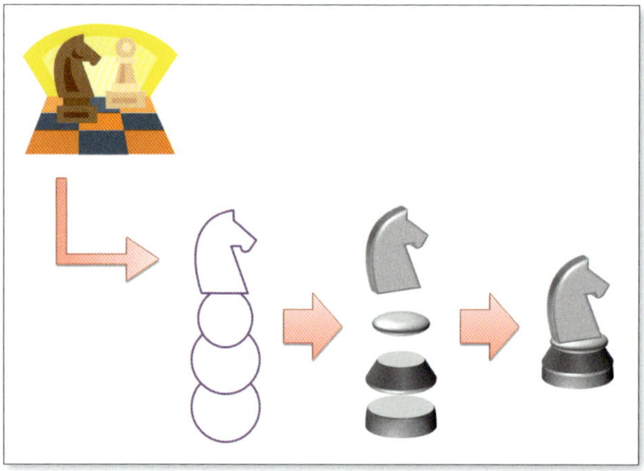

Eine 3D-Kugel gestalten

Ich zeige Ihnen in diesem Abschnitt, wie man eine schöne 3D-Kugel gestaltet, denn sie eignet sich für viele Einsatzgebiete, z.B. als Aufzählungszeichen, in Phasendiagrammen, für Schaubilder und Infografiken. Die dazugehörige Präsentation finden Sie im Ordner *04* der Beispieldateien unter dem Dateinamen *04_3D-Kugel.pptx*.

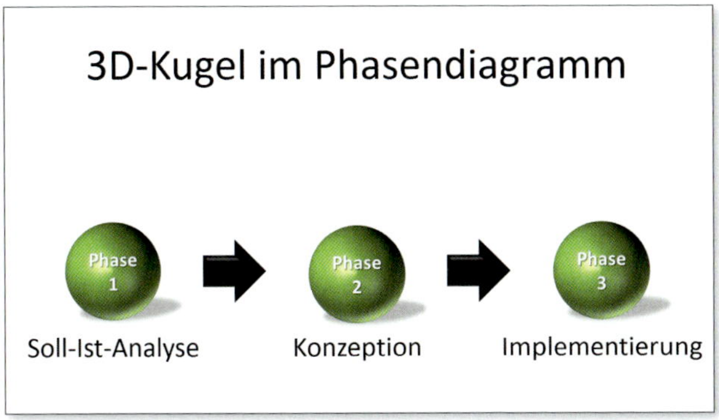

1. Legen Sie eine leere Folie an, und ziehen Sie über **Start ▸ Zeichnung ▸ Formen ▸ Ellipse** mit gedrückter [⇧]-Taste einen Kreis auf. Über das Kontextmenü (rechte Maustaste) wählen Sie **Größe und Position** und tippen im Aufgabenbereich bei **Breite** und **Höhe** jeweils »4 cm« ein. Im Bereich **Linienfarbe** wählen Sie **Keine Linie**.

2. Im gleichen Dialogfenster im Bereich **3D-Format** setzen Sie folgende Parameter: Bei **Abschrägung ▸ Oben** wählen Sie **Kreis** und geben für **Stärke** und **Höhe** jeweils »2 cm« an. (Geben Sie den Wert tatsächlich in Zentimetern an; er wird dann automatisch in Punkt umgerechnet.) Für **Abschrägung ▸ Unten** nehmen Sie ebenfalls die Option **Kreis** mit einer **Stärke** und **Höhe** von jeweils »2 cm«.

3. Weiter unten im Bereich **3D-Format** finden Sie Möglichkeiten, die Oberflächenstruktur zu verändern und die Lichtsituation (Lichteffekte und Schatten) anzupassen. Bestätigen Sie Ihre Eingaben mit **Schließen**. Zum Schluss wählen Sie über **Start ▸ Zeichnung ▸ Formeffekte ▸ Schatten ▸ Perspektive ▸ Perspektivisch diagonal oben rechts**, um noch mehr Räumlichkeit zu schaffen.

Versuchen Sie, noch weitere Ideen mithilfe von Kugeln darzustellen, z. B. Kräfteverhältnisse oder Stärken und Schwächen.

Piktogramme erstellen

Piktogramme sind grafische Symbole, die Sie sehr gut einsetzen können, um Ihrem Publikum eine Orientierung zu ermöglichen bzw. Informationen besser zuzuordnen. Denken Sie beispielsweise an einen Elektromarkt und seine Werbeprospekte. Die Eigenschaften der einzelnen Geräte sind häufig mit Piktogrammen kombiniert, z. B. die Umdrehungszahl bei Bohrmaschinen, der Prozessortakt von Computern oder auch die Garantiedauer. Je häufiger Sie diese Symbole sehen, desto schneller und sicherer können Sie die Eigenschaften einordnen. Die Piktogramme machen es uns also leicht, einer Sache einen Wert zuzuordnen.

Sie werten mit Piktogrammen nicht nur die Präsentation optisch auf, sondern helfen dem Zuschauer auch, ihre Inhalte schneller zu verstehen. Im Ordner *04* der Beispieldateien finden Sie rund 100 Piktogramme für unterschiedlichste Einsatzzwecke (*04_Piktogramme.pptx*).

Die hier vorgestellten Piktogramme bestehen aus der Piktogrammbasis, z. B. einer farbigen Grundfläche, und dem Symbol selbst. Sie können die Piktogramme der Beispieldatei einfach verändern, indem Sie zunächst die

Gruppierung lösen (über **Start ▸ Zeichnung ▸ Anordnen ▸ Objekte gruppieren ▸ Gruppierung aufheben** oder mit der Tastenkombination Strg + ⇧ + H) und dann die blaue gegen eine andere Farbbasis austauschen. Sie können die Piktogrammauswahl auch erweitern, indem Sie zusätzliche Symbole einfügen bzw. erstellen.

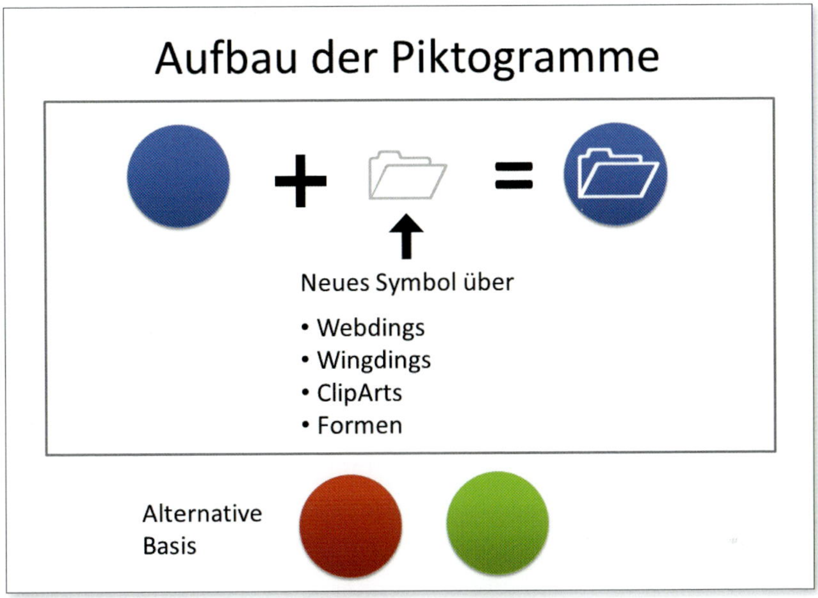

Um ein Symbol aus einer Schriftart einzufügen, legen Sie ein Textfeld an (**Einfügen ▸ Text ▸ Textfeld**) und fügen dann über **Einfügen ▸ Symbole ▸ Symbol** ein Symbol Ihrer Wahl ein. Vergrößern Sie über **Start ▸ Schriftart** die Schriftgröße, und setzen Sie die Schriftfarbe auf **Weiß, Hintergrund 1**. Platzieren Sie das Textfeld mittig über der Basis, und gruppieren Sie beide.

INFO

Basis erstellen

Eine Anleitung dazu, wie Sie eine neue Piktogrammbasis erstellen, finden Sie ebenfalls in der Datei *04_Piktogramme.pptx*, die Sie im Ordner *04* der Beispieldateien finden. Was auch immer Sie an den Piktogrammen verändern, vergessen Sie nicht, hinterher wieder alle Teile zu gruppieren (Strg + ⇧ + G). Das erspart Ihnen unnötiges Verschieben von Elementen.

Einen Blätterbaum anlegen

Häufig braucht man in Präsentationen strukturgebende Elemente wie SmartArts. Setzen Sie jedoch zu häufig SmartArts ein, nutzen sich diese ab und werden für den Zuschauer langweilig oder wirken nicht mehr modern. Der hier vorgestellte Blätterbaum schafft Abwechslung und kann von Ihnen z.B. für eine Agenda, eine hierarchische Kaskade und Ähnliches genutzt werden. Die Gestaltung hilft darüber hinaus, Ihre Präsentation übersichtlich zu machen. Sie können so verschiedene Wege bei einer Problemlösung oder verschiedene Strategierichtungen aufzeigen.

1. Starten Sie mit einer leeren Folie (**Start ▸ Folien ▸ Neue Folie ▸ Leer**). Fügen Sie die folgenden vier Formen in der Reihenfolge auf der Folie ein (**Start ▸ Zeichnung ▸ Formen ▸ Standardformen**): **abgerundetes Rechteck**, **Herz**, **Ellipse** und **Rechteck**.

   Verändern und positionieren Sie die Formen wie in der nachfolgenden Abbildung zu sehen. Achten Sie auf die Proportionen, und nutzen Sie die Führungslinien, um die Elemente exakt auszurichten. Sie können zwar später noch Änderungen an der Ausrichtung vornehmen, diese werden dann jedoch komplizierter. Je genauer Sie also hier schon arbeiten, desto weniger Aufwand gibt es nachher. Geben Sie am besten dem abgerundeten Rechteck im Hintergrund eine andere Farbe. Dann können Sie besser sehen, ob sich Elemente zu stark überlappen oder exakt übereinandersitzen.

2. Klicken Sie die beiden Rechtecke und den Kreis bei gedrückter [⇧]-Taste an, um alle Elemente zu markieren. Wählen Sie **Zeichentools/Format ▸ Formen einfügen ▸ Formen zusammenführen ▸ Vereinigung** aus.

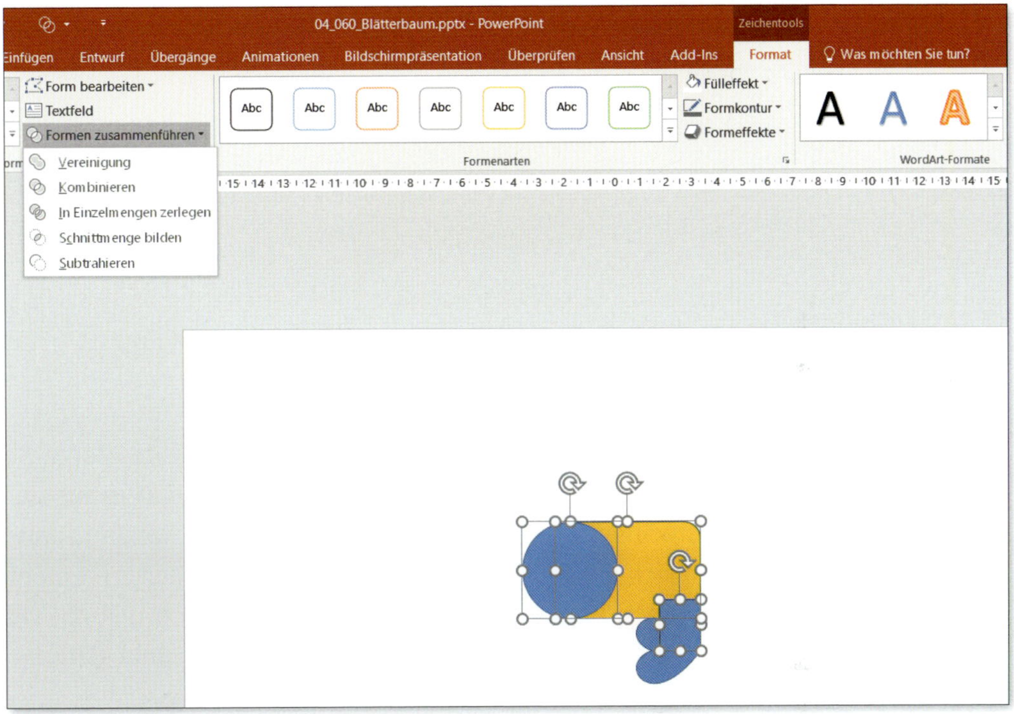

Die drei Formen werden daraufhin miteinander kombiniert und in Kürze unser erstes Blatt für den Baum darstellen.

3. Wählen Sie das neu entstandene Element an, und markieren Sie bei gedrückter [⇧]-Taste das Herz. Über **Zeichentools/Format ▸ Formen einfügen ▸ Formen zusammenführen ▸ Subtraktion** erzeugen Sie eine Rundung.

4. Für die Feinarbeit vergrößern Sie die Ansicht mithilfe des Zoom-Schiebereglers unten rechts in der Fußleiste. Klicken Sie mit rechts auf die Form, und wählen Sie im Kontextmenü den Befehl **Punkte bearbeiten**. Nun lassen sich alle Punkte exakt nacharbeiten. Klicken Sie erneut mit rechts auf einen Punkt, können Sie jeden Punkt noch mal individuell anpassen, etwa mit den Befehlen **Punkt löschen** oder **Punkt glätten**.

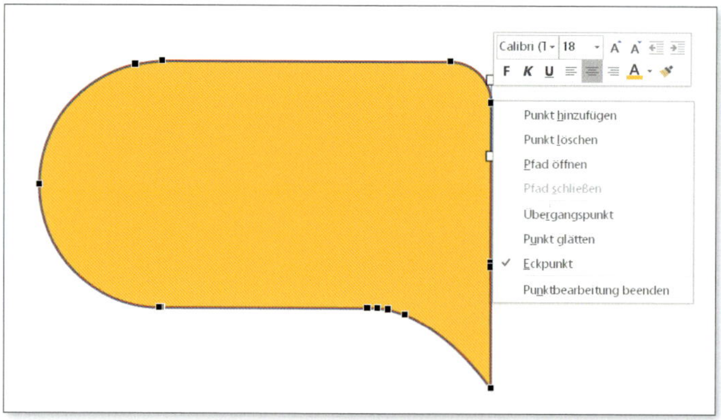

5. Nachdem wir jetzt die Blattgrundform erstellt haben, können wir mit dem Aufbau des Blätterbaums beginnen. Duplizieren Sie mit [Strg] + [D] das Blatt einmal, und positionieren Sie es unterhalb des ersten Blatts.

Verkleinern Sie das neue Blatt. Wiederholen Sie den Vorgang, und erstellen Sie ein drittes kleineres Blatt unterhalb des letzten. Richten Sie alle drei Blätter rechtsbündig aus – markieren Sie dazu alle drei Blätter, und wählen Sie **Start ▸ Zeichnung ▸ Anordnen ▸ Objekte positionieren ▸ Ausrichten ▸ Rechtsbündig ausrichten**.

6. Markieren Sie alle drei Blätter, und duplizieren Sie diese. Über **Start ▸ Zeichnung ▸ Anordnen ▸ Objekte positionieren ▸ Drehen ▸ Horizontal spiegeln** spiegeln Sie die Blätter. Richten Sie sie anschließend linksbündig aus. Lassen Sie etwas Abstand zwischen den Blätterreihen in der Mitte.

7. Fügen Sie in der Mitte eine Fläche ein (**Rechteck**) so wie in der Abbildung zu sehen. Legen Sie das Rechteck in den Hintergrund. Klicken Sie dazu mit rechts auf die Form, und wählen Sie im Kontextmenü den Befehl **In den Hintergrund**.

8. Formatieren Sie alle Elemente. Bei der Fläche in der Mitte wählen Sie als Füllfarbe Weiß (rechter Mausklick ▸ **Füllung ▸ Weiß, Hintergrund1**), und fügen Sie einen Schatten (rechte Maustaste ▸ **Form formatieren ▸ Formoptionen ▸ Effekte ▸ Schatten**) wie in der Abbildung hinzu. Wählen Sie dazu im Aufgabenbereich **Form formatieren** die folgenden Werte: **Transparenz** »60 %«, **Größe** »120 %«, **Weichzeichnen** »30 Pt.«, **Winkel** »90°« und **Abstand** »0 Pt.«. Markieren Sie alle Blätter, und geben Sie ihnen ebenfalls einen Schatten, z. B. **Schatten links unten**. Verändern Sie die Schatten mit den folgenden Parametern: **Transparenz** »60 %«, **Größe** »100 %«, **Weichzeichnen** »25 Pt.«, **Winkel** »135°« und **Abstand** »3 Pt.«.

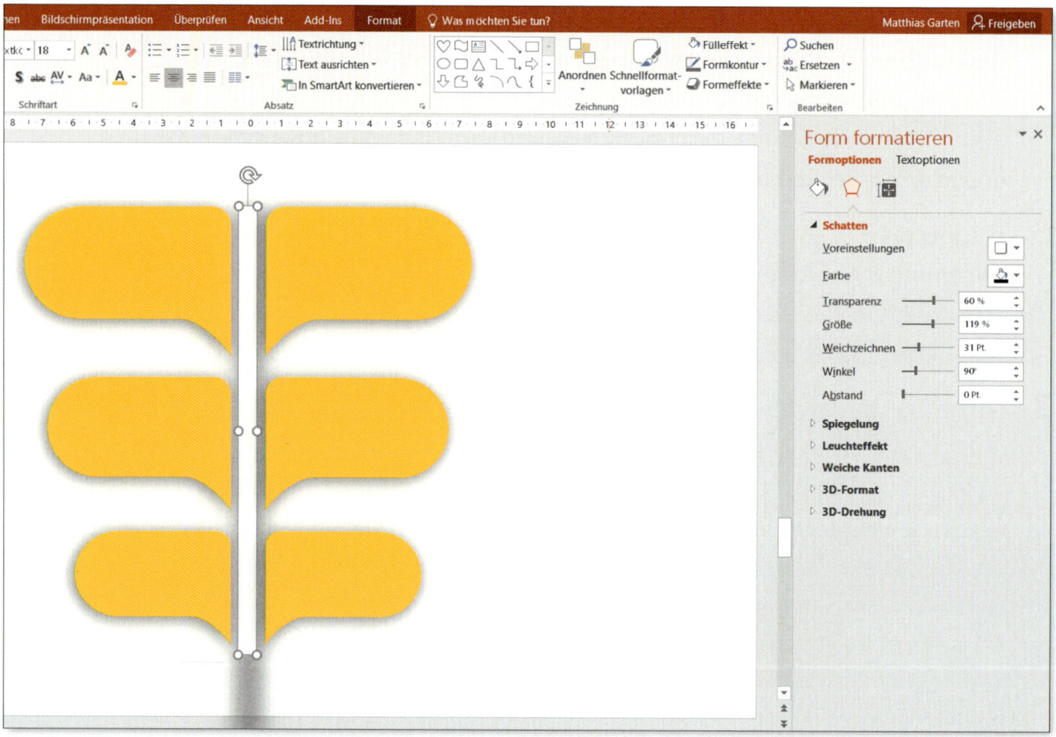

9. Fügen Sie Piktogramme und freie Textfelder ein (**Start ▸ Zeichnung ▸ Formen ▸ Standardformen ▸ Textfeld**). Verändern Sie die Farbe, Größe und Schriftgröße der Textfelder.

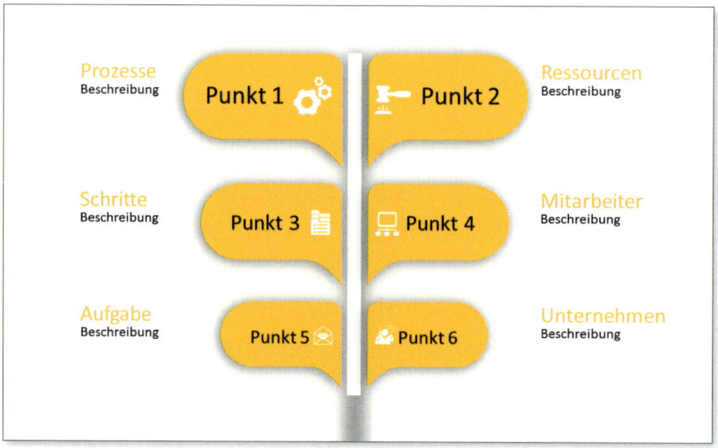

10. Wenn Sie unterschiedliche Farben für die Blätter wollen, überlegen Sie sich ein Farbkonzept. So könnte ein Blatt etwa für ein bestimmtes Produktsegment stehen usw.

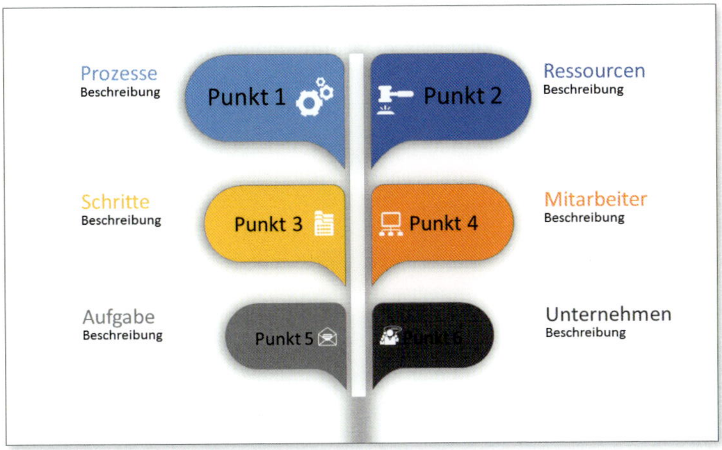

Eine 3D-Siegertreppe anfertigen

Die Siegertreppe kann für das Ergebnis eines Wettbewerbs (sportlich, innerbetrieblich usw.) verwendet werden. Darüber hinaus lassen sich solche Siegertreppen erweitern und für Gegenüberstellungen von Produkten und Dienstleistungen verwenden. Das hier dargestellte Erstellungsprinzip lässt sich auch auf Treppen mit mehr als drei Plätzen verwenden. Die dazugehörige Präsentation finden Sie unter dem Dateinamen *04_Siegertreppe.pptx* im Ordner *04* der Beispieldateien.

1. Beginnen Sie mit einer leeren Folie, und zeichnen Sie ein Quadrat (**Start ▸ Zeichnung ▸ Formen ▸ Rechtecke**, wählen Sie das **Rechteck** aus). Über die rechte Maustaste wählen Sie im Kontextmenü **Größe und Position** und stellen im Aufgabenbereich bei **Höhe** und **Breite** jeweils »4 cm« ein. Wählen Sie als Formkontur »keine Linie« aus (über das Kontextmenü **Form formatieren** oder über **Start ▸ Zeichnung ▸ Formkontur**). Wenn Sie möchten, können Sie die Füllfarbe verändern – auch nachträglich.

2. Duplizieren Sie mit Strg + D das Quadrat zweimal, und setzen Sie alle in einer Reihe nebeneinander.
3. Verändern Sie bei dem linken Quadrat die **Höhe** auf »3 cm« (Kontextmenü: **Größe und Position**, anschließend im Aufgabenbereich **Größe und Eigenschaften ▸ Größe ▸ Höhe**) und bei dem rechten auf »2 cm«.

4. Markieren Sie alle Rechtecke, und wählen Sie **Zeichentools ▸ Format ▸ Formen einfügen ▸ Formen zusammenführen ▸ Vereinigung**.
5. Platzieren Sie drei Textfelder (**Start ▸ Zeichnung ▸ Formen**) mit der Bezeichnung »2«, »1« und »3« von links nach rechts auf das Podest. Formatieren Sie die Schriftart, -größe und -farbe entsprechend.
6. Markieren Sie das Podest und die drei Textfelder, und wählen Sie **Zeichentools ▸ Format ▸ Formenarten ▸ Formeffekt ▸ 3D-Drehung** aus (alternativ über das Kontextmenü). Wählen Sie die Option **Perspektive rechts (Stufe 1)**, und stellen Sie folgende Parameter ein: **X-Drehung**: »340°«, **Y-Drehung**: »15°«, **Z-Drehung**: »0°« und **Perspektive** »50°«. Prüfen Sie, ob die Position der Textfelder stimmt, und verschieben Sie sie – falls notwendig – am besten mit den Cursortasten.
7. Klicken Sie auf einen leeren Bereich der Folie, und markieren Sie danach nur das Podest. Wechseln Sie über die rechte Maustaste in das Kontextmenü zu **Form formatieren**, sodann im Aufgabenbereich zu **Effekte ▸ 3D-Format**, und ändern Sie **Tiefe** auf »140 Pt.«. Wenn Ihnen die Darstellung nicht gefällt, passen Sie die **Beleuchtung** (**Weich**, **Winkel** »90°«) an.

8. Platzieren Sie abschließend Namen, Produkte usw. auf die Siegertreppe.

TIPP

Siegertreppe mit mehr Stufen

Wenn Sie mehr als drei Stufen haben möchten, duplizieren Sie am Anfang das Quadrat mehr als zweimal, und ändern Sie anschließend die Höhen.

3D-Schlüssel bauen

Ein Schlüssel wird in Präsentationen meistens symbolisch verwendet, z. B. um das Schlüssel-Schloss-Prinzip darzustellen. Zwei Dinge müssen passen, wenn sie zusammengehören sollen. In dem nachfolgenden Beispiel (*04_Schlüssel.pptx* im Ordner *04* der Beispieldateien) geht es darum, eine Lösung für ein Problem zu finden. Das Problem oder die Herausforderung wird symbolisch als Schlüsselloch und die Lösung als Schlüssel dargestellt.

1. Legen Sie eine Folie mit dem Folienlayout **Nur Titel** an. Schreiben Sie in die Überschrift »Herausforderung und Lösung«.
2. In der Mitte der Folie fügen Sie die Form **Rad** ein (**Start ▸ Zeichnung ▸ Formen ▸ Standardformen ▸ Rad**). Das wird der Schlüsselkopf. Wechseln Sie über die rechte Maustaste in das Kontextmenü, und klicken Sie auf **Form formatieren**. Stellen Sie im Aufgabenbereich bei **Größe und Eigen-**

schaften ▸ Größe die **Höhe** und **Breite** ein (»4,5 cm« bzw. »3 cm«). Wechseln Sie im Aufgabenbereich zu **Effekte ▸ 3D-Format**, und geben Sie bei **Abschrägung oben** eine **Breite** von »12 Pt.« und eine **Höhe** von »6 Pt.« ein und weiter unten bei **Beleuchtung ▸ Winkel** »240°«.

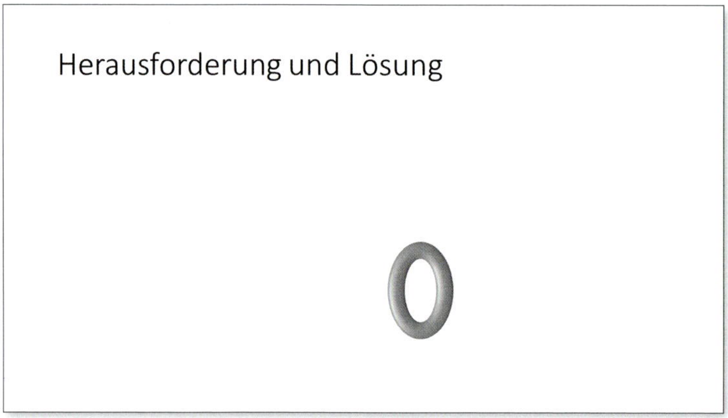

3. Fügen Sie links neben dem Schlüsselkopf einen Kreis ein (**Start ▸ Zeichnung ▸ Formen ▸ Ellipse**). Passen Sie die Größe an, und stellen Sie im Aufgabenbereich die **Breite** und **Höhe** jeweils auf »1 cm«. Stellen Sie bei **Effekte ▸ 3D-Drehung** bei **X-Drehung** »270°« und bei **Y-Drehung** »332°« ein. Bei **Effekte ▸ 3D-Format** geben Sie bei **Abschrägung oben** eine **Breite** von »10 Pt.« und eine **Höhe** von »10 Pt.« ein. Dasselbe machen Sie auch bei **Abschrägung unten**. Bei **Beleuchtung** wählen Sie einen **Winkel** von »70°«.

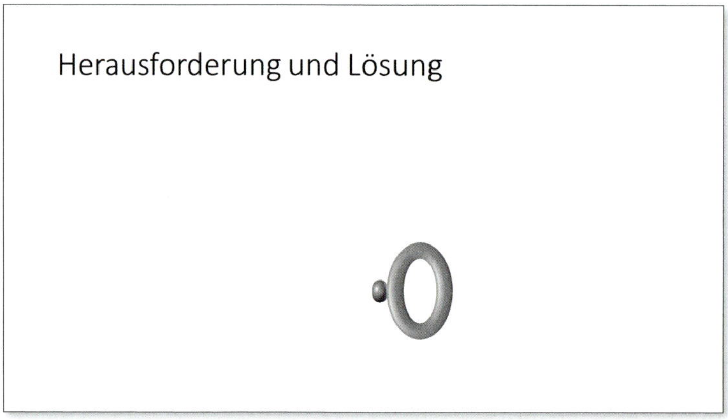

4. Duplizieren Sie die eben geformte Ellipse mit [Strg] + [D], und platzieren Sie sie neben die erste.

5. Duplizieren Sie die Ellipse erneut, und setzen Sie sie wieder an. Diesmal ändern Sie jedoch die Länge und die Abschrägung. Wählen Sie dazu über den Aufgabenbereich bei **Abschrägung oben** und **Abschrägung unten** die Option **Starke Abschrägung**, und ändern Sie alle Werte in dn Feldern **Breite** und **Höhe** auf »6 Pt.«. Bei **Effekte ▸ 3D-Format** ändern Sie die **Tiefe** auf »80 Pt.«.

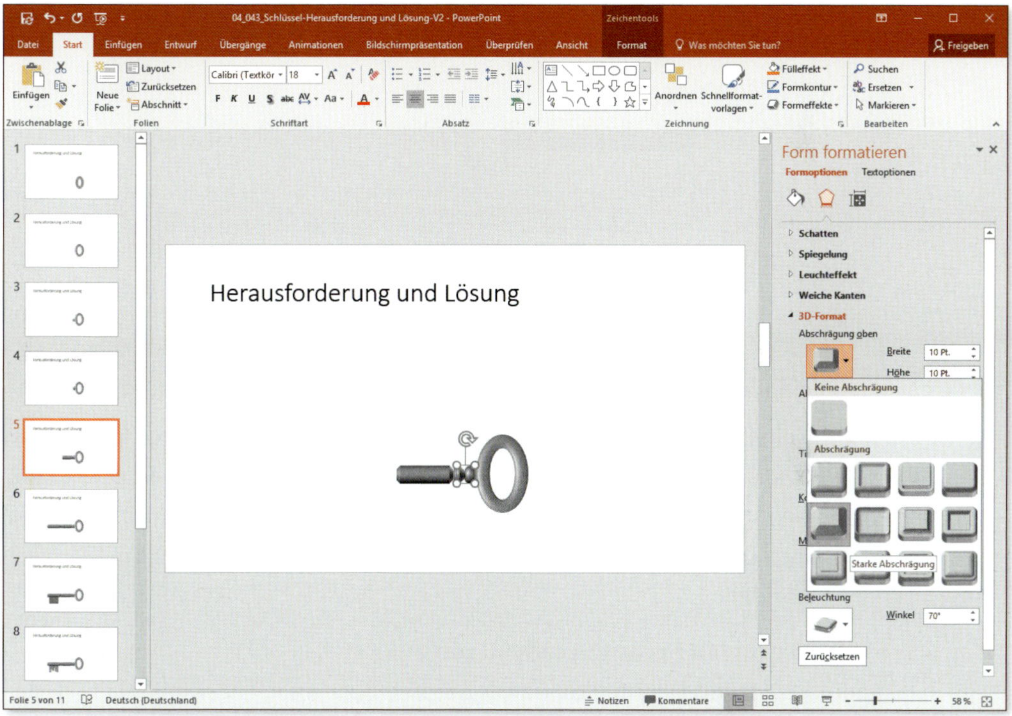

6. Vervollständigen Sie den Schlüsselhals wie in der folgenden Abbildung. Bei dem Schlüsselhalsende wählen Sie bei **Abschrägung unten** die Option **Kreis** und ändern die Werte in den Feldern **Breite** und **Höhe** auf »12 Pt.«. Verlängern Sie das letzte Stück des Schlüsselhalses über **Effekte ▸ 3D-Format ▸ Tiefe** auf »120 Pt.« (in der Abbildung vom Auswahlmenü **Abschrägung unten** verdeckt).

7. Zeichnen Sie zur Erstellung des Schlüsselbarts ein Rechteck unterhalb des Schlüsselendes, das einen Teil des Schlüsselbarts ergeben soll. Die Größe können Sie selbst festlegen, z. B. 2,5 cm × 0,5 cm. Duplizieren Sie nun das Rechteck sechsmal, und platzieren Sie die Rechtecke nebeneinander.

8. Verkürzen Sie anschließend die innenliegenden Rechtecke, damit die Zeichnung wie ein echter Schlüsselbart aussieht. Über **Effekte ▸ 3D-Format ▸ Abschrägung oben** stellen Sie jeweils »6 Pt.« ein. Bei **Beleuchtung ▸ Winkel** geben Sie den Wert »240°« ein.

9. Für das Gegenstück, nämlich das Schlüsselloch, erstellen Sie zunächst einen größeren Kreis (mit einem Durchmesser von ca. 4,5 cm, d. h., geben Sie bei

Breite und **Höhe** je »4,5 cm« ein) und legen in den Kreis mittig einen kleineren Kreis (von ca. 1 cm Durchmesser) sowie ein passendes Rechteck.

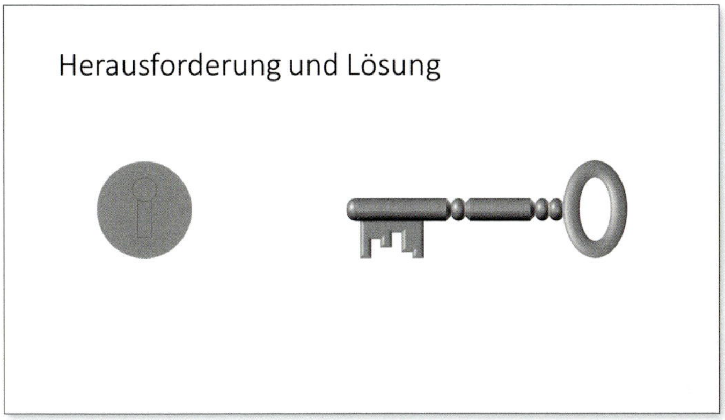

10. Klicken Sie den großen Kreis und anschließend den kleinen Kreis und das Rechteck an. Wählen Sie **Zeichentools/Format ▸ Formen einfügen ▸ Formen zusammenführen ▸ Subtrahieren** aus. Sie haben jetzt nur noch eine Form, der kleine Kreis und das Rechteck sind verschwunden. Im Aufgabenbereich der neuen Form wählen Sie **Form formatieren ▸ Effekte ▸ 3D-Format ▸ Abschrägung oben** und setzen bei **Stärke** »12 Pt.« und bei **Höhe** »6 Pt.« ein. Bei **Beleuchtung ▸ Winkel** geben Sie den Wert »240°« ein.

11. Platzieren Sie Schlüssel und Schloss auf der Folie, und fügen Sie dann Textfelder hinzu.

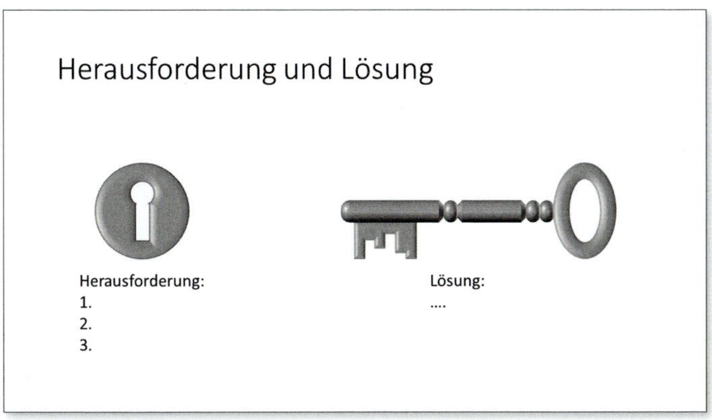

Mit Freihandeingabe arbeiten

Für PowerPoint 2016 wurde die Funktion *Freihandeingabe* deutlich verbessert und erweitert. Sie gab es bislang nur, wenn man im Bildschirmpräsentationsmodus war und dort die Zeichenfunktion mit Stift, Textmarker usw. benutzt hat. Sie erreichen die Funktion jetzt sofort über **Überprüfen ▸ Freihandeingabe.** Nach Aktivierung wird die kontextabhängige Registerkarte **Freihandtools/Stifte** eingeblendet.

Diese Funktion eignet sich sehr gut in Verbindung mit einem Stift-Tablet, etwa einem Wacom-Eingabetablet anstelle der Maus, oder bei Verwendung von PowerPoint per Touchscreen-Eingabe auf einem Tablet wie dem iPad, Microsoft Surface oder Android-Tablet. So lassen sich Ideen skizzieren und darstellen. Das wirkt in einer Präsentation natürlich und hat den Charakter des unvollendet Inspirierenden. Spannend ist etwa auch, wenn bestehende Folien mit der Freihandeingabe kommentiert werden. Alle Elemente lassen sich auch sehr gut mit einem Animationseffekt versehen, so sieht der Textmarker aus, als würde er gerade gezeichnet werden. (Über den Einsatz von Animationen in Ihren Präsentationen erfahren Sie mehr in Kapitel 7 »Effekte und Animationen sinnvoll einsetzen«.) Im Folgenden eine kleine Übung dazu:

1. Öffnen Sie die Präsntation *04_Freihand.pptx* aus dem Ordner *04* der Beispieldateien, und wechseln Sie in den Freihandmodus mit **Überprüfen ▸ Freihandeingabe.**

2. Klicken Sie **Schreiben ▸ Textmarker** an, und wählen Sie im Menü eine Textmarkerfarbe, etwa Gelb. Alternativ können Sie auch direkt in der Gruppe **Stifte** den gewünschten Stifttyp anklicken. Markieren Sie nun wichtige Worte oder einen Textbereich mit Ihrer Maus oder, wenn Sie ein Tablet nutzen, per Eingabestift oder Finger.
3. Wechseln Sie wieder zu **Schreiben ▸ Stift** (oder klicken Sie in der Gruppe **Stifte** direkt auf die gewünschte Option), und ziehen Sie Kreise und Pfeile. Schreiben Sie Namen usw.
4. Mit **Schreiben ▸ Radierer** können Sie Freihandelemente wieder löschen. Über **Stifte ▸ Farbe** und **Stifte ▸ Strichstärke** lässt sich auch nachträglich noch die Gestaltung anpassen.
5. Schalten Sie **Freihand ▸ In Formen konvertieren** ein. Zeichnen Sie nun mit dem Stift ein Viereck, und lassen Sie sich überraschen, was passiert. Ihr gezeichnetes Viereck wird in eine exakte Rechteckform umgewandelt. Probieren Sie andere Formen wie Dreieck, Kreis, Raute, Fünfeck, einfacher Pfeil und vieles mehr.

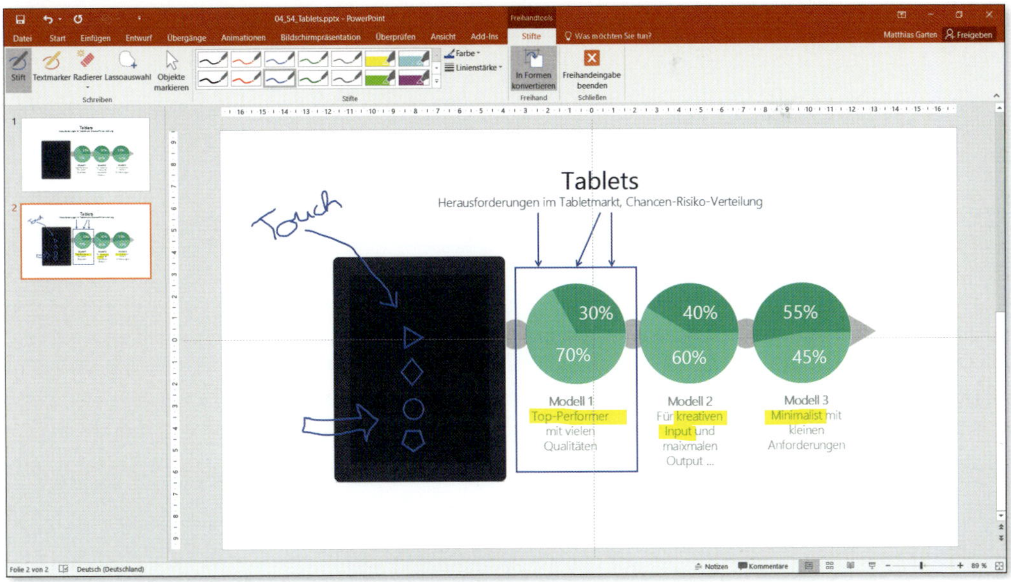

6. Mit einem Klick auf **Freihandeingabe beenden** schließen Sie die Funktion wieder.

Mit dem Freihandform-Werkzeug entstehen neue Möglichkeiten, Ihre Präsentation gestalterisch interessant aufzubereiten. Sachlich gesehen, bietet Ihnen die Funktion die Möglichkeit, in der Zusammenarbeit mit anderen Ihre Korrekturen und Anmerkungen direkt auf die Folie zu schreiben. Emotional betrachtet, wirkt Ihre Präsentation organischer und lebendiger.

In diesem Kapitel haben Sie viele Ideen und Werkzeuge kennengelernt, um grafische Elemente Ihren Vorstellungen anzupassen. Aktuell sind Piktogramme und Grafiken voll im Trend und daher von besonderer Wichtigkeit. Sie sorgen für Abwechslung und bieten Ihnen sehr viele Darstellungsmöglichkeiten.

Kapitel 5

Tabellen, Diagramme und Schaubilder intelligent konzipieren

Je nach Einsatzgebiet, z. B. bei einer Vertriebskonferenz, bei einem öffentlichen Vortrag, bei einem Fachvortrag oder einem internen Meeting, werden Zahlen, Daten und Fakten in einer Präsentation verwendet. Dieses Kapitel soll Ihnen Konzepte, Ideen und Anregungen liefern, wie Sie die Darstellung mithilfe von Tabellen, Diagrammen und Schaubildern interessanter aufbereiten können.

Diagramme

Sie werden lernen, welche grundlegenden Konzepte es gibt, um Zahlen, Daten und Fakten darzustellen. Sie werden SmartArts individuell anpassen und Ideen kennenlernen, die das SmartArt-Konzept erweitern. Diagramme lassen sich mit einfachen Mitteln, natürlich in Abhängigkeit von der Zielgruppe, interessanter und spannender gestalten. Tabellen können Sie durch Einbindung von Grafiken aufwerten und damit den Empfängern der Präsentationen ein einprägsameres Bild der Tabelle liefern. Sie werden hier auch erfahren, wie Sie anstelle von trockenen Zahlen und Daten Schaubilder und Infografiken erstellen.

Darstellungskonzepte

Meistens stellen wir Zahlen als reine Tabellen oder als einfache Linien-, Balken-, Säulen- oder Kreisdiagramme dar. Wenn die Daten (auch die Zahlen selbst) komplexer oder umfangreicher werden, wenn eine einprägsame oder schnell verständliche Darstellung gesucht wird, ist es häufig sinnvoll, nach anderen Darstellungsvarianten zu suchen. In diesem Zusammenhang wird dann auch von Infografiken oder Schaubildern gesprochen.

In diesem Kapitel geht es also um grundlegende Darstellungskonzepte, die Ihnen dabei helfen, Ihre Daten schnell interessanter aufzubereiten. Auch diese Konzepte lassen sich individuell erweitern und anpassen.

INFO

Konzepte und Beispiele

Für einen Sachverhalt gibt es immer verschiedene Darstellungsmöglichkeiten. Dem einen gefällt eine Darstellung auf Anhieb, dem anderen nicht. Probieren Sie daher aus, was am besten zur konkreten Aufgabenstellung und zu Ihrer Zielgruppe passt.

SmartArt-Grafiken und auch das SmartArt-Konzept dahinter sind eine gute Möglichkeit, um Daten aufzubereiten. Das Thema wurde schon einmal in Kapitel 2, »Text spannender gestalten«, angesprochen, als es darum ging, Text mithilfe von SmartArt-Grafiken interessanter zu gestalten. Da PowerPoint die Grafiken von Haus aus mitbringt, spart es eine Menge Zeit, sie auch für die Darstellung von Zahlen, Daten und Fakten zu nutzen. Die Einsatzgebiete könnten dabei etwa folgende sein:

- Kennzahlensysteme
- Verteilungen, z. B. Ressourcenplan, Umsatz- und Gewinnverteilung
- Zuordnungen wie Firmenstrukturen oder Stellenhierarchien
- Strukturen, z. B. Anteile an einem Fond oder Inhaltsstoffe eines Produkts
- Abläufe und Prozessflüsse, wie etwa Arbeitsschritte beim Ausfüllen eines Formulars oder Regeln für die Bearbeitung eines Vorgangs
- Zusammenhänge und Abhängigkeiten, z. B. der Wasserkreislauf in der Natur oder der Zusammenhang von Widerstand, Strom und Spannung.

Die nächsten beiden Abbildungen zeigen zwei Beispiele. Das Bild rechts (*05_Umsatzüberblick.pptx* im Ordner *05* der Beispieldateien) ist ein Umsatzüberblick, der mithilfe der SmartArt-Grafik **Beschriftete Hierarchie** gestaltet wurde (**Einfügen ▸ Illustrationen ▸ SmartArt ▸ Hierarchie**).

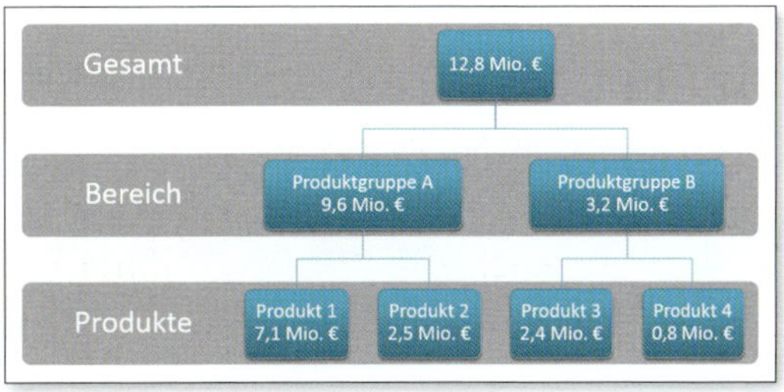

Das zweite Beispiel (*05_Produktionsleistung.pptx* im Ordner *05* der Beispieldateien) zeigt eine Grafik, die mit der SmartArt-Grafik **Geschachteltes Ziel** erstellt wurde (**Einfügen ▸ Illustrationen ▸ SmartArt ▸ Beziehung**).

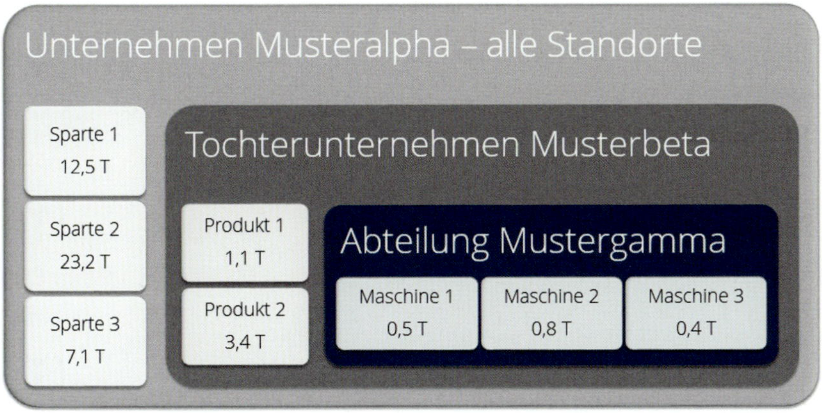

Eine SmartArt-Grafik verwenden

Im Folgenden erarbeiten wir den Umsatzüberblick aus dem vorherigen Abschnitt, der mithilfe der SmartArt-Grafik **Beschriftete Hierarchie** gestaltet wurde.

1. Legen Sie eine neue Folie mit dem Layout **Titel und Inhalt** an. Geben Sie als Titel »Umsatzüberblick« ein. Klicken Sie dann auf das Symbol **SmartArt-Grafik einfügen** in der Mitte der Folie, und wählen Sie im Dialogfenster **Hierarchie ▸ Beschriftete Hierarchie** aus.

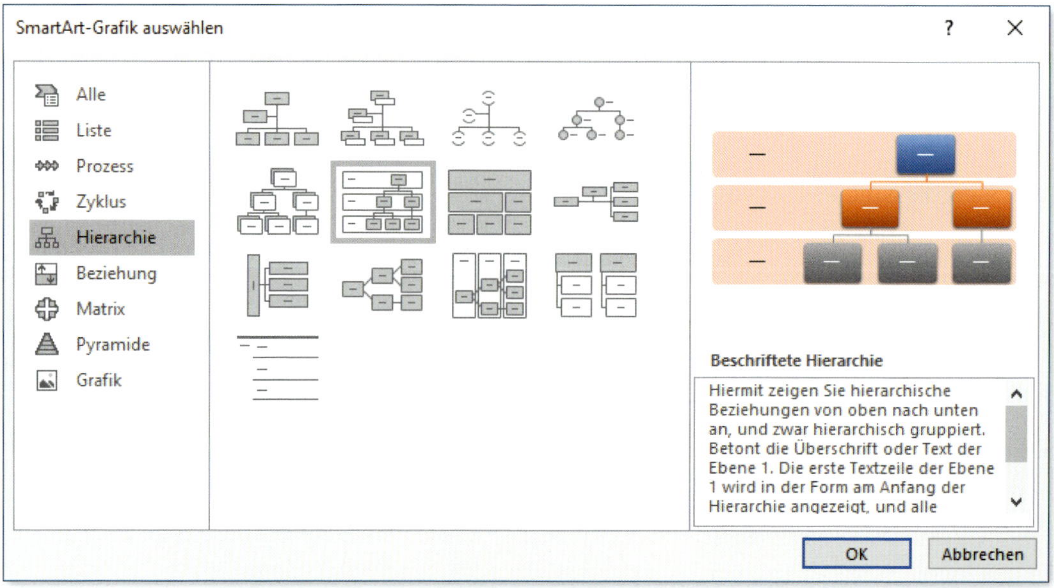

2. Die SmartArt-Grafik wird eingefügt, und links daneben erscheint ein Textfenster. Hierüber können Sie die Texte sehr einfach ändern. Wenn Sie es nicht brauchen, schließen Sie es einfach. Über die kleinen Pfeile links an der Grafik ❶ können Sie das Fenster jederzeit wieder aufklappen. Geben Sie nun die entsprechenden Texte ein. Anstatt das Textfenster zu verwenden, können Sie Änderungen natürlich auch direkt in den Feldern der Grafik vornehmen.

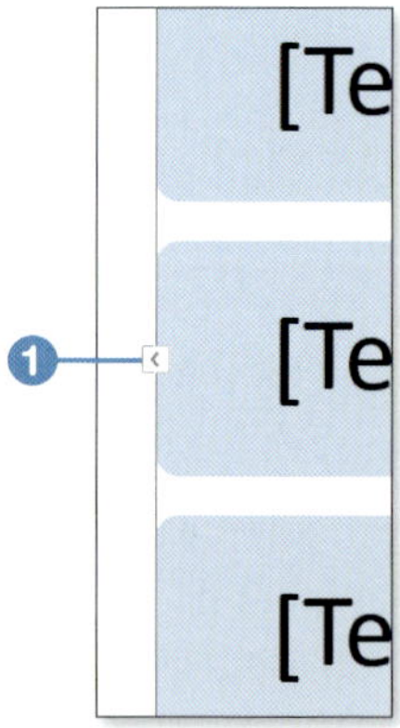

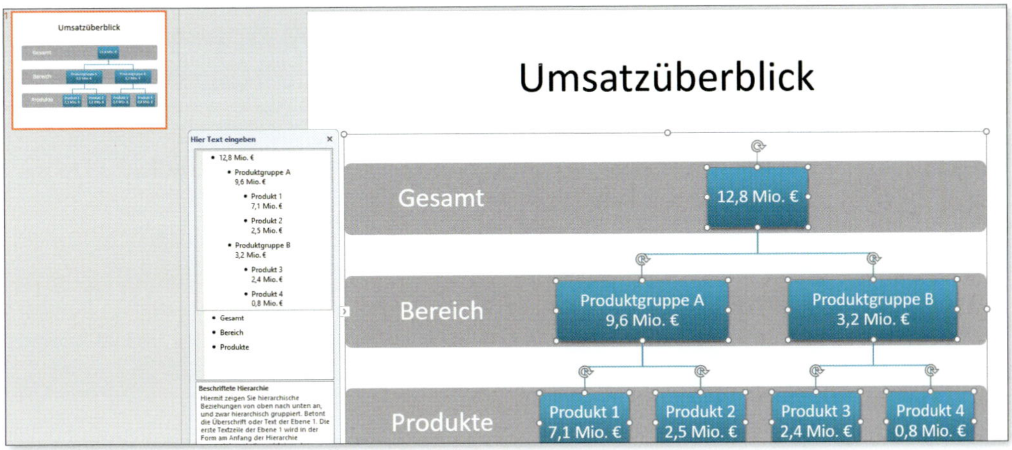

3. Wenn Sie eher grafisch arbeiten, können Sie die Anzahl der Elemente in der SmartArt-Grafik über **Form hinzufügen** sowohl horizontal als auch vertikal erhöhen. Für das Einfügen neuer Formen in die Hierarchie steht Ihnen die Befehlsgruppe **SmartArt-Tools/Entwurf ▸ Grafik erstellen** zur Verfügung.

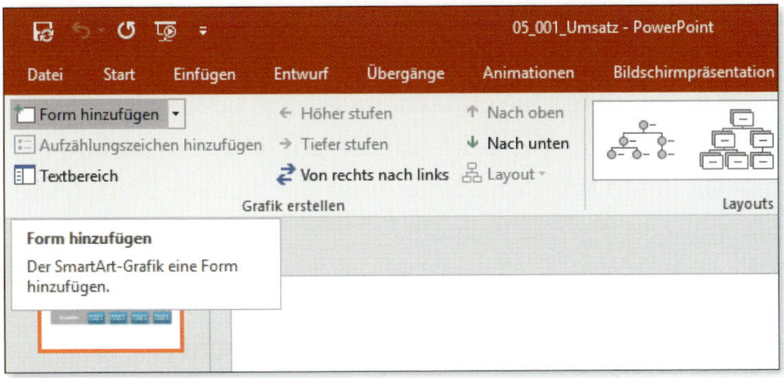

4. Nun kümmern wir uns um die gestalterischen Aspekte. Im Normalfall sind die Texte der SmartArt-Grafik entweder zu klein oder zu groß. Markieren Sie daher alle Einträge bis auf die Beschriftung der breiten Balken. Am besten klicken Sie ein Element an, halten die ⇧-Taste gedrückt und markieren das nächste Element, oder Sie öffnen die Textbox und markieren alle Textzeilen, deren Textgröße geändert werden soll. Passen Sie über **Start ▸ Schriftart** die Schriftgröße an. Stellen Sie in diesem Fall »18 Pt.« ein.

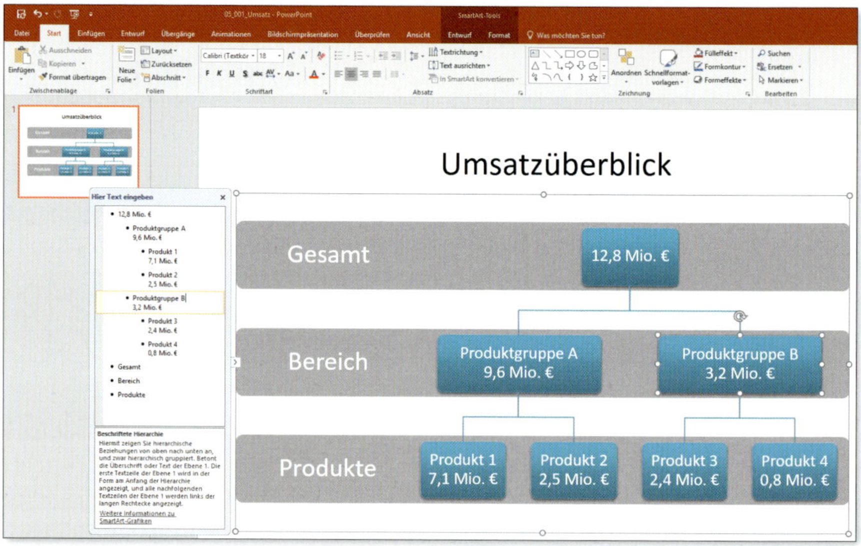

5. Markieren Sie dann die Balkenbeschriftung (in unserem Beispiel also **Gesamt**, **Bereich**, **Produkte**), und stellen Sie eine Schriftgröße von »28 Pt.« ein. Da der Umbruch bei **Produktgruppe A** und **Produktgruppe B** nun nicht mehr korrekt ist, müssen Sie die Boxen breiter ziehen. Markieren Sie dazu die erste der beiden Boxen mit einem einfachen Mausklick. Die zweite Box markieren Sie danach, indem Sie sie mit gedrückter ⇧-Taste anklicken. Visieren Sie beim Klicken am besten den Rand der Box an. Ziehen Sie beide Boxen mithilfe eines der Marker breiter, die sich rechts bzw. links an der Box befinden.

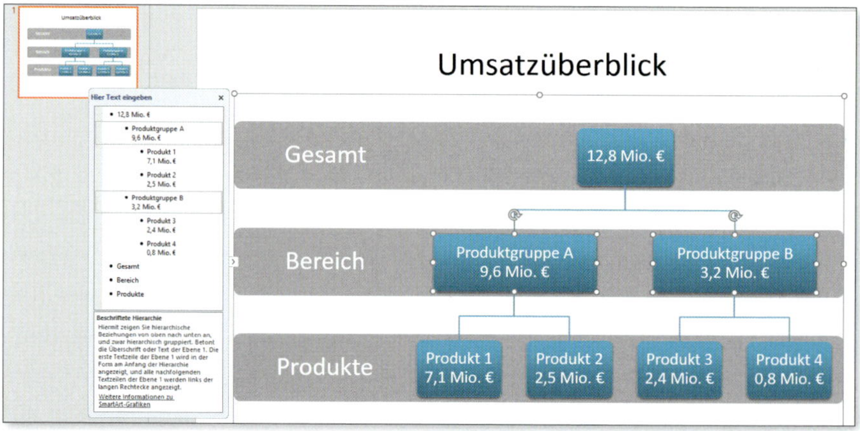

6. Zum Schluss können Sie über **SmartArt-Tools/Entwurf ▸ SmartArt-Formatvorlagen** noch die farbliche Ausgestaltung je nach Geschmack verändern. Klicken Sie auf die Schaltfläche **Farbe ändern**, können Sie auf verschiedene Farbkonzepte zurückgreifen. Über die verschiedenen Formatvorlagen rechts daneben lassen sich Effekte hinzufügen, z. B. **3D, Abgesenkt**.

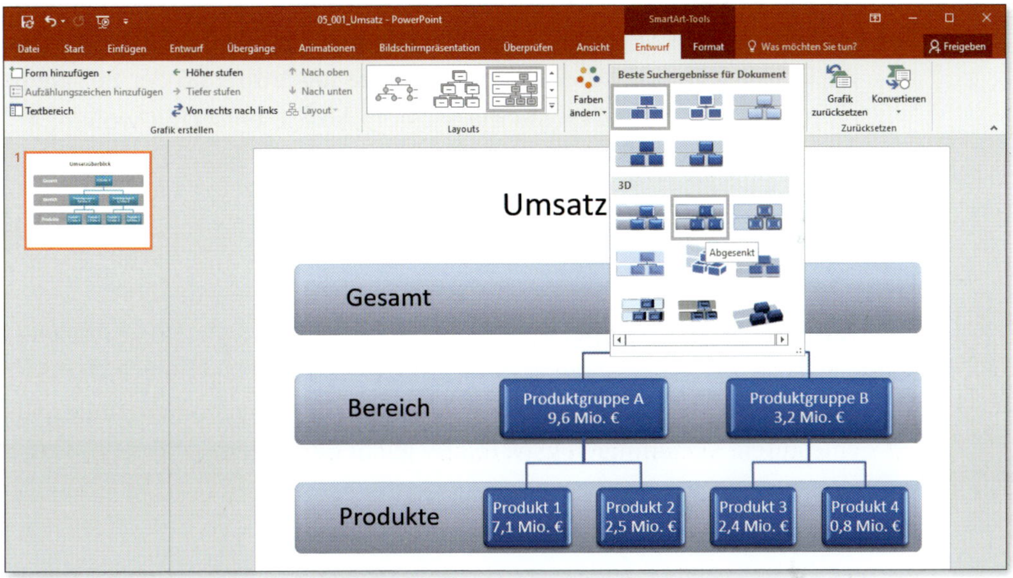

TIPP

Arbeit mit dem Textfenster

Mit ⇧ + ↵ fügen Sie einem Hierarchieelement im Textfenster weitere Zeilen hinzu.

Für ein neues Hierarchieelement drücken Sie im Textfenster einfach die ↵-Taste.

Wenn Sie auf eine Gliederungsebene (Aufzählungs- bzw. Hierarchieebene) tiefer gehen möchten, nutzen Sie die ⇆-Taste; wenn Sie eine Gliederungsebene höher wollen, drücken Sie die ⇧- und die ⇆-Taste.

Um im Textfenster etwas zu löschen, nutzen Sie entweder die ←- oder die Entf-Taste.

Erweiterte SmartArt-Konzepte

SmartArt-Grafiken werden den Grundanforderungen für die Darstellung von Zahlen, Daten und Fakten meistens gerecht. Manchmal ist es aber abwechslungsreicher und auch sinnvoll, von den in PowerPoint vorhandenen SmartArt-Konzepten abzuweichen und andere Darstellungsweisen einzusetzen. Im Folgenden finden Sie einige Ideen und Möglichkeiten, die Sie für Ihre Zwecke verwenden, anpassen und erweitern können. Öffnen Sie dazu die Präsentation *05_Konzepte.pptx*, die Sie im Ordner *05* der Beispieldateien finden, und kopieren Sie die Muster, die Sie einsetzen wollen, in Ihre Präsentation. Wenn Sie die Gruppierung eines Musters auflösen, können Sie noch feinere Veränderungen vornehmen.

Mit Ebenen arbeiten

Mithilfe unterschiedlicher Ebenen lassen sich Zusammenhänge, Hierarchiestufen, Verteilungen usw. relativ leicht darstellen.

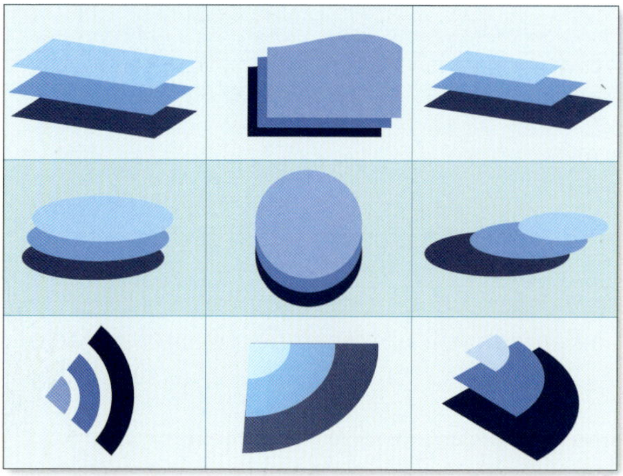

Anstatt verschiedene Zahlen, z. B. Umsätze, einfach in einer Tabelle aufzuführen, kann man sie mit wenigen Handgriffen anschaulich darstellen, indem man sie je nach Größe auf verschiedenen Ebenen anordnet. So lassen sie sich leichter miteinander vergleichen. In der obigen Abbildung bzw. auf der Folie sehen Sie neun Darstellungsmöglichkeiten. Wenn Sie eine davon verwenden möchten, kopieren Sie sie einfach auf eine neue Folie, und arbeiten Sie dann damit weiter.

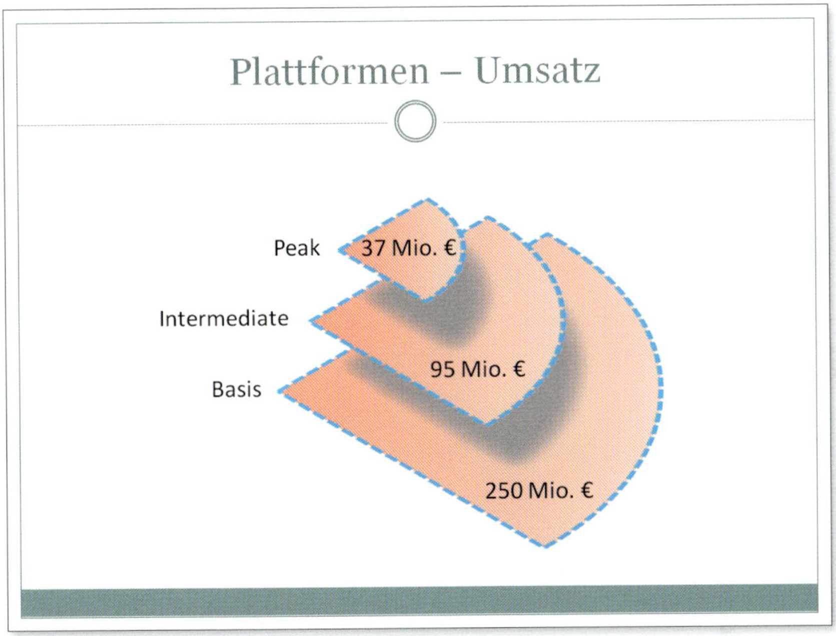

Im Folgenden werden wir gemeinsam eine Grafik erstellen, die das Konzept der Ebenen verfolgt. Die entsprechenden Folien befinden sich unter dem Dateinamen *05_Zielebenen_im_Prozess.pptx* im Ordner *05* der Beispieldateien.

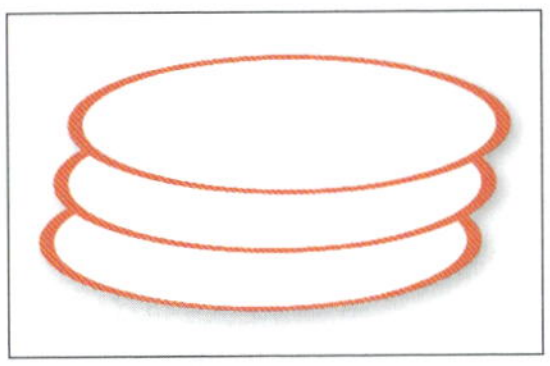

1. Öffnen Sie die Präsentation *05_Konzepte.pptx* aus dem gleichen Ordner, und kopieren Sie die gestapelten runden Flächen. Fügen Sie die Flächen in eine neue Präsentation ein, und zwar auf einer Folie mit dem Layout **Nur Titel**. Geben Sie in das Titelfeld den Text »3 Zielebenen« ein.

2. Markieren Sie das Objekt (alle drei Flächen), und wählen Sie **Start ▸ Zeichnung ▸ Formeffekte ▸ Voreinstellung ▸ Voreinstellung 10** aus. Wählen Sie über **Start ▸ Zeichnung ▸ Fülleffekt** als Füllfarbe eine Farbe aus, die Ihnen gefällt. Lösen Sie die Gruppierung vollständig auf (indem Sie zweimal Strg + ⇧ + H drücken).

3. Damit Sie wissen, wie groß die kleinste Fläche mindestens sein muss, schreiben Sie den Text »Hauptziel« in ein Textfeld (**Start ▸ Zeichnung ▸ Formen ▸ Textfeld**). Achtung: Den Text nicht in die Form schreiben, denn sonst müssen Sie ihn gegebenenfalls kompliziert nachbearbeiten, damit er gut wirkt! Nehmen Sie als Textfarbe eine Farbe, die im Kontrast zur Fläche, z. B. zu Weiß, steht. Fetten Sie die Schrift, und wählen Sie als Schriftgröße z. B. »32 Pt.«. Formatieren Sie den Text schließlich über **Zeichentools/Format ▸ WordArt-Formate ▸ Texteffekte ▸ Spiegelung ▸ Enge Spiegelung, mit Berührung.**

4. Verschieben Sie nun die Flächen (die oberste zusammen mit dem Textfeld) in eine versetzte Position. Ziehen Sie die einzelnen Flächen größer, sodass eine Steigerung sichtbar ist.

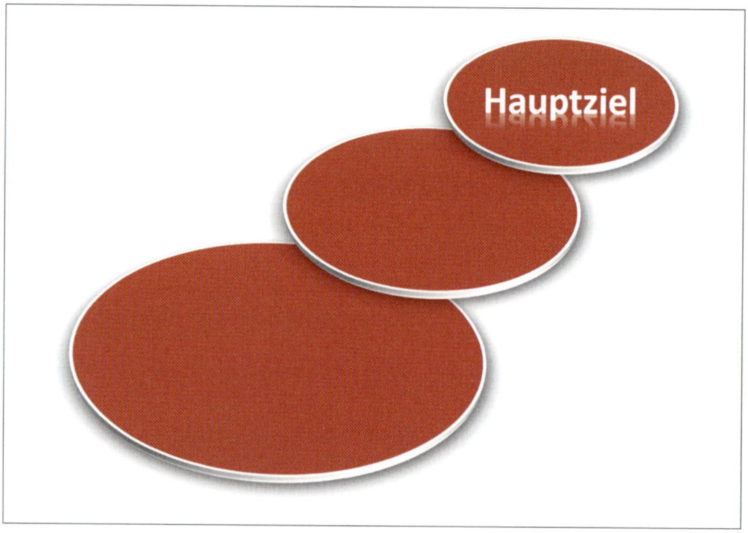

5. Duplizieren Sie nun das Textfeld »Hauptziel« zweimal (Strg + D). Verschieben Sie die Textkopien auf die beiden freien Flächen, und ändern Sie den Inhalt in »Feinziele« bzw. »Grobziele«. Fertig ist die neue Darstellung mit einer erweiterten SmartArt-Grafik!

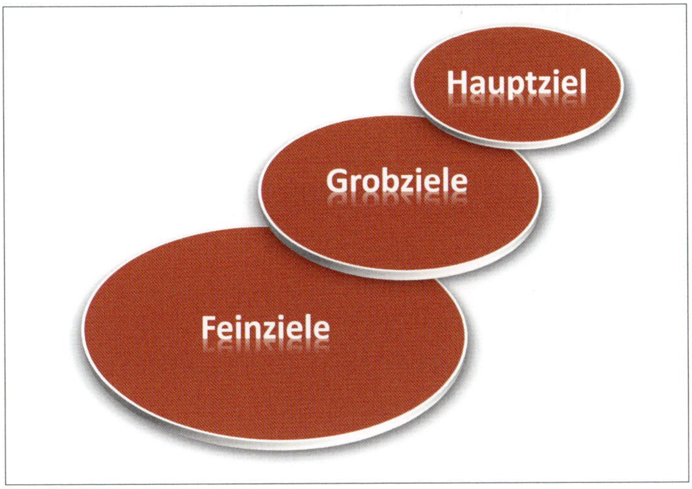

Integrierte Darstellungskonzepte

Das Konzept der integrierten Darstellung dient dazu, Teile eines Ganzen zu zeigen. Wie der Name bereits vermuten lässt, wird dabei ein einzelnes Teil oder ein grafisches Element in ein größeres Element integriert. Die folgende Abbildung zeigt Ihnen einige Ideen, beispielsweise einen Karteikasten (in der Mitte ganz rechts). Die Karteikarte ist Teil des Karteikastens, also als Element in den Kasten integriert.

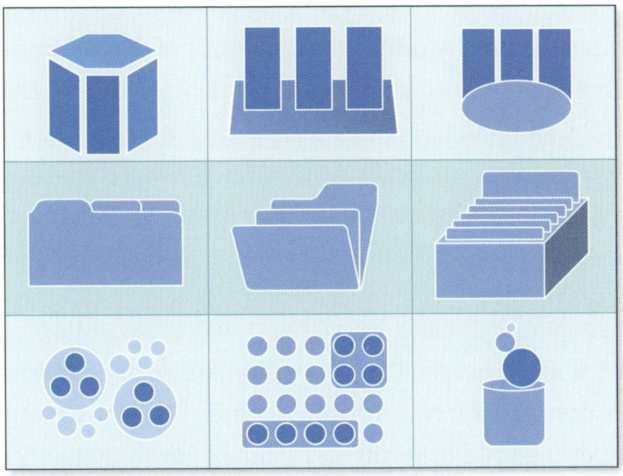

Als Beispiel dient eine Grafik zur Produktzusammensetzung. Die klassische Darstellung wäre vielleicht ein Balken- oder ein Tortendiagramm, doch anschaulicher wird es, wenn Sie eine integrierte Darstellung wählen. Dies sorgt für eine bessere Einprägsamkeit und wirkt interessanter.

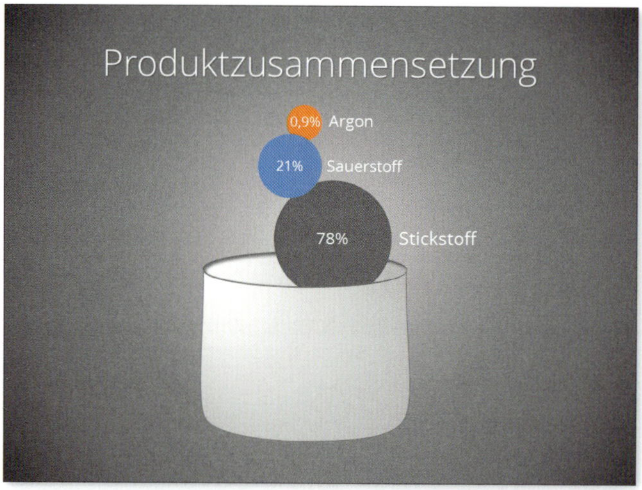

Die integrierte Darstellung macht deutlich, aus welchen Elementen sich das Produkt zusammensetzt.

Ein Schichtenmodell anlegen

Ich zeige Ihnen nun ein interessantes Modell, das sowohl ein Ebenenmodell als auch eine integrierte Darstellung sein kann. Die Darstellung sieht auf den ersten Blick vielleicht simpel aus, aber nur mit einem Trick lassen sich die Schichten so darstellen. Die zu dieser Anleitung gehörige Präsentation finden Sie im Ordner *05* der Beispieldateien unter dem Dateinamen *05_Schichtenmodell.pptx*.

1. Beginnen Sie mit einer leeren Folie (**Start ▸ Folien ▸ Neue Folie ▸ Leer**).
2. Zeichnen Sie über **Start ▸ Zeichnung ▸ Formen ▸ Standardformen** einen **Halbbogen**. Klicken Sie den Halbbogen mit der rechten Maustaste an, und wechseln Sie über den Kontextmenübefehl **Größe und Position** in

den Aufgabenbereich. Dort passen Sie bei **Größe und Eigenschaften ▸ Größe** die Felder **Höhe** und **Breite** auf jeweils »10,4 cm« an.

3. Blenden Sie über `Alt` + `F9` die Führungslinien ein, und platzieren Sie den Halbbogen mittig auf die zwei sich kreuzenden Führungslinien. Mithilfe des außen liegenden gelben Ziehmarkers ❶ machen Sie aus dem Halbbogen jetzt einen Dreiviertelbogen. Sie können sich dabei an den Führungslinien orientieren. Mit dem anderen Ziehmarker ❷ verändern Sie die Dicke. Klicken Sie mit rechts auf den Bogen, und ändern Sie anschließend im Kontextmenü über den Befehl **Füllung** die Farbe in ein dunkles Blau.

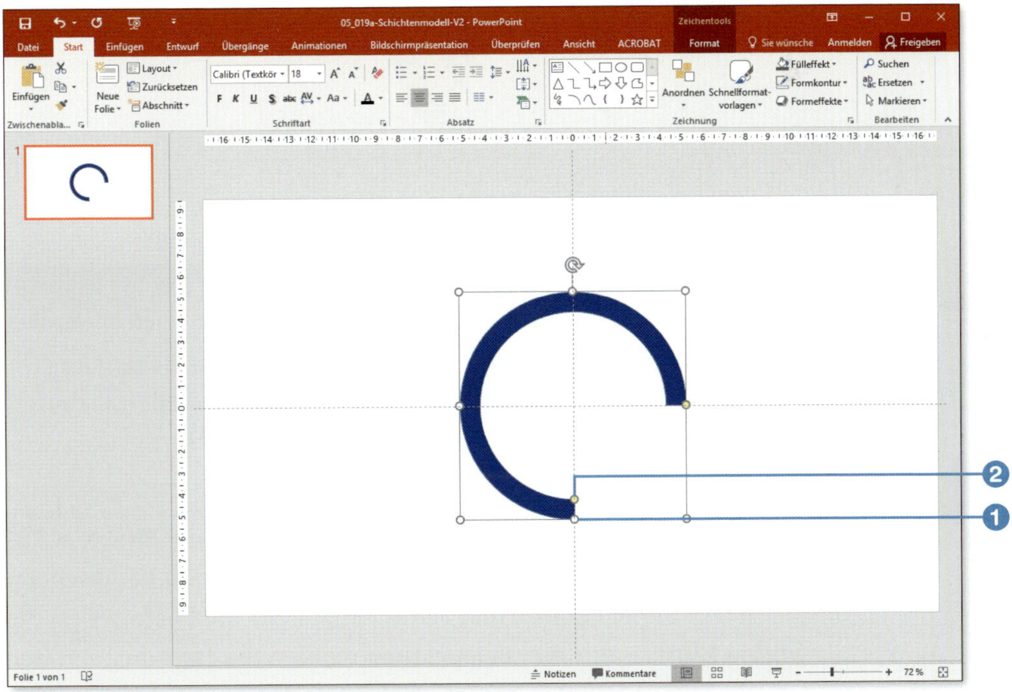

4. Duplizieren Sie den Dreiviertelbogen (`Strg` + `D`), und sperren Sie im Aufgabenbereich des neuen Bogens (rechte Maustaste ▸ **Größe und Position**) das Seitenverhältnis. Haken Sie dazu **Seitenverhältnis sperren** an. Im Feld **Breite skalieren** stellen Sie die Prozentzahl auf ca. »75 %« – abhängig davon, wie dick Ihr Bogen ist. Letztlich soll dieser neue Bogen in den ersten Bogen integriert, d. h. vollständig darin eingepasst werden.

Verschieben und passen Sie die Größe des neuen Bogens so lange an, bis er sich in den ersten einpasst. Zwischen den Bögen sollte ein Spalt verbleiben.

5. Duplizieren Sie nun den neuen Bogen ebenfalls, und erzeugen Sie insgesamt vier Bögen wie in der folgenden Abbildung zu sehen.

6. Markieren Sie alle Bögen, und gruppieren Sie diese (rechte Maustaste ▸ **Gruppieren** ▸ **Gruppieren**). Die Gruppierung ist der Trick, denn nur so funktionieren die folgenden Schritte. Drehen Sie alle Bögen um 45°. Klicken Sie im Kontextmenü auf **Größe und Position**, wählen Sie anschließend im Aufgabenbereich **Größe** ▸ **Drehung**, und geben Sie dort den entsprechenden Wert ein.

7. Wechseln Sie im Aufgabenbereich zu **Formoptionen** ▸ **Effekte** ▸ **3D-Format**. Wählen Sie bei **Abschrägung oben** die Option **Starke Abschrägung**, und geben Sie bei **Stärke** und **Höhe** »3 Pt.« ein. Bei **Tiefe** geben Sie als Größe »120 Pt.« ein. Bei **Beleuchtung** wählen Sie **Hart** aus und ändern den Winkel auf »180°«.

8. Wechseln Sie zu **3D-Drehung** (den Befehl sehen Sie, wenn Sie **3D-Format** einklappen). Ändern Sie die **X-Drehung**, **Y-Drehung** und **Z-Drehung**, z. B. **X** = »55°«, **Y** = »320°«, **Z** = »340°«. Überprüfen Sie noch mal, wie sich der Winkel der Beleuchtung auf die Darstellung auswirkt. Suchen Sie einen Winkel, der die Struktur deutlich erkennen lässt.

9. Fügen Sie einen Schatteneffekt über **Effekte ▸ Schatten** ein, z. B. bei **Voreinstellungen** die Variante **Offset Diagonal unten rechts**. Ändern Sie den **Abstand** (z. B. »11 Pt.«) und die **Weichzeichnung** (z. B. »22 Pt.«).

10. Verschieben Sie das Modell nach links, und fügen Sie über **Start ▸ Zeichnung ▸ Formen** das Element **Legende mit Linie 2** ein. Passen Sie die Farbe der Linie und der Füllung Ihren Wünschen an. Ich habe **Linie schwarz** und **Füllung weiß** gewählt. Lassen Sie die Linie auf ein Ringsegment zeigen. Duplizieren Sie die Legende mehrmals, und lassen Sie die Linien auf die anderen Ringsegmente zeigen. Fügen Sie Ihren Text ein.

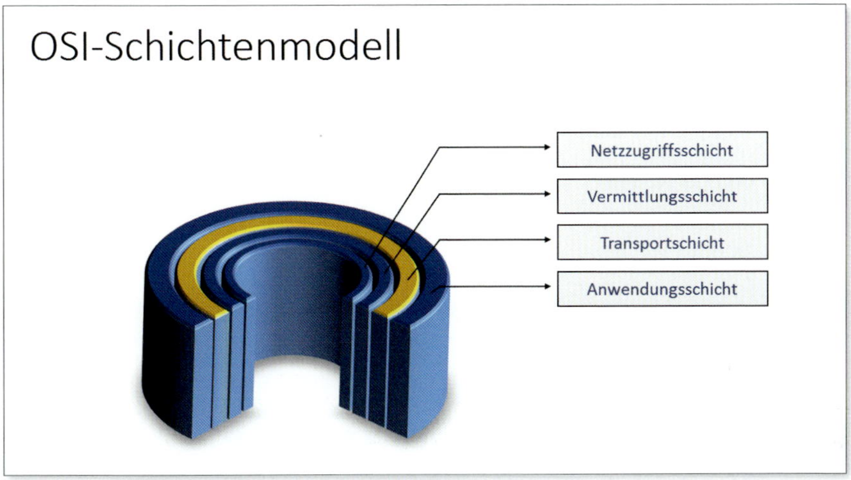

Diagrammbasierte Konzepte

Die Klassiker wie Säulen-, Balken-, Linien- und Kreisdiagramm sind Ihnen bekannt. In vielen Zusammenhängen werden die Diagramme in ihrer Grundform verwendet, d. h. wie von PowerPoint vorgegeben. Die meisten Ersteller passen die Diagramme dann noch bezüglich Größe, Farbe und Corporate Design an. Die Darstellung wirkt daher sehr sachlich, akademisch und faktenbasiert. Die Zielgruppe dieser Darstellungen sind in der Regel »Zahlenmenschen« wie Controller, Wirtschaftsprüfer und andere, denen es leichtfällt, Zahlen und Diagramme zu erfassen und zu behalten.

Die Praxis zeigt auch, dass die Darstellung von Zahlen und Daten häufig mit der Branche und der Art der Präsentation, z. B. Bilanzpressekonferenzen einer Bank, Mathematikvorlesungen an einer Universität oder Verkaufsveranstaltungen eines Konsumgüterherstellers, zusammenhängt.

Das bedeutet für einen Teil der Präsentationen, dass die sachliche Optik vollkommen ausreicht. Andere Zielgruppen wiederum, also die »Nicht-Zahlenmenschen«, brauchen Gedächtnisanker, um sich Zahlen und Daten besser merken zu können. Für sie müssen die Diagramme visuell attraktiver oder auch emotionaler gestaltet werden. Neben der besseren Merkbarkeit wird auch die Aufmerksamkeit Ihrer Zuhörer gesteigert, und es kommt mehr Abwechslung in die Präsentation.

Diagramme mit Bild

Die einfachste Form, ein Diagramm lebendiger zu gestalten, ist das Hinzufügen eines passenden Bildes. Das Bild sollte natürlich Bezug zum Inhalt des Diagramms haben.

Die Tabelle zeigt einige Beispiele für Diagramme mit Bild, die Sie als Anregungen für eigene Kreationen betrachten können.

Diagrammthema	Bildidee
Umsatz eines bestimmten Produkts, z. B. Äpfel	Abbildung des jeweiligen Produkts
Marktanteil des Unternehmens	Logo des Unternehmens
Produktionsleistung eines Standorts	signifikantes Gebäude des Standorts

Diagrammthema	Bildidee
Distribution (Verteilung) eines Produkts über ein Gebiet	Produkt oder Gebiet
Anteil eines bestimmten Rohstoffs am Gesamtprodukt	Abbildung des Rohstoffs oder der chemischen Formel
Vergleich verschiedener Produkte	Korb oder Einkaufswagen mit den Produkten

Wir haben im Verlauf dieses Buches schon diverse Beispiele dafür gesehen, wie man Daten mit Bildern kombinieren kann. Die folgende Abbildung zeigt ein weiteres Diagramm, das mit einem passenden Bild aufgefrischt wurde.

Von Piktogrammen überlagerte Diagramme

Eine weitere Möglichkeit, Diagramme attraktiver zu gestalten, ist die Überlagerung mit Piktogrammen. Ebenso wie Bilder sollten sie natürlich im Zusammenhang mit den Inhalten stehen. Piktogramme haben jedoch den Vorteil, dass sie – dezent eingesetzt – auch in sachlichen Präsentationen akzeptiert werden und die Folie attraktiver machen.

Außerdem können Piktogramme sehr gut über Diagramme gelegt werden, ohne dass sie die Information verdecken. Achten Sie dabei darauf, dass Sie eine geeignete Position für das Piktogramm finden, z. B. unten links oder unten rechts auf dem Diagramm, und dass es nicht zu viel vom Diagramm abdeckt. Am sinnvollsten sind ein- oder zweifarbige Piktogramme, damit der Zuschauer nicht zu sehr abgelenkt wird. Schauen Sie sich dazu folgendes Beispiel an.

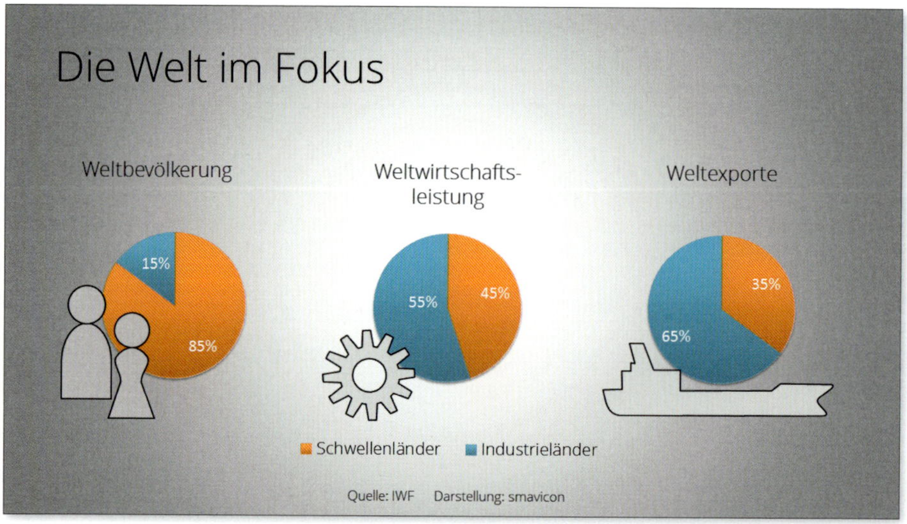

Die folgende Tabelle enthält einige Ideen für Piktogramme, die Sie bei bestimmten Diagrammthemen zur Gestaltung und Überlagerung verwenden können.

Diagrammthema	Idee für ein Piktogramm
Umsatz weltweit	Erdkugel, kleine Weltkarte
Wachstum	zickzackförmige bzw. aufwärts verlaufende Kurve, Pflanze, Keimling, geöffnete Hände mit Keimling, krabbelndes Kind

Diagrammthema	Idee für ein Piktogramm
Gewinn	Währungszeichen, Prozentzeichen, Stapel von Münzen oder Geldscheinen
Marktposition	Siegertreppchen, mehrere Kreise, Kugeln, Sportler, Schach, Brettspiel
Verteilung	asymmetrischer Stern, Netz mit Knoten, Pfeile in verschiedene Richtungen

Ein Diagramm mit Piktogrammen überlagern

In diesem Abschnitt zeige ich Ihnen, wie Sie ganz einfach ein Diagramm mit Piktogrammüberlagerung erstellen. Als Datenbasis dienen uns dabei Verkaufszahlen von Orangen. Die dazugehörige Präsentation finden Sie unter dem Dateinamen *05_Abverkauf_Orangen.pptx* im Ordner *05* der Beispieldateien.

1. Öffnen Sie eine Folie mit dem Layout **Titel und Inhalt**, und klicken Sie auf **Einfügen ▸ Illustrationen ▸ Diagramm ▸ Balken ▸ Gruppierte Balken**.
2. In der Datentabelle, die daraufhin erscheint, verkleinern Sie den Wertebereich, indem Sie alle bis auf eine Datenreihe löschen (behalten Sie nur die Spalte **Datenreihe 1** bei). Geben Sie als Kategorien »Ost«, »West«, »Nord«, »Süd« und für die Datenreihe »Abverkauf in Mio. €« ein. Schließen Sie dann die Tabelle.
3. Über **Diagrammtools/Entwurf ▸ Diagrammlayouts ▸ Schnelllayout** versehen Sie das Diagramm mit **Layout 2**. Formatieren Sie das Diagramm mit der Vorlage **Formatvorlage 10** über **Diagrammtools/Entwurf ▸ Diagrammformatvorlagen** oder über die Schaltfläche **Diagrammformatvorlagen** (symbolisiert durch einen Pinsel) rechts neben dem Diagramm und **Formatvorlage**. Ändern Sie die Farbe über das Farbmenü, rechts neben dem Diagramm **Diagrammformatvorlagen ▸ Farbe**, wählen Sie einen Orangeton, und ändern Sie die Transparenz der Füllung. Dazu klicken Sie mit rechts auf das Diagramm und wählen **Datenreihen formatieren ▸ Füllung**.

Alternativ können Sie auch über **Diagrammtools/Entwurf** ▸ **Diagrammformatvorlagen** ▸ **Farben ändern** eine Auswahl treffen.

4. Deaktivieren Sie alle überflüssigen Elemente wie **Achsen** ▸ **Primär horizontal**, **Diagrammtitel** oder **Gitternetzlinien** und **Legende**. Klicken Sie dazu auf das Plussymbol direkt rechts neben dem Diagramm, und entfernen Sie die entsprechenden Häkchen. Alternativ dazu können Sie auch das Menü **Diagrammtools/Entwurf** ▸ **Diagrammlayouts** ▸ **Diagrammelement hinzufügen** nutzen.

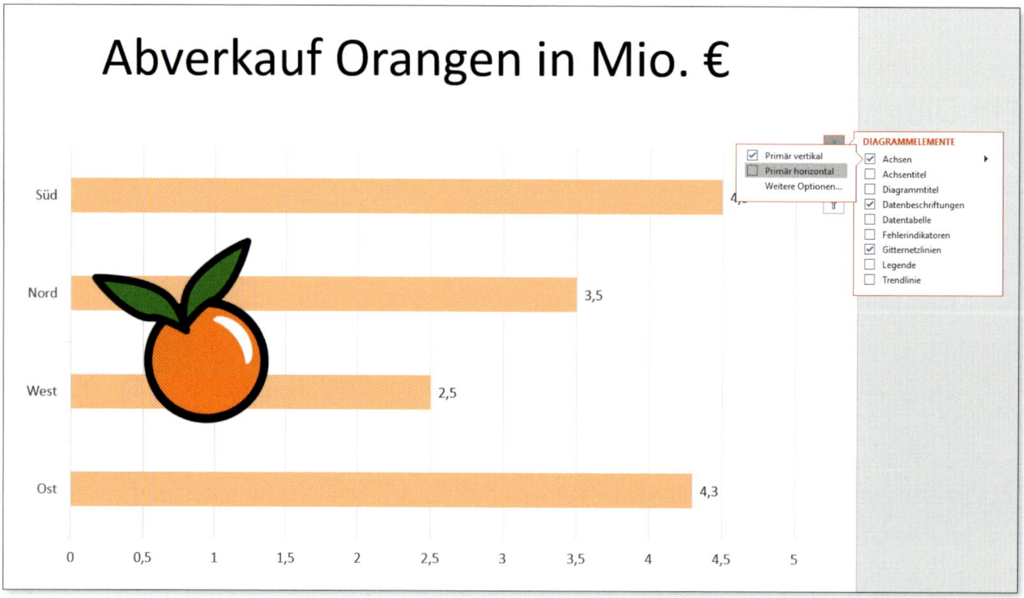

5. Für dieses Beispiel eignet sich naturgemäß ein Orangen-Piktogramm. Solche Symbole können Sie beispielsweise über Onlinegrafiken oder aus Schriften einfügen. Hier suchen wir das Bild über **Start** ▸ **Einfügen** ▸ **Onlinegrafiken** aus. Geben Sie in das Suchfeld »Orange« ein, und wählen Sie eine geeignete Grafik aus. Mit einem Doppelklick wird das ClipArt auf die Folie gelegt. Platzieren Sie es über die Balken.

6. Über **Bildtools/Format** ▸ **Anpassen** können Sie das Piktogramm farblich anpassen. Hier heben wir es außerdem durch einen Schatten vom Diagramm ab. Über **Bildtools/Format** ▸ **Bildformatvorlagen** ▸ **Bildeffekte** ▸ **Schatten** ▸ **Außen** wählen Sie **Offset diagonal unten links** aus. Anschlie-

ßend klicken Sie im selben Dialog ganz unten auf **Weitere Schatten**. Setzen Sie den Wert im Feld **Abstand** so weit nach oben, bis Ihnen der Abstand des Schattens zum Orange zusagt.

7. Markieren Sie den Rahmen des Diagramms, und vergrößern Sie über **Start ▸ Schriftart** die Schriftgröße.

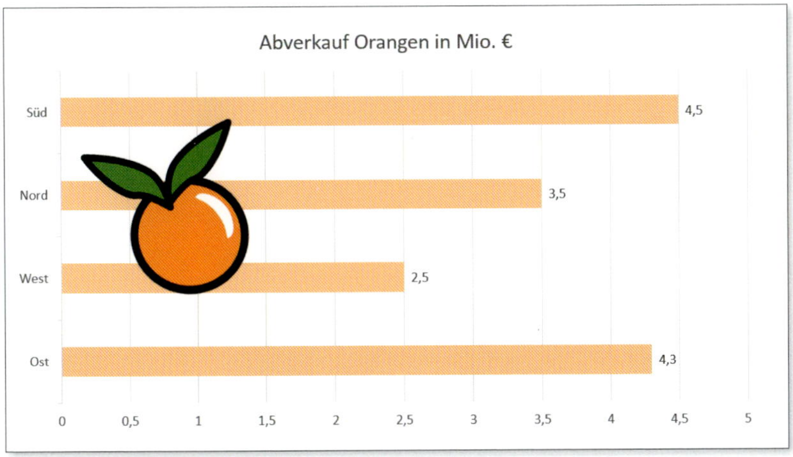

Diagramme mit Tiefenebenen

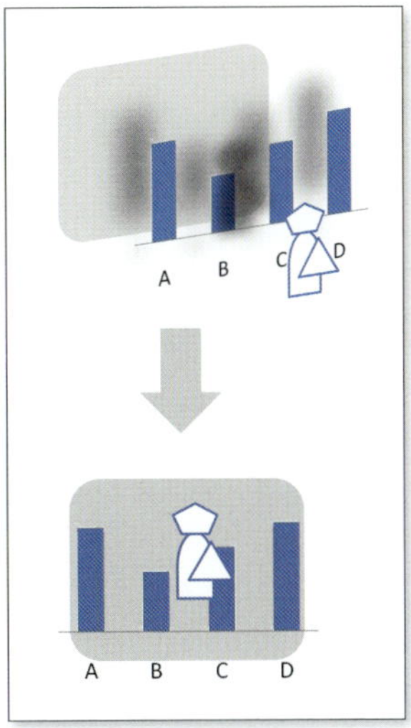

Diagramme sind in PowerPoint aus unterschiedlichen Ebenen aufgebaut, z. B. einer Hintergrundebene mit einem Bild, darüber einer Balkengrafik und im Vordergrund einem halbtransparenten Logo. Die Balken im Diagramm können Sie aber beispielsweise auch halbtransparent anlegen, damit mehr vom Hintergrund zu sehen ist. Das Spannende an der Darstellung sind die übereinandergelagerten transparenten Flächen (*Layer-Technik*; von engl. *layer* = Schicht) – damit werden zusätzliche Informationsebenen möglich bzw. die Aussage des Diagramms kann durch weitere Ebenen intensiviert werden.

Im Folgenden zeige ich Ihnen einige Beispiele für Diagramme mit Tiefenebenen. Man kann z. B. ein zum Thema passendes Bild als Hintergrundebene mit reduzierter Farbe einfügen. Im Beispiel, einem Diagramm zur Entwicklung der sozialversicherungspflichtigen Beschäftigung, liegen darüber die Säulen, die halbtransparent den Hintergrund zeigen und einen Schatten haben, um sich besser abzuheben. Im Vordergrund sehen Sie das halbtransparente Logo.

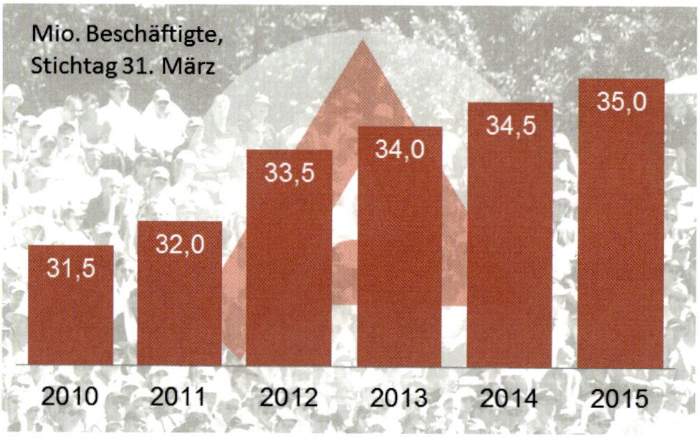

Darstellung: smavicon

Der Hintergrund lässt sich jedoch auch mit einem abgedunkelten Bild darstellen, darüber das halbtransparente Logo und davor die Balken, die das Hintergrundmotiv wieder aufgreifen.

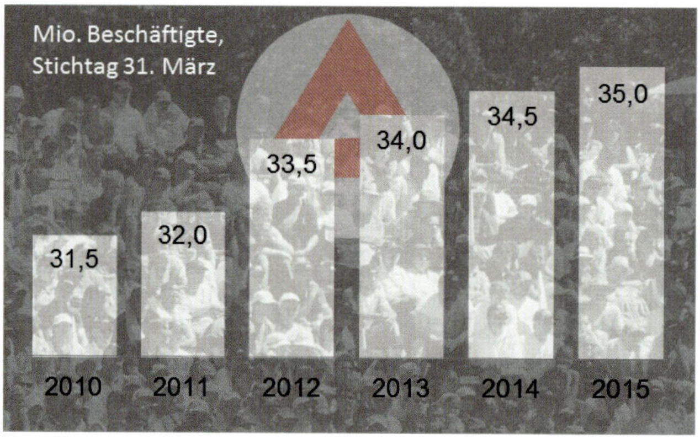

Darstellung: smavicon

Ein Diagramm mit Tiefenebenen erstellen

In diesem Abschnitt legen wir Schritt für Schritt ein Diagramm mit Tiefenebenen an.

1. Legen Sie zunächst eine Folie mit dem Layout **Nur Titel** an, und wählen Sie dann **Einfügen ▸ Illustrationen ▸ Diagramm ▸ Säulen ▸ Gruppierte Säulen**. Geben Sie die Werte in die Excel-Tabelle ein wie in der folgenden Abbildung zu sehen, und reduzieren Sie die Anzahl der Säulen, indem Sie z. B. Spalten löschen und/oder den Diagrammauswahlbereich verkleinern. Schließen Sie Excel.

2. Ändern Sie das Diagrammlayout über **Diagrammtools/Entwurf ▸ Diagrammlayouts ▸ Schnelllayout** in **Layout 2**. Um den Diagrammtitel, die Legende usw. zu entfernen, klicken Sie auf das Pluszeichen rechts neben dem Diagramm, oder wechseln Sie in die Befehlsgruppe **Diagrammtools/Entwurf ▸ Diagrammelement hinzufügen**, und wählen Sie hier erst unter **Diagrammtitel** die Option **Keine** und dann unter **Legende** ebenfalls **Keine**.

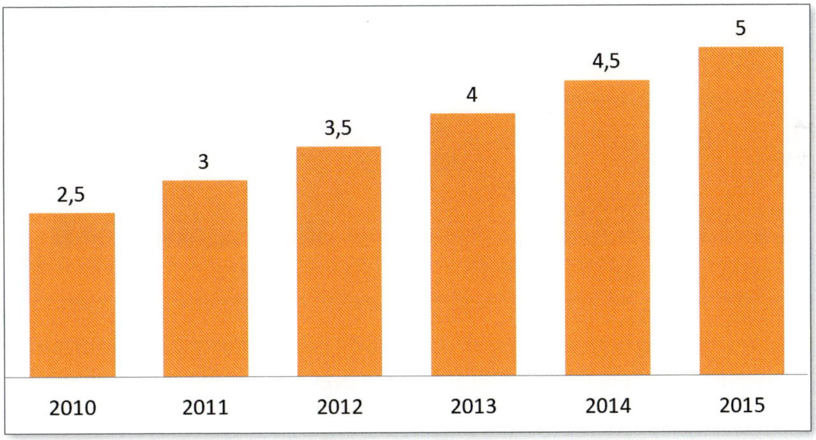

3. Ziehen Sie nun das Diagramm breiter. Klicken Sie in das Diagramm, und markieren Sie alle Säulen (ein Klick auf die erste Säule genügt). Mit der rechten Maustaste und dem Kontextmenüpunkt **Datenreihen formatieren** gelangen Sie in den Aufgabenbereich. Unter **Reihenoptionen** verringern Sie die **Abstandsbreite** auf »50 %«, denn breitere Säulen wirken optisch interessanter als sehr schmale.

4. Um die Säulen zu formatieren, rufen Sie das Kontextmenü der Zeichnungsfläche auf. Wenn Sie den Mauszeiger auf dem Diagramm positionieren und kurz warten, erscheint die Bezeichnung des Elements, über dem die Maus gerade steht. Sie können das aber auch über **Diagrammtools/Layout ▸ Aktuelle Auswahl** herausfinden. Klicken Sie also mit rechts auf die Zeichnungsfläche, und fügen Sie dann über **Zeichnungsfläche formatieren ▸ Füllung ▸ Bild- oder Texturfüllung** und die Schaltfläche **Datei** das Bild *05_Frachtschiff.jpg* aus dem Ordner *05* der Beispieldateien ein. Markieren Sie dann die Säulen, und wählen Sie über die rechte Maustaste im Kontextmenü **Datenreihen formatieren**. Im Aufgabenbereich wählen Sie **Füllung und Linie ▸ Füllung ▸ Einfarbige Füllung**. Suchen Sie sich eine passende Farbe aus. Außerdem stellen Sie die **Transparenz** auf »50 %«.

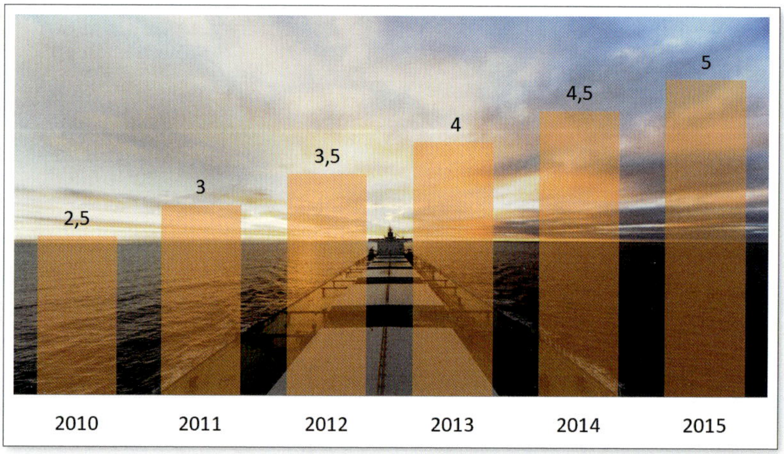

(Quelle: »www.photodollarclub.com«. Das Bild darf nur zu Layoutzwecken verwendet werden, nicht zur finalen Produktion.)

TIPP

Größe des Motivs

Um eine möglichst gute Wirkung zu erzielen, sollten Sie ein Motiv wählen, dessen Breite und Höhe zum Diagramm passt. Beschneiden Sie das Bild gegebenenfalls, damit es genau über die gesamte Anzahl von Säulen oder Balken passt.

In diesem Abschnitt zeige ich Ihnen eine weitere Möglichkeit, ein Diagramm mit Tiefenebenen anzulegen. Während im ersten Beispiel einfach nur transparente Säulen genutzt wurden, wird in der nächsten Variante eine Bildfüllung für die Säulen verwendet. Das hat den Vorteil, dass Sie dadurch bessere Hell-/Dunkeleffekte bzw. bessere Kontraste erzeugen können.

1. Legen Sie eine Kopie der Folie aus dem vorherigen Beispiel an. Klicken Sie mit der rechten Maustaste auf den Diagrammrahmen, und wählen Sie **Als Grafik speichern** aus dem Kontextmenü. Verwenden Sie im Dialog **Als Bild speichern** als Dateiformat **Windows-Metadatei (*.wmf)**, und merken Sie sich den Speicherort. Dann entfernen Sie das ursprüngliche Diagramm von der Folie, indem Sie es markieren und [Entf] drücken.

2. Um das Hintergrundbild zu bearbeiten, laden Sie zunächst das gespeicherte Diagramm auf die Folie (**Einfügen ▸ Bilder ▸ Bilder**). Über **Start ▸ Zeichnung ▸ Anordnen ▸ Objekte gruppieren ▸ Gruppierung aufheben** lösen Sie die Grafik auf. Wenn Sie den Befehl ausführen, werden Sie gefragt, ob die Grafik zu einem Microsoft-Office-Zeichnungsobjekt verändert werden soll. Bestätigen Sie mit **Ja**.

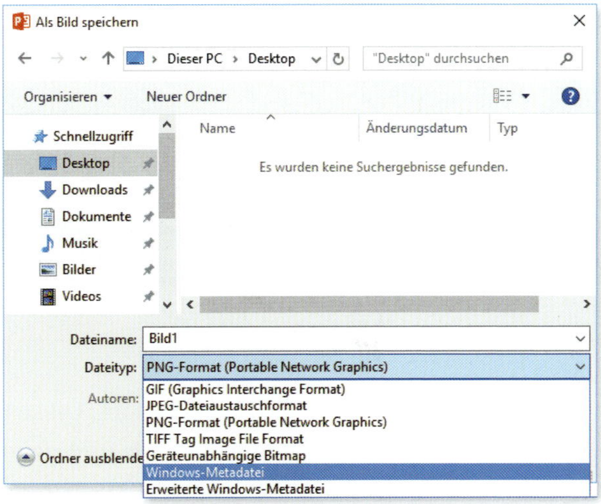

3. Rufen Sie den Befehl **Gruppierung aufheben** noch einmal auf. Dann löschen Sie die überflüssigen Farbflächen mit [Entf].

4. Beschneiden Sie das Hintergrundbild so, dass es oben, links und rechts bündig mit den Säulen ist (**Bildtools/Format ▸ Größe ▸ Zuschneiden**).

5. Klicken Sie mit der rechten Maustaste auf das Bild, und wählen Sie **Als Grafik speichern** aus dem Kontextmenü. Speichern Sie das Hintergrundbild als PNG-Datei.

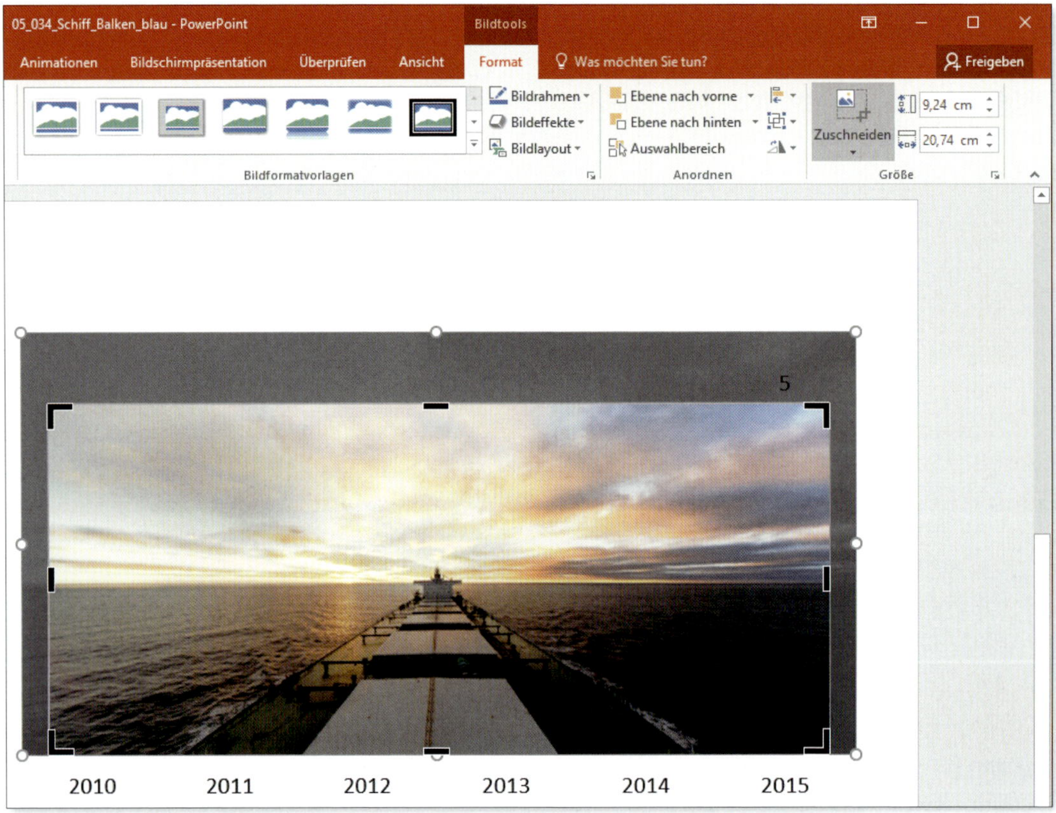

6. Klicken Sie die Säulen an. Diese wurden durch die Speicherung als Windows-Metadatei in ein Bild gewandelt. Über die rechte Maustaste und **Grafik formatieren ▸ Füllung und Linie ▸ Füllung ▸ Bild- oder Texturfüllung** und die Schaltfläche **Datei** wählen Sie das eben gespeicherte Hintergrundbild (die PNG-Datei) aus.

7. Formatieren Sie die Säulen nun über **Bildtools/Format ▸ Anpassen ▸ Farbe ▸ Neu einfärben** in einer hellen Variante. Dann drücken Sie so lange die [Tab]-Taste, bis Sie das Hintergrundbild markiert haben, und wählen bei **Neu einfärben** eine dunkle Farbvorlage. Natürlich können Sie auch den Hintergrund hell und die Säulen dunkel gestalten. Zum Schluss gruppieren Sie alle Elemente (mit [Strg] + [⇧] + [G]), damit Sie einfacher damit weiterarbeiten können.

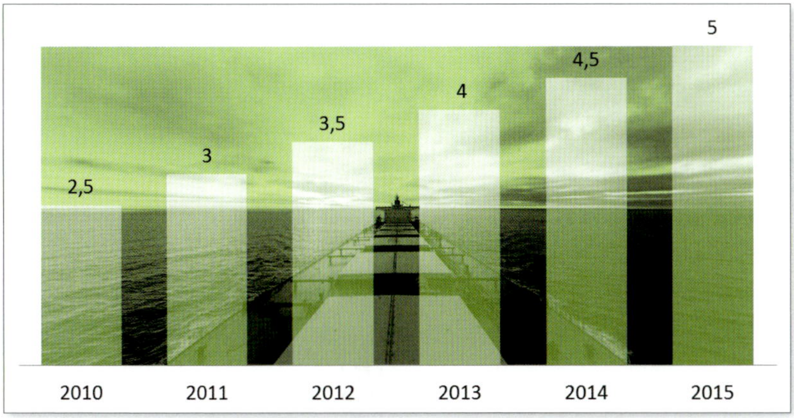

Statt der halbtransparenten Farbe der Säulen könnten Sie aber auch ein anderes Bild verwenden und so beispielsweise mit Bildgegensätzen arbeiten.

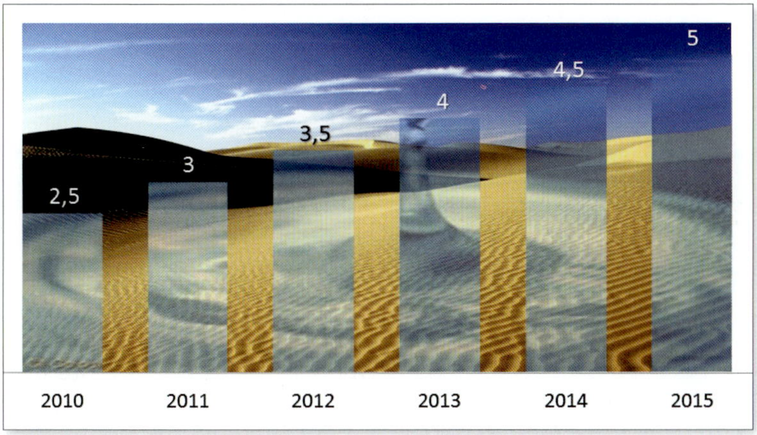

In dieser Folie wurde ein Wüstenbild als Hintergrundbild verwendet und in den Diagrammsäulen eine Wasserfläche.

TIPP

Zuschneiden

Damit Sie genauer zuschneiden können, klicken Sie mit der rechten Maustaste auf den Folienhintergrund, und klicken Sie dann auf **Raster und Führungslinien** aus dem Kontextmenü. Entfernen Sie das Häkchen bei **Objekte am Raster ausrichten**.

Diagramme mit bildhaften Werten

Eine sehr beliebte und weitverbreitete Art der Informationsdarstellung ist die Darstellung von Diagrammen mit bildlichen bzw. piktogrammähnlichen Werten. Diese Variante eignet sich immer dann, wenn es um konkrete Produkte oder um (Dienst-)Leistungen geht. Die folgende Abbildung zeigt einige Möglichkeiten.

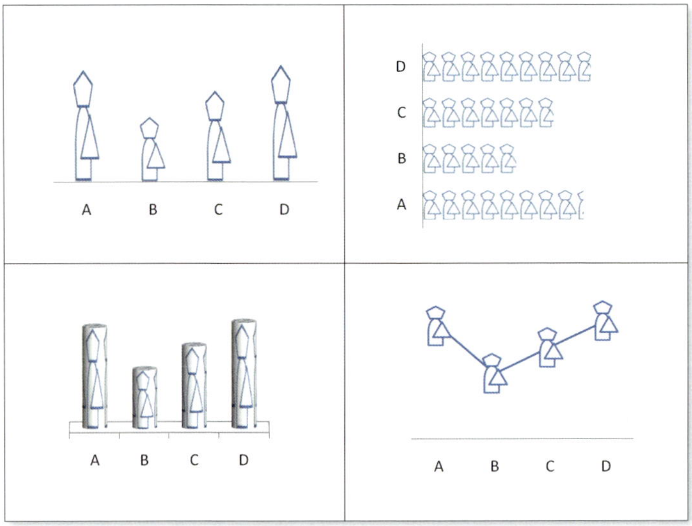

Die Piktogramme machen die Folie attraktiver und die Information schneller erfassbar.

Dabei lassen sich manche Symbole/Bilder sehr gut stapeln, d. h. übereinander- oder auch nebeneinanderlegen, und andere wiederum können leicht gestreckt (eigentlich eher verzerrt) werden. Ob Sie die Bilder stapeln oder strecken, können Sie im Diagramm einstellen (**Datenreihen formatieren ▸ Füllung**). In der Regel eignet sich das Strecken besonders dann, wenn die Werte nicht stark voneinander abweichen oder wenn jeder Wert ein anderes Bild hat. Stapeln lassen sich alle Bilder.

Im Folgenden zeige ich Ihnen Möglichkeiten, wie Sie bildhafte Werte einsetzen können. Im Bild rechts ober auf der folgenden Seite geht es um die Anzahl neuer Seminarteilnehmer, daher sind die Balken mit einem stilisierten Männchen gefüllt. Die Größe der Figur ist so gewählt, dass ihre Anzahl tatsächlich auch den Werten auf der x-Achse entspricht, z. B. zeigen zehn Männchen wirklich zehn Teilnehmer an. Sie können aber auch größere Bilder nehmen und diese nur symbolisch verwenden.

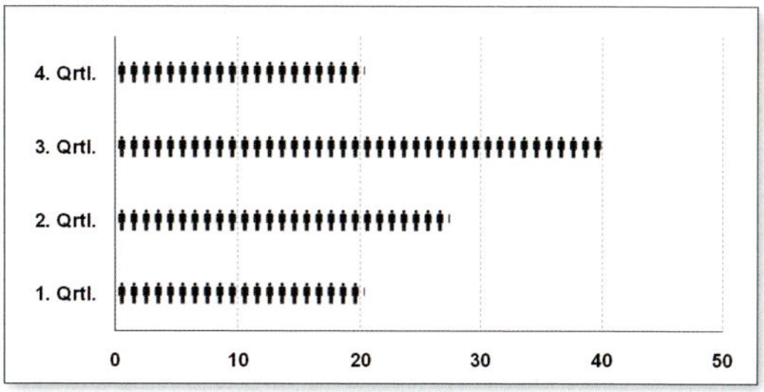

Um eine Grafik zur Umsatzverteilung spannender zu gestalten, kann man das Produkt, um das es geht, als Symbol für den Wert benutzen. Die nebenstehenden Beispiele zeigen den sprunghaften Anstieg der Umsatzentwicklung von Damenkleidern zum Beginn des Sommers und die Entwicklung des Bierverkaufs in Flaschen.

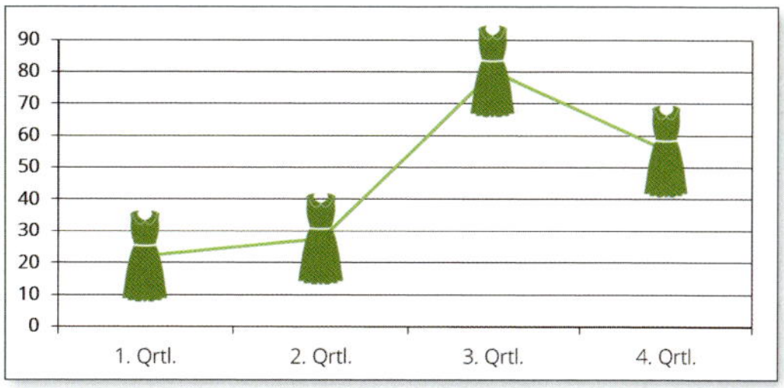

Im Gegensatz zu den vorherigen Beispielen wird im untenstehenden Säulendiagramm nicht in jeder Säule mit dem gleichen Symbol gearbeitet, sondern mit unterschiedlichen Bildern für die einzelnen Rubriken. Das Diagramm wirkt dadurch insgesamt interessanter.

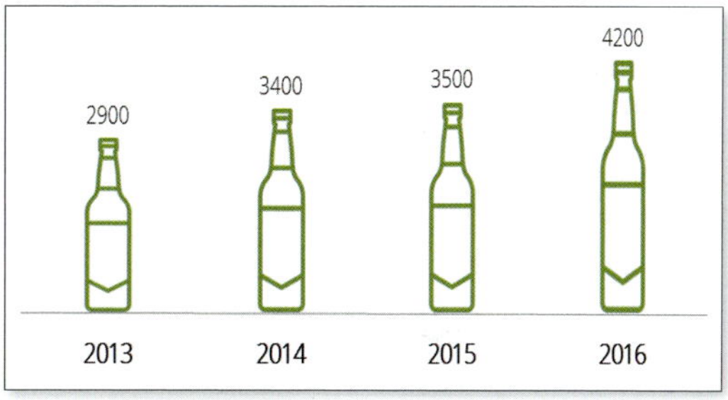

Wie Sie solche Folien erstellen, zeige ich Ihnen Schritt für Schritt in den nächsten Abschnitten.

Eine Liniengrafik mit bildhaften Datenpunkten gestalten

Liniengrafiken gibt es wie Sand am Meer. Wenn sie in einem Zusammenhang gezeigt werden, der nicht höchste Seriosität verlangt, lohnt es sich, Datenpunkte bildhaft zu gestalten. Die Optik hebt die Grafik aus der Masse hervor und bleibt womöglich besser in Erinnerung als viele andere. Beispiele für Grafiken, die Sie in Diagrammen verwenden können, stehen Ihnen im Ordner *05* der Beispieldateien in der Präsentation *05_Diagramm_ClipArts.pptx* zur Verfügung. Im gleichen Ordner finden Sie die finale Präsentation unter dem Dateinamen *05_Diagramm_Linie_Monitore.pptx*.

1. Erstellen Sie eine Folie im Layout **Titel und Inhalt**, und klicken Sie dann auf **Einfügen ▸ Illustrationen ▸ Diagramm**. Wählen Sie im Dialogfenster **Diagramm einfügen** die Option **Linie ▸ Linie mit Datenpunkten** aus. In der Datentabelle, die sich öffnet, verkleinern Sie den Wertebereich, indem Sie die letzte Datenreihe (Spalte) löschen. Für die Kategorien tippen Sie »2005«, »2010«, »2015« und »2020« und für die erste Datenreihe »Produkt A: Ertrag in Mio. € und Abverkauf Mio. Monitore« ein. Schließen Sie das Diagramm.

2. Ändern Sie das Diagrammlayout – falls es nicht standardmäßig bei Ihnen so eingestellt ist – über **Diagrammtools/Entwurf ▸ Diagrammlayouts** in **Layout 3**, und löschen Sie die Legende des Diagramms.

   Klicken Sie dazu entweder auf die Schaltfläche **Diagrammelemente** rechts oben am Diagramm (Plussymbol) oder wählen Sie im Menüband den Befehl **Diagrammtools/Entwurf ▸ Diagrammlayouts ▸ Diagrammelemente hinzufügen**.

3. Formatieren Sie nun das Diagramm weiter, klicken Sie etwa den Zeichnungsrahmen innerhalb des Diagramms an, und wählen Sie im Aufgabenbereich die Option **Keine Linie** (rechts im Aufgabenbereich **Zeichnungsflächenformatierung ▸ Rahmen ▸ Keine Linie**). Klicken Sie die Haupt- oder Teilstriche an, und setzen Sie die Rahmentransparenz im Auswahlfeld **Transparenz** auf »70 %« (rechts im Aufgabenbereich **Hauptgitternetz-Optionen ▸ Füllung und Linie**).

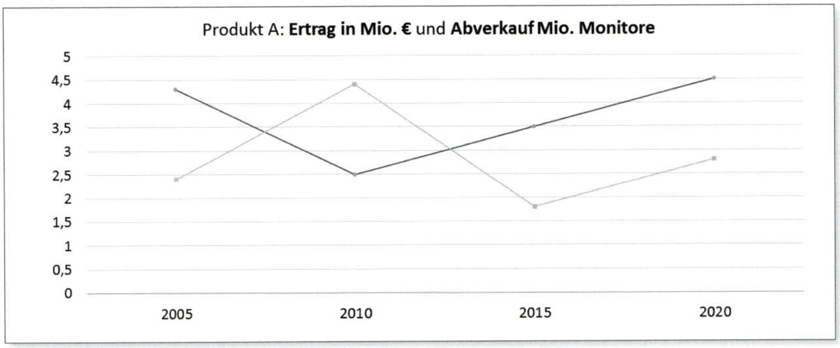

4. Statt der einfachen Datenpunkte sollen hier Bildchen von €-Zeichen und Monitoren eingefügt werden. Prinzipiell können Sie alles als Datenpunkte einfügen: Schriftsymbole, Grafiken, Bilder usw. Beachten Sie bei Schriftsymbolen, dass es manchmal besser ist, die Schrift als Grafik zu speichern (rechte Maustaste ▸ **Als Grafik speichern**) und dann wieder einzufügen (**Einfügen** ▸ **Bilder** ▸ **Bilder**) – z. B. wenn Sie Speicherplatz sparen wollen oder sich die Schriftart nicht passend ins Diagramm einfügen lässt.

> **TIPP**
>
> **Bildgröße festlegen**
>
> Legen Sie die Größe des Symbols fest, bevor Sie es in das Diagramm einfügen, denn dann sehen Sie bereits, wie es aussehen wird, und Sie sparen sich die Formatierung des Symbols über die Datenreihenoptionen.

5. Klicken Sie auf einen leeren Bereich der Folie. Über **Einfügen** ▸ **Bilder** ▸ **Bilder** fügen Sie nun geeignete Bilder von einem Eurosymbol und einem Monitor ein. Alternativ nutzen Sie die Funktion **Einfügen** ▸ **Bilder** ▸ **Onlinegrafiken** und laden sich passende Bilder aus dem Internet. Sie können natürlich auch die Bilder aus der Beispieldatei *05_Diagramm_ClipArts.pptx* verwenden.

   Passen Sie zunächst einmal die Größe an und anschließend die Farbe der Symbole. Bei dem Eurosymbol handelt es sich um einen Text, markieren Sie daher das Symbol, wählen Sie **Start** ▸ **Schriftart** ▸ **Designfarbe**, und klicken Sie auf **Pipette**. Klicken Sie mit der Pipette auf einen der Diagrammdatenpunkte, die zum Ertrag gehören, dadurch wird die Farbe auf das Symbol übertragen. Anschließend wählen Sie das Monitorbild. Gehen Sie hier genauso vor. Allerdings wählen Sie die Farbe über **Start ▸ Zeichnung ▸ Füllfarbe ▸ Pipette**. Klicken Sie danach auf einen Datenpunkt in der zweiten Linie. Auch das Monitorbild hat nun die gleiche Farbe wie die Linie, die den Abverkauf darstellt.

6. Zum Einfügen eines Symbols in das Diagramm markieren Sie es und drücken dann [Strg] + [C]. Klicken Sie nun in das Diagramm, und wählen Sie alle Datenpunkte aus (ein einfacher Klick auf die Linie genügt). Fügen Sie das Eurozeichen und das Monitorbild nacheinander mit [Strg] + [V] ein.

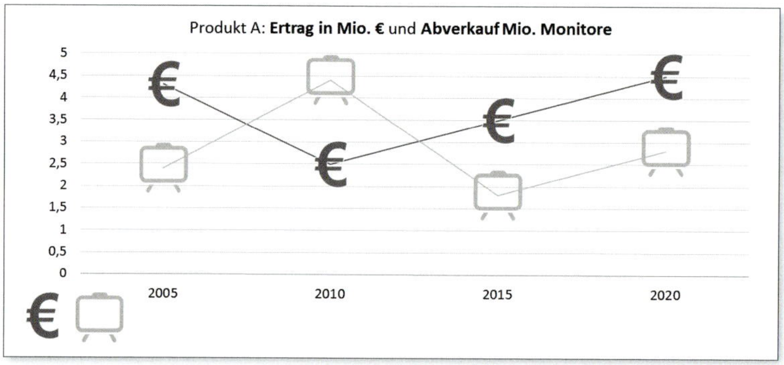

Eine Balkengrafik mit bildhaften Werten erstellen

Im folgenden Beispiel sollen wie im vorigen Beispiel Absatzwerte visualisiert werden, aber diesmal erstellen wir daraus ein Balkendiagramm. Eine entsprechende Beispielpräsentation finden Sie im Ordner *05* der Beispieldateien unter dem Dateinamen *05_Diagramm_Balken_Muffin.pptx*.

1. Legen Sie eine Kopie der Liniengrafik aus dem vorherigen Beispiel an. Benennen Sie die Kopie um, und arbeiten Sie damit weiter.

2. Zunächst ändern Sie das Diagramm über **Diagrammtools/Entwurf ▸ Typ ▸ Diagrammtyp ändern ▸ Balken** in ein einfaches Balkendiagramm (**Gruppierte Balken**).

3. Fügen Sie über **Einfügen ▸ Bilder ▸ Onlinegrafiken** ein »Muffin« auf der Folie ein. Achten Sie dabei darauf, dass Sie nicht im Diagramm sind bzw. das Diagramm nicht angeklickt ist. Gehen Sie genauso vor wie soeben beim Einfügen in die Liniengrafik: Markieren Sie das Grafikelement, kopieren Sie es mit `Strg` + `C`, klicken Sie einen Balken an, und fügen Sie das Bild mit `Strg` + `V` wieder ein. Alternativ können Sie auch mit der rechten Maustaste auf die Balken im Diagramm klicken und dann über **Datenreihen formatieren ▸ Füllung und Linie ▸ Füllung ▸ Bild- oder Texturfüllung ▸ Datei** ein Bild auswählen (Sie müssen es aber zuvor gespeichert haben).

4. Um den Symbolen eine passende Größe zu geben, markieren Sie alle Balken. Klicken Sie dann mit der rechten Maustaste auf den markierten Bereich, und wählen Sie **Datenreihen formatieren ▸ Reihenoptionen**. Über den Schieberegler unter **Abstandsbreite** können Sie die Größe der Symbole verändern.

5. Nun sind die Muffins aber immer noch zu breit. Klicken Sie deshalb wieder mit der rechten Maustaste auf die markierten Balken, wählen Sie **Datenreihen formatieren ▸ Füllung und Linie ▸ Füllung**, und aktivieren Sie nun unten im Dialog die Option **Stapeln** (statt **Strecken**). Sie können hier angeben, wie viele Symbole (Bilder) pro Einheit (x-Achse) erscheinen sollen, z.B. 1 Muffin pro Einheit oder 1 Muffin für 10 Einheiten usw. (**Stapeln und teilen mit**). Probieren Sie einfach einmal verschiedene Werte aus.

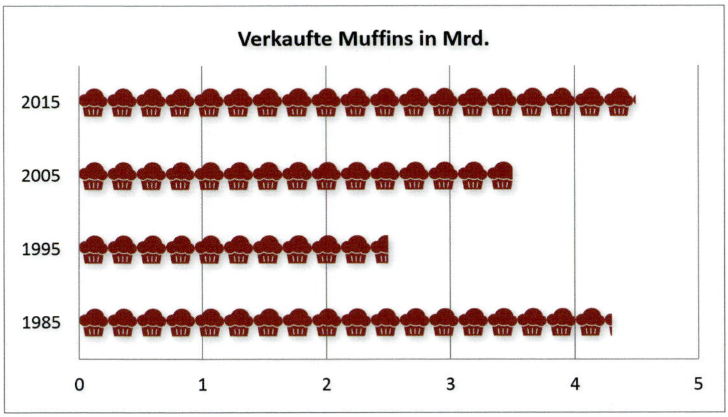

Eine Säulengrafik mit bildhaften Werten anlegen

Nachdem Sie sowohl ein Linien- als auch ein Balkendiagramm erstellt haben, kommt nun die Säulengrafik an die Reihe. Als Beispiel (*05_Diagramm_Säulen_Bier.pptx* im Ordner *05* der Beispieldateien) dient hier das Diagramm zum Bierverkauf, das wir in diesem Kapitel bereits kennengelernt haben.

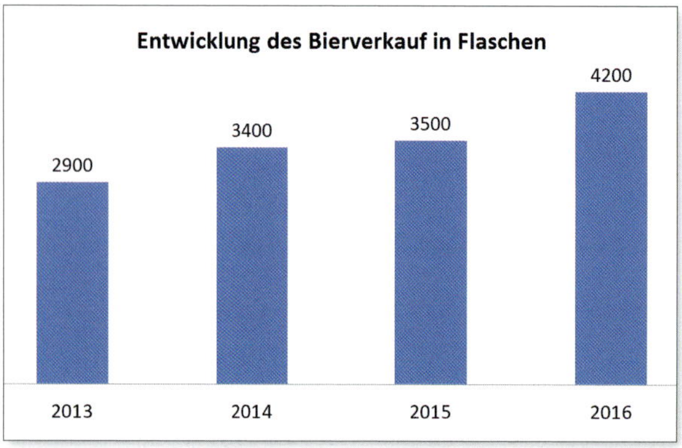

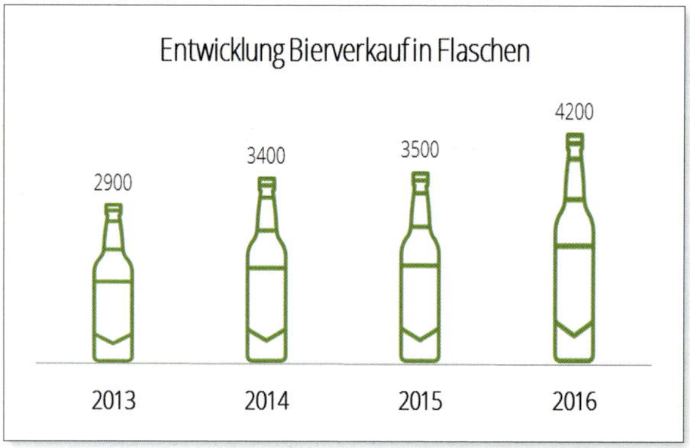

1. Kopieren Sie zunächst das Balkendiagramm, und wählen Sie dann **Diagrammtools/Entwurf ▸ Typ ▸ Diagrammtyp ändern ▸ Säule ▸ Gruppierte Säulen.** In der Excel-Tabelle löschen Sie zwei Datenreihen und geben die in der Abbildung dargestellten Werte und Beschriftungen ein. Ändern Sie über **Diagrammtools/Entwurf ▸ Diagrammlayouts ▸ Schnelllayout** den Layouttyp in **Layout 2**, und löschen Sie die Legende.
2. Über **Einfügen ▸ Bilder ▸ Onlinegrafiken** suchen Sie ein passendes Bild oder eine Grafik einer Bierflasche und ziehen sie auf die Folie. Anschließend markieren Sie die Flasche und fügen sie in die Säulen ein (Strg + C und Strg + V). Standardmäßig sollte für die Füllung **Strecken** eingestellt sein. Falls nicht, ändern Sie die Einstellung, indem Sie im Kontextmenü **Datenreihen formatieren** wählen, sodann im Aufgabenbereich **Füllung und Linie ▸ Füllung.**
3. Klicken Sie dann noch mit der rechten Maustaste auf die Säulen, und verändern Sie die Größe der Symbole (**Datenreihen formatieren ▸ Reihenoptionen ▸ Abstandsbreite**).

Diagramme mit 3D-Objekten

Bislang habe ich Ihnen nur Diagramme gezeigt, die zweidimensional sind. Sie haben den Vorteil, dass Falschwahrnehmungen und -interpretationen leichter ausgeschlossen werden können. Im 3D-Bereich hingegen kommt es aufgrund der veränderten Perspektive häufig zu Verzerrungen und falschen Interpretationen. Auch der Informationsgehalt nimmt im Grunde nicht zu, wenn man von einer zweidimensionalen Darstellung auf 3D umstellt. Dennoch können 3D-Diagramme sehr spannend und innovativ wirken, wenn man sie richtig einsetzt. Wir nehmen hier die typischen, bereits in PowerPoint vorhandenen 3D-Diagramme als Basis und versehen sie sozusagen mit Sahnehäubchen, nämlich mit 3D-Objekten.

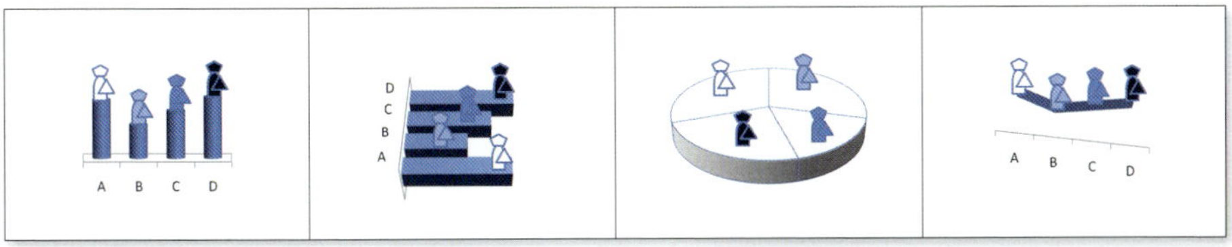

Die nebenstehenden Abbildungen zeigen Beispiele für Diagramme mit 3D-Objekten. Zunächst ein Beispiel aus dem Onlinebereich: Laut diesem Kreisdiagramm verteilen sich ca. 75 % des Umsatzes auf vier Portalkategorien, die hier in 3D-Optik bildlich dargestellt werden. Die Spiegelung auf der Oberfläche hebt zudem die vier Objekte stärker vom Tortendiagramm ab.

Das zweite Beispiel stammt aus dem Handel. Der Zuschauer erkennt auf den ersten Blick die vier Smartphone-Modelle mit ihrem jeweiligen Anteil am Gesamtumsatz. Der Schatten der 3D-Objekte auf den Kreissegmenten unterstreicht die dreidimensionale Wirkung.

In der Regel prägt sich eine solche Darstellung besser ein als eine entsprechende ohne 3D-Objekte.

Ein Kreisdiagramm mit 3D-Objekten anlegen

In diesem Abschnitt erstellen wir ein Kreisdiagramm mit 3D-Objekten für die Immobilienbranche. Die dazugehörige Präsentation *05_Diagramm_3D-Objekt_Häuser.pptx* können Sie aus dem Ordner *05* der Beispieldateien öffnen.

1. Legen Sie zuerst eine neue Folie mit einem leeren Layout an, und erstellen Sie über **Einfügen ▸ Illustrationen ▸ Diagramm ▸ Kreis ▸ 3D-Kreis** ein Kreisdiagramm. In die Excel-Tabelle fügen Sie den Titel »Häuser in Deutschland«, die beiden Kategorien »Umweltfreundliche« und »Andere« mit den Werten »35 %« und »65 %« ein. Löschen Sie die übrigen Zeilen, und schließen Sie Excel.
2. Ändern Sie über **Diagrammtools/Entwurf ▸ Diagrammlayouts** das **Schnelllayout** auf **Layout 1** (wenn es nicht schon ausgewählt ist). Wählen Sie danach in der Gruppe **Diagrammformatvorlagen** die **Formatvorlage 8** aus.
3. Klicken Sie eine der Beschriftungen im 3D-Kreis an, und verändern Sie gegebenenfalls mit gedrückter linker Maustaste die Position. Passen Sie die Schriftgrößen an: mindestens 24 Punkt für die Kreisbeschriftung und mindestens 24 Punkt für den Titel. Markieren Sie dazu einfach die Beschriftungen, und nehmen Sie über **Start ▸ Schriftart** oder **Diagrammtools/Format ▸ WordArt-Formate** die Änderungen vor.
4. Klicken Sie die Kreissegmente an, und klicken Sie dann mit der rechten Maustaste auf das größere Kreissegment, um nur dieses zu markieren, denn wir wollen jedes Segment unterschiedlich einfärben. Über den

Befehl **Füllung** wählen Sie einen Rot- oder Orangeton als Füllfarbe aus. Wiederholen Sie diesen Schritt für das kleinere Segment, wählen Sie hierfür aber einen Grünton als Füllung.

5. In den gängigen Bilderarchiven im Internet findet sich eine Menge 3D-Objekte. Im Ordner *05* der Beispieldateien finden Sie die beiden Häuser, *05_Grünes_Haus.png* und *05_Rotes_Haus.png*, die hier verwendet werden. Laden Sie die Grafiken auf die Folie, und platzieren Sie sie über dem 3D-Kreis an der passenden Stelle.

6. Für die plastische Wirkung benötigen wir noch einen Schatten. Die einfachste Möglichkeit ist, die Häuser zu markieren und über **Start ▸ Zeichnung ▸ Formeffekte ▸ Schatten ▸ Perspektive ▸ Perspektivisch diagonal oben links** einen Schatten zu erzeugen. Wenn Ihnen die Schattenwirkung so nicht gefällt, können Sie den Schatten durch Markieren der Häuser verändern (rechte Maustaste ▸ **Grafik formatieren ▸ Effekte ▸ Schatten**). Sie können beispielsweise Schattenfarbe, Transparenz, Winkel oder auch den Abstand zum Haus verändern.

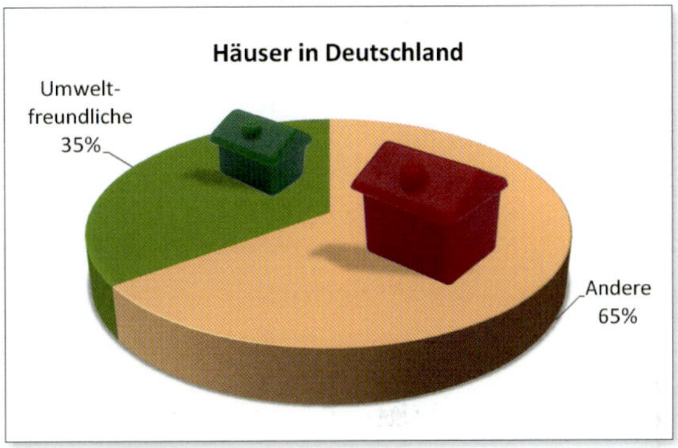

TIPP

Die Perspektive anpassen

Für eine genaue Perspektive sind die passenden 3D-Objekte und sehr viel Feinarbeit notwendig. Wenn Sie 3D-Objekte mit einem unpassenden Perspektivwinkel haben, versuchen Sie zunächst, die 3D-Drehung des 3D-Kreises anzupassen (klicken Sie dazu mit der rechten Maustaste auf das Diagramm, und wählen Sie **3D-Drehung** aus dem Kontextmenü). Wenn man es, wie z. B. im Bereich der Architektur, wirklich hundertprozentig genau braucht, kann man sich die 3D-Objekte sogar individuell anfertigen lassen, z. B. von einer Präsentationsagentur.

Schritte bis zum Ziel darstellen

Wir haben ein Ziel vor Augen, und es bedarf einzelner Schritte, um es zu erreichen. Das sind die Stufen zum Erfolg. Das folgende Beispiel (*05_Ziel-erreichen.pptx* im Ordner *05* der Beispieldateien) zeigt Stufen auf eine interessante Art und Weise.

1. Legen Sie eine Folie mit dem Folienlayout **Titel und Inhalt** an. Schreiben Sie in die Überschrift »Schritte«. Im Inhaltsbereich klicken Sie auf das SmartArt-Symbol und bei **Zyklus** auf **Radialkreis**. Fügen Sie eine weitere Form über **SmartArt-Tools ▸ Entwurf ▸ Grafik erstellen ▸ Form hinzufügen** hinzu. Passen Sie die SmartArt-Grafik über rechte Maustaste ▸ **Größe und Position** auf eine Breite von »15 cm« an. Löschen Sie anschließend den vorgegebenen Text, oder ersetzen Sie ihn durch ein Leerzeichen. Sie können beispielsweise einfach auf eine Form klicken und dann die Leertaste drücken. Wenn Sie möchten, passen Sie die Farbe an über **SmartArt-Tools/Entwurf ▸ SmartArt-Formatvorlagen ▸ Farbe ändern**.

2. Klicken Sie mit der rechten Maustaste auf den Rahmen der SmartArt-Grafik, anschließend im Kontextmenü auf **Objekt formatieren**. Wählen Sie nun im Aufgabenbereich **Formoptionen ▸ Effekte ▸ 3D-Drehung ▸ Voreinstellungen**, und entscheiden Sie sich für **Perspektive oberhalb (Stufe 3)**. Wechseln Sie zu **3D-Format**, und wählen Sie bei **Abschrägung oben ▸ Konvex** aus. Bei **Stärke** und **Höhe** geben Sie jeweils »12 Pt.« ein. Bei **Tiefe** wählen Sie den Wert »10 Pt.«.

3. Klicken Sie in der SmartArt-Grafik den Kreis in der Mitte an, und setzen Sie die **Füllung** auf **Keine Füllung** (**SmartArt-Tools/Format ▸ Formenarten ▸ Fülleffekt**, oder wählen Sie aus dem Kontextmenü **Objekt formatieren**) und die Formkontur auf **Kein Rahmen** (**SmartArt-Tools/Format ▸ Formenarten ▸ Formkontur**). Dasselbe machen Sie auch bei dem Verbindungsstück ganz rechts (siehe Abbildung).

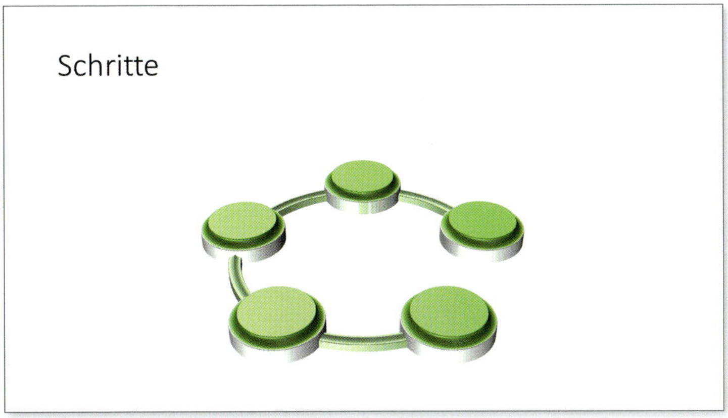

4. Markieren Sie in der SmartArt-Grafik den Kreis ganz unten links, und wechseln Sie im Aufgabenbereich zu **3D-Format**. Stellen Sie bei **Tiefe** »40 Pt.« ein. Wechseln Sie zu **3D-Drehung**, und stellen Sie bei **Objektposition ▸ Abstand vom Boden** »30 Pt.« ein. Die 30 Pt. ergeben sich aus der Höhe von 40 Pt. minus 10 Pt. Stellen Sie für die nachfolgenden Kreise Folgendes ein:
   - 3. Kreis: **Tiefe** »60 Pt.« und **Abstand vom Boden** »50 Pt.«
   - 4. Kreis: **Tiefe** »80 Pt.« und **Abstand vom Boden** »70 Pt.«
   - 5. Kreis: **Tiefe** »110 Pt.« und **Abstand vom Boden** »100 Pt.«
5. Fügen Sie eine Kugel ein wie im Abschnitt »Eine 3D-Kugel gestalten« auf Seite 183 erklärt. Wählen Sie als Schatten **Perspektive Unter** ein, und passen Sie die Parameter für Abstand usw. an.
6. Fügen Sie eine Tabelle mit 8 × 8 Feldern ein (**Einfügen ▸ Tabelle**). Wählen Sie als Formatvorlage **Tabellentools/Entwurf ▸ Tabellenformatvorlagen ▸ Keine Formatvorlage, Tabellenraster** aus. Vergrößern Sie die Tabelle auf die volle Foliengröße.

7. Klicken Sie auf den Tabellenrahmen, und drücken Sie Strg + X zum Ausschneiden der Tabelle. Drücken Sie nun Strg + Alt + V, und wählen Sie **Bild (PNG)** aus. Legen Sie die Tabelle in den Hintergrund (**Start ▸ Zeichnung ▸ Anordnen ▸ In den Hintergrund**).

8. Drehen Sie die Tabelle, die jetzt ein Bild ist, über den Aufgabenbereich, und wählen Sie dort **Grafik formatieren ▸ Effekte ▸ 3D-Drehung**. Stellen Sie zunächst bei **Voreinstellungen ▸ Perspektive ▸ Perspektive oberhalb** (**Stufe 3**) eine Grundeinstellung ein, und ändern Sie dann die Größe, Position und die Neigung, so wie es in folgender Abbildung zu sehen ist.

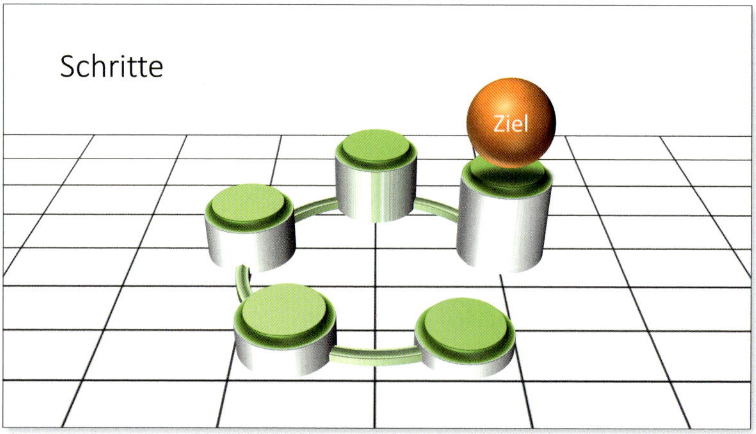

Diagramme mit Themenaspekt

Jedes Diagramm entstammt einem bestimmten Themengebiet. Wird dieses Themengebiet in einem oder mehreren Aspekten aufgegriffen und in einen gestalterischen Zusammenhang mit den Zahlen gebracht, lassen sich überaus interessante Diagramme erstellen. Es geht nicht mehr nur darum, ein einzelnes Bild oder Symbol zu finden, das zum Thema passt, sondern das Thema wird praktisch zur Grundlage der Darstellung, zu einem integrierten Gestaltungsrahmen.

Dem ersten Beispiel liegt das Thema Onlinemarketing zugrunde. Bei diesem Themenkomplex bietet sich der Einsatz von Motiven wie Laptop, Bildschirm und Arbeitsplatz an. Dabei wird die Liniengrafik auf dem Bildschirm des Notebooks zum integrativen Bestandteil des Bildes.

Die Diagrammbalken der nächsten Abbildung werden als Stromkabel dargestellt. Die Piktogramme unterstützen das Bildhafte, und mit der Glühbirne im Hintergrund wird das Thema darüber hinaus auf subtile Weise emotionalisiert.

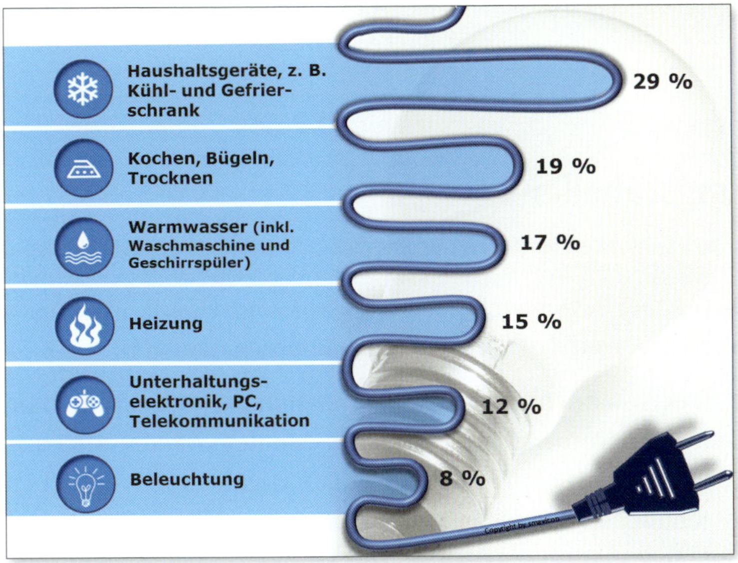

In der folgenden Tabelle finden Sie weitere Anregungen.

Diagrammthema	Thema (Beispiel)
Kosten beim Erwerb einer Immobilie	In einer Straße sieht man verschiedene Gebäude wie die Immobilie, das Grundstück, aber auch das Finanzamt, das Maklerbüro, eine Villa für den Notar usw. An den Häusern stehen Preise bzw. prozentuale Kosten.
Inhaltsstoffe eines Getränks	Getränkeflasche, die in Bereiche unterteilt ist, in denen Prozentangaben die Inhaltsstoffe anzeigen
Produktionszahlen ausgelieferter Flugzeugtypen	segmentierter Hangar, Flughafen mit verschiedenen Flugzeugtypen
Wettbewerbsanalyse von Babynahrung	segmentierte Babyflasche, Supermarktregal mit Babynahrung
Anzahl der Fernsehzuschauer im Verlauf einer Show (auf Minutenbasis)	Fernseher, auf dem eine Liniengrafik zu sehen ist, Couch, bei der die Rückenlehne die Liniengrafik bildet

Entscheidungstabellen

Entscheidungstabellen begegnen uns in vielen Präsentationen, bei denen eine Grundlage für eine Bewertung geschaffen werden soll, z. B. in Projektpräsentationen, Wettbewerbsanalysen oder Risikoabschätzungen.

Die folgenden Ideen können für Gegenüberstellungen von Produkten, Dienstleistungen, Mitbewerbern, Projekten u. a. genutzt werden. Als Basis verwende ich ein Beispiel, bei dem drei Produkte miteinander verglichen werden. Demgegenüber stehen sechs Auswahlkriterien, z. B. Funktionsumfang, Modularität und Stabilität. Bewertet werden diese auf einer Skala von

1 bis 4. In der Zeile **Fazit** wird die durchschnittliche Wertung angegeben. Das Beispiel soll Ihnen lediglich zeigen, welche Möglichkeiten es für Entscheidungstabellen gibt. (Wie Sie diese Basis erstellen, zeige ich Ihnen im folgenden Abschnitt »Eine Entscheidungstabelle anlegen« ab Seite 245.)

In der ersten Variante wurden die Punkte wie bei einem Ampelsystem farbig gekennzeichnet, was es einfacher macht, die Bewertung zu erfassen. So kann man z. B. auf einen Blick sehen, dass das Produkt 2 nur eine grüne Wertung hat (die Produkte 1 und 3 dagegen jeweils zwei). Noch etwas lesbarer ist die Darstellung mit schwarzen Wertungspunkten auf farbigen Spalten.

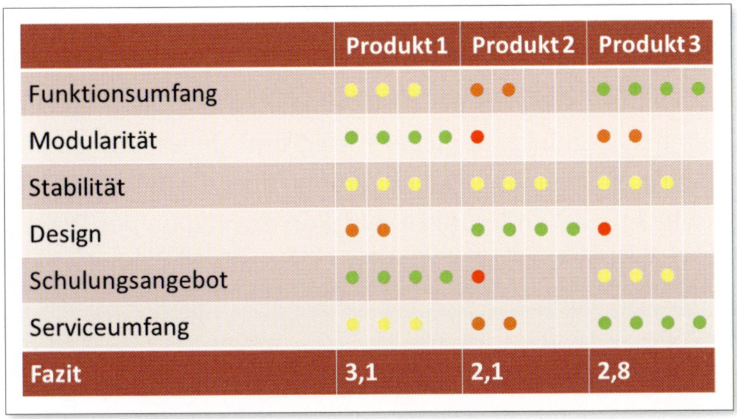

	Produkt 1	Produkt 2	Produkt 3
Funktionsumfang	●●●	●●	●●●●
Modularität	●●●●	●	●●
Stabilität	●●●	●●●	●●●
Design	●●	●●●●	●
Schulungsangebot	●●●●	●	●●●
Serviceumfang	●●●	●●	●●●●
Fazit	3,1	2,1	2,8

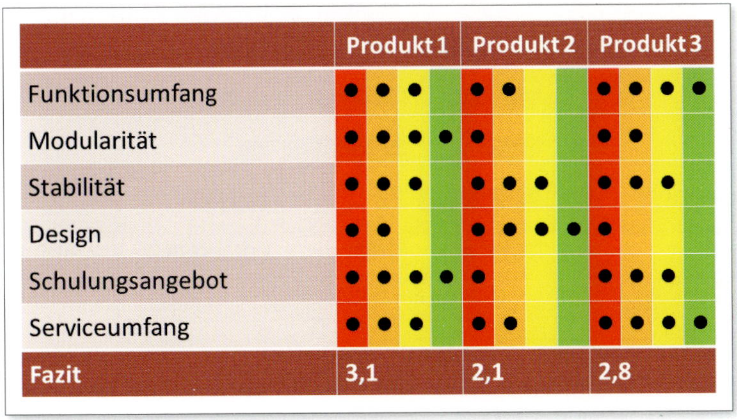

	Produkt 1	Produkt 2	Produkt 3
Funktionsumfang	●●●	●●	●●●●
Modularität	●●●●	●	●●
Stabilität	●●●	●●●	●●●
Design	●●	●●●●	●
Schulungsangebot	●●●●	●	●●●
Serviceumfang	●●●	●●	●●●●
Fazit	3,1	2,1	2,8

In der folgenden Version wurde anstelle des Wertungspunktes ein Piktogramm eingefügt. Sie können aber z. B. auch Symbole (oder Schriftzeichen) einsetzen.

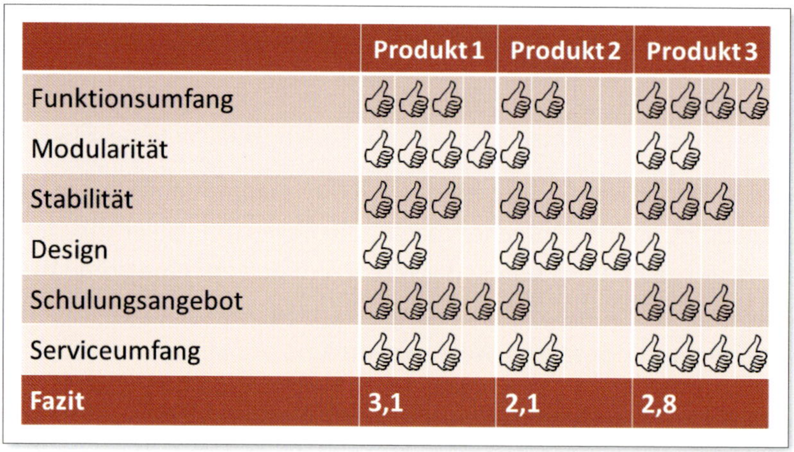

In der nächsten Abbildung wird für die Bewertung eine klassische Balkendarstellung verwendet. Der Trick in dieser PowerPoint-Umsetzung ist der, dass für jedes Produkt ein eigenes Balkendiagramm über die Tabelle gelegt wird und somit sehr schnell Änderungen und Korrekturen an der Bewertung durchgeführt werden können. Außerdem lässt sich die Tabelle sehr leicht erweitern bzw. reduzieren.

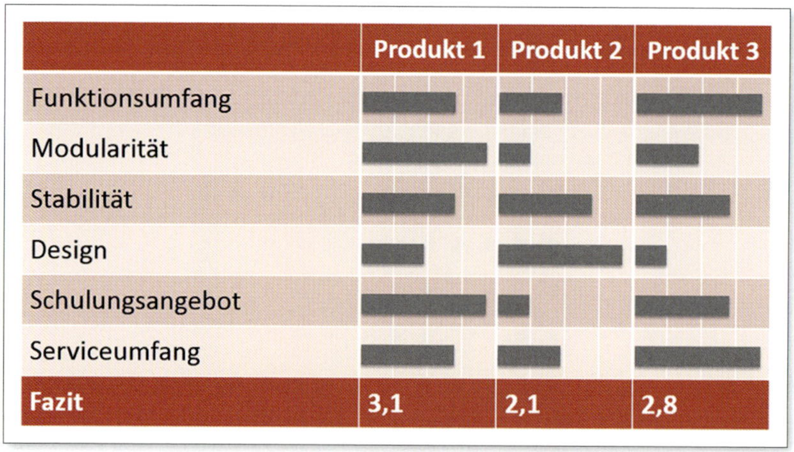

Ausgehend von den Balken, können Sie darüber hinaus andere passende Symbole einsetzen (indem Sie mit der rechten Maustaste auf den Balken klicken und über **Datenreihen formatieren** ▸ **Füllung** die Option **Stapeln** aktivieren).

	Produkt 1	Produkt 2	Produkt 3
Funktionsumfang	★★★	★★	★★★★
Modularität	★★★★	★	★★
Stabilität	★★★	★★★	★★★
Design	★★	★★★★	★
Schulungsangebot	★★★★	★	★★★
Serviceumfang	★★★	★★	★★★★
Fazit	**3,1**	**2,1**	**2,8**

Im letzten Beispiel werden anstelle der Balken Linien mit Datenpunkten verwendet. Liniengrafiken eignen sich auch für Darstellungen von Stärken-Schwächen-Profilen.

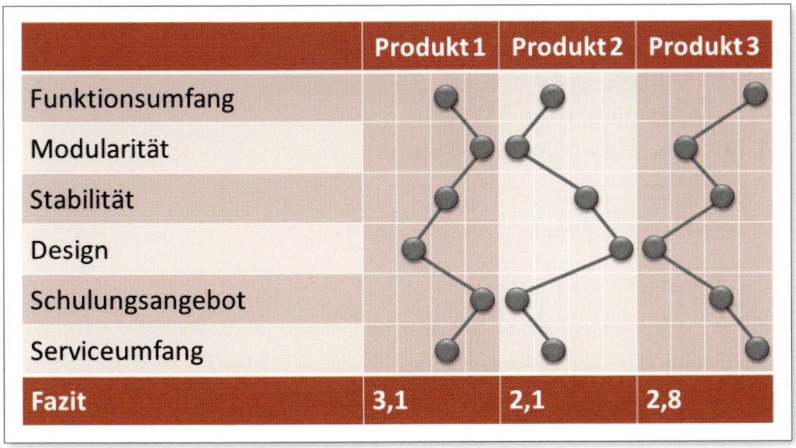

Eine Entscheidungstabelle anlegen

In diesem Abschnitt erstellen wir die Basis für eine Entscheidungstabelle und nennen diese Tabelle *Basistabelle*, weil wir sie für die nächsten Anleitungen immer wieder brauchen werden.

1. Starten Sie mit der Vorlage **Leere Präsentation**. Legen Sie eine neue Folie mit dem Layout **Titel und Inhalt** an. Klicken Sie auf das Symbol **Tabelle einfügen** in der Folienmitte. Für **Spaltenanzahl** geben Sie den Wert »13« und für **Zeilenanzahl** den Wert »8« ein. Ändern Sie die Farbe über **Tabellentools/Format ▸ Tabellenformatvorlagen ▸ Mittlere Formatvorlage 2, Akzent 2**.
2. Markieren Sie die Spalten 2 bis 13, und geben Sie über **Tabellentools/Layout ▸ Zellengröße** für **Breite** den Wert »1 cm« ein. Markieren Sie dann die Spalte 1, und geben Sie hierfür im Feld **Breite** »10 cm« ein. Markieren Sie nun die Spalten 2 bis 5 in der ersten Zeile, und verbinden Sie die Zellen über **Tabellentools/Layout ▸ Zusammenführen ▸ Zellen verbinden**. Wiederholen Sie diesen Schritt für die Spalten 6 bis 9 und 10 bis 13 der ersten Zeile sowie für die Spalten 2 bis 5, 6 bis 9 und 10 bis 13 der letzten Zeile.
3. Füllen Sie nun die Felder der Tabelle mit Text. Für die Wertungspunkte klicken Sie in die entsprechende Zelle und fügen über **Einfügen ▸ Symbole ▸ Symbol** einen Punkt ein. Wählen Sie dazu im Feld **Schriftart** die Schrift **Wingdings** aus. Wenn es schnell gehen soll, geben Sie in das Feld **Zeichencode** »108« ein. Kopieren Sie das Zeichen in der Zelle (`Strg` + `C`), markieren Sie die Zellen, in die das Symbol noch eingefügt werden soll, und drücken Sie `Strg` + `V`.
4. Nun formatieren wir die Tabelle. Klicken Sie dazu auf ihren Rahmen. Über **Start ▸ Schriftart** stellen Sie die passende Schriftgröße ein, z. B. 24 Punkt. Wenn Ihnen die Symbole zu groß erscheinen, markieren Sie die entsprechenden Zellen und verkleinern ihre Schriftgröße. Indem Sie die gesamten Zellen und nicht nur einzelne Symbole anpassen, vermeiden Sie Fehler bei Änderungen und Korrekturen in der Tabelle.
5. Die erste Zeile hat automatisch eine Farbe bekommen. Um die letzte Zeile der Tabelle einzufärben, wählen Sie **Tabellentools/Format ▸ Optionen für Tabellenformat** und setzen einen Haken bei **Ergebniszeile**. Alternativ übertragen Sie die Farbe von der ersten Zeile mit dem Pinsel (**Format übertragen**) auf die letzte Zeile, oder stellen Sie über **Start ▸ Zeichnung ▸ Fülleffekt** eine Farbe ein.

6. Um die Kriterien (Spalte 1) und der Bereich **Produkt 1** (Spalten 2 bis 5) deutlicher abzugrenzen, wird die senkrechte Trennlinie dicker formatiert. Markieren Sie dazu die zweite Spalte, stellen Sie bei **Tabellentools/ Entwurf ▸ Rahmenlinien zeichnen** eine Stiftstärke von »2¼ Pt.« ein. Bei **Stiftfarbe** wählen Sie **Weiß, Hintergrund 1**. Dann aktivieren Sie über **Tabellentools/Entwurf ▸ Tabellenformatvorlagen ▸ Rahmen** die Option **Rahmenlinie links**. Wiederholen Sie den Vorgang für die Spalten 6 und 10. Für die letzte Zeile wählen Sie **Tabellentools/Entwurf ▸ Tabellenformatvorlagen ▸ Rahmen ▸ Rahmenlinie oben**.

	Produkt 1	Produkt 2	Produkt 3
Funktionsumfang	• • •	• •	• • • •
Modularität	• • • •	•	• •
Stabilität	• • •	• • •	• • •
Design	• •	• • • •	•
Schulungsangebot	• • • •	•	• • •
Serviceumfang	• • •	• •	• • • •
Fazit	3,1	2,1	2,8

Balken in einer Entscheidungstabelle einsetzen

Dieser Abschnitt enthält eine Anleitung dazu, wie Sie eine Entscheidungstabelle im klassischen Balkendesign anlegen, wie Sie sie im Abschnitt »Entscheidungstabellen« ab Seite 242 bereits als Beispiel gesehen haben.

1. Legen Sie eine leere Folie an. Über **Einfügen ▸ Illustrationen ▸ Diagramm ▸ Balken ▸ Gruppierte Balken** legen Sie ein einfaches Balkendiagramm an. In der Datentabelle löschen Sie die Datenreihen 3 und 4. Erweitern Sie die Tabelle um zwei Zeilen, sodass Sie sechs Zeilen für die Kriterien zur Verfügung haben. Geben Sie den Text für die Kategorien und den zugehörigen Wert für die Datenreihe ein wie in der Abbildung zu sehen. Ändern Sie die Farbe über **Diagrammtools/Entwurf ▸ Diagrammformatvorlagen ▸ Farbe ändern**. Wählen Sie dort beispielsweise **Monochrom ▸ Farbe 10** (Orangeton).

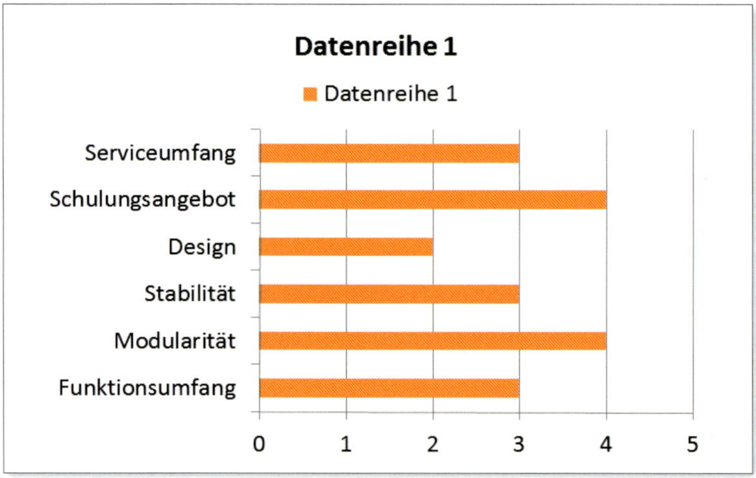

2. Im Moment sind die Kriterien von unten nach oben angeordnet. Markieren Sie daher das Diagramm, und klicken Sie mit der rechten Maustaste auf einen der Begriffe, z. B. **Stabilität**. Im Kontextmenü wählen Sie **Achse formatieren**. Unter **Achsenoptionen** im Aufgabenbereich haken Sie **Kategorien in umgedrehter Reihenfolge** an. Alternativ können Sie auch über **Diagrammtools/Entwurf ▸ Diagrammlayouts ▸ Diagrammelement hinzufügen ▸ Achsen ▸ Weitere Achsenoptionen** in den Aufgabenbereich wechseln. Beachten Sie, dass Sie dann bei **Achsenoptionen** noch **Vertikale Achse** auswählen müssen. Danach sollte das Kriterium **Funktionsumfang** an oberster Stelle stehen.

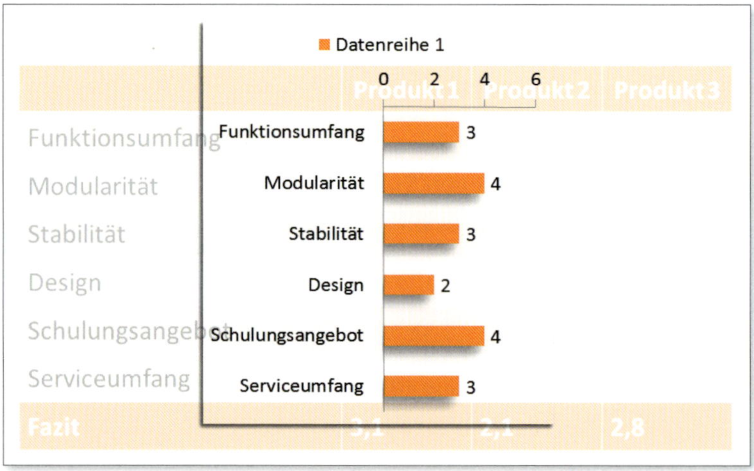

3. Über **Diagrammtools/Entwurf ▸ Diagrammformatvorlagen** wählen Sie nun ein passendes Design aus, z.B. **Formatvorlage 5**. Passen Sie die Farben der Balken an. Markieren Sie dazu die Diagrammbalken, und klicken Sie mit rechts darauf. Wählen Sie im Kontextmenü **Füllung ▸ Weiß, Hintergrund 1, 50%**.

4. Für die Darstellung in der Entscheidungstabelle brauchen wir keine Beschriftungen wie Titel oder Legenden und auch keine Achsen. Nutzen Sie dazu das Plussymbol neben dem Diagramm, und haken Sie die Elemente ab, oder gehen Sie den Weg über **Diagrammtools/Entwurf ▸ Diagrammlayouts ▸ Diagrammelement hinzufügen**.

5. Öffnen Sie eine Kopie der Folie mit der Basis-Entscheidungstabelle (siehe dazu die Beispieldatei *05_Basisentscheidungstabelle.pptx*), und kopieren Sie das Balkendiagramm auf die Entscheidungstabelle. Verkleinern Sie das Balkendiagramm in Breite und Höhe, sodass es genau in die dafür vorgesehenen Spalten passt. Orientieren Sie sich zunächst an den Wertungspunkten, und löschen Sie diese erst anschließend.

6. Markieren Sie das Balkendiagramm, und duplizieren Sie es zweimal, damit wir die Bewertung für die anderen beiden Produkte erstellen können. Platzieren Sie die Balkendiagramme in der zugehörigen Spalte, und verändern Sie anschließend die Zahlen in der Excel-Tabelle (**Diagrammtools/Entwurf ▸ Daten ▸ Daten bearbeiten**).

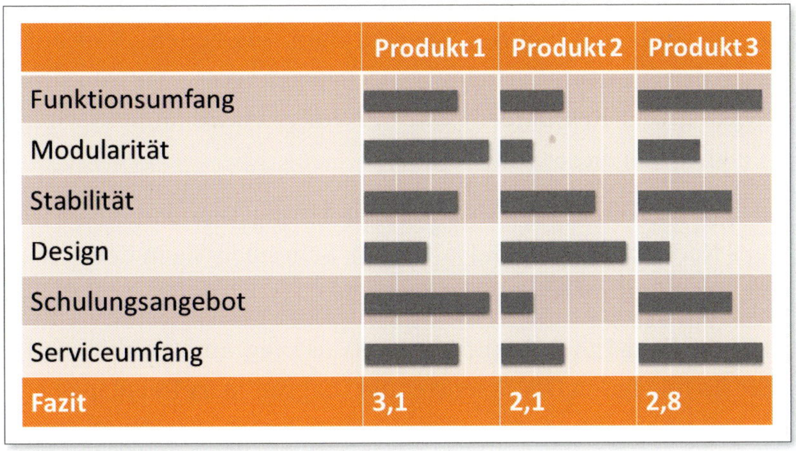

Mit Treemaps geschickt Hierarchien darstellen

Mit einer *Treemap* (engl. für Baumkarte) visualisiert man hierarchische Strukturen, die durch ineinander verschachtelte Rechtecke dargestellt werden. Auf diese Weise können anschaulich Größenverhältnisse dargestellt werden, indem die Fläche der Rechtecke proportional zur Größe der darzustellenden Dateneinheit gewählt wird.

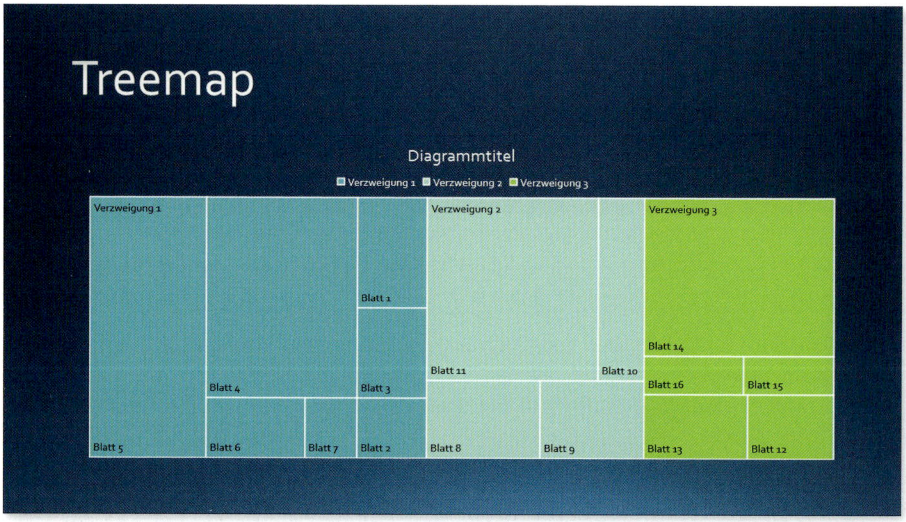

Stellen Sie sich vor, Sie würden so den Festplattenspeicherplatz auf Ihrem PC darstellen. Es wäre eine intuitive und übersichtliche Art zu sehen, welche Datenbestände den meisten Speicherplatz verwenden. Aber auch zur Darstellung der relativen Verteilung von Befragungsergebnissen, Rohstoffen, Produkten und Ressourcen (um nur einige Anwendungsbeispiele zu nennen) eignet sich dieser Diagrammtyp.

1. Legen Sie eine Folie mit der Foliengliederung **Titel und Inhalt** (**Start ▸ Folien ▸ Neue Folie ▸ Titel und Inhalt**) an. Schreiben Sie in den Titelplatzhalter »Trainingsanfragen bei smavicon«.
2. Klicken Sie beim Inhaltsplatzhalter auf das Diagrammsymbol, und wählen Sie im folgenden Dialogfenster die Diagrammart **Treemap** aus.
3. Klicken Sie rechts neben dem Diagramm auf das Plussymbol (1), und deaktivieren Sie mit einem Klick den Diagrammtitel.

4. Überschreiben Sie nun den Platzhaltertext in der Excel-Tabelle mit Ihren Daten. **Verzweigung** (im Beispiel etwa »PowerPoint«, »Präsentationstechnik« usw.) steht dabei immer für die übergeordneten Bereiche der Treemap, über **Stamm** organisieren Sie die weitere Verästelung des Diagramms, und mit **Blatt** benennen Sie die einzelnen Felder (hier »Vertrieb«, »Marketing« usw.).

5. Benötigen Sie keine starke Verästelung, löschen Sie in der Excel-Tabelle beispielsweise die Spalte **Stamm**, indem Sie oben auf die Spaltenbezeichnung mit der rechten Maustaste klicken und im Kontextmenü den Befehl **Zellen löschen** wählen. Bei Zeilen gehen Sie analog vor.

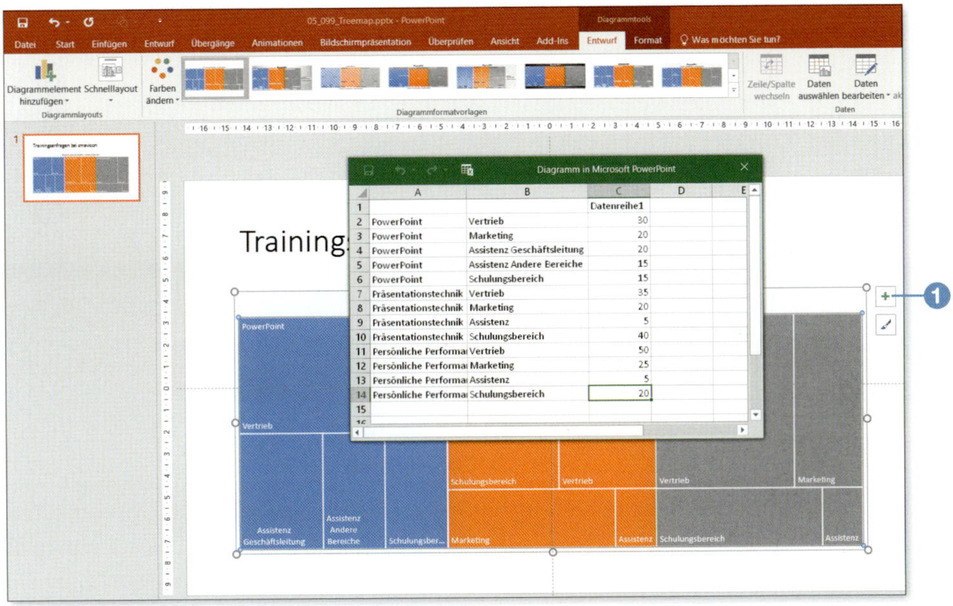

Das Beispiel ist sehr einfach aufgebaut, denn jeder Bereich ergibt 100. Die Reihenfolge der Eingabe spielt keine Rolle. Achten Sie nach Eingabe aller Daten darauf, dass auch der richtige Datenbereich ausgewählt ist.

Über **Diagrammtools/Entwurf ▸ Daten ▸ Daten auswählen** lässt sich der Datenbereich im Dialog **Datenquelle auswählen** im Nachhinein erweitern und verringern. Dazu wählen Sie mit der Maus den Bereich in der Excel-Tabelle aus und bestätigen anschließend den Auswahlbereich mit einem Klick auf **OK** im Dialog.

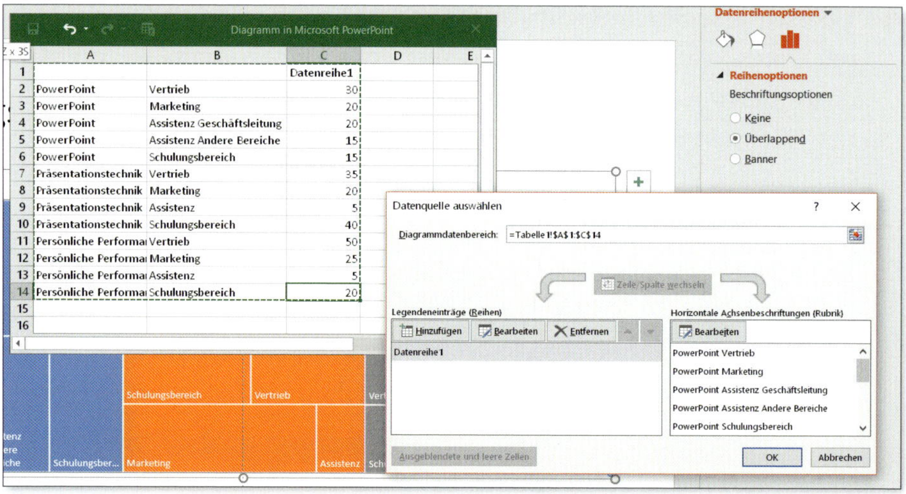

Datenbereiche einer Treemap lassen sich auch im Nachhinein anpassen.

TIPP

Excel-Tabelle ist nicht verfügbar?

Falls die Excel-Tabelle verschwunden sein sollte, blenden Sie sie über **Diagrammtools/Entwurf ▸ Daten ▸ Daten bearbeiten** wieder ein.

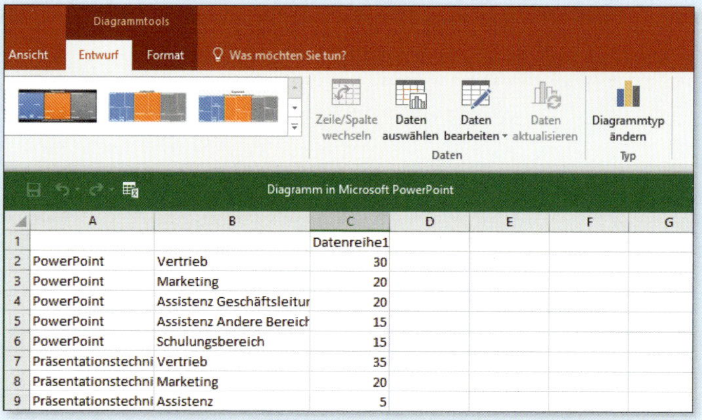

Wie Sie gesehen haben, eignen sich Treemap-Diagramme besonders für den Vergleich relativer Datengrößen. Im folgenden Abschnitt stelle ich Ihnen eine interessante Möglichkeit vor, wie Sie ein Diagramm modern und ansprechend mit einer Sunburst-Grafik erstellen. Diese Diagrammart eignet sich vor allem zur Darstellung von hierarchisch strukturierten Daten.

Mit einer Sunburst-Grafik eine 360°-Darstellung erzeugen

Mit dem Sunburst-Diagramm lassen sich ebenfalls hierarchische Daten anzeigen. Jede Ebene der Hierarchie wird durch einen Ring bzw. Kreis angezeigt. Der kleinste Kreis innen zeigt die oberste Ebene der Hierarchie. Danach kommt Ebene 2 usw. Darunter liegende Ebenen beziehen sich immer auf übergeordnete Ebenen und gliedern feiner auf.

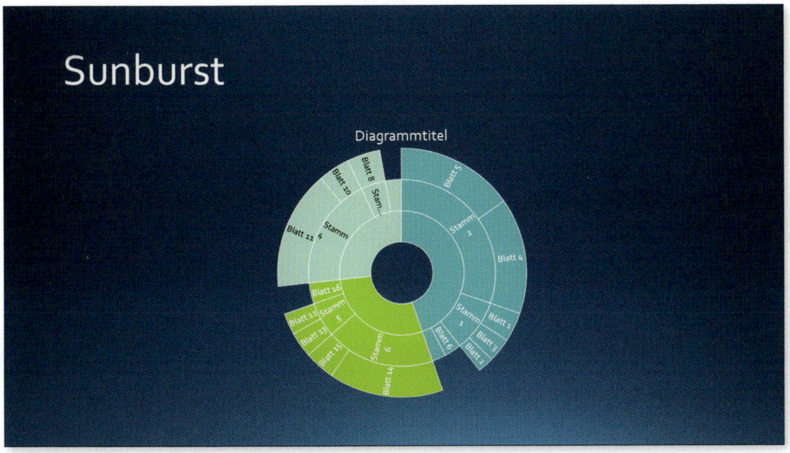

Mögliche Anwendungszwecke für Sunburst-Diagramme sind etwa die Darstellung von Ziel- und Teilzielgliederung, Zeit-, Geld- und Ressourcenverteilung usw.

Schauen wir uns das einmal konkret an (Sie finden diese Beispielpräsentation unter dem Dateinamen *05_Sunburst.pptx* im Ordner *05* der Beispieldateien): Stellen Sie sich vor, dass das gesamte Diagramm immer 100 % darstellt, und nun verteilen Sie diese 100 % auf der ersten Diagrammebene auf beispielsweise drei Bereiche (im folgenden Beispiel verwenden wir »Theorie«, »Praxis« und »Beispiel«). Auf der nächsten Ebene verzweigen sich diese Bereiche, und ein Teilsegment ist als 100 % anzusehen. Gegebenenfalls teilt die darunter liegende Ebene jetzt wieder die 100 % auf usw.

1. Legen Sie eine Folie mit **Inhalt mit Überschrift** (**Start ▸ Folien ▸ Neue Folie ▸ Inhalt mit Überschrift**) an. Schreiben Sie in den Titelplatzhalter »Zeitaufteilung für ein PowerPoint-Training«.

2. Klicken Sie beim Inhaltsplatzhalter auf das Diagrammsymbol. Fügen Sie über das Dialogfenster ein Diagramm aus der Kategorie **Sunburst** ein.

3. Klicken Sie rechts neben dem Diagramm auf das Plussymbol, und deaktivieren Sie den Diagrammtitel.

4. Überschreiben Sie den Platzhaltertext in der Excel-Tabelle. Geben Sie in Spalte 1 jeweils die verschiedenen Bereiche ein, also: »Theorie«, »Praxis« und »Beispiel«. Und verfahren Sie dann genauso mit den unteren hierarchischen Ebenen. Hat ein Bereich keinen weiteren Unterbereich, lassen Sie dieses Feld ① in der Excel-Tabelle leer, entsprechend wird an dieser Stelle im Diagramm auch kein weiteres Datenfeld eingefügt. Achten Sie auf die richtige Auswahl des Datenbereichs, und passen Sie ihn gegebenenfalls an.

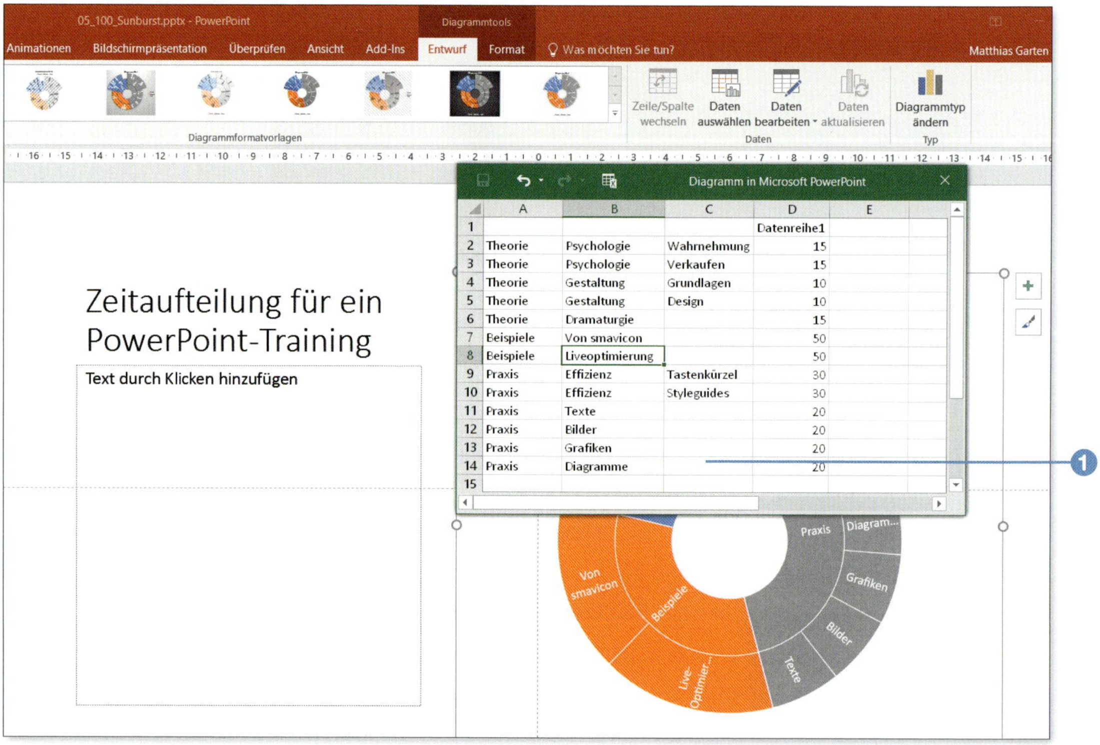

5. Gestalten Sie nun noch das Diagramm nach Ihren Wünschen. Klicken Sie dazu auf **Diagrammformatvorlagen** ② rechts neben dem Auswahl-

rahmen. Sie können dann eine der bestehenden Formatvorlagen wählen oder aber das Diagramm mit eigenen Farben gestalten.

6. Vergrößern Sie das Sunburst-Diagramm durch Ziehen des Markierungsrahmens. Sie werden merken, dass dadurch mehr vom Text zu sehen ist. Verkleinern Sie einzelne Texte, indem Sie sie anklicken und über **Start ▸ Schriftart ▸ Schriftgröße** die Größe ändern. (Alternativ geht das auch mit einem Rechtsklick auf die Beschriftung und dem Befehl **Schriftart**.)

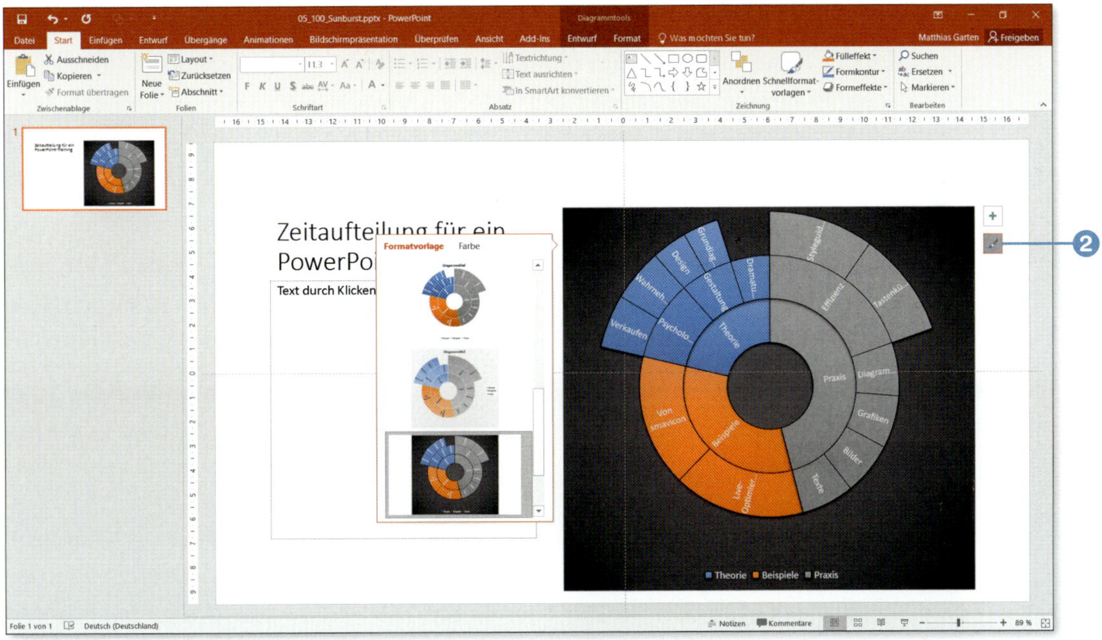

Wählen Sie eine der Formatvorlagen für Ihr Diagramm.

TIPP

Sunburst-Diagramme mit Goalscape

Wenn Sie Gefallen an Sunburst-Diagrammen gefunden haben, sollten Sie sich mal das Programm *Goalscape* anschauen. Ich arbeite damit, um meine Zeit und Ziele zu visualisieren. Goalscape verteilt automatisch meine zur Verfügung stehende Zeit. Wenn ich an einer Stelle mehr Tage einplane, werden an anderer Stelle Tage weggenommen.

Einen Verkaufstrichter mit 3D-Optik gestalten

Im Vertrieb arbeitet man häufig mit Verkaufstrichtern (im Englischen auch *Sales Funnel* genannt). Der Trichter zeigt die Selektion von Kontakten, angefangen vom einfachen Kontakt über den Interessenten bis hin zum Kunden. Aus 100 Kontakten werden 50 Interessenten und von diesen zwei zu Kunden. Der Trichter kann zeigen, wie lange es dauert, bis ein Kontakt Kunde wird, oder wie viele Kontakte man braucht, bis daraus ein Kunde wird. Die Darstellung lässt sich auch auf andere Bereiche übertragen, d. h. immer dort anwenden, wo es um einen Auswahlprozess geht; etwa bei Projekten, angefangen von der Gesamtheit aller aufgesetzten Projekte über Blockbuster-Projekte im Pharmabereich bis hin zu Filmprojekten in Hollywood. Eine weitere Alternative ist es, den Gesamttrichter als eine Verteilung abzubilden. Die Gesamtfläche des Trichters sind 100 %, jeder Abschnitt ist ein Teil der 100 %. Im folgenden Beispiel zeige ich Ihnen, wie Sie schnell eine professionell aussehende Darstellung erstellen. Sie finden eine entsprechende Beispielpräsentation unter dem Dateinamen *05_Verkaufstrichter.pptx* im Ordner *05* der Beispieldateien.

1. Beginnen Sie mit einer neuen Folie mit dem Folienlayout **Nur Titel** (**Start ▸ Folien ▸ Neue Folie ▸ Nur Titel**).
2. Zeichnen Sie in der Mitte der Folie ein Dreieck (**Start ▸ Zeichnung ▸ Formen ▸ Standardformen ▸ Gleichschenkliges Dreieck**). Drehen Sie das Dreieck über den Drehmarker ❶ um 180°, sodass die Spitze nach unten zeigt.
3. Passen Sie die Füllung über **Start ▸ Zeichnung ▸ Fülleffekt ▸ Farbverlauf ▸ Weitere Farbverläufe** an. Wählen Sie **Farbverlauf** aus. Wählen Sie bei **Voreingestellte Farbverläufe** den Verlauf **Mittlerer Farbverlauf – Akzent 5**. Klicken Sie bei **Farbverlaufsstopp** den linken Stopp-Marker ❷ an. Wechseln Sie direkt unterhalb des Markers die Farbe ❸ auf ein Dunkelblau. Klicken Sie den rechten Stopp-Marker an, und stellen Sie dieselbe Farbe ein. Wählen Sie bei dem mittleren Stopp-Marker die Farbe Weiß. Verändern Sie die Richtung auf **Linear rechts** oder **Linear links**. Bei **Winkel** sollte nun »180°« stehen.

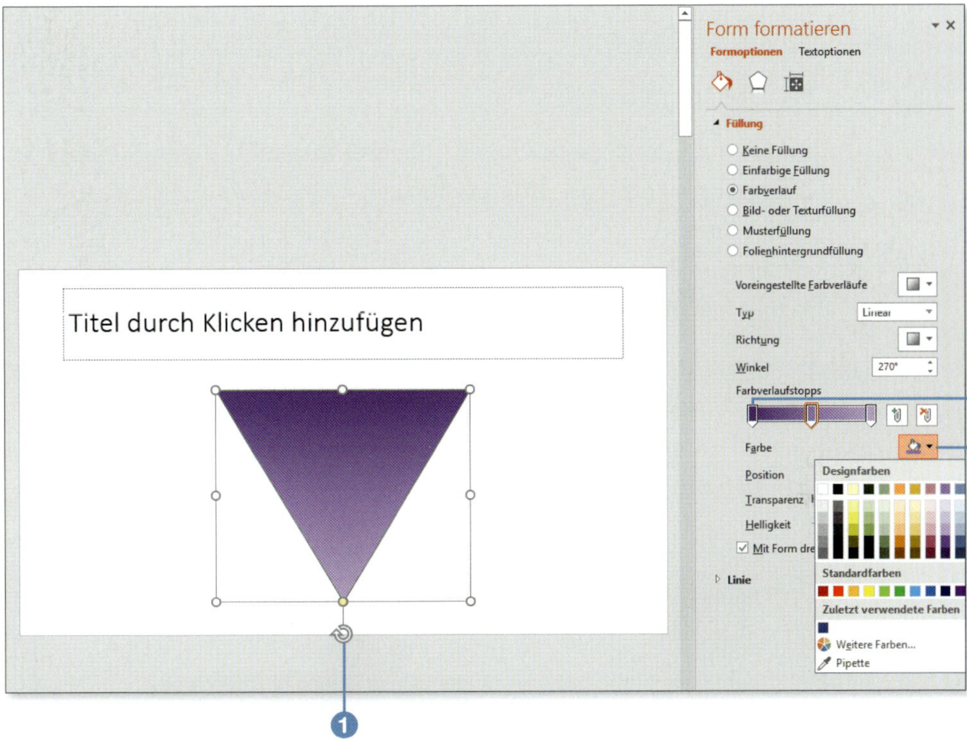

4. Um das Dreieck in verschiedene Abschnitte zu zerteilen, brauchen wir ein Hilfskonstrukt. Dazu legen Sie einen Balken über die gesamte Breite des Dreiecks. Zeichnen Sie ein Rechteck (**Start ▸ Zeichnung ▸ Formen ▸ Rechtecke ▸ Rechteck**), und ändern Sie die Höhe über **Größe ▸ Höhe** auf »0,15 cm«. Verschieben Sie den Balken an die obere Kante des Dreiecks.

5. Duplizieren Sie den Balken fünfmal (Strg + D). Verschieben Sie den unteren Balken an die Spitze des Dreiecks. Markieren Sie alle Balken, und richten Sie sie mit **Start ▸ Zeichnung ▸ Anordnen ▸ Objekte positionieren ▸ Ausrichten ▸ Linksbündig** und anschließend noch einmal mit **Start ▸ Zeichnung ▸ Anordnen ▸ Objekte positionieren ▸ Ausrichten ▸ Vertikal verteilen** aus. Löschen Sie anschließend den oberen und den unteren Balken.

6. Markieren Sie die Balken und das Dreieck. Über **Zeichentools/Format ▸ Formen einfügen ▸ Formen zusammenführen ▸ Subtrahieren** zerlegen Sie das Dreieck in Einzelstücke.

7. Damit das Ganze auch wie ein Trichter aussieht, fügen Sie über **Start ▸ Zeichnung ▸ Formen ▸ Standardformen ▸ Ellipse** an der oberen Seite eine Ellipse über die gesamte Breite des Dreiecks ein. Verwenden Sie als Fülleffekt wie eben einen voreingestellten Farbverlauf mit Blau (z. B. **Lichtakzent unten – Akzent 5**). Ändern Sie den **Typ** auf **Radial**.

8. Beschriften Sie den Trichter mit Nummern, und versehen Sie die einzelnen Stufen mit Namen. Zur weiteren Verfeinerung können Sie noch zwei 3D-Kugeln einbinden (siehe dazu den Abschnitt »3D-Figuren bauen« ab Seite 178).

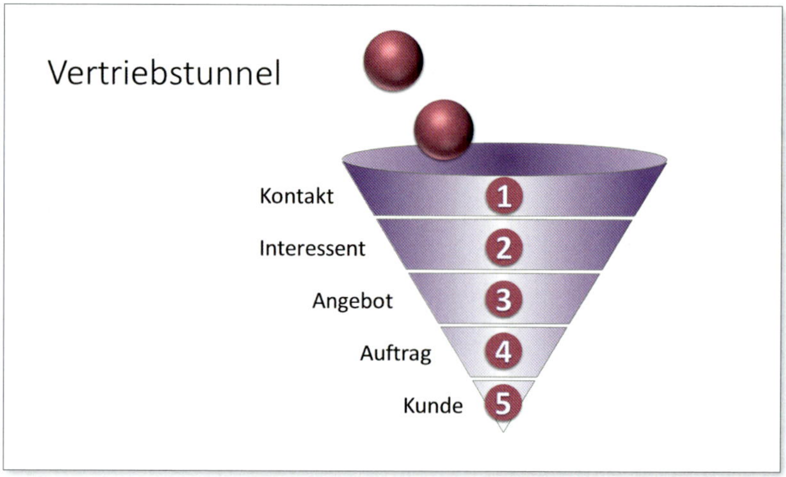

Weitere Diagrammtypen verwenden

In PowerPoint 2016 sind erfreulicherweise neue Diagrammtypen hinzugefügt worden. Die beiden Diagrammarten Treemap und Sunburst haben Sie bereits kennengelernt. In diesem Abschnitt werde ich Ihnen aber auch die anderen Diagrammarten, Histogramme, Kasten-, Wasserfall- und Verbunddiagramme, vorstellen. Ähnlich wie Treemaps und Sunburst-Grafiken ließen sie sich vorher nur mit wesentlich mehr Aufwand oder externen Programmen erstellen. Durch ihre Integration in PowerPoint fügen Sie auch diese Diagrammtypen über **Einfügen ▸ Illustrationen ▸ Diagramm** in Ihre Präsentation ein.

- Wasserfalldiagramm

Erstmals findet sich mit PowerPoint 2016 eine Möglichkeit, auf einfache Art und Weise ein Wasserfalldiagramm einzufügen. Wasserfalldiagramme können Sie beispielsweise dazu einsetzen, um die Aufteilung von Umsätzen, Gewinn und Kosten klarer zu visualisieren. So lässt sich etwa darstellen, welche Kosten von einem Gesamtgewinn abgerechnet werden müssen und zu welchem Ergebnis man danach kommt.

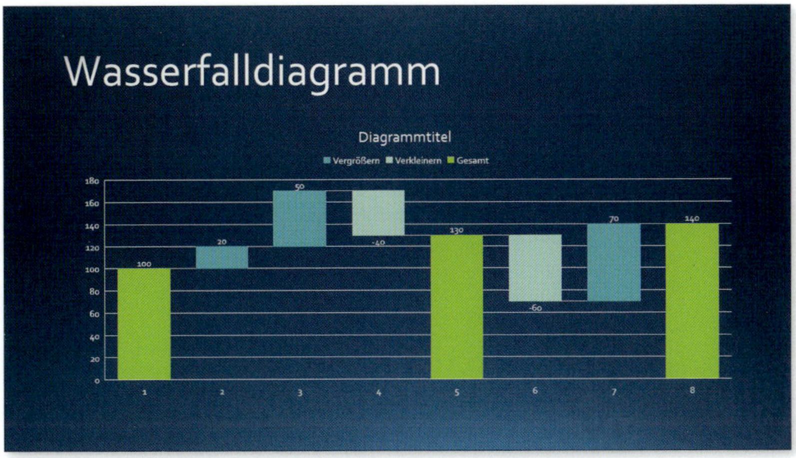

Dazu geben Sie in die Eingabetabelle positive Zahlen ein, um im Diagramm eine aufsteigende Säule mit den Gewinnen anzulegen, und negative Zahlen, um eine absteigende Säule darzustellen, die die anfallenden Kosten der Gesamtsumme aufzeigt. Sie benötigen hierzu dann keine aufwendigen Formeln mehr.

Soll im Nachhinein ein Wert der Eingabetabelle als neuer Summenwert festgelegt werden (die Säule startet dann wieder bei 0), der durch die folgenden Werte aufgeschlüsselt bzw. erweitert wird, müssen Sie die entsprechende Säule umformatieren. Klicken Sie sie dazu mit rechts an, und wählen Sie im Kontextmenü **Datenreihe formatieren**. Es wird daraufhin rechts der Aufgabenbereich **Datenpunkt formatieren** eingeblendet. Wählen Sie hier unter **Datenreihenoptionen ▸ Reihenoptionen** die Option **Als Summe festlegen**.

- Verbundgrafik

Die Verbundgrafik verknüpft verschiedene Diagrammarten auf einfachste Weise miteinander. So lassen sich beispielsweise Balkendiagramme mit einer Trendlinie oder einer gestapelten Fläche kombinieren.

Mit einem solchen Diagramm lassen sich etwa die Umsatzentwicklung eines Unternehmens oder Produkts als Säulendiagramm und der Gewinn (*EBIT*, also der Gewinn vor Zinsen und Steuern) als Linie darstellen. Würde man nur zwei Säulengrafiken für Gewinn und EBIT nehmen, wären die Unterschiede eventuell so groß, dass die Gewinnsäule fast nicht erkennbar wäre. Mit der Verbundgrafik lassen sich jedoch beide Werte in einem Diagramm sehr gut darstellen, vor allem wenn Sie eine zweite y-Achse einfügen, sodass der Maßstab stimmig ist.

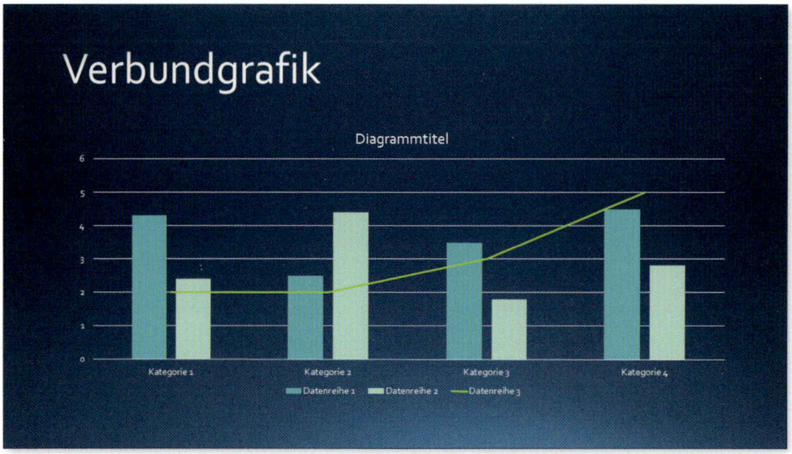

Wählen Sie über **Einfügen ▸ Illustrationen ▸ Diagramm** den Diagrammtyp **Verbund**, und wählen Sie eine der Kombinationsmöglichkeiten ❶. Danach wählen Sie im unteren Bereich des Dialogs die Datenquelle und geben an, welche Diagrammform ❷ zur Darstellung der Datenreihe verwendet werden soll, etwa Säulen, Balken, Linie, Fläche, Netz usw. Legen Sie außerdem fest, welche Datenreihe auf der Sekundärachse ❸ angezeigt werden soll.

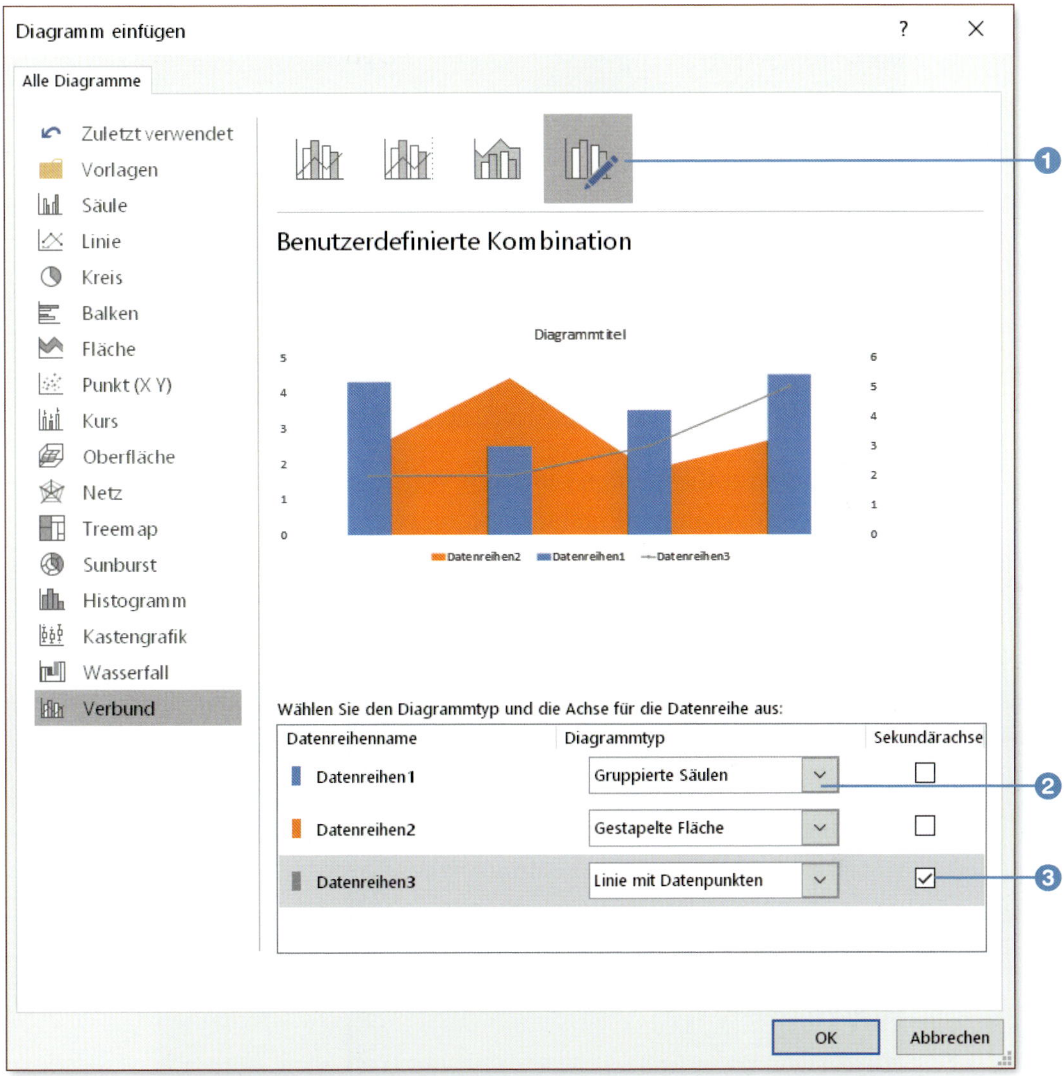

- Kastengrafik (engl. auch *Boxplot*)

Häufig findet diese Art Diagramm Anwendung bei der Datendarstellung in wissenschaftlichen Studien oder auch in abgewandelter Form als Kerzengrafik bei Aktienkursen. Auf diese Weise lassen sich Werte bzw. Untersuchungsergebnisse recht leicht gegenüberstellen und miteinander vergleichen.

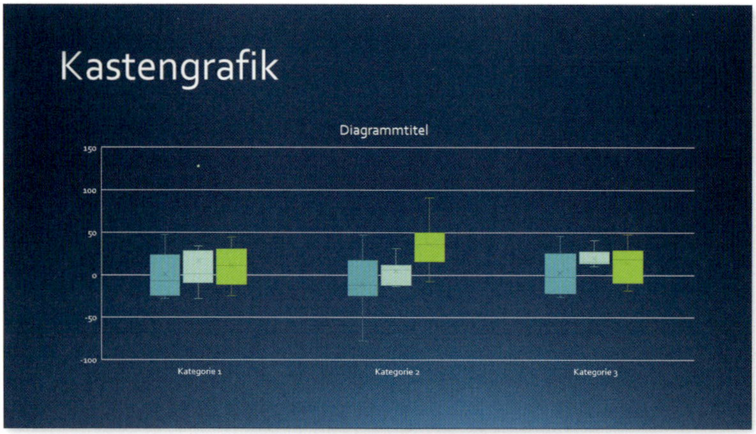

In der Kastengrafik werden sämtliche Werte aufgenommen, wobei die dünne Linie den gesamten Ergebnisumfang einer Erhebung darstellt. Der Kasten, der Ihnen auf der Linie angezeigt wird, zeigt 50 % des Ergebnisraums an. Der Strich in der Mitte der Grafik zeigt den Mittelwert der ausgewerteten Ergebnisse und ein Kreuz das arithmetische Mittel.

- Histogramm

Ein Histogramm findet ähnlich wie schon die Kastengrafik Verwendung in statistischen oder wissenschaftlichen Untersuchungen. Die Grundlage für ein Histogramm sind verschiedene Klassen, denen Ergebniswerte einer statistischen Erhebung oder Messung zugeteilt werden. Die Höhe einer Säule entspricht dabei der Häufigkeitsdichte.

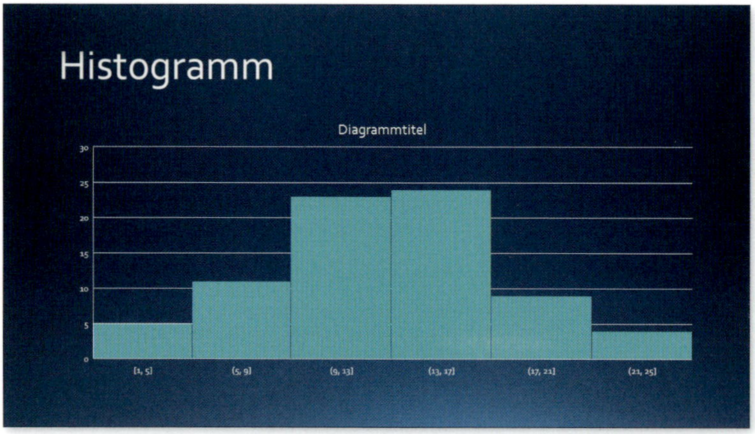

Kapitel 6
Zeitstrahl und Abläufe gekonnt visualisieren

Unternehmenspräsentationen enthalten häufig eine Beschreibung der Historie, Projektpräsentationen zeigen Arbeitsschritte, Meilensteine und Projektabläufe, Marketingpräsentationen enthalten Termine und Abläufe für Aktionen. Neben den genannten Beispielen gibt es eine ganze Reihe von Foliensätzen, die Zeitabfolgen, nächste Schritte oder auch Workflows darstellen. In diesem Kapitel finden Sie Anregungen zu diesen Themen. Sie lernen, wie Sie Darstellungselemente wie Zeitstrahlen und Abläufe spannender und interessanter visualisieren und gekonnt in Ihre Präsentationen integrieren.

Zeitstrahl

Sie werden lernen, welche wichtigen grundlegenden Konzepte und Ideen es gibt, um Zeitstrahlen und Abläufe auf Ihren Folien darzustellen, und wie Sie sie interessant gestalten können. Sie werden erfahren, wie Sie die verschiedenen Funktionen in PowerPoint kombinieren, um ansprechende Konzepte umzusetzen.

Konzepte für Zeitstrahlen

Der *Zeitstrahl* stellt einen Ablauf dar und basiert gewöhnlich auf einer zeitmetrischen Basis, z. B. Jahrzehnte, Jahre, Monate, Wochen, Tage, Stunden oder Sekunden. Mit seiner Hilfe werden beispielsweise Historien, Umsatzentwicklungen, Projektphasen, Entwicklungsschritte oder Roadmaps dargestellt.

Im Gegensatz dazu wird der Begriff *Ablauf* für aufeinander aufbauende oder parallel ablaufende Vorgänge ohne exakte zeitliche Aufschlüsselung benutzt. Zu dieser Kategorie gehören z. B. Flussdiagramme (*Flowcharts*) für Prozess- und Programmbeschreibungen in der Informatik, Prozessbeschreibungen in der Organisationsentwicklung und *Workflows* wie Bestell-, Liefer- oder Messvorgänge.

Die Abbildung auf der folgenden Seite zeigt sechs Basiskonzepte, auf denen Zeitstrahlen aufgebaut werden können:

- **Horizontaler (waagerechter) Zeitstrahl:** Der Zeitstrahl ist in der Grundanlage waagerecht aufgebaut und verläuft in der Regel von links nach rechts. Alternativ kann er auch von rechts nach links verlaufen oder leicht aufsteigen. Typische Beispiele sind historische Entwicklungen mit Jahreszahlen.
- **Vertikaler (senkrechter) Zeitstrahl:** Der Zeitstrahl ist in der Grundanlage senkrecht aufgebaut und verläuft in der Regel von unten nach oben (alternativ von oben nach unten). Er kann auch leicht nach links oder rechts gekippt sein. Ein Beispiel ist hier wieder die Darstellung einer Entwicklung mit Jahreszahlen.

- **Bidirektionaler Zeitstrahl (mit zwei Zeitachsen):** Bei diesem Typ gibt es eine waagerechte und eine senkrechte Zeitachse. In der horizontalen Achse sind dann z. B. Jahreszahlen und in der vertikalen Monate eingetragen.
- **Flächenzeitstrahl:** Die Zeitentwicklung wird anhand von einzelnen seitlich aneinandergereihten Flächen dargestellt. Ein Beispiel: Der Zeitraum – sagen wir, die Jahreszahl – wird an die jeweilige Fläche geschrieben, und in der Fläche werden Informationen, Bilder usw. gezeigt, die zu dem jeweiligen Jahr passen.
- **Aufbauender Zeitstrahl:** Ähnlich wie beim Flächenzeitstrahl werden die Flächen übereinandergestapelt und seitlich versetzt. Hiermit wird die Darstellung einer Entwicklung noch deutlicher, denn die aufbauende bzw. aufsteigende Darstellung wird in der westlichen Kultur stets positiv bewertet.
- **3D-Zeitstrahl:** Der Zeitstrahl wird räumlich dargestellt. Zum Beispiel gibt es einen Pfeil auf der Folie, der von oben rechts nach unten links verläuft. Am Pfeilbeginn geht es mit alten Jahreszahlen los, und nach vorn hin werden die Jahreszahlen aktueller. Um die 3D-Wirkung zu unterstützen, werden ältere Jahreszahlen (also die oben rechts) kleiner geschrieben als die aktuellen. Damit wird eine größere Relevanz der jüngeren Daten gegenüber den älteren vermittelt.

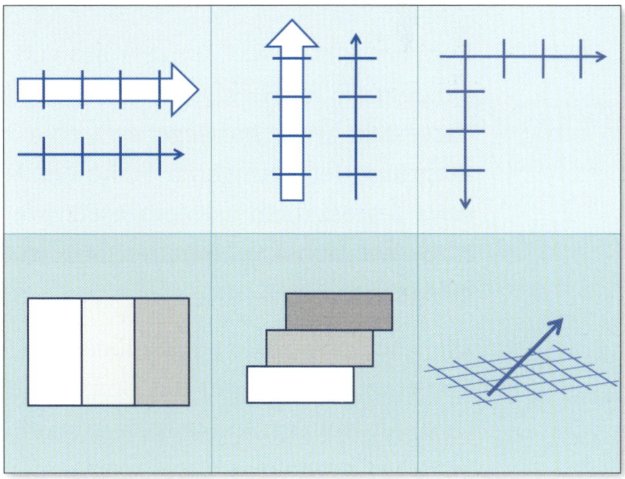

Alle diese Zeitstrahlkonzepte können natürlich, wenn erforderlich, auch miteinander verknüpft werden. Ich stelle Ihnen diese Möglichkeiten im Folgenden ausführlich vor und zeige Ihnen zudem einige Beispiele.

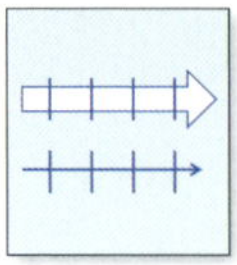

Die Entscheidung, welches Konzept Sie verwenden, hängt von der Aufgabenstellung und dem Gesamtkonzept der Präsentation ab. Die folgenden Beispiele geben Ihnen Aufschluss über die verschiedenen Einsatzmöglichkeiten. Wie bereits in der Liste zuvor beschrieben, beginnen wir mit den horizontalen bzw. waagerechten Zeitstrahlen.

Der horizontale Zeitstrahl wird am häufigsten eingesetzt und ist daher sozusagen der Archetyp eines jeden Zeitstrahls, der sich prinzipiell für alle Zusammenhänge eignet.

Die folgenden Beispiele sind Variationen des klassischen Zeitstrahls: Sie sind immer noch horizontal aufgebaut und ihre Stationen beschriftet, aber wir haben sie mit passenden Bildern aufgepeppt.

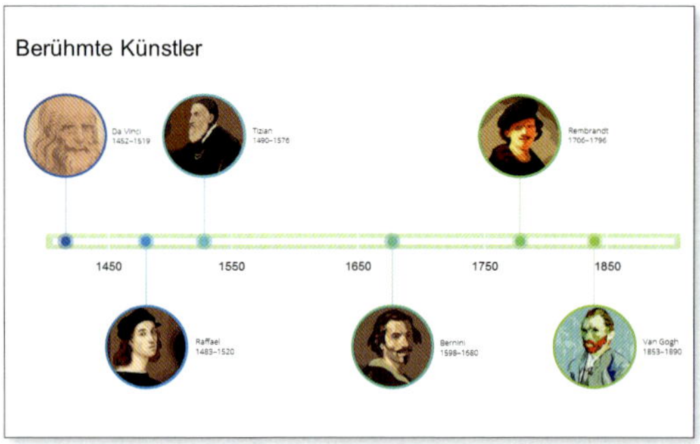

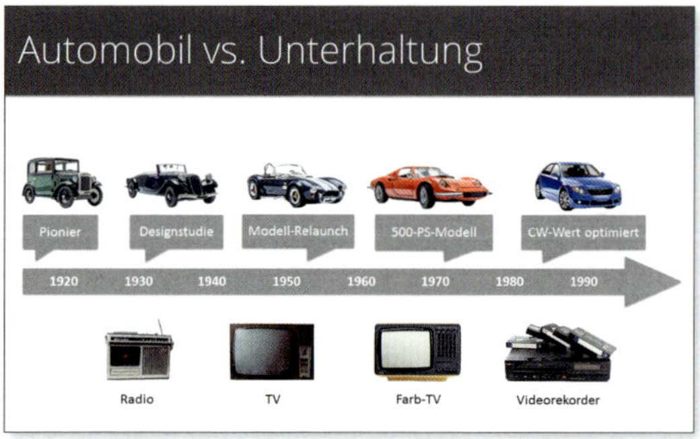

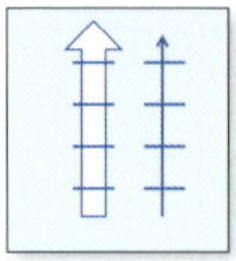

Daneben gibt es das Konzept des vertikalen bzw. senkrechten Zeitstrahls, bei dem die Entwicklung von unten nach oben oder von oben nach unten dargestellt wird. Im Gegensatz zum horizontalen Zeitstrahl können hier aufgrund der geringeren Höhe der Folie weniger metrische Daten, also etwa Jahreszahlen usw. eingesetzt werden, dafür aber mehr Inhalt. Wenn Ihr Schwerpunkt auf Inhalten liegt, ist diese Darstellungsweise dafür besser geeignet.

Die nächsten beiden Folienbeispiele sind Varianten dieses senkrechten Zeitstrahls, jeweils mit passenden Bildern oder durch eine farbige Gestaltung mit Hintergrund aufgewertet, die zudem auch die Lesbarkeit fördert, weil die Chronologie der einzelnen Zeitpunkte so leichter zu erkennen ist.

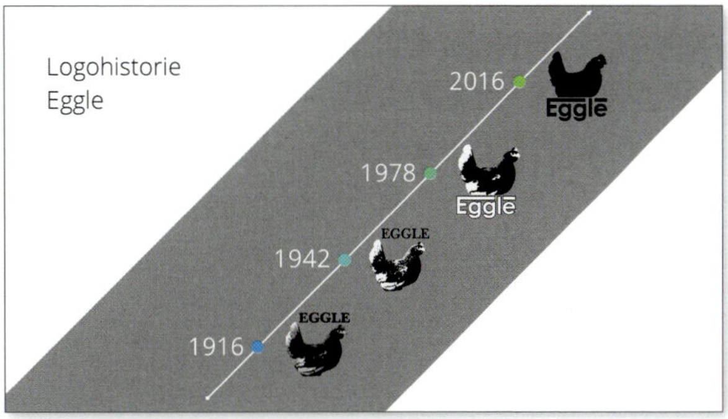

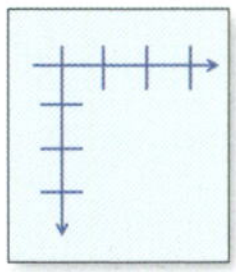

Der nächste Typus ist der bidirektionale Zeitstrahl. Dabei geht es darum, Zeiträume oder Daten zu verschachteln. Beispielsweise wird eine Achse für große Zeiträume wie Jahre, Jahrzehnte oder Jahrhunderte verwendet und die andere für die darin eingeschlossenen Zeiträume, also Tage, Monate usw.

Die folgende Folie zeigt einen solchen zweidimensionalen Zeitstrahl: Die waagerechte Achse enthält die Entwicklung in Jahrzehnten, und zu jedem Jahrzehnt gehört noch einmal eine senkrechte Achse, die auf die Geschehnisse der einzelnen Jahre eingeht. So können Sie viele Informationen auf einer Folie unterbringen, ohne dass es unübersichtlich wird und überladen wirkt. Auch für eine Abfolge von Folien, die sich dann z. B. jeweils mit den einzelnen Dekaden (Jahrzehnten) befassen, eignet sich dieser Typ sehr gut.

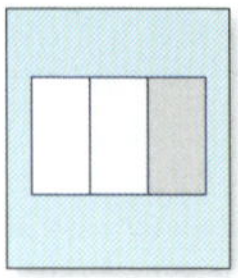

Das vierte Zeitstrahlkonzept ist der Flächenzeitstrahl, der die Achsenbeschriftung quasi ablöst. Der Flächenzeitstrahl zeigt eher isolierte Ereignisse als eine Entwicklung an – nach dem Motto »Hier ist irgendwann einmal etwas passiert – und da auch noch«. Dennoch kann diese Form des Zeitstrahls auch für Entwicklungen eingesetzt werden, wie das Beispiel im weiteren Verlauf zeigt.

Das erste Beispiel ist ein Flächenzeitstrahl mit einem Kachelaufbau im Stil des sogenannten Metrodesigns. Es werden einzelne Stationen der Entwicklung des Funktelefons mit Piktogrammen gezeigt.

Der Relaunch-Plan in der folgenden Abbildung enthält drei Zeitflächen und zwei waagerechte Zeitphasen. Das bietet die Möglichkeit, zwei Projekte im Zeitablauf miteinander zu vergleichen; außerdem werden Pufferzeiten vor und nach den Projektabschnitten angedeutet.

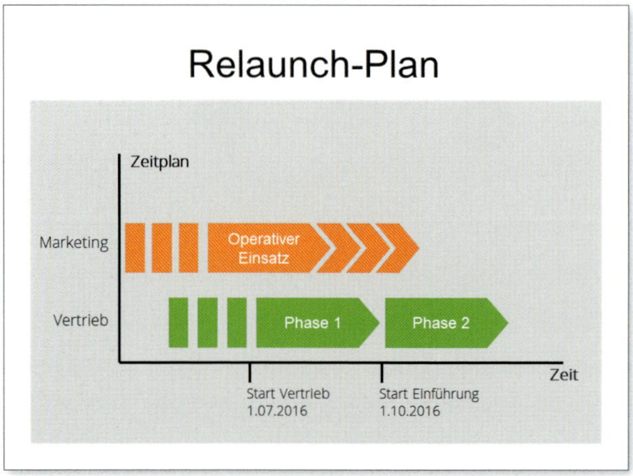

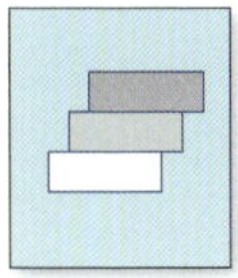

Der sogenannte aufbauende Zeitstrahl wird üblicherweise für Schritt-für-Schritt-Entwicklungen verwendet und ähnelt dem senkrechten Zeitstrahl, wobei bei Letzterem immer ein Pfeil zu sehen ist, hier jedoch nicht. Er kann für alle Zeitabläufe verwendet werden und suggeriert eine positive Entwicklung.

Die zeitliche Entwicklung kann im aufbauenden Zeitstrahl – trotz des Namens – sowohl von unten nach oben als auch umgekehrt dargestellt werden.

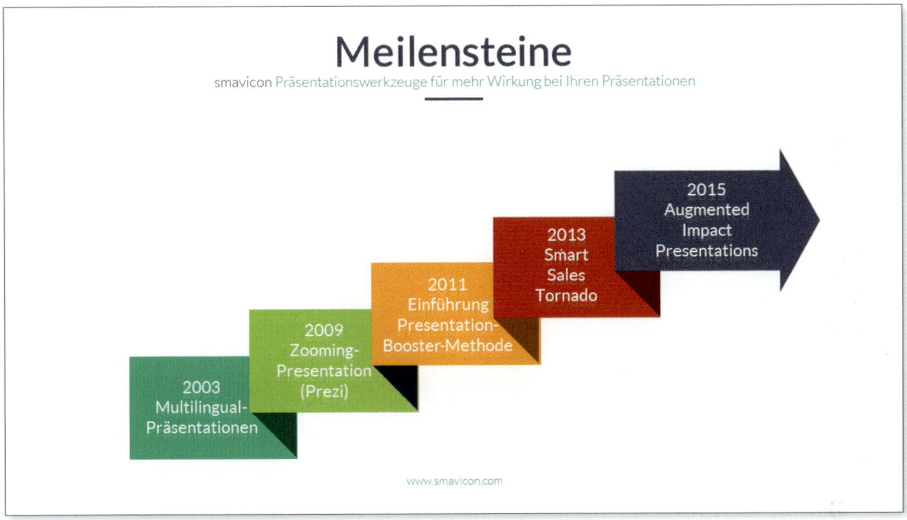

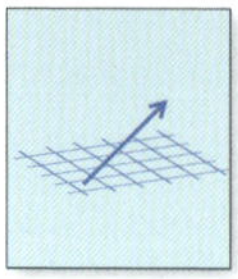

Die letzte Gruppe von Zeitstrahlen, die ich hier vorstelle, sind die 3D-Zeitstrahlen, die vor allem dann eingesetzt werden, wenn man innovativ und modern wirken will oder wenn die Relevanz einer bestimmten aktuellen Information im Vordergrund stehen soll.

Im Raumschiff-Beispiel, das in der untenstehenden Abbildung gezeigt wird, kommt der 3D-Zeitstrahl »aus der Tiefe des Raumes« und verschwindet dort wieder. Dabei wird die Dreidimensionalität durch die Perspektive und vor allem durch die abnehmende Schriftgröße in der Achsenbeschriftung erreicht.

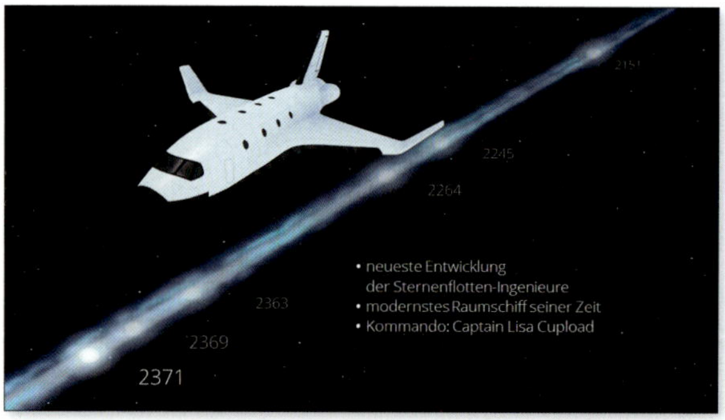

Die folgende Abbildung zeigt einen kurvigen Zeitstrahl, der von hinten nach vorne verläuft.

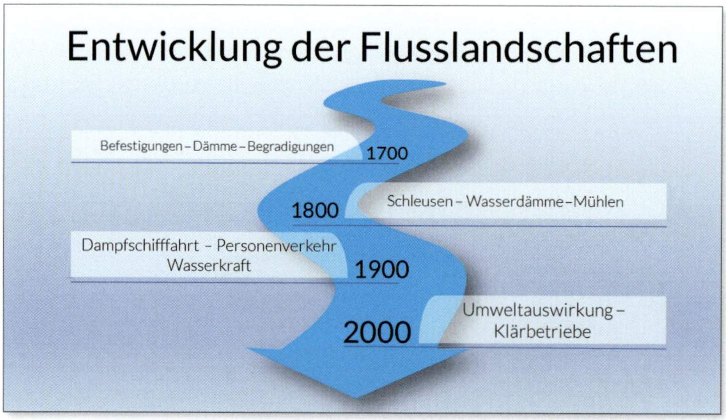

Durch den Schatten erhält der Zeitstrahl eine räumliche Wirkung. Die Texte werden nach oben hin kleiner, um Räumlichkeit zu suggerieren.

Phasen einer Entwicklung darstellen

In diesem Abschnitt erstellen wir einen Entwicklungsphasen-Zeitstrahl, der an den Produktlebenszyklus im Bereich der Betriebswirtschaftslehre angelehnt ist. Die blaue Fläche an dem Zeitstrahl deutet die Umsatz- oder Absatzkurve des Produkts oder der Firma an.

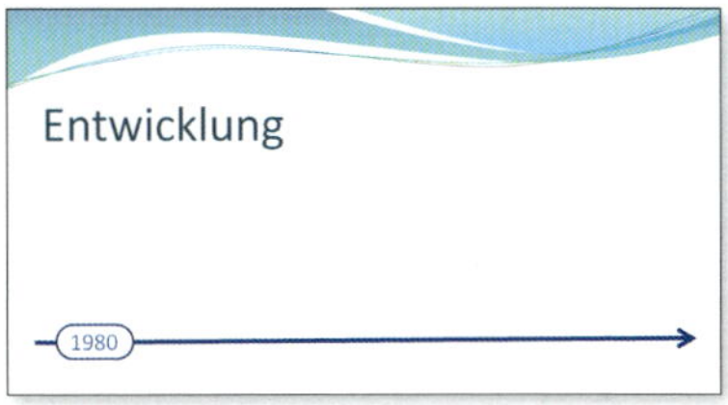

1. Öffnen Sie für diese Anleitung die Präsentation *06_Entwicklung.pptx* im Ordner *06* der Beispieldateien. Legen Sie eine neue Folie mit dem Layout **Nur Titel** an, und geben Sie als Titel »Entwicklung« ein. Über **Start ▸ Zeichnung ▸ Formen ▸ Linien ▸ Pfeil** ziehen Sie dann mit gedrückter [⇧]-Taste einen waagerechten Pfeil über die Folie. Verstärken Sie die Linienstärke, und ändern Sie die Linienfarbe.

2. Fügen Sie über **Start ▸ Zeichnung ▸ Formen ▸ Rechtecke ▸ Abgerundetes Rechteck** ein Rechteck ein, in das Sie nachher den Text schreiben. Geben Sie die erste Jahreszahl ein: »1980« (erst die Form anklicken und dann lostippen). Passen Sie nun Schrift, Schriftgröße und die Größe des Rechtecks nach Ihren Vorstellungen an. Die Rundungen des Rechtecks können Sie über den Ziehmarker (die kleine gelbe Raute) verändern.

3. Duplizieren Sie das Rechteck dreimal, und ändern Sie jeweils die Jahreszahl. Sie haben so die einzelnen Stationen des Zeitstrahls erzeugt. Platzieren Sie das erste Rechteck auf dem Pfeilanfang und das letzte Rechteck auf der Pfeilspitze. Markieren Sie alle Rechtecke, und richten Sie sie über **Start ▸ Zeichnung ▸ Anordnen ▸ Objekte positionieren ▸ Ausrichten ▸ Horizontal verteilen** passend aus. Dann markieren Sie zusätzlich den Pfeil und klicken im gleichen Menü auf **Vertikal zentrieren**.

> TIPP
>
> **Formen verschönern**
>
> Wenn Sie die Rechtecke individuell gestalten wollen, können Sie das besonders schnell über **Start ▸ Zeichnung ▸ Schnellformatvorlagen** tun.

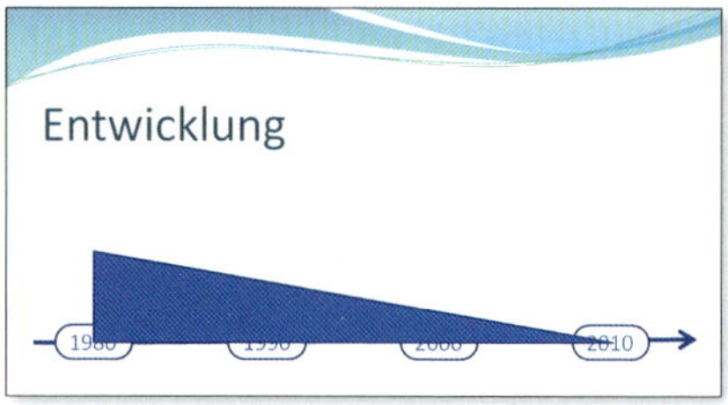

4. Um nun die Wachstumskurve darzustellen, zeichnen Sie ein Dreieck, wie es in der nebenstehenden Abbildung zu sehen ist (**Start ▸ Zeichnung ▸ Formen ▸ Standardformen ▸ Rechtwinkliges Dreieck**).

5. Spiegeln Sie das Dreieck mit **Anordnen ▸ Drehen ▸ Horizontal spiegeln.**

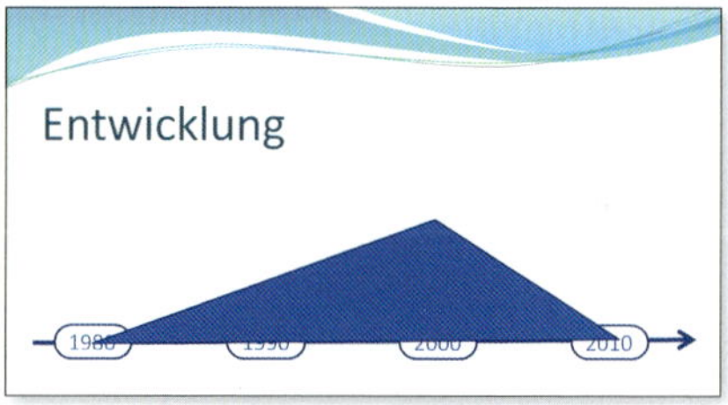

6. Verschieben Sie die obere Ecke des Dreiecks über den Wert »2000« auf der Achse. Dafür müssen Sie zunächst mit der rechten Maustaste auf die Form klicken und **Punkte bearbeiten** aus dem Kontextmenü wählen.

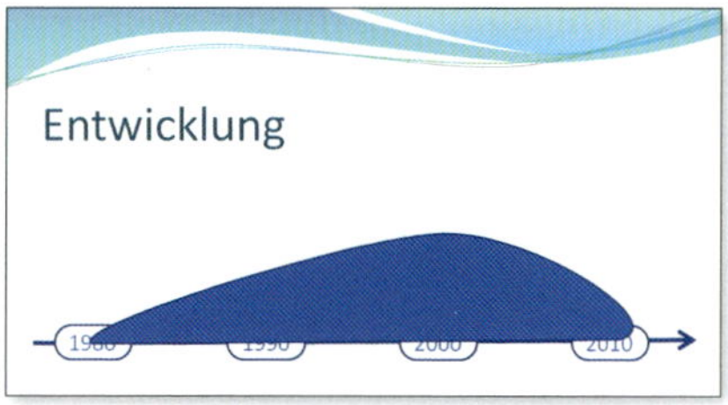

7. Klicken Sie dann mit der rechten Maustaste auf einen der Punkte, und wählen Sie **Punkt glätten** aus dem Kontextmenü. Dadurch wird das Dreieck abgerundet.

8. Legen Sie das abgerundete Dreieck in den Hintergrund (**Start ▸ Zeichnung ▸ Anordnen ▸ Objekte sortieren ▸ In den Hintergrund**), und ergänzen Sie zum Schluss die übrigen Texte, z.B. »Gründung« und »Wachstumsphase«, wie zuvor beschrieben (**Start ▸ Zeichnung ▸ Formen ▸ Rechtecke ▸ Abgerundetes Rechteck**).

Die gesamte Präsentation finden Sie zum besseren Nachvollzug auch im Ordner *06* der Beispieldateien, und zwar unter dem Dateinamen *06_Entwicklung-Zeitstrahl.pptx*, die fertige Präsentation dann unter dem Namen *06_Entwicklung-Final.pptx*.

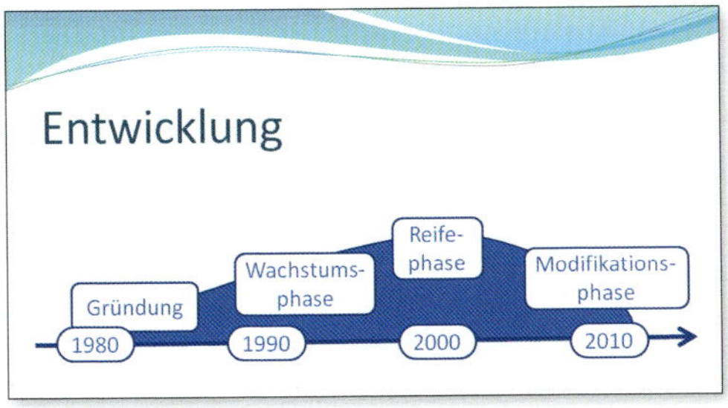

Einen dynamischen Zeitstrahl anlegen

In diesem Abschnitt zeige ich Ihnen, wie Sie einen Zeitstrahl anlegen, dessen Grundlage ein Pfeil ist. So stellen Sie die Entwicklung sehr plakativ dar und verleihen Ihren Informationen Dynamik.

1. Legen Sie zunächst eine neue Folie mit dem Layout **Leer** an. Über **Start ▸ Zeichnung ▸ Formen ▸ Standardformen ▸ Parallelogramm** fügen Sie ein kleines Parallelogramm ein (ziehen Sie es auf der Folie auf).

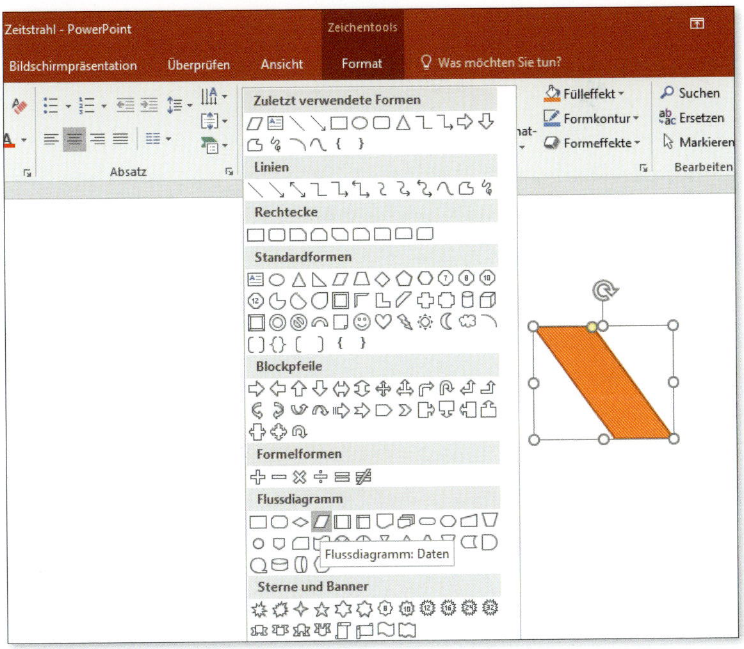

2. Als Nächstes kippen Sie das Parallelogramm (**Start ▸ Zeichnung ▸ Anordnen ▸ Objekte positionieren ▸ Drehen ▸ Horizontal spiegeln**) und verändern mit dem gelben Punkt ❶ seine Dicke und Neigung wie in der Abbildung zu sehen. Drehen Sie dann das Parallelogramm mithilfe des Pfeilsymbols ❷, sodass es wie der obere Schenkel einer Pfeilspitze positioniert ist.

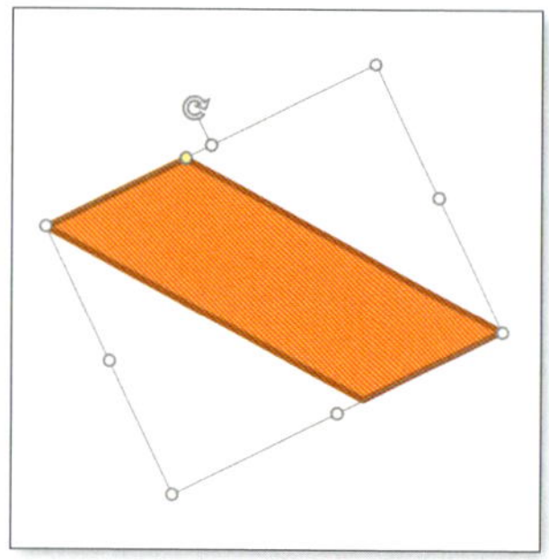

3. Ziehen Sie dann ein weiteres Parallelogramm auf der Folie auf, und spiegeln Sie es erneut, diesmal vertikal (**Start ▸ Zeichnung ▸ Anordnen ▸ Objekte positionieren ▸ Drehen ▸ Vertikal umdrehen**), und drehen bzw. verschieben Sie das zweite Parallelogramm so, dass die beiden zusammen eine Pfeilspitze ergeben. Die beiden Formen können sich dabei überlappen.

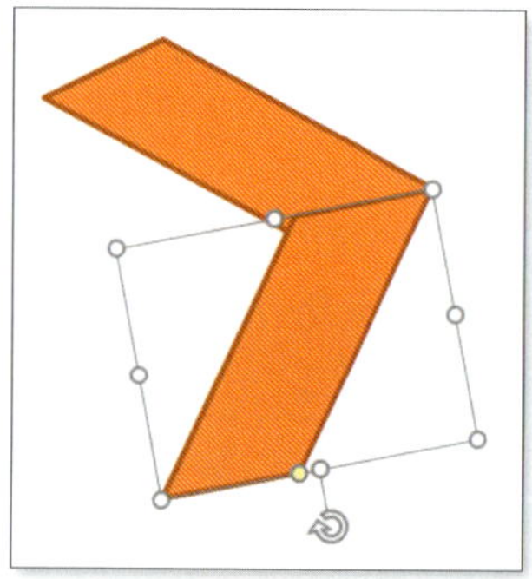

4. Für den Rumpf des Pfeils ziehen Sie ein Trapez auf (**Start ▸ Zeichnung ▸ Formen ▸ Standardformen ▸ Trapezoid**).

5. Drehen Sie das Element mithilfe des Pfeilsymbols so weit, dass seine breite Seite die Pfeilspitze überlagert. Strecken und stauchen Sie den Rumpf, damit ein Pfeil entsteht und genügend Platz für die Beschriftung vorhanden ist.

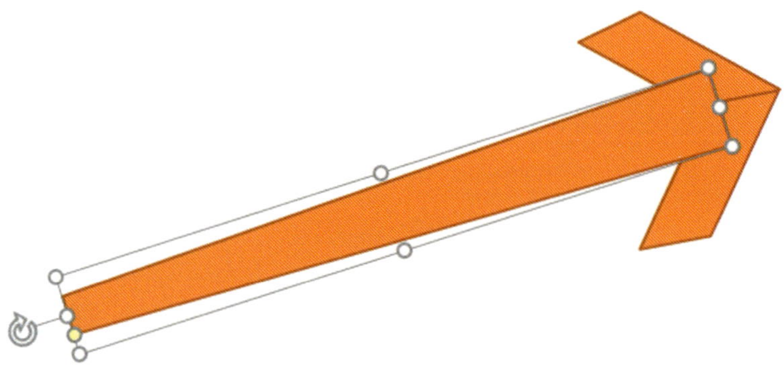

6. Um den Pfeil zu gestalten, markieren Sie alle drei Objekte und wählen **Start ▸ Zeichnung ▸ Formkontur ▸ Kein Rahmen**. Gruppieren Sie dann alle Teile des Pfeils (Strg + ⇧ + G), und passen Sie über **Start ▸ Zeichnung ▸ Fülleffekt** die Farbe an. Wählen Sie einen passenden Schatten (**Start ▸ Zeichnung ▸ Formeffekte ▸ Schatten ▸ Weitere Schatten ▸ Voreinstellungen**), und passen Sie ihn an, z. B. indem Sie die Werte bei **Weichzeichnen** oder **Abstand** verändern.

7. Für die Beschriftung innerhalb des Pfeils nutzen Sie entweder einzelne Textboxen (**Start ▸ Zeichnung ▸ Formen ▸ Standardformen ▸ Textfeld**) oder geben den Text direkt in die Form ein. Wenn Sie sich für einzelne Textboxen entscheiden, erstellen Sie sie erst alle nebeneinander, markieren Sie sie, und drehen Sie sie, indem Sie über die rechte Maustaste ▸ **Größe und Position ▸ Größe** einen Gradwert im Feld **Drehung** angeben. Die äußere Beschriftung erstellen Sie dann mithilfe einzelner Textboxen und gestrichelter Linien. Erstellen Sie einfach eine Textbox und eine Linie (**Start ▸ Zeichnung ▸ Formkontur ▸ Striche**), und duplizieren Sie sie.

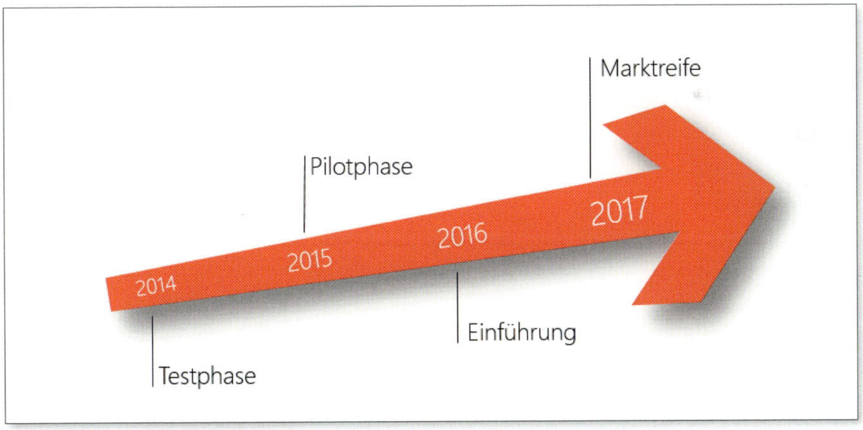

TIPP

Genauer ausrichten

Wenn die Form sich nicht so ausrichten lässt, wie Sie sie gerne hätten, und immer wieder in eine bestimmte Position »zurückspringt«, schalten Sie das Raster aus oder benutzen die Strg-Taste für die Feinjustierung.

Konzepte für Abläufe

Ähnlich wie bei den Zeitstrahlen ist auch das Spektrum für die Gestaltung von Abläufen sehr breit. Die folgende Übersicht zeigt sechs verschiedene Grundtypen:

1. klassische Abläufe (Workflows, Flowcharts)
2. Zyklen
3. Abläufe mit Hintergrundmotiv
4. Abläufe mit Bildelementen
5. illustrative Abläufe
6. Abläufe ohne Prozesspfeile (Flächenabläufe)

Ähnlich wie im vorherigen Abschnitt stelle ich Ihnen im Folgenden die einzelnen Typen näher vor und zeige Ihnen auch das eine oder andere Beispiel.

Teile der hier vorgestellten Abläufe, nämlich eine Auswahl an Prozess- und Zyklusdarstellungen, lassen sich in PowerPoint mithilfe von SmartArts gestalten (**Einfügen ▸ Illustrationen ▸ SmartArt**).

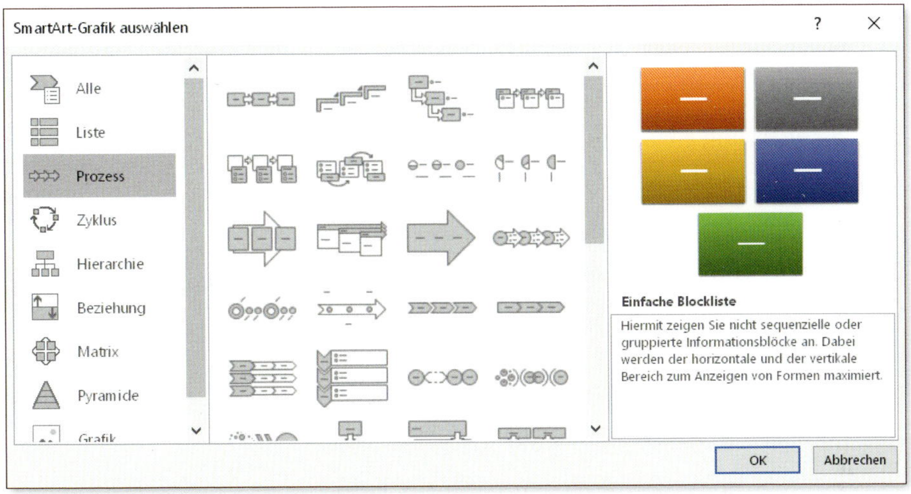

Klassische Abläufe, wie sie in PowerPoint zu finden sind, werden beispielsweise für Programmabläufe von Software oder für Arbeitsabläufe in Unternehmen (Workflow) eingesetzt. Im Folgenden sehen Sie einige Beispiele aus diesen Bereichen.

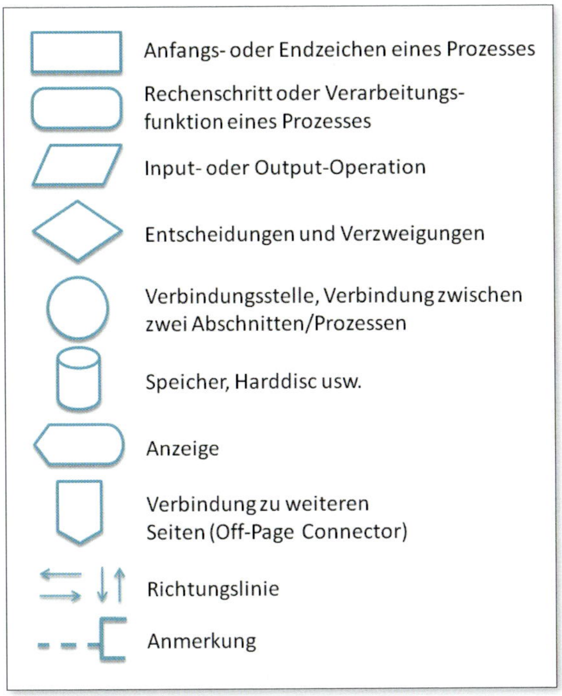

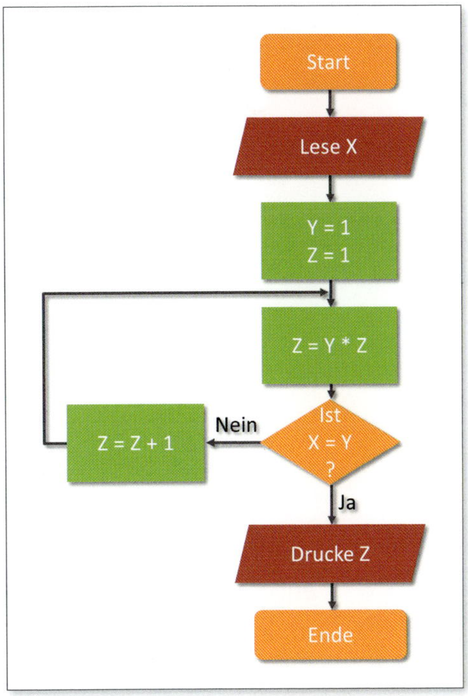

Die Flowchart-Symbole, die Sie in der folgenden Abbildung sehen und die die einzelnen Stationen des Ablaufs repräsentieren, finden Sie unter **Start ▸ Zeichnung ▸ Formen ▸ Flussdiagramm** 1.

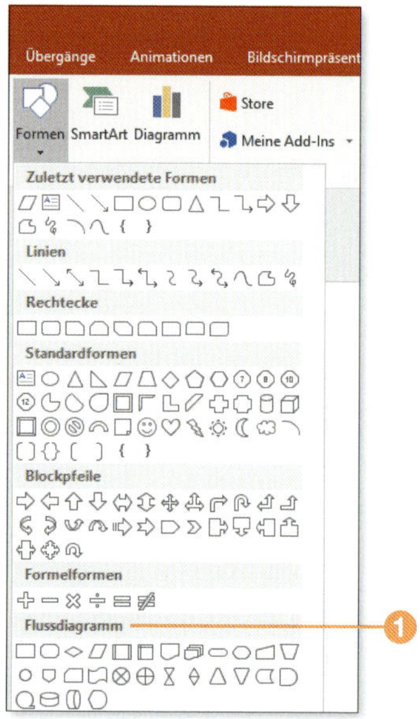

Das Beispiel unten zeigt ein Flowchart (Flussdiagramm), wie es z. B. in der Softwareentwicklung oder in einer Prozessbeschreibung verwendet wird. Die Folie kommt mit wenigen Effekten daher, und für die Formatierung sind lediglich die Schnellformatvorlagen erforderlich.

Das folgende Beispiel zeigt eine Arbeitsanweisung. Durch die weißen Flächen wirkt die Folie sehr sachlich. Der eingefügte Schatten rückt die Flowchart-Symbole in den Vordergrund.

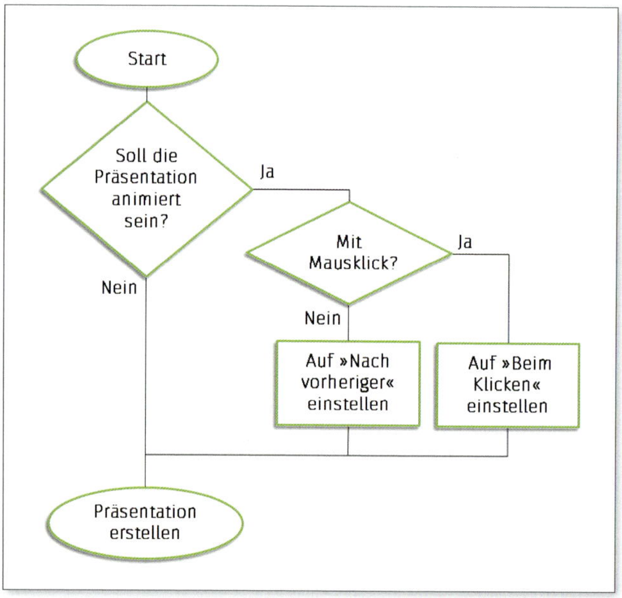

Um einen Ablauf so darzustellen, als wäre er vor wenigen Momenten erst entwickelt worden, eignet sich eine Folie im handschriftlichen Look. Sie finden die Beispieldatei *06_Flowchart.pptx* und die verwendete Schriftart dazu im Ordner *06* der Beispieldateien. Als gute Quelle für Fonts können

Sie etwa *www.fontsquirrel.com* nutzen. Hier finden sich zahlreiche Schriften, die unter die Creative-Commons-Lizenz fallen, also kosten- und lizenzfrei sind.

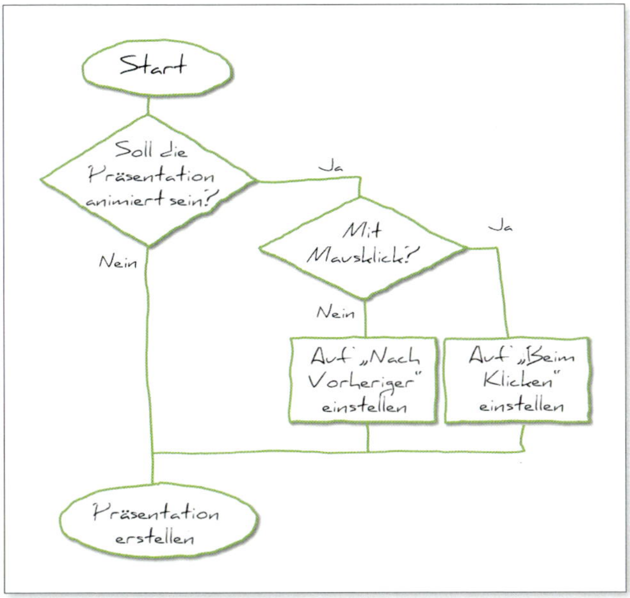

Das nächste Beispiel zeigt ein Flussdiagramm, das mit verschiedenen Phasen hinterlegt ist.

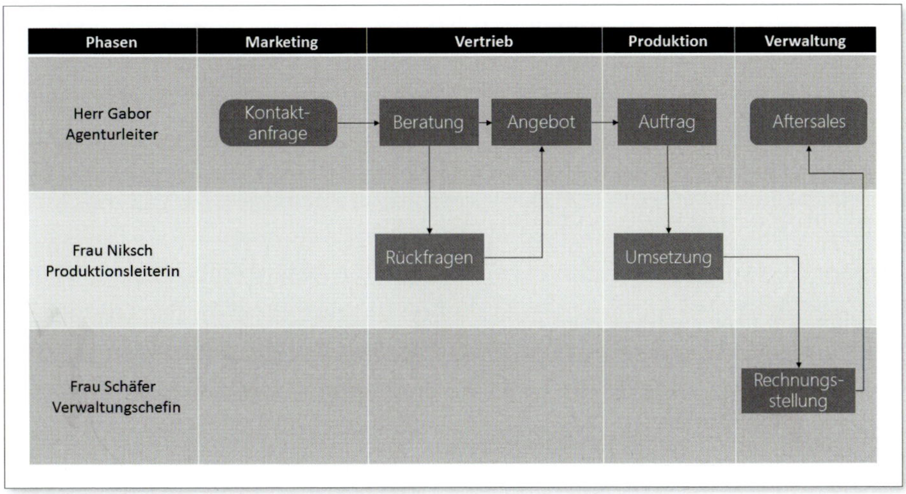

Durch Farben lassen sich bestimmte Teile des Ablaufs herausheben, bewerten oder auch bestimmten Aufgabenträgern zuordnen. Die nächste Folie zeigt ein solches Beispiel, bei dem die Farben bestimmten Personen zugewiesen sind.

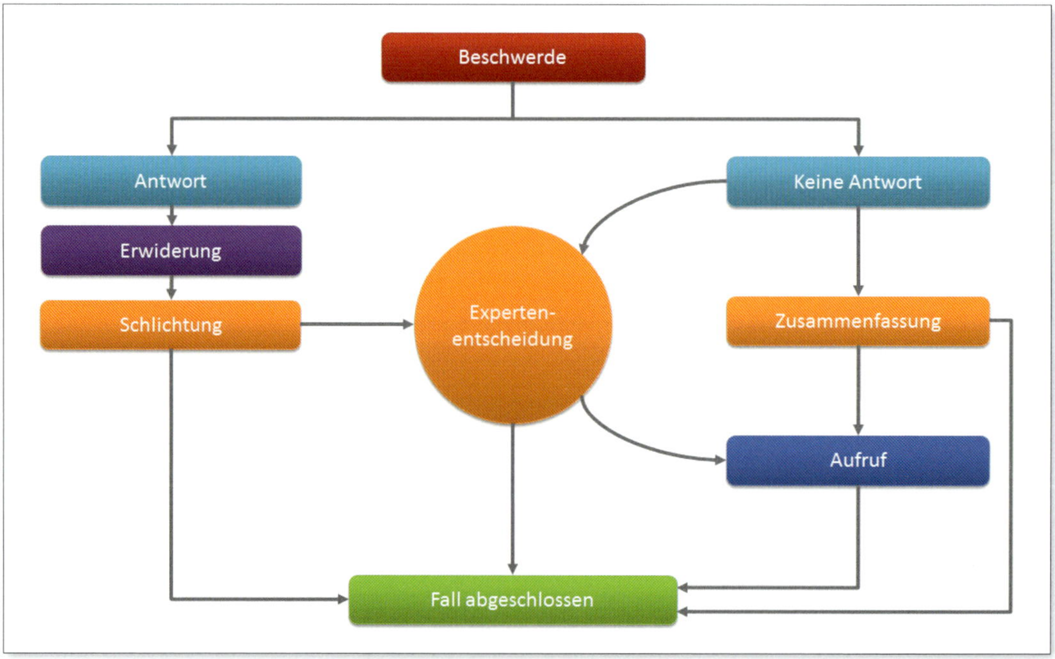

Der nächste Typ von Abläufen, den ich hier vorstelle, sind die Zyklen. Sie sind dadurch gekennzeichnet, dass ein Ablauf einen Kreislauf bildet, der endlos wiederholt werden kann. Das bedeutet: Wenn das Ende erreicht ist, kann es wieder von vorn losgehen. Die verschiedenen Phasen oder Ereignispunkte des Kreislaufs symbolisieren auch eine Einheit und stellen somit etwas in sich Abgeschlossenes dar.

Das erste Beispiel, das ich Ihnen zeige, stellt den Ablauf einer Pizzalieferung dar, der als Zyklus mit gebogenen Pfeilen dargestellt wird. Die Gestaltung des Kreises und der Segmente erinnert darüber hinaus selbst an eine Pizza bzw. an einzelne, bereits geschnittene Pizzastücke. Sie sehen, auch bei der Darstellung von Abläufen bietet es sich an, auf eine unterstützende Gestaltung zu achten. Das erhöht die Nachhaltigkeit der Informationen.

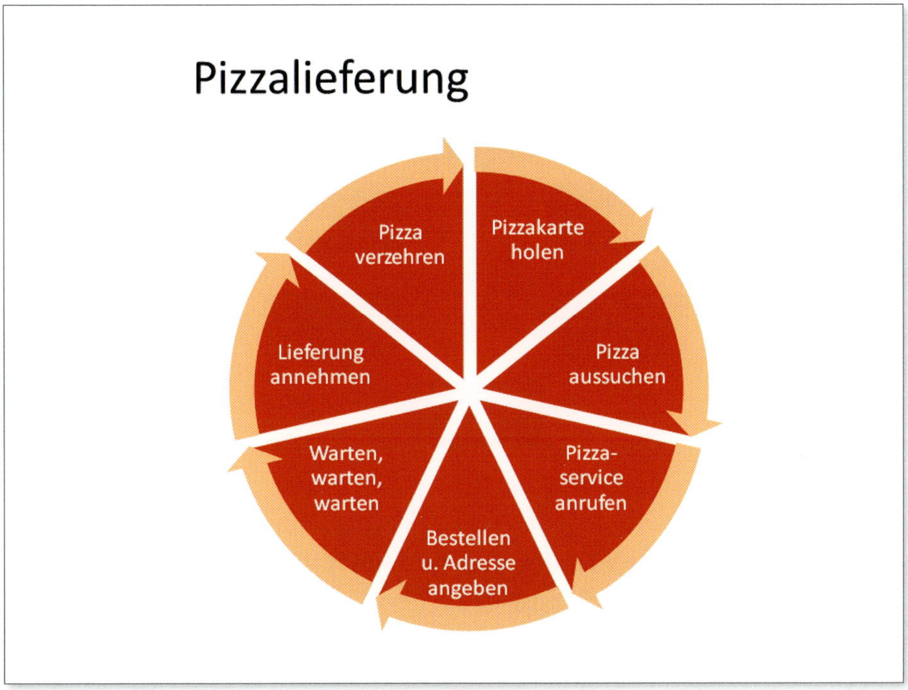

Man kann dem Zyklus auch Piktogramme hinzufügen und dadurch mehr Wirkung erzielen. Die Folien wirken dadurch nicht nur interessanter, sondern es wird auch hier ein höherer Erinnerungswert erzielt.

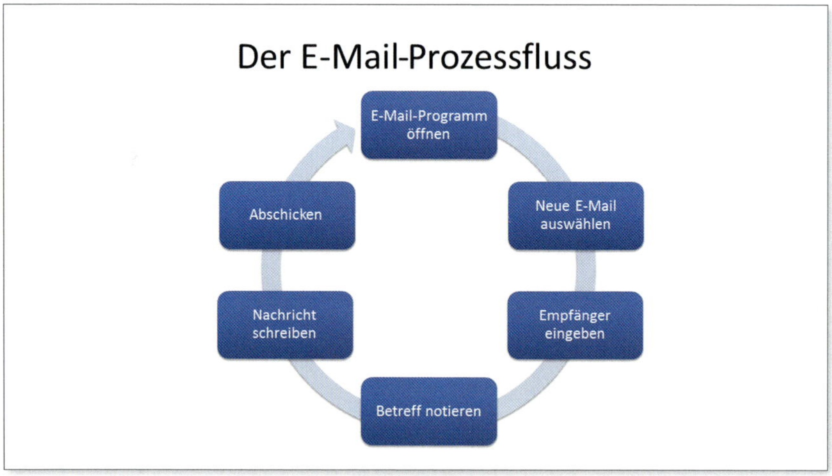

Die dritte Variante von Abläufen sind solche mit einem Hintergrundmotiv. In diesen Fällen kann der Hintergrund entweder die Botschaft der Folie unterstützen oder dient gleichzeitig dazu, den Ablauf visuell zu verorten.

Als Hintergrundmotiv für das erste Beispiel wurde eine Textur verwendet, die wie eine Schultafel wirkt. Die Schriftart, *Bradley Hand ITC* (weitere Schriften etwa unter *www.fontsquirrel.com*), und die gezeichneten Verbindungen unterstreichen den persönlichen, handschriftlichen Charakter.

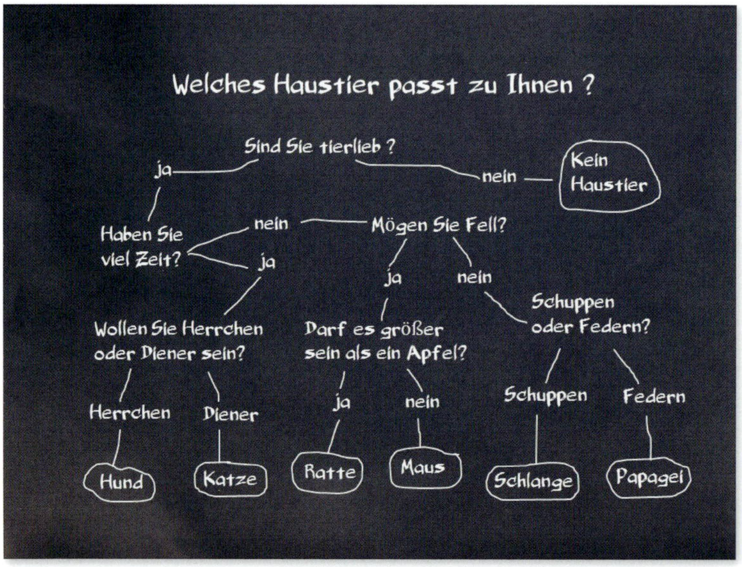

Im zweiten Beispiel richtet sich die Darstellung des Ablaufs nach dem Hintergrundmotiv. Die Treppenstufen werden als Orientierungspunkte für die einzelnen Stationen verwendet.

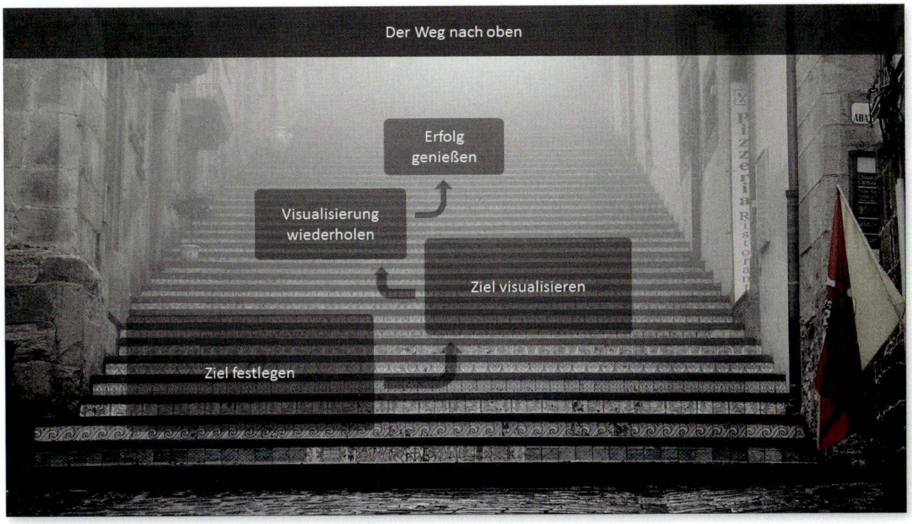

Natürlich lassen sich Bilder nicht nur als Hintergrund für Abläufe, sondern auch als Einzelelemente verwenden. Das bedeutet, dass ein Bild oder Piktogramm den Knotenpunkt zwischen zwei Pfeilen darstellt.

Die Bildhaftigkeit der Stationen erleichtert es, den Ablauf besser zu verstehen. Sie können dies natürlich noch durch Pfeile unterstützen. Figuren und Symbole machen es dem Zuschauer leicht, sich in der Darstellung des Prozessablaufs zurechtzufinden. In diesem Stil kann man viele Themen auf lockere und unterhaltsame Art präsentieren.

Auf der nächsten Folie sehen Sie an den Knotenpunkten Bilder bzw. Piktogramme, die einzelne Stationen des Themas bildhaft darstellen. Das Publikum richtet so die volle Aufmerksamkeit auf den Referenten und seinen Vortrag und beginnt nicht, Folientexte zu lesen. Von Vorteil ist auch, dass sich das Gesagte dank der Piktogramme bei den Zuhörern besser einprägt. Der Nachteil: Die Folie ist ohne den Vortrag nicht selbsterklärend. Zum späteren Nachvollzug bedarf es einer textlichen Unterstützung.

Das zweite Beispiel zeigt einen klaren linearen Ablauf von links nach rechts. Hin und wieder, z. B. in den Bereichen Verkauf, Marketing oder Logistik, stellt man mit einem solchen Ablauf dar, dass parallel gearbeitet wird.

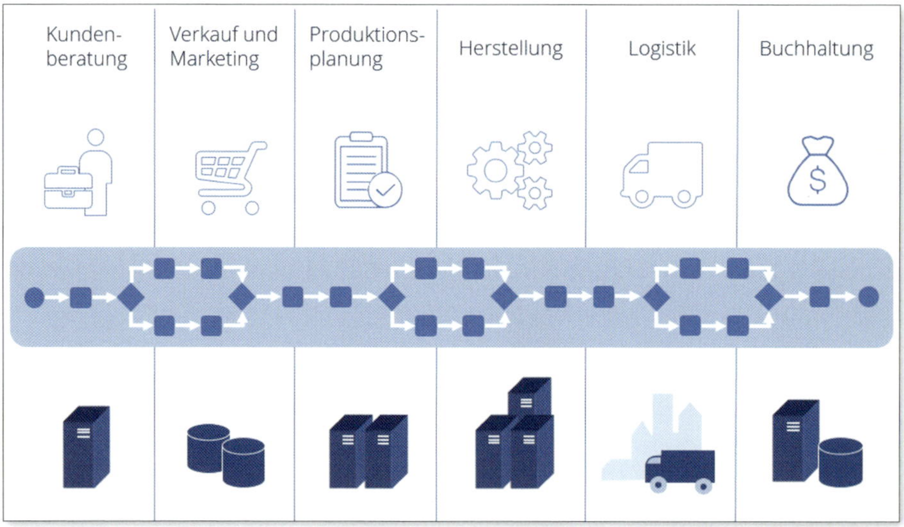

Die Piktogramme über dem Flussdiagramm zeigen die Funktionsträger, und die Bilder unter dem Flussdiagramm stehen für die zugehörigen Ressourcen wie Computer, Datenspeicher oder Lkw.

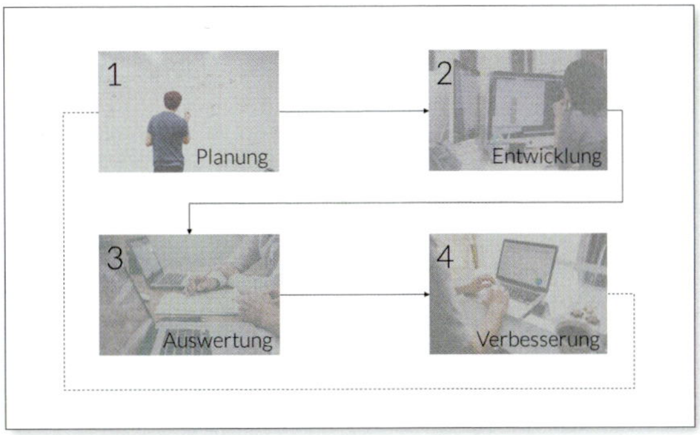

Das nebenstehende Beispiel zeigt einen Ablauf ganz einfach anhand von Bildern und ist damit natürlich sehr plakativ.

Wie wir schon vorher gesehen haben, wirken handschriftlich gestaltete Abläufe sympathisch und aktuell. Bei Abläufen mit Bildelementen können Sie auch mit gezeichneten Bildern arbeiten und so einen sehr lockeren Stil zeigen, der dem Zuschauer suggeriert, dass der Ablauf ganz einfach ist. Illustrationen wirken häufig kindlich, und deshalb assoziieren wir sie mit Einfachheit. Aber auch eine junge Zielgruppe fühlt sich von gezeichneten Folien besser abgeholt.

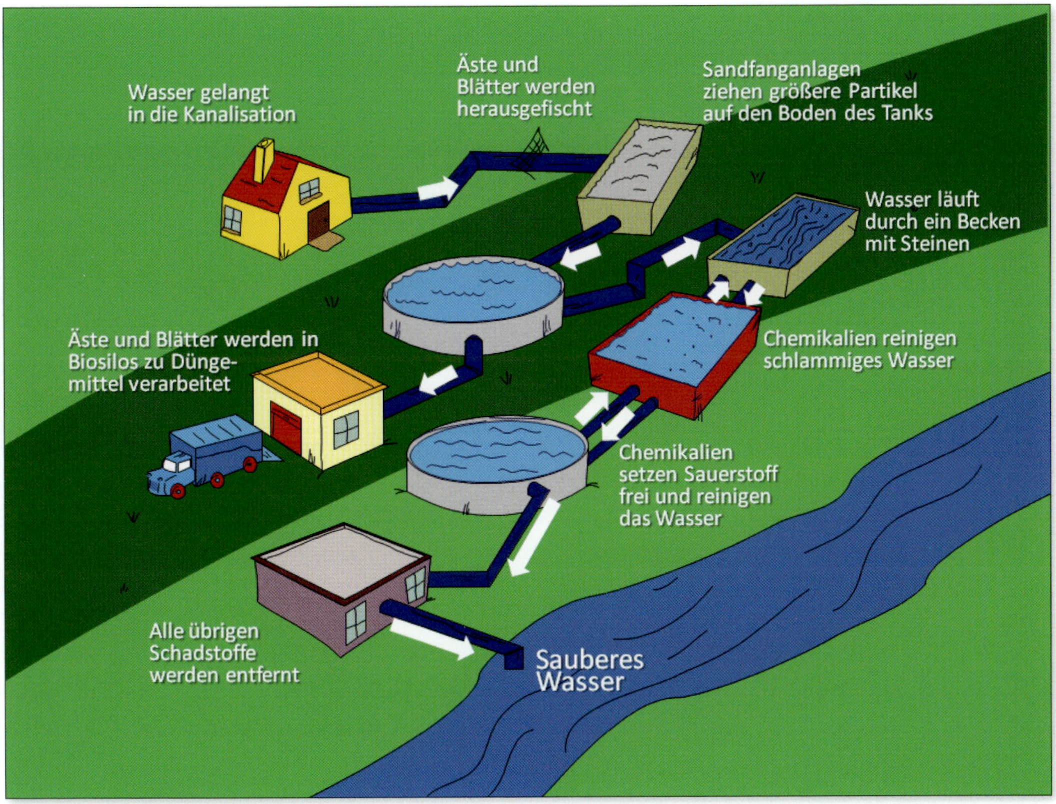

Einen Schritt weiter in diese Richtung gehen Sie mit sogenannten *illustrativen Abläufen*. Dabei ist der Prozess in die Gesamtdarstellung eingebettet und nicht mehr auf den ersten Blick als Prozess erkennbar. Der Prozess erscheint also beiläufig, die Gesamtdarstellung steht im Vordergrund. Sie können solche Abläufe nutzen, um noch interessantere, spannendere Folien zu bauen.

Im ersten Beispiel sind die einzelnen Schritte des Ablaufs einfach entlang eines Bildes der Anlage angeordnet, um die es geht.

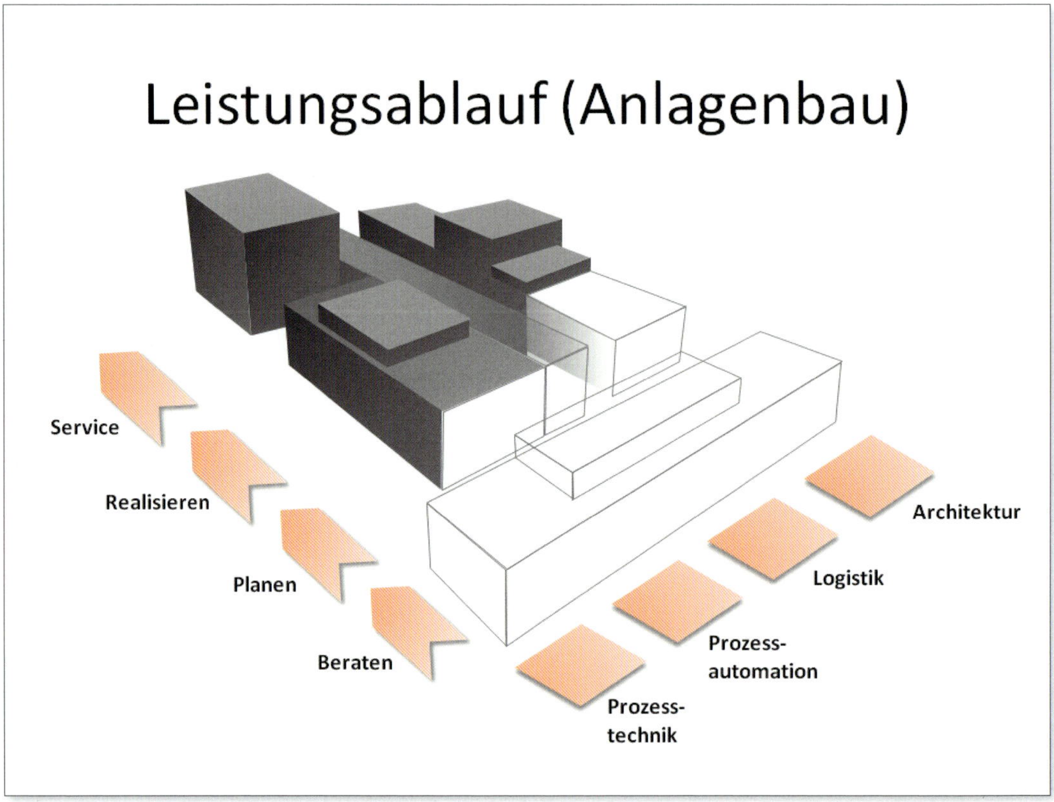

Auch das zweite Beispiel lebt von seiner plakativen Darstellung. Man erkennt anhand der Illustration sehr schnell, was in der Folie vermittelt werden soll, und der Ablauf des globalen Wasserkreislaufs selbst erschließt sich anhand der Nummerierung und Pfeile.

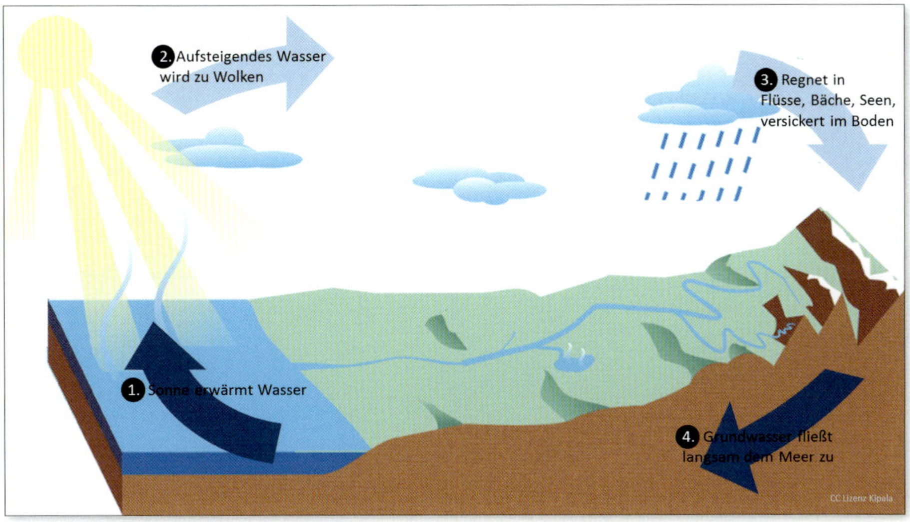

Im letzten Beispiel wird die Thematik schon allein dadurch deutlich, dass der digitale Datenstrom durch Nullen und Einsen dargestellt wird.

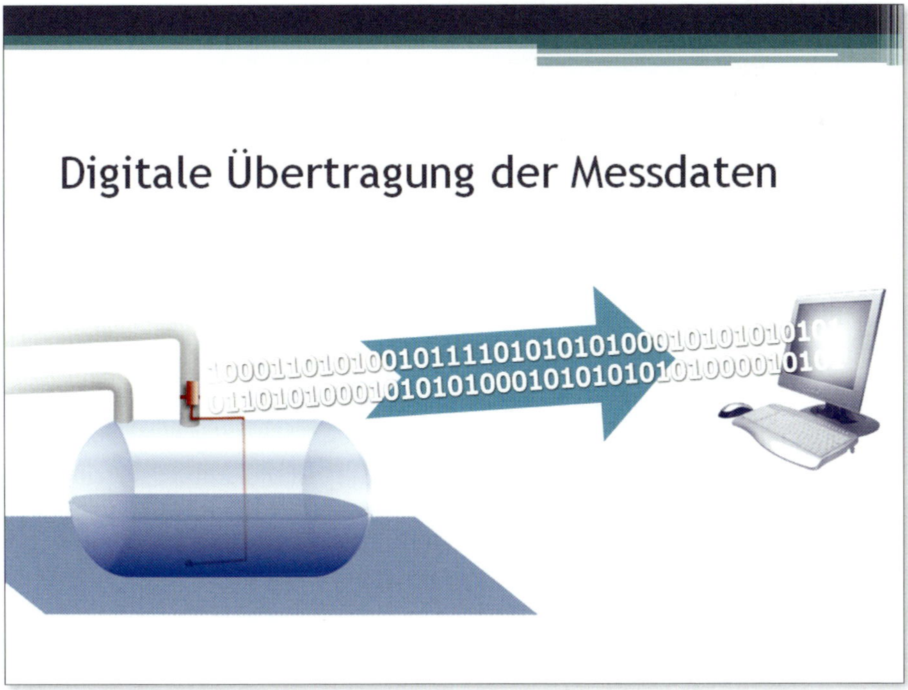

Der letzte Ablauftyp, den ich Ihnen hier zeige, sind Abläufe, die ganz ohne eigentliche Prozesspfeile funktionieren. Der Ablauf ergibt sich aus der Logik der Darstellung oder durch einzelne Elemente wie den eingekerbten Richtungspfeil in PowerPoint.

Das folgende Beispiel stammt von meiner Präsentationsagentur smavicon und nutzt drei große Textfelder, die mit den Ziffern 1 bis 3 gekennzeichnet sind, um eine Chronologie zu verdeutlichen. Darüber hinaus wird hier die gewohnte Leserichtung von links nach rechts eingehalten, was dem Verständnis ebenfalls dient. Die Folie ist selbsterklärend, wird aber bei einem Livevortrag Stück für Stück eingeblendet, sodass genügend Spannung und Aufmerksamkeit im Publikum erzielt wird.

In der Folie zur Markteinführung eines Produkts ist der Ablauf durch einen geschlängelten Weg gekennzeichnet. Die Farben zeigen die verschiedenen Phasen. Da keine typischen Prozesspfeile zu erkennen sind, geht der Zuschauer davon aus, dass die Leserichtung von links nach rechts richtig ist. Dies kann im Vortrag zudem durch Einblenden der einzelnen Schritte von links nach rechts bewusst gesteuert werden. Mehr dazu erfahren Sie in Kapitel 7 »Effekte und Animationen sinnvoll einsetzen«.

Im letzten Beispiel gilt das Gleiche wie eben, allerdings gibt es hier wieder mehr Bildfutter, was die Darstellung auflockert und noch mal klarer den Prozessablauf hervorhebt.

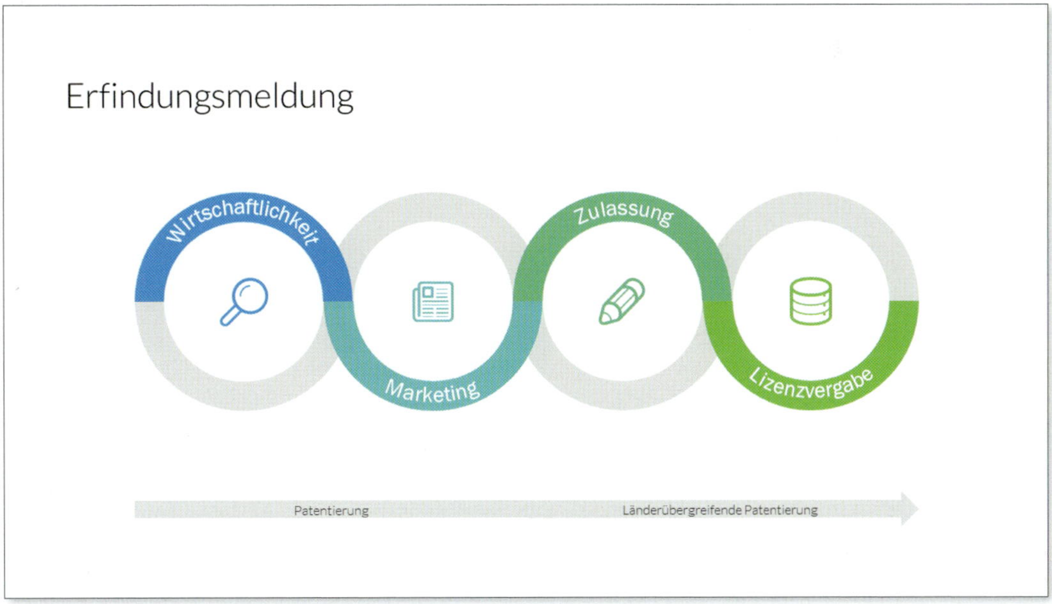

Einen Prozess durch Schuhabdrücke darstellen

Wir sprechen häufig davon, welche und wie viele Schritte wir als Nächstes machen müssen. Die Metapher Schritte lässt sich sehr gut mit Schuh- oder Fußabdrücken visualisieren – angefangen von sehr minimalistischen, grafisch gehaltenen Abdrücken bis hin zu fotografischen Hochglanzabdrücken im Sand.

Im folgenden Beispiel zeige ich Ihnen eine grafische Variante, die ich auch schon in Finanzpräsentationen erfolgreich eingesetzt habe.

1. Öffnen Sie die Datei *06_Schuhabdruck.pptx*, die sich im Ordner *06* der Beispieldateien befindet. Sie finden darin zwei Schuhabdrücke. Schreiben Sie in den Titel »Ablauf/Nächste Schritte«. Markieren Sie beide Abdrücke, und färben Sie die Schuhabdrücke grau ein (**Start ▸ Zeichnung ▸ Fülleffekt ▸ Schwarz, Text 1, heller 50 %**), und setzen Sie die Linienfarbe (**Formkontur**) auf dieselbe Farbe.

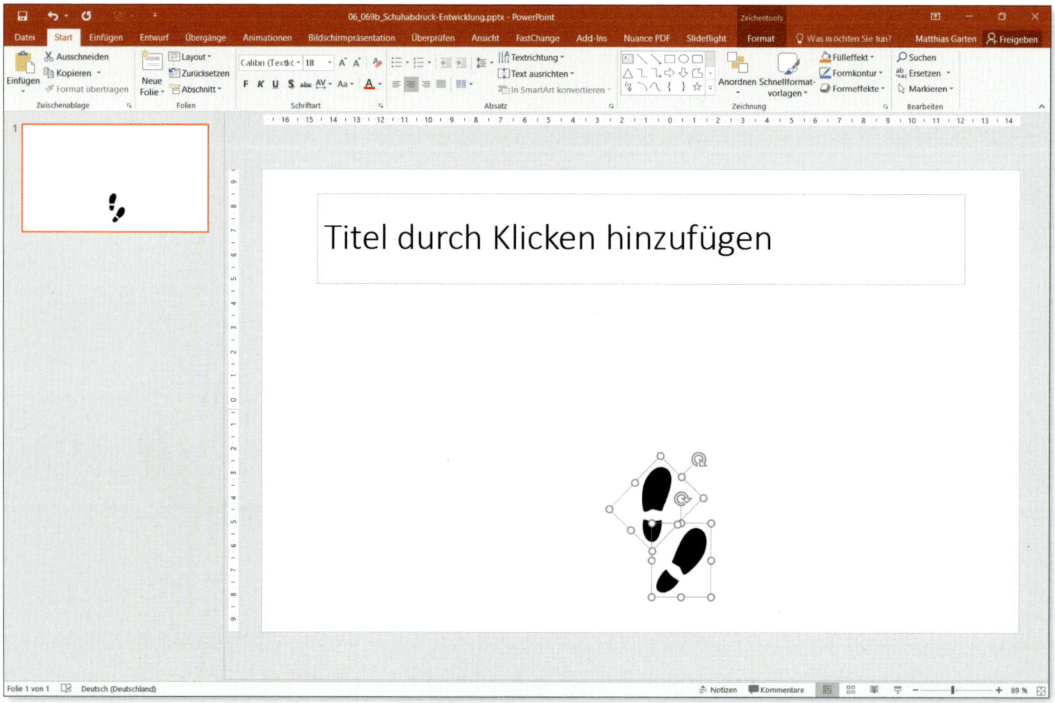

2. Gruppieren Sie die Schuhabdrücke (Strg + ⇧ + G), und duplizieren Sie sie (Strg + D) einmal. Gruppieren Sie alle Elemente, ziehen Sie sie größer, und platzieren Sie sie in der Mitte der Folie.

3. Zeichnen Sie neben dem linken oberen Schuh eine gewinkelte Verbindung (**Start ▸ Zeichnung ▸ Formen ▸ Linien ▸ Gewinkelte Verbindung**). Um einen Winkel zu erhalten, ziehen Sie an dem gelben Ziehmarker. Ändern Sie Liniendicke und -farbe. Fügen Sie zwei Textfelder ein, und beschriften Sie sie wie in der Abbildung.

4. Markieren Sie den Winkel und die zwei dazugehörigen Textfelder, und duplizieren Sie sie. Platzieren Sie sie neben den linken unteren Abdruck.

5. Duplizieren Sie einen Winkel und die zwei Textfelder noch einmal, und setzen Sie sie rechts neben einen Schuhabdruck. Über **Start ▸ Zeichnung ▸ Anordnen ▸ Objekte positionieren ▸ Ausrichten** können Sie alle Elemente links ausrichten. Anschließend spiegeln Sie den Winkel mit **Start ▸ Zeichnung ▸ Anordnen ▸ Objekte positionieren ▸ Drehen ▸ Horizontal spiegeln**.

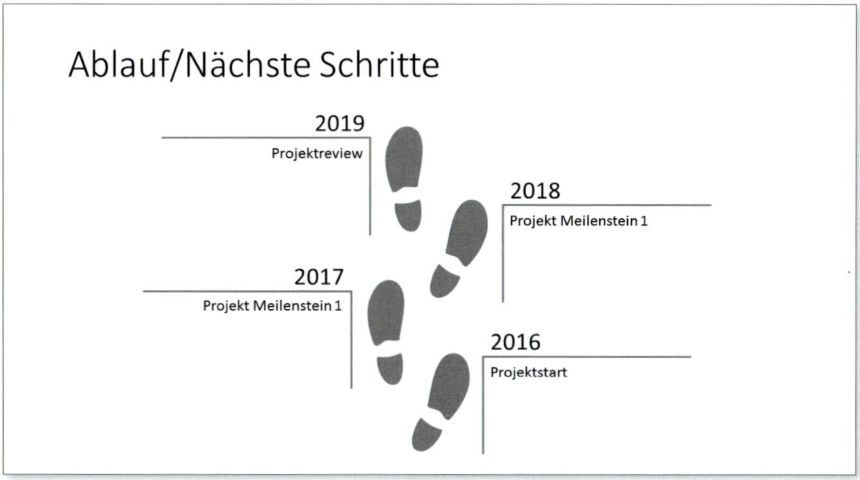

Kapitel 7
Effekte und Animationen sinnvoll einsetzen

Der größte Vorteil von Multimedia-Präsentationen gegenüber klassischen Medien wie Flipchart, Overhead-Projektion oder Tafel besteht darin, dass Sie eine Vielzahl von Animationen und Effekten während Ihrer Präsentation einsetzen können. Leider wurde in den letzten Jahren außerordentlich häufig Gebrauch von dieser Möglichkeit gemacht, sodass sich Animationen und Effekte inzwischen in vielen Präsentationen verbieten. In diesem Kapitel zeige ich Ihnen, was Sie im Einzelnen an Animationen einsetzen »dürfen«, damit Ihre Präsentation noch professionell und nicht wie »Spielerei« wirkt.

Überblenden

Sie werden lernen, welche Animationsarten und -effekte unterschieden werden und wann der Einsatz von Animationen sinnvoll ist (Animationsregeln). Darüber hinaus erfahren Sie, wie Sie dezente Animationseffekte professionell einsetzen und wie Sie mit interessanten Animationen Informationen hervorheben können.

Grundlagen der Animationstechnik

In diesem Abschnitt geht es darum, zu erläutern, warum es durchaus sinnvoll ist, in einer Präsentation Animationen und Effekte einzusetzen. Wenn hier von *Animationen* die Rede ist, geht es um die Funktionen **Übergänge** und **Animationen** in PowerPoint. Der Begriff *Effekt* ist in PowerPoint den Übergängen und Animationen untergeordnet und bezeichnet z. B. einen Einzeleffekt wie **Verblassen**. Hier im Buch selbst werden die Begriffe nicht scharf getrennt; wenn ich also von *Effekt* spreche, sind damit auch Animationen gemeint.

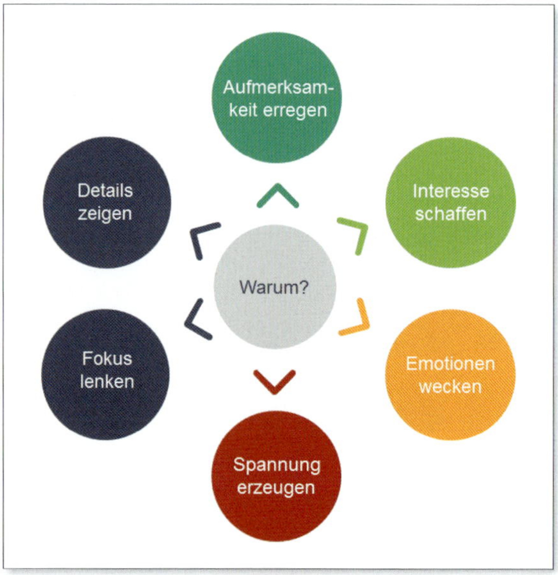

Wie die Abbildung zeigt, gibt es einige gute Gründe für Referenten, Animationen einzusetzen:

- **Aufmerksamkeit erregen:** In vielen Fällen geht es darum, Bewegung in die Folie zu bringen und damit die Aufmerksamkeit des Betrachters zu gewinnen. Die Bandbreite der Effekte ist sehr vielfältig, was auch bedeutet, dass man hier sehr viele Fehler machen kann. Dies vermeiden Sie u.a. durch eine sehr gute Kenntnis Ihrer Zielgruppe und des Einsatzgebietes Ihrer Präsentation. So ist es z.B. wenig sinnvoll, in einer Präsentation für eine Bilanzpressekonferenz Texte in die Folie »fliegen« zu lassen – auf einer Messe hingegen kann so etwas eine gute Wirkung haben.
- **Interesse schaffen:** Menschen, die z.B. an einem Messestand vorbeigehen, reagieren in erster Linie auf pfiffige Animationen oder tolle Effekte. Es geht also darum, Interesse für Ihr Thema zu wecken.
- **Emotionen wecken:** Damit eine Information oder Botschaft beim Publikum »hängen bleibt«, müssen Sie Emotionen wecken. Stellen Sie sich z.B. vor, Sie lassen auf Ihrer Folie einen Ballon, der das Thema Freiheit symbolisieren soll, tatsächlich nach oben schweben. So etwas wirkt wesentlich eindringlicher als ein Standbild.
- **Spannung erzeugen:** Wenn Sie Elemente auf der Folie »verstecken« und im Laufe der Präsentation langsam aufdecken, entsteht Spannung. Die Zuschauer werden neugierig und wollen wissen, was als Nächstes kommt. Wichtig ist hierbei, dass die Gesamtdarstellung noch nicht vorab vollständig erahnt werden kann, um den Überraschungseffekt nicht zu zerstören.
- **Fokus lenken:** Beleuchten Sie im wahrsten Sinne immer die Stelle der Präsentation, an der Sie sich gerade befinden. Wenn Sie z.B. einzelne Elemente einer Maschinenanlage vorstellen wollen, können Sie dafür sehr gut einen Hervorhebungseffekt einsetzen, der das jeweils beschriebene Detail deutlich vom Rest der Maschine abhebt.
- **Vorgänge/Abläufe erklären:** Ein Vorgang oder Ablauf wird normalerweise am besten verstanden, wenn Sie ihn langsam entwickeln. Das gilt vor allem für komplexe Schaubilder. Die Aufmerksamkeit des Zuschauers ist sehr stark auf den Referenten gerichtet, und der Zuschauer muss sich nicht in den Ablauf »einlesen«, sondern bekommt ihn Schritt für Schritt erklärt.

- **Verborgene Details zeigen:** Mithilfe von Animationen können Sie Einzelteile einer Abbildung, die zunächst nicht sichtbar sind, nach und nach einblenden, d. h., im Gegensatz zum Punkt »Spannung erzeugen« geht es hierbei nicht um das bewusste »Verstecken« von Elementen, sondern darum, Informationen gezielt »aufzudecken«. Diese Animation bietet sich an, wenn Sie etwas vom Allgemeinen ausgehend hin zum Speziellen erklären möchten. Zeigen Sie beispielsweise einen Motorblock von außen, und blenden Sie alle Teile bis auf den Zylinder aus (bzw. stellen Sie sie »ausgegraut« dar), oder stellen Sie einen Projektplan in der Übersicht dar, und vertiefen Sie sich dann in die Details der einzelnen Schritte.

Sie sehen, der Einsatz von Animationen und Effekten ist im entsprechenden Zusammenhang durchaus sinnvoll. In einer Situation, die emotional sein darf und Interesse wecken soll, können Animationen sehr effektvoll sein, und Sie können sie ausufernd einsetzen; in sachlichen, eher rational geprägten Präsentationen sollten Animationen hingegen zurückhaltend und nur zur Lenkung des Zuschauerfokus verwendet werden.

Regeln für den Einsatz von Animationen

Im Folgenden stelle ich Ihnen vier Regeln vor, die Ihnen helfen, die Qualität Ihrer Animationen und die Sinnhaftigkeit ihres Einsatzes zu überprüfen:

1. Einsatz und Menge von Animationen richten sich immer nach dem Inhalt der jeweiligen Präsentation (»Animation follows content«). Dazu zwei Beispiele: Sie fügen auf einer Folie eine Rakete als Sinnbild dafür ein, dass Ihr neues Konzept wie eine Rakete zünden wird. Da Sie Dynamik demonstrieren und Ihre Zuschauer von Ihrer Idee überzeugen wollen, dürfen Sie die Rakete animieren, sie also z. B. aus der Folie «fliegen« lassen. In einem anderen Zusammenhang wäre eine solche Animation eher unangebracht. Wenn Sie beispielsweise einen Vortrag zum Umgang mit Qualitätsrichtlinien halten, sollten Sie den Text nicht zum Fliegen animieren, denn es bietet sich weder thematisch an, noch wollen Sie der Präsentation etwas Emotionales oder Lustiges verleihen.

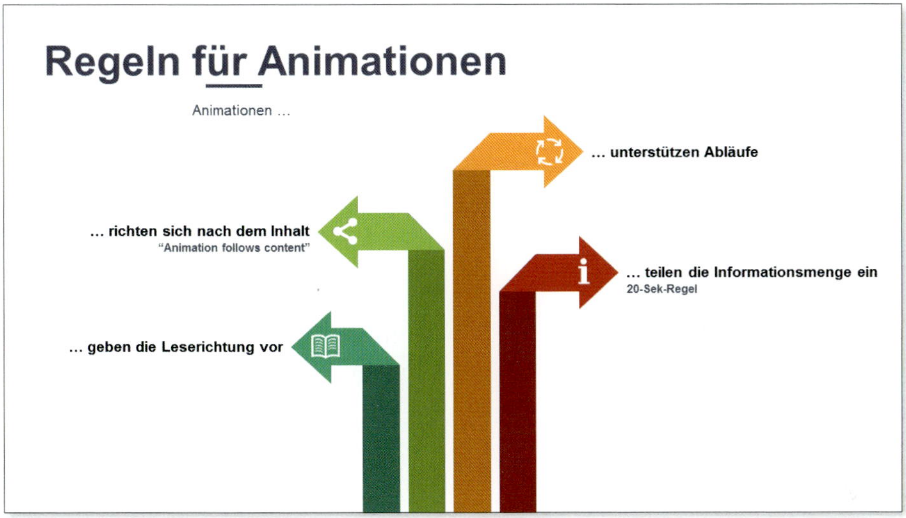

Animationen können Ihre Präsentation aufwerten, sofern Sie sich an einige Regeln halten.

2. In der westlichen Welt verläuft die Leserichtung von links oben nach rechts unten. Da wir darauf konditioniert sind, sollten Sie auch bei Folien diese Leserichtung weitestgehend einhalten. Wenn Sie Präsentationen vor internationalem Publikum halten, vor allem in Asien oder der arabischen Welt, oder wenn grafische Elemente wie eine Pyramidendarstellung, Radialdiagramme oder Ähnliches im Einsatz sind, ist es sinnvoll, mithilfe von Animationen die Leserichtung für den Zuschauer vorzugeben.
3. Auch im Zusammenhang mit Abläufen ist der Einsatz von Animationen häufig angebracht. Steht der Ablauf in einem sachlichen Zusammenhang, sollten Sie nur Animationseffekte wie z. B. **Verblassen**, **Erscheinen** oder **Wischen** verwenden. Gibt es einen emotionalen Kontext, können auch dynamischere, abwechslungsreiche und überraschende Effekte eingesetzt werden.
4. Eine wichtige Regel für Folien im Allgemeinen besagt, dass der Zuschauer die aktuelle Information innerhalb von 20 Sekunden gelesen bzw. verstanden haben sollte (siehe den Abschnitt »Sinnvolle Textgestaltung« ab Seite 69). Je kürzer dieser Zeitraum jedoch ist, desto bes-

ser. Der Einsatz von Animationen kann dabei helfen, die Menge an Informationen zu begrenzen, indem Sie z. B. Aufzählungspunkte nicht auf einmal zeigen, sondern nacheinander einblenden.

Sie haben nun die wichtigsten Regeln für Animationen kennengelernt und können daher Ihre Präsentationen mit sinnvollen Animationen ausstatten.

Animationsarten

Angelehnt an die klassischen Animationsarten, wie sie in »echten« Animationsprogrammen seit Jahrzehnten vorhanden sind, finden wir in PowerPoint drei verschiedene Kategorien von Animationen:

1. **2D-Animationen:** Diese unterteile ich hier noch einmal in *einfache Animationen* (Standardanimationen) und *kombinierte Animationen* (mehrere Animationen, die parallel ablaufen).
2. **Pfadanimationen:** Ein oder mehrere Folienelemente werden entlang einer Strecke animiert, z. B. um die Fahrt eines Autos entlang einer Straße oder den Sinkflug eines Blattes darzustellen.
3. **Übergänge** (im Filmgeschäft auch *Blenden* genannt): Diese »fließenden«, geschmeidigen Übergänge sind hinlänglich aus Videofilmen und Videoschnittprogrammen bekannt. In PowerPoint handelt es sich dabei um die sogenannten *Folienübergänge* (Registerkarte **Übergänge**), also den Wechsel zwischen zwei Folien.

Natürlich können alle Animationsarten und -effekte auch miteinander kombiniert werden, woraus sich eine Menge interessanter Gestaltungsmöglichkeiten ergibt.

Eine weitere wichtige Animationsart, nämlich die 3D-Animationen, ist leider derzeit nicht in PowerPoint enthalten. 3D bedeutet in diesem Zusammenhang z. B., dass ein Element umflogen wird (Kameraflug) oder ein Logo um eine Kugel fliegt.

Animationen in PowerPoint

Auf der Registerkarte **Animationen** versammelt PowerPoint eine Reihe von Effekten, die sogenannten *Animationseffekte*. Die zuvor genannten einfachen und kombinierten Animationen werden in PowerPoint daher noch einmal in drei grundlegende Animationseffekte untergliedert:

1. Eingangseffekte (**Eingang**)
2. Hervorhebungseffekte (**Betont**)
3. Ausgangseffekte (**Ausgang**)

Alle drei Kategorien werden dabei den Eigenschaften **Einfach**, **Dezent**, **Klassisch** und **Spektakulär** zugeordnet, wie es in der folgenden Abbildung zu sehen ist. Die Blenden bzw. Folienübergänge sind in PowerPoint auf der Registerkarte **Übergänge** zu finden. Mit ihnen können Sie in Verbindung mit Animationseffekten interessante Ergebnisse erzielen.

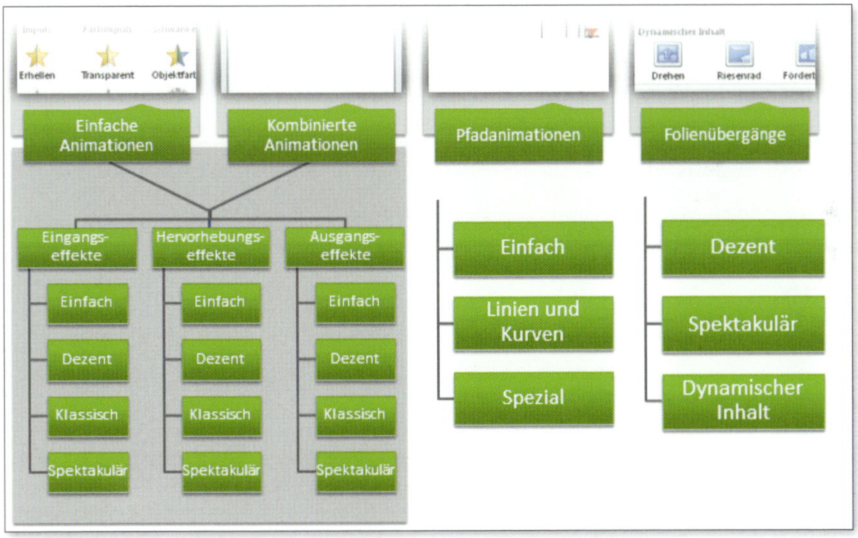

Um Eingangs-, Hervorhebungs- und Ausgangseffekte zu unterscheiden, stellen Sie sich am besten eine Bühne vor. Der Moment, in dem der Schauspieler die Bühne betritt, ist der Eingangseffekt, d. h., es geht um die initiale Wirkung: Rennt oder schwebt er hinein, springt oder kriecht er?

Wenn er (zusammen mit mehreren anderen Schauspielern) auf der Bühne ist, geht es um den Hervorhebungseffekt. Tritt er hervor, um sich bemerkbar zu machen, wird er lauter, benutzt er irgendwelche Hilfsmittel, oder verändert er sein Kostüm, um aufzufallen? Am Ende des Stückes kommt der Abgang (der Ausgangseffekt) – auch der kann mit großem Getöse stattfinden oder z. B. besonders dramatisch, lustig oder auch ganz leise sein.

Pfadanimationen und Folienübergänge können unabhängig von diesen Effekten genutzt werden, man kann sie aber auch sehr gut mit ihnen kombinieren. Im Folgenden stelle ich Ihnen zentrale Effekte und ihre Optionen vor.

1. Legen Sie eine neue Folie mit dem Layout **Leer** an, und fügen Sie ein Rechteck ein (**Start ▸ Zeichnung ▸ Formen ▸ Rechteck**).
2. Markieren Sie das Rechteck, und fügen Sie über **Animationen ▸ Animation ▸ Wischen** den ersten Animationseffekt ein. Schauen Sie sich den Effekt über die Funktion **Vorschau** (**Animationen ▸ Vorschau ▸ Vorschau**) an. Zusätzlich können Sie den **Animationsbereich** einblenden (**Animationen ▸ Erweiterte Animation ▸ Animationsbereich**).

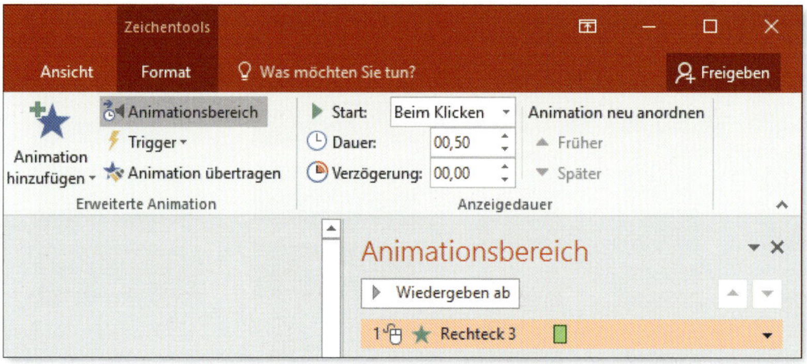

Zum Anpassen von Animationseffekten gibt es eine Reihe von Möglichkeiten im Menüband auf der Registerkarte **Animationen**. Sie können z. B. angeben, wann die Animation beginnen soll (**Animationen ▸ Anzeigedauer ▸ Verzögerung** ①) oder wie lange sie dauert bzw. wie schnell sie abläuft (**Animationen ▸ Anzeigedauer ▸ Dauer** ②).

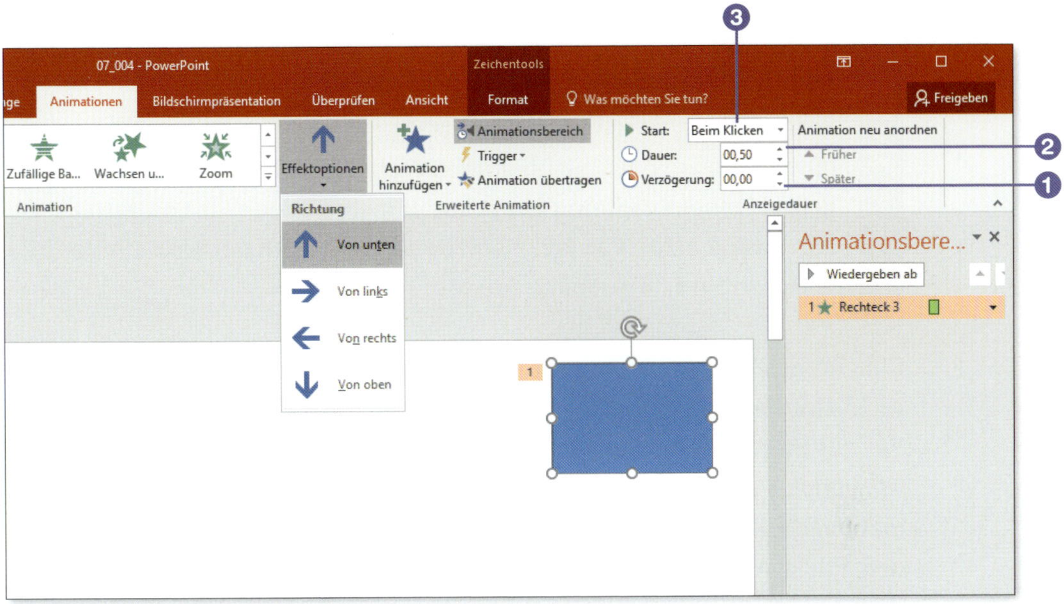

Sie können eine Animation aber auch auf Mausklick starten (über **Animationen ▸ Anzeigedauer ▸ Start ▸ Beim Klicken** ③), sie zusammen mit weiteren Effekten beginnen lassen (**Mit Vorherigen**) oder die Effekte der Reihe nach hintereinander einsetzen (**Nach Vorherigen**). Dazu ein Beispiel: Sie wollen, dass das Rechteck eingeblendet wird und sich anschließend dreht. Dazu markieren Sie das Rechteck und wählen als Eingangseffekt **Animationen ▸ Animation ▸ Eingangseffekte ▸ Verblassen.** Über die Option **Animationen ▸ Anzeigedauer ▸ Start ▸ Nach Vorherigen** startet die Animation, wenn Sie die Folie im Präsentationsmodus anschauen.

Als zweiten Animationseffekt wollen wir, dass sich das Rechteck dreht. Klicken Sie es an, und wählen Sie **Animationen ▸ Erweiterte Animation ▸ Animation hinzufügen ▸ Eingang ▸ Drehen**. Setzen Sie **Animationen ▸ Anzeigedauer ▸ Start** auf **Nach Vorherigen**, und schauen Sie sich die Vorschau an (Funktion **Vorschau** oder alternativ **Wiedergabe** im **Animationsbereich**).

Wenn Sie **Animationen ▸ Erweiterte Animation ▸ Animationsbereich** eingeblendet haben, sehen Sie rechts im Aufgabenbereich auch die Reihenfolge der Animationen und können sie ändern sowie weitere Effektoptionen einstellen (klicken Sie dazu mit der rechten Maustaste auf einen Effekt im **Animationsbereich**).

INFO

Mehrere Animationseffekte für ein Element

Es ist wichtig, zu unterscheiden, ob Sie gerade einen Effekt ändern (also ersetzen) oder ihn über den Befehl **Animationseffekte hinzufügen** mit einem weiteren Effekt kombinieren. Wenn Sie von vornherein darauf achten, in welchem »Modus« Sie sich gerade befinden, ersparen Sie sich doppelte Arbeiten.

Ein anderes Beispiel ist Folgendes: Sie wollen, dass ein Auto von links nach rechts in die Folie fährt, und gleichzeitig sollen sich seine Reifen drehen. Für das Einfahren des Autos nutzen Sie eine Pfadanimation (**Animationen ▸ Animation ▸ Pfadanimationen ▸ Linien**) und lassen mithilfe der Angabe **Animationen ▸ Anzeigedauer ▸ Start ▸ Mit Vorherigen** gleichzeitig die Reifen über den Effekt **Animationen ▸ Animation ▸ Betont ▸ Rotieren** kreiseln. Das war jetzt der Schnelldurchgang.

Über die Befehlsgruppe **Animation ▸ Effektoptionen** können Sie darüber hinaus z. B. die Richtung eines Animationseffekts einstellen. Nutzen Sie für Ihr Rechteck einfach einmal den Effekt **Eingang ▸ Wischen**, und schauen Sie sich die Effektoptionen an.

Über **Animationseffekte hinzufügen** können Sie ein Element mit weiteren Effekten versehen. Falls Sie einfach den Effekt ändern, ohne diese Funktion zu verwenden, wird der aktuelle Effekt ausgetauscht.

Mit **Animation übertragen** haben Sie die Möglichkeit, einen oder mehrere Effekte, die einem Folienelement zugeordnet wurden, mit allen Optionen auf andere Folienelemente zu übertragen. Diese Funktion ist sehr nützlich, denn vor allem bei komplexen kombinierten Animationen müssen Sie dann nicht jedes Mal alle Einstellungen neu vornehmen.

Weitere sehr wichtige Optionen für Pfadanimationen finden Sie, wenn Sie im **Animationsbereich** doppelt auf einen Effekt klicken (oder alternativ einen Effekt mit rechts anklicken und im Kontextmenü **Effektoptionen** wählen). Öffnen Sie dazu am besten die Beispieldatei *07_Auto_Pfadanimation.pptx*. Sie finden sie im Ordner *07* der Beispieldateien. Schauen Sie sich dort die Einstellungen an. Blenden Sie vorher den **Animationsbereich** ein. Sie können hier z. B. einstellen, ob die Pfade mit verschoben werden, wenn Sie ein Objekt verschieben (**Gesperrt**), oder nicht (**Nicht gesperrt**). Mit **Gleiten Start** oder **Gleiten Ende** können Sie z. B. die Geschwindigkeit einstellen, mit der ein Objekt am Pfad »entlangläuft«.

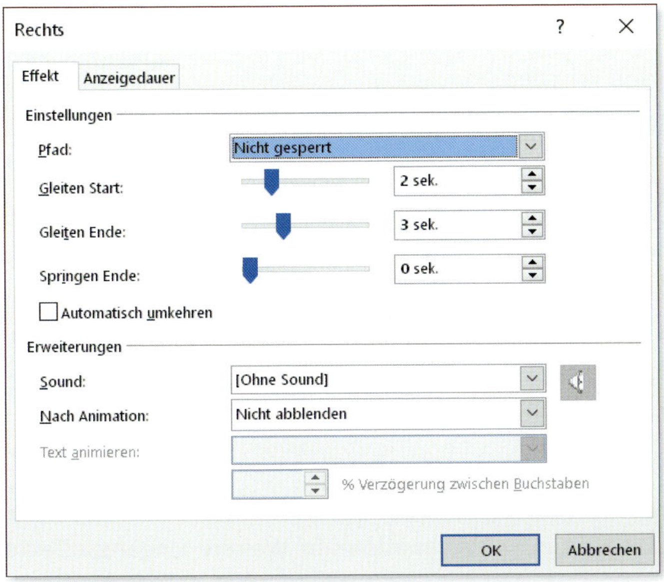

Ein Beispiel für diese Einstellung sehen Sie in der folgenden Abbildung. Das Auto startet langsam und beschleunigt kontinuierlich bis auf eine Höchstgeschwindigkeit, die dann gehalten wird. Über **Gleiten Start** wird eingestellt, wie viele Sekunden der Anlauf dauern soll. **Gleiten Ende** bedeutet analog dazu eine kontinuierliche Abnahme der Geschwindigkeit bzw. eine Entschleunigung.

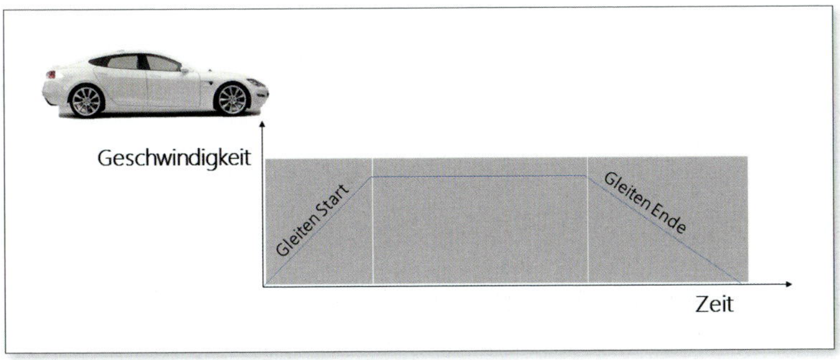

Eine dezente Textanimation anlegen

Nun beginnen wir mit dem praktischen Teil dieses Kapitels. Zunächst werde ich Ihnen zeigen, wie Sie eine dezente Textanimation anlegen, deren Vorteil darin besteht, dass sie vom Zuschauer nur unbewusst wahrgenommen wird. Zu den dezenten Animationen gehören z. B. die Animationseffekte **Erscheinen**, **Verblassen** und **Wischen**.

1. Öffnen Sie eine Präsentation, die eine Textfolie enthält (z. B. *07_Dezente-Textanimationen.pptx* aus dem Ordner *07* der Beispieldateien). Die Folie sollte auch Absätze haben, die in der Listenebene erhöht sind. Sie finden die Listenebenen über **Start ▸ Absatz ▸ Listenebene erhöhen** bzw. **Start ▸ Absatz ▸ Listenebene verringern**. (Im Beispiel »Dezente Textanimationen« in der Abbildung auf der nächsten Seite stehen die Textzeilen »Erscheinen«, »Verblassen« und »Wischen« in der zweiten Listenebene bzw. auf der zweiten Gliederungsebene.)
2. Um den Text zu animieren, klicken Sie das Textfeld an und wählen **Animationen ▸ Animation ▸ Eingang ▸ Wischen**. Falls Sie den Effekt nicht finden, klicken Sie in der Gruppe **Animation** auf **Weitere Eingangseffekte** und suchen ihn im Dialogfenster.
3. Unter **Animationen ▸ Animation ▸ Effektoptionen** wählen Sie dann **Richtung ▸ Von links**. Bei **Animationen ▸ Anzeigedauer ▸ Dauer** stellen Sie den Wert »00,50« (für 1/2 Sekunde) ein. Testen Sie die Animation über **Animationen ▸ Vorschau ▸ Vorschau**. Sie werden feststellen, dass ein Aufzählungspunkt der ersten Gliederungsebene nach dem anderen angezeigt wird.
4. Schalten Sie über **Animationen ▸ Erweiterte Animation ▸ Animationsbereich** den **Animationsbereich** ein. Dort können Sie mit einem Doppelklick auf die jeweilige Animation noch weitere Anpassungen vornehmen.

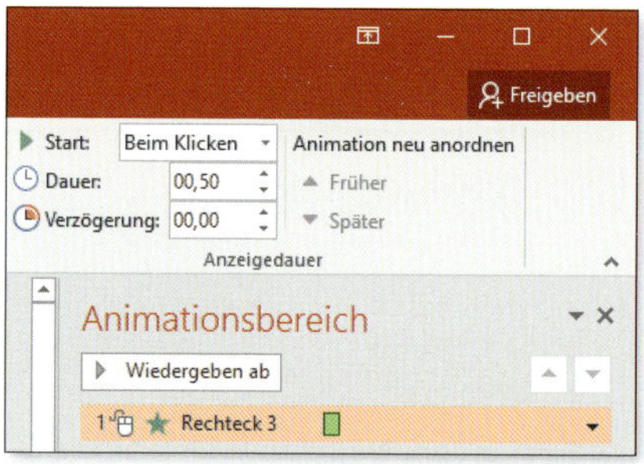

5. Doppelklicken Sie jetzt auf den Animationseintrag. Sie befinden sich nun im Dialogfenster **Wischen**. Wechseln Sie dort auf den Reiter **Textanimation**, und ändern Sie bei **Text gruppieren** den Eintrag auf **Bei 2. Abschnittsebene**. Testen Sie erneut die Animation über die Schaltfläche **Vorschau** auf dem Menüband. Jetzt sollte auch die zweite Gliederungsebene einzeln eingeblendet werden.

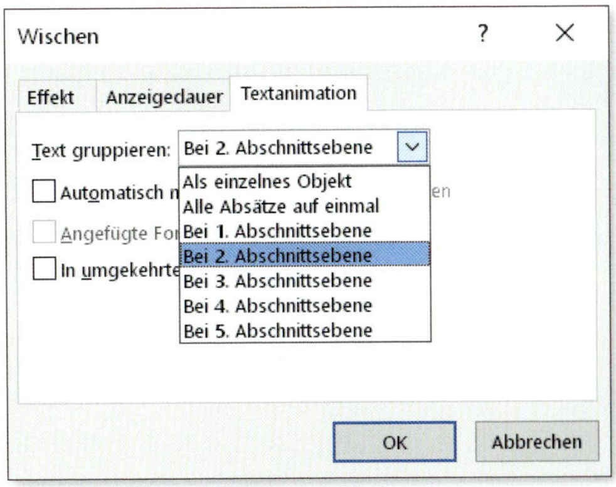

Anstelle des Animationseffekts **Wischen** können Sie auch **Verblassen** oder **Erscheinen** verwenden.

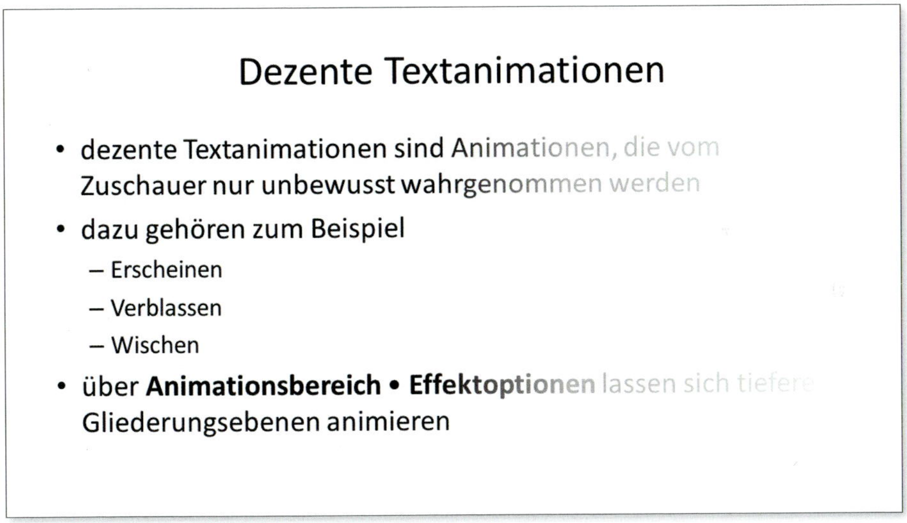

Ein Element durch Framing hervorheben

Mit dem Begriff *Framing* bezeichnet man eine Methode der Hervorhebung, bei der ein Rahmen (etwa ein Rechteck oder ein Kreis) jeweils einen oder mehrere Bereiche auf der Folie hervorhebt.

Framing kann sehr gut in Kombination mit einer Animation eingesetzt werden. Im Folgenden zeige ich Ihnen zwei Varianten: einmal einen Rahmen, der sich über die Animation aufbaut, und danach einen pfeilexpandierenden Rahmen, der den Eindruck vermittelt, als ob ein Pfeilsymbol den Rahmen groß zieht.

1. Für einen *aufbauenden Rahmen* legen Sie zunächst eine leere Folie an. Laden Sie aus dem Internet eine frei verfügbare und nutzbare Weltkarte herunter, und fügen Sie sie über **Einfügen ▸ Bilder ▸ Bilder** ein, oder nutzen Sie die in PowerPoint integrierte Bildsuche im Internet über **Einfügen ▸ Bilder ▸ Onlinegrafiken**. Alternativ können Sie auch die Präsentation *07_Hervorhebung_Framing.pptx* mit der Landkarte aus dem Ordner *07* der Beispieldateien öffnen.

2. Zeichnen Sie über **Einfügen ▸ Illustrationen ▸ Formen ▸ Rechtecke ▸ Rechteck** einen Rahmen auf einem Bereich der Karte, den Sie hervorheben wollen. Entfernen Sie über **Start ▸ Zeichnung ▸ Fülleffekt ▸ Keine Füllung** die Farbe. Stattdessen geben Sie der Kontur des Rechtecks über **Start ▸ Zeichnung ▸ Formkontur** eine Farbe, die in Kontrast zum Hintergrund steht. Die Karte ist grau, also nehmen Sie z. B. Orange für den Rahmen.

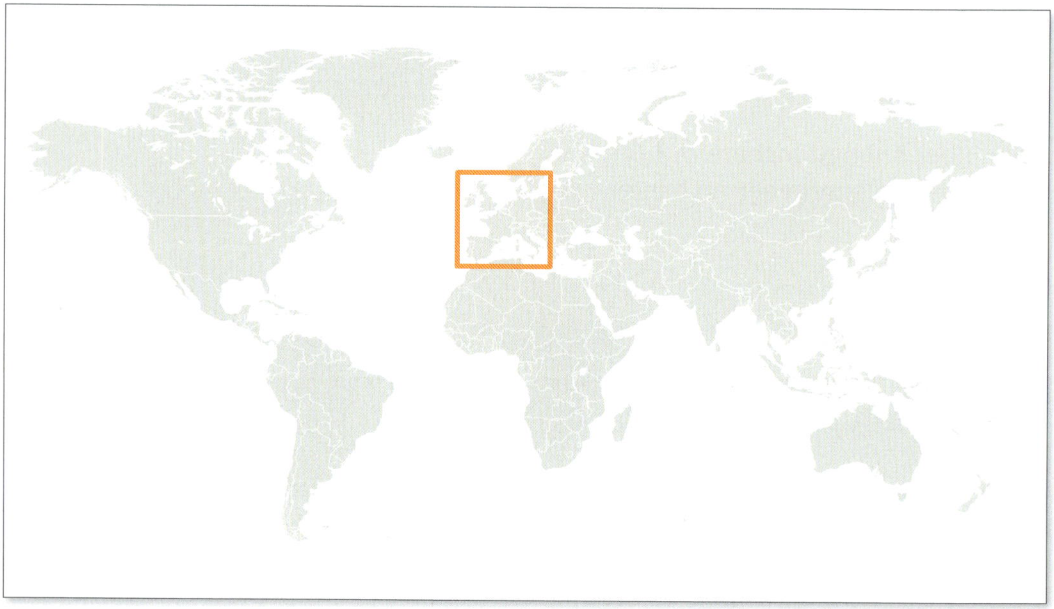

3. Klicken Sie jetzt dieses Rechteck an, und wählen Sie **Animationen ▸ Animation ▸ Eingang ▸ Rad** aus. Wenn Sie den Effekt nicht finden, klicken Sie in der Gruppe **Animation** auf **Weitere Eingangseffekte**, und suchen Sie den Effekt dort.
4. Unter **Animationen ▸ Animation ▸ Effektoptionen** wählen Sie **1 Speiche** (falls nicht bereits eingestellt). Dann passen Sie über **Animationen ▸ Anzeigedauer** die Werte für **Start**, **Dauer** usw. an Ihre Bedürfnisse an.

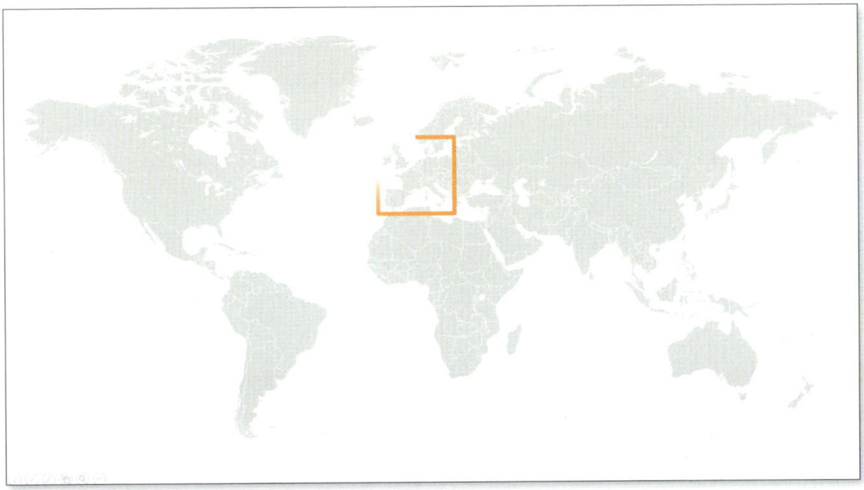

Um statt des aufbauenden Rahmens einen *pfeilexpandierenden Rahmen* anzulegen, gehen Sie folgendermaßen vor:

1. Nehmen Sie das vorherige Beispiel als Grundlage, und löschen Sie zunächst die Animation am Rechteck. Dazu blenden Sie den **Animationsbereich** ein (über **Animationen ▸ Erweiterte Animation ▸ Animationsbereich**), markieren den jeweiligen Effekt im **Animationsbereich** und drücken die `Entf`-Taste.
2. Als neuen Effekt für den rechteckigen Rahmen wählen Sie **Animationen ▸ Animation ▸ Weitere Eingangseffekte ▸ Klassisch ▸ Zoom einfach.** Unter **Effektoptionen** stellen Sie **In** ein. Geben Sie für **Animationen ▸ Anzeigedauer ▸ Start** die Option **Nach Vorherigen** an, und stellen Sie bei **Animationen ▸ Anzeigedauer ▸ Dauer** den Wert »02,00« ein.

3. Für den Pfeil am Rahmen wählen Sie dann **Einfügen ▸ Illustrationen ▸ Formen ▸ Standardformen ▸ Halber Rahmen**. Bevor Sie mit dem Formatieren und Positionieren beginnen, klicken Sie mit der rechten Maustaste auf den Folienhintergrund, und deaktivieren Sie über den Befehl **Raster und Führungslinien** die Option **Objekte am Raster ausrichten**.

4. Als Nächstes suchen Sie sich über **Start ▸ Zeichnung ▸ Fülleffekt** eine Farbe als Kontrast zum Hintergrund aus (aber eine andere als die Rahmenfarbe, also z. B. Braun). Drehen und verschieben Sie den »halbierten« Rahmen, sodass seine Spitze nach oben rechts weist. Zoomen Sie das Objekt heran, und passen Sie über die Marker die Dicke der Kanten des halben Rahmens an die Dicke des gesamten Rahmens an.

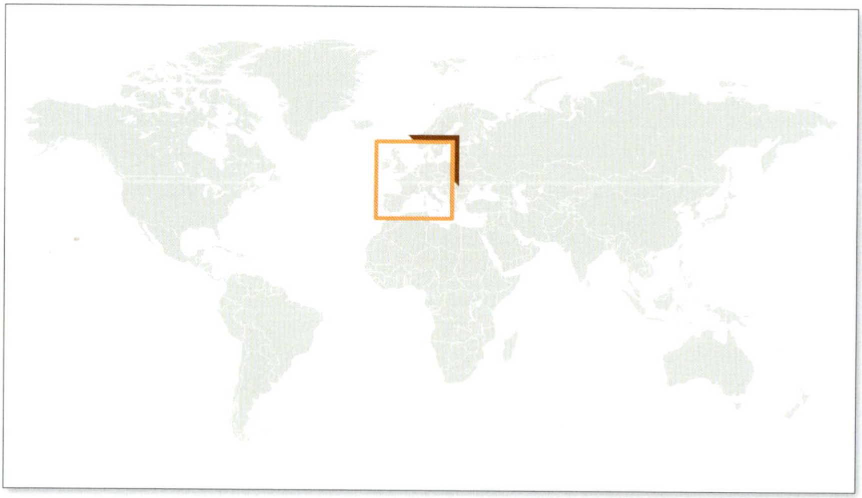

5. Nun kommt das eigentlich Spannende: Wir animieren den Pfeil. Wählen Sie dazu **Animationen ▸ Animation ▸ Weitere Animationspfade ▸ Linien und Kurven ▸ Diagonal nach oben rechts**. Unter **Anzeigedauer ▸ Start** stellen Sie **Mit Vorherigen** und bei **Anzeigedauer ▸ Dauer** den Wert »02,00« ein. Achten Sie darauf, dass diese Animation auf die Rahmenanimation folgt (**Anzeigedauer ▸ Animation neu anordnen ▸ Später**).

6. Doppelklicken Sie im **Animationsbereich** auf die Pfeilanimation. Unter **Pfad** wählen Sie die Option **Gesperrt**, und für **Gleiten Start** und **Gleiten Ende** geben Sie jeweils den Wert »0 sek.« ein.

7. Nachdem Sie den Dialog geschlossen haben, klicken Sie den Pfad in der Mitte an und verschieben ihn mit den Pfeiltasten. Das Ende des Pfades (erkennbar am kleinen roten Dreieck) muss so platziert werden, dass der animierte Pfeil »am Ende seines Weges« auf der Rahmenkante zum Liegen kommt.

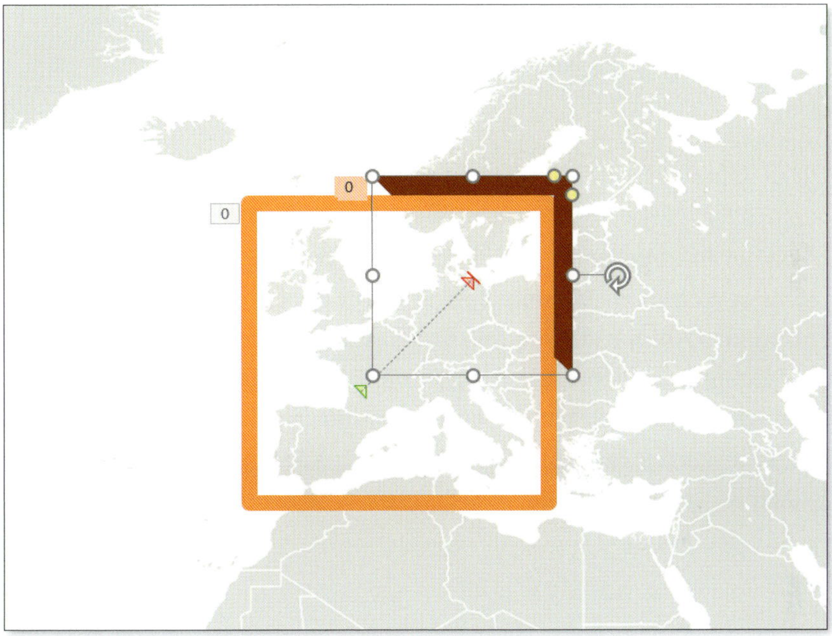

Bei Pfeilanfang und -ende sind bei Anklicken eines Elements zunächst Dreiecke für den Beginn und das Ende zu sehen. Klickt man den Pfad an, verändern sich die Dreiecke zu kleinen Kreisen.

8. Um das zu testen, nutzen Sie den Befehl **Wiedergeben ab** im **Animationsbereich**. Es kann sein, dass hier ein paar Versuche nötig sind, bis es klappt. Lassen Sie sich auch nicht von der Animation des Rechtecks irritieren – beachten Sie sie hierbei einfach nicht.

9. Sobald der Pfeil richtig mit der Kante abschließt, befassen Sie sich mit dem Anfang des Pfades. Klicken Sie dazu auf das kleine grüne Dreieck bzw. den kleinen Kreis, der den Anfang des Pfades kennzeichnet, und verschieben Sie ihn mit der Maus so lange, bis die Animation des Pfeils synchron mit dem Zoom des Rechtecks verläuft.

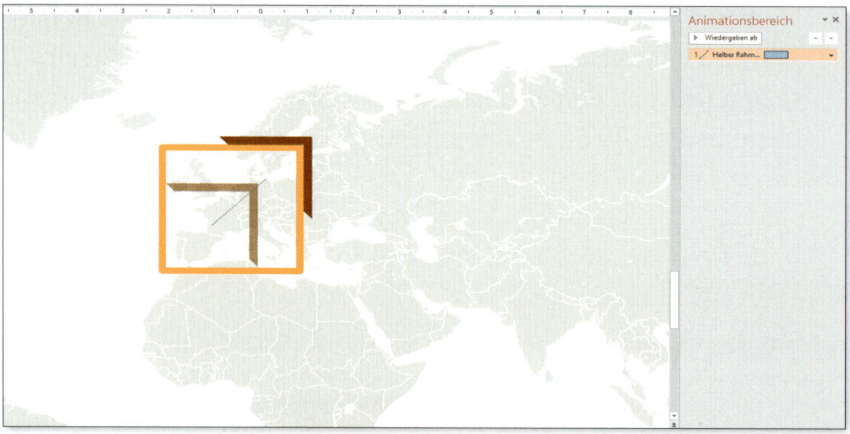

10. Da der Pfad gesperrt ist, wird er beim Verschieben des Rahmens nicht mit verschoben. Verschieben Sie nun den braunen Pfeil an den Anfang des Animationspfades, so als würde er von dort starten. Die Verschiebung ist erforderlich, weil man ansonsten den Rahmen für einen Bruchteil einer Sekunde an der Endposition im Präsentationsmodus sehen würde. Falls Sie das nicht stört, können Sie den Rahmen auch dort belassen, wo er ist.

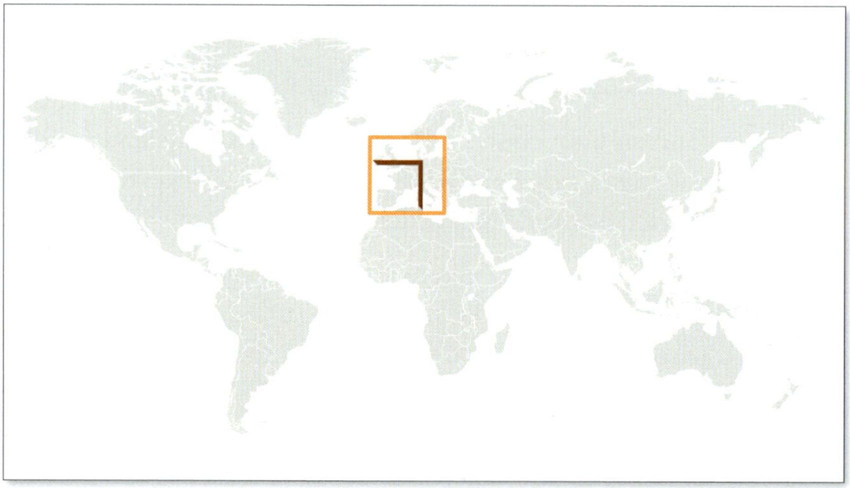

11. Zum Schluss können Sie den Pfeil noch mit einem weiteren interessanten Effekt versehen. Wählen Sie dazu **Animationen ▸ Erweiterte**

Animation ▸ Animation hinzufügen ▸ Weitere Hervorhebungseffekte ▸ Spektakulär ▸ Blinken. Damit der Effekt als Erstes in der gesamten Animationsreihenfolge erscheint, verschieben Sie den Effekt über **Animation neu anordnen ▸ Früher** an die erste Stelle der Chronologie. Stellen Sie dann bei **Animationen ▸ Anzeigedauer ▸ Start** die Option **Nach Vorherigen** ein, und geben Sie im Feld **Anzeigedauer ▸ Dauer** den Wert »00,50« an. Die Einstellung **Nach Vorherigen** ist erforderlich, damit der Effekt beim Aufrufen der Folie automatisch startet. Falls Sie den Effekt lieber mit einem Klick starten möchten, stellen Sie **Anzeigedauer ▸ Start ▸ Beim Klicken** ein.

12. Dann doppelklicken Sie im **Animationsbereich** auf den Effekt. In den Optionen für den Effekt **Blinken** wählen Sie schließlich den Reiter **Anzeigedauer** und geben dort in das Feld **Wiederholen** den Wert »3« ein.

Im nächsten Abschnitt stelle ich Ihnen eine andere Variante der Hervorhebung anhand einer Landkarte vor.

Bereiche zur Hervorhebung einfärben

In diesem Abschnitt geht es darum, einen bestimmten Bereich auf der Folie anders einzufärben, um ihn hervorzuheben.

1. Legen Sie eine leere Folie mit dem Layout **Leer** an. Fügen Sie über **Einfügen ▸ Bilder ▸ Bilder** eine Landkarte ein. Alternativ können Sie auch die PowerPoint-Präsentation *07_Hervorhebung_Einfärben.pptx* mit der Landkarte aus dem Ordner *07* der Beispieldateien öffnen.
2. Duplizieren Sie die Landkarte mit [Strg] + [D]. Markieren Sie danach beide Karten, und richten Sie sie deckungsgleich aus (**Start ▸ Zeichnung ▸ Anordnen ▸ Objekte positionieren ▸ Ausrichten ▸ Linksbündig** und **Oben ausrichten**).
3. Markieren Sie dann nur die oben liegende Karte, und schneiden Sie den Ausschnitt aus, den Sie hervorheben wollen (**Bildtools/Format ▸ Größe ▸**

Zuschneiden). Stellen Sie ihn frei (**Bildtools/Format ▸ Anpassen ▸ Freistellen**). Erstellen Sie zur Sicherheit eine Kopie des freigestellten Motivs (eventuell auch von der gesamten Folie). Färben Sie den Ausschnitt über **Bildtools/Format ▸ Anpassen ▸ Farbe ▸ Neu einfärben** bzw. **Weitere Varianten** in einer Kontrastfarbe. Wenn Ihnen das freigestellte Ergebnis nicht gefällt, können Sie auch die Methode »Freistellen mit Pfad« verwenden (siehe dazu auch Kapitel 3, »Bilder pfiffig präsentieren«).

4. Zum Schluss animieren Sie den Ausschnitt. Klicken Sie ihn an, und wählen Sie **Animationen ▸ Animation ▸ Eingang ▸ Wischen**. Für **Animationen ▸ Animation ▸ Effektoptionen** verwenden Sie **Von unten**.

Diese Farbanimation lässt sich z. B. auch sehr gut für Tabellen oder Diagramme verwenden.

> **TIPP**
>
> **Vektorbasierte Karten verwenden**
>
> Für diesen speziellen Fall gibt es als Alternative auch vektorbasierte Karten. Sie können dann einfach einzelne Länder anklicken und einfärben. Unter *www.freeworldmaps.net* findet sich beispielsweise eine Reihe von Karten fertig für PowerPoint aufbereitet.

Einen Bereich mit einer Lupe hervorheben

Dieser Abschnitt behandelt das *Zooming*. Dabei wird ein Bereich eines Bildes, einer Tabelle, eines Diagramms oder einer anderen Darstellung vergrößert, um ihn hervorzuheben. In diesem Abschnitt simulieren wir die Vergrößerung durch eine Lupe.

1. Legen Sie eine leere Folie an. Fügen Sie über **Einfügen ▸ Bilder ▸ Bilder** oder **Einfügen ▸ Bilder ▸ Onlinegrafiken** eine Landkarte ein (alternativ können Sie auch die PowerPoint-Präsentation *07_Hervorhebung_Framing.pptx* mit der Landkarte aus dem Ordner *07* der Beispieldateien verwenden). Duplizieren Sie die Landkarte mit [Strg] + [D].
2. Markieren Sie beide Karten, und richten Sie sie deckungsgleich aus (**Start ▸ Zeichnung ▸ Anordnen ▸ Objekte positionieren ▸ Ausrichten ▸ Linksbündig** und **Oben ausrichten**). Markieren Sie dann nur die oben liegende Karte, und wählen Sie **Bildtools/Format ▸ Bildformatvorlagen ▸ Abgeschrägtes Oval, schwarz.** Über **Bildtools/Format ▸ Größe ▸ Zuschneiden** verkleinern Sie das Bild auf den Ausschnitt, den Sie später hervorheben wollen.
3. Mit **Bildtools/Format ▸ Bildformatvorlagen ▸ Bildeffekte ▸ Schatten ▸ Weitere Schatten** können Sie den Ausschnitt weiter gestalten. Hier habe ich z. B. **Voreinstellungen ▸ Außen ▸ Offset unten diagonal rechts** gewählt und bei **Abstand** den Wert »22« eingestellt. Überprüfen Sie den Schatten im Zusammenhang mit der Animation.
4. Um den Ausschnitt schließlich zu animieren, klicken Sie ihn an und wählen **Animationen ▸ Animation ▸ Eingang ▸ Erscheinen**, damit der Ausschnitt nicht sofort beim Aufruf der Folie zu sehen ist. Über **Animationen ▸ Erweiterte Animation ▸ Animation hinzufügen ▸ Weitere Hervorhebungseffekte ▸ Betont ▸ Vergrößern/Verkleinern** stellen Sie den Zoom für den Ausschnitt ein. Wählen Sie dann **Animationen ▸ Anzeigedauer ▸ Start ▸ Nach Vorherigen**, und geben Sie im Feld **Anzeigedauer ▸ Dauer** den Wert »02,00« ein. Im **Animationsbereich** können Sie mit Doppelklick auf den Eintrag noch weitere Einstellungen vornehmen (**Effektoptionen**),

z. B. wie groß gezoomt wird (**Effekt ▸ Einstellung ▸ Schriftgrad**) oder ob der Zoom langsam starten soll (**Gleiten Start**).

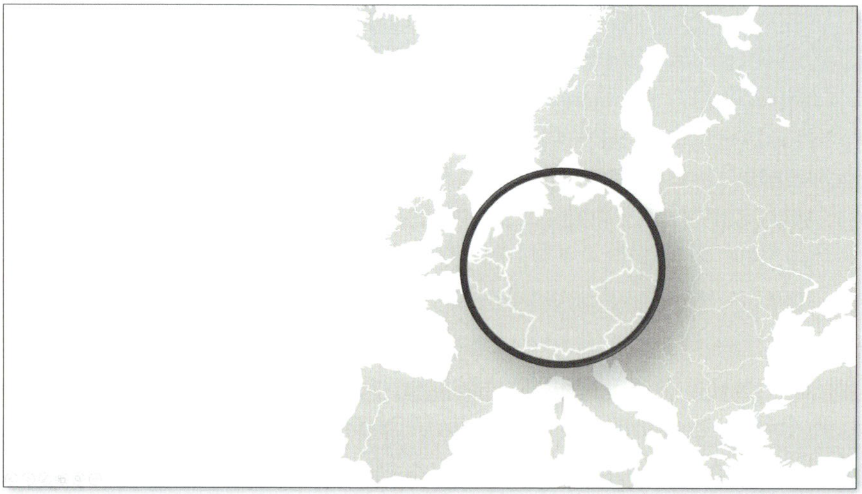

Länder mit einem Morph-Effekt hervorheben

Mit dem Übergang **Morphen** lassen sich interessante Effekte mit minimalem Aufwand realisieren. In der folgenden Anleitung werden drei Länder einer Weltkarte hervorgehoben.

INFO

Wo finde ich den Übergang »Morphen«?

Der Übergang **Morphen** ist zur Zeit der Drucklegung nur in der Office-365-Version von PowerPoint enthalten. Nach Aussage von Microsoft soll die Funktion zu einem späteren Zeitpunkt auch in der Standardversion enthalten sein.

1. Öffnen Sie für diese Übung zunächst die Präsentation *07_Morphing_Weltkarte.pptx* aus dem Ordner *07* der Beispieldateien. Wechseln Sie in der Datei zu Folie 2, dort ist über die Länder USA, Deutschland und China ein Rahmen gelegt.

2. Duplizieren Sie die Folie, indem Sie die Folie links in der Foliennavigation anklicken und dann Strg + D drücken.

3. Auf der neuen Folie ziehen Sie nun im ersten Schritt die Rahmen nach links an den Folienrand, sodass sie sich außerhalb der Weltkarte befinden. Verschieben Sie nun der Reihe nach die Länder USA, Deutschland und China in den dazugehörigen Rahmen (Box). Klicken Sie dazu jeweils das Land an, und verschieben Sie es bei gedrückter linker Maustaste.

4. Markieren Sie die gesamte restliche Weltkarte, indem Sie einen Markierungsrahmen um die verbleibenden Länder ziehen, und schieben Sie sie an den rechten Rand der Folie.

5. Schieben Sie nun die Boxen mit den drei extrahierten Ländern wieder auf die Folie, und positionieren Sie sie links neben der Weltkarte. Verändern Sie die Farbe der Länder, z. B. Orange. Passen Sie die Rahmengröße gleichmäßig an. Schreiben Sie über die Boxen einen Text, etwa »78 % vom Umsatz«.

6. Markieren Sie die Folie, und wählen Sie **Übergänge ▸ Übergang zu dieser Folie ▸ Morphen**.

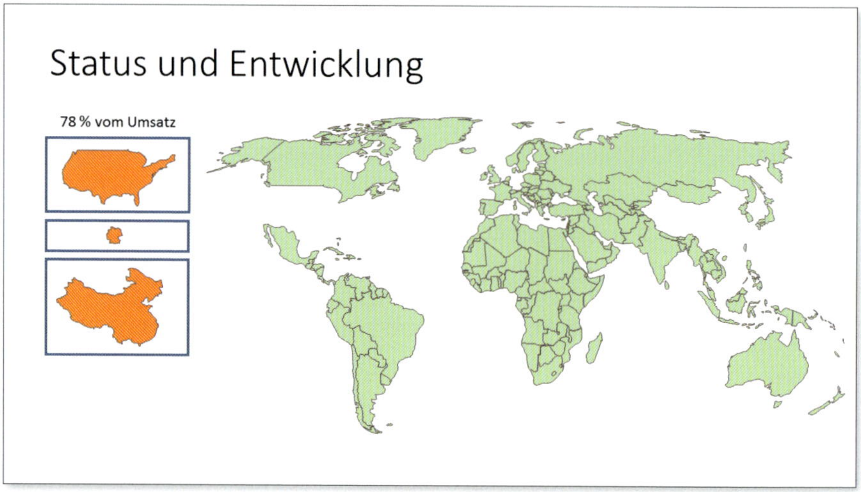

7. Drücken Sie F5, um die Bildschirmpräsentation zu starten. Klicken Sie durch die Präsentation, und lassen Sie sich von dem fließenden Übergang faszinieren.

Sie sehen, dieser Übergang eignet sich sehr gut, um den Fokus auf bestimmte Bereiche einer Folie zu richten, und er lässt sich vielseitig einsetzen. Ein weiteres Anwendungsbeispiel stelle ich Ihnen im folgenden Abschnitt vor.

Einen Zooming-Presentation-Effekt erzeugen

Die Übung zeigt Ihnen, wie Sie mithilfe des Übergangs **Morphen** einen spannenden Zoomeffekt erzielen, wie er sonst nur aus dem Filmbereich bekannt ist.

1. Öffnen Sie die Präsentation *07_Morphing_Bild.pptx*, die Sie im Ordner *07* der Beispieldateien finden.
2. Zeichnen Sie eine Freihandform (**Start ▸ Zeichnung ▸ Formen ▸ Linien ▸ Freihandform**). Wählen Sie eine kontrastreiche Farbe, etwa Gelb, für den Rahmen und die Füllung. Setzen Sie die Füllung auf **80 % Transparenz**. Fügen Sie über **Einfügen ▸ Text ▸ Textfeld** ein Freitextfeld ein, und fügen Sie ein Wort ein, etwa »Saal«.

3. Duplizieren Sie die Folie, indem Sie sie in der Foliennavigation markieren und anschließend [Strg] + [D] drücken.

4. Vergrößern Sie das Bild um ca. 50%. Klicken Sie das Bild mit rechts an, und wählen Sie im Kontextmenü **Grafik formatieren ▸ Größe und Eigenschaften**. Hier lässt sich die Größe von 500% auf ca. 840% vergrößern. Drücken Sie [⇧] + [F5], können Sie schnell prüfen, welche Teile des Bildes nachher in der Bildschirmpräsentation zu sehen sind. Wir wollen in dieser Übung erreichen, dass die Statue, die links im Gebäude eingelassen ist, gut zu sehen ist. Verschieben Sie das Gebäude so lange, bis Sie den gewünschten Ausschnitt haben. Sobald das Bild ausgerichtet ist, schieben Sie den Rahmen nach links zu der Statue. Klicken Sie mit rechts auf den Rahmen, und wählen Sie im Kontextmenü **Punkte verändern**. Passen Sie nun die Eckpunkte des Rahmens dem Bereich der Statue an. Über die Marker an den Eckpunkten können Sie die Krümmung der Verbindung ändern. Verschieben Sie das Textfeld, und schreiben Sie »Michelangelo« hinein.

5. Duplizieren Sie die Folie erneut. Verschieben Sie das Bild nach links, sodass der rechte Teil zu sehen ist. Verschieben Sie den Rahmen und den Text so wie im vorherigen Schritt. Verändern Sie den Text in »Kunstflügel«.

6. Markieren Sie links in der Foliennavigation alle Folien, und wählen Sie **Übergänge ▸ Übergang zu dieser Folie ▸ Morphen**.

Durch Wahl dieses Übergangs werden nun die zuvor gewählten Bereiche in einer flüssigen Bewegung herangezoomt. Sehen Sie es sich selbst an, indem Sie die Präsentation mit F5 starten.

Agendapunkte hervorheben

Dieser Abschnitt zeigt Ihnen, wie Sie eine Agenda animieren, die aus fünf Themen besteht und bei der immer ein Agendapunkt während der Präsentation hervorgehoben werden soll.

1. Öffnen Sie für diese Übung die Datei *07_Agendapunkt.pptx*. Sie finden Sie im Ordner *07* der Beispieldateien.
2. Markieren Sie alle fünf Elementgruppen, die aus Icon, Icon-Fläche und Text bestehen, und wählen Sie **Animationen ▸ Animation ▸ Betont ▸ Transparent** aus. Bei **Animationen ▸ Animation ▸ Effektoptionen** nutzen Sie die Option **75 %** und stellen dann **Animationen ▸ Anzeigedauer ▸ Start mit Vorherigen** ein.

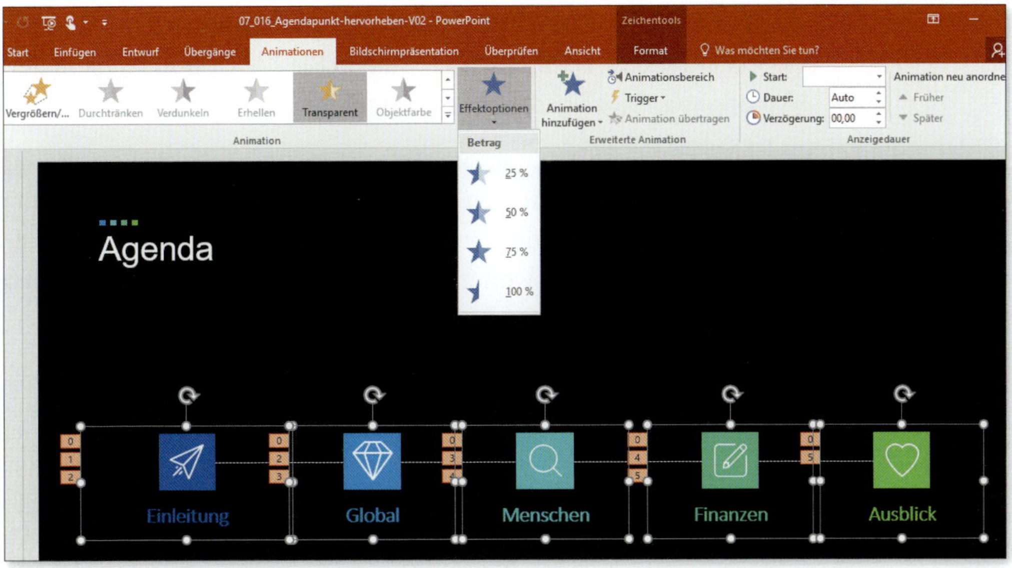

3. Lassen Sie alle Menüpunkte markiert, oder wählen Sie sie erneut aus. Wählen Sie **Animationen ▸ Erweiterte Animation ▸ Animation hinzufügen ▸ Betont ▸ Transparent** aus.
4. Blenden Sie den **Animationsbereich** über **Animationen ▸ Erweiterte Animation ▸ Animationsbereich** ein. Markieren Sie im **Animationsbereich** die letzten fünf Einträge, und stellen Sie den Start auf **Animationen ▸ Anzeigedauer ▸ Start ▸ Beim Klicken**.

5. Klicken Sie nun die markierten Einträge im **Animationsbereich** mit rechts an, und wählen Sie im Kontextmenü **Effektoptionen**. Im folgenden Dialog setzen Sie die Transparenz auf »0 %«. Dazu klicken Sie in das Feld **Betrag** und tragen bei **Benutzerdefiniert** »0« ein. Übernehmen Sie die Änderung mit [Tab]. Schließen Sie den Dialog mit einem Klick auf **OK**.

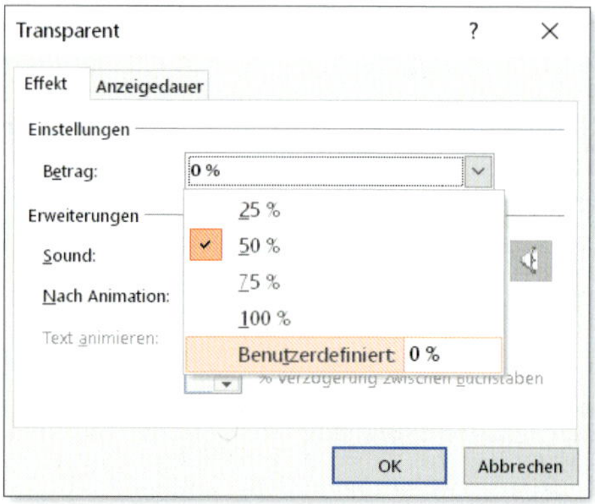

6. Markieren Sie die ersten vier Agendapunkte auf der Folie, und führen Sie **Animationen ▸ Animation ▸ Betont ▸ Transparent** aus. Bei **Animationen ▸ Animation ▸ Effektoptionen** stellen Sie die Option **75 %** ein und bei **Animationen ▸ Anzeigedauer ▸ Start** wählen Sie **Mit Vorherigen**.

7. Verschieben Sie die Animationseinträge rechts im **Animationsbereich** so, dass nach einem Erscheinen von einem Agendapunkt immer der vorhergehende Punkt wieder eine Transparenz von 75 % erhält. Wird also die Transparenz beim zweiten Agendapunkt auf null animiert, muss die Transparenz vom ersten Agendapunkt auf 75 % animiert werden.

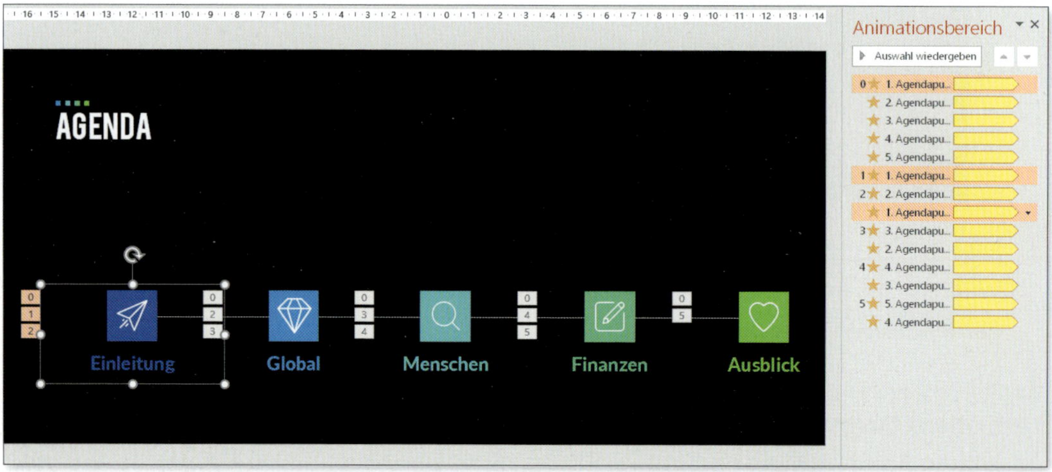

Diese Animation können Sie natürlich auch für beliebige andere Themen verwenden. Zum Beispiel können Sie fünf Bestandteile einer Strategie vorstellen oder fünf Highlights eines Produkts.

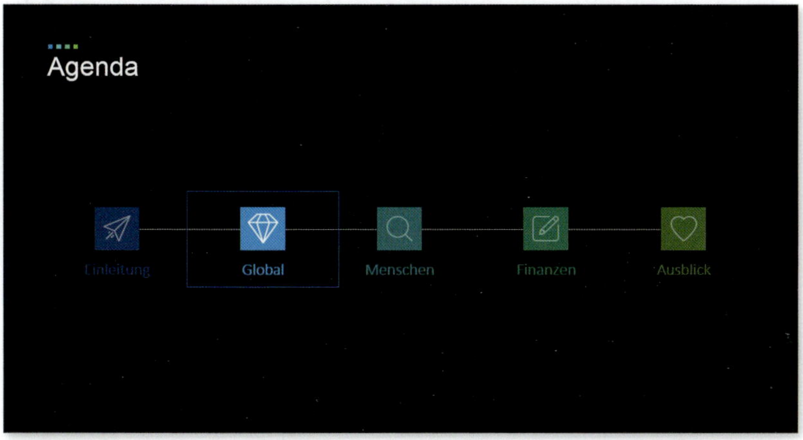

Zitatstellen mit einem Textmarker-Effekt hervorheben

In diesem Abschnitt zeige ich Ihnen, wie Sie einen Textmarker animieren, der Textstellen auf der Folie mit einem Leuchtbalken markiert.

1. Öffnen Sie dazu die Präsentation *07_Hervorhebung_Zitat.pptx*. Sie finden sie im Ordner *07* der Beispieldateien. Fügen Sie dann über **Start ▸ Zeichnung ▸ Formen ▸ Sterne und Banner ▸ Doppelte Welle** eine ebensolche Form ein, und legen Sie sie über den Teil des Textes, der markiert werden soll. Wählen Sie bei **Start ▸ Zeichnung ▸ Fülleffekt** bzw. **Formkontur** die passende Farbe für den Marker, hier also jeweils **Gelb**.

2. Duplizieren Sie die erste Welle (Strg + D) gegebenenfalls, und platzieren Sie sie an weiteren zu markierenden Stellen. Passen Sie die Größe der Welle der jeweiligen Textstelle an. Markieren Sie abschließend alle Wellen, und legen Sie sie in den Hintergrund (entweder über **Start ▸ Zeichnung ▸ Anordnen ▸ Objekte sortieren ▸ In den Hintergrund** oder indem Sie sie mit der rechten Maustaste anklicken und **In den Hintergrund** aus dem Kontextmenü wählen).

3. Nun bauen Sie einen Textmarker, wie in der folgenden Abbildung zu sehen ist. Wenn Sie keine Zeit haben, finden Sie den fertigen Textmarker auch in der bereits genannten Datei *07_Hervorhebung_Zitat.pptx*. Ein Tipp: Das Flussdiagramm, das die Spitze des Markers darstellt, können Sie verändern, indem Sie mit der rechten Maustaste darauf klicken und **Punkte bearbeiten** aus dem Menü wählen. Gruppieren Sie nach der Bearbeitung die Teile des Textmarkers (Strg + ⇧ + G).

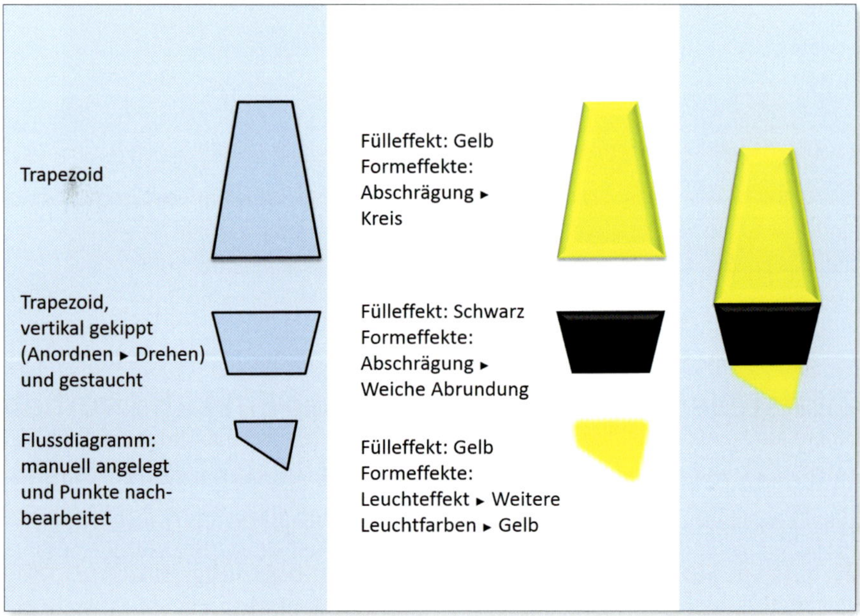

4. Platzieren Sie dann den Textmarker am Anfang der ersten Welle, und drehen Sie ihn, sodass er in ca. 45° zum Text steht (ganz genau gelingt dies über **Zeichentools/Format ▸ Anordnen ▸ Drehen ▸ Weitere Drehungsoptionen ▸ Drehung**).

5. Zunächst animieren wir nur die Wellen und schieben anschließend die Textmarker-Animationen dazwischen. Markieren Sie also alle (!) Wellen, und wählen Sie **Animationen ▸ Animation ▸ Wischen**. Bei **Animationen ▸ Animation ▸ Effektoptionen** stellen Sie unter **Richtung** die Option **Von links** ein. Für **Anzeigedauer ▸ Start** geben Sie **Mit Vorherigen** an und bei **Anzeigedauer ▸ Dauer** den Wert »01,00«.

6. Um den Textmarker zu animieren, klicken Sie ihn an und wählen über **Animationen ▸ Erweiterte Animation ▸ Animation hinzufügen** nacheinander folgende Effekte aus und passen die entsprechenden Parameter an:
   - **Eingang ▸ Verblassen**, wobei Sie für **Anzeigedauer ▸ Dauer** den Wert »00,25« einstellen
   - **Weitere Animationspfade ▸ Linien und Kurven ▸ Rechts**; hier machen Sie die gleichen Angaben wie bei den Wellen, geben also bei **Anzeigedauer ▸ Dauer** den Wert »01,00« ein und bei **Anzeigedauer ▸ Start** die Option **Mit Vorherigen**.
   - **Beenden ▸ Verblassen** mit dem Wert »00,25« bei **Anzeigedauer ▸ Dauer** und mit der Option **Nach Vorherigen** bei **Anzeigedauer ▸ Start**
7. Schalten Sie den **Animationsbereich** ein (**Animationen ▸ Erweiterte Animation ▸ Animationsbereich**), und verändern Sie die Reihenfolge der Elemente (**Animationen ▸ Anzeigedauer ▸ Animationen neu anordnen**) wie folgt:
   - Textmarker mit **Eingang ▸ Verblassen**
   - Doppelte Welle mit **Wischen**
   - Textmarker mit **Pfadanimation ▸ Rechts**
   - Textmarker mit **Beenden ▸ Verblassen**
8. Testen Sie die Animation mit der Schaltfläche **Wiedergabe** im **Animationsbereich.** Mit großer Wahrscheinlichkeit werden Sie feststellen, dass der Pfad von der Länge her noch nicht hundertprozentig passt. Klicken Sie auf das rote Dreieck (das Ende des Pfades), und verschieben Sie es mit gedrückter [⇧]-Taste, bis es aussieht, als würde der Textmarker den Text tatsächlich gelb markieren.
9. Für die nächsten Textmarker-Animationen gehen Sie ähnlich vor, allerdings mit ein paar kleineren Änderungen:
   - Bei **Weitere Animationspfade ▸ Linien und Kurven ▸ Rechts** setzen Sie die gleiche Zeit ein wie bei den Wellen (also **Anzeigedauer ▸ Dauer** »01,00« und **Anzeigedauer ▸ Start ▸ Beim Klicken**). Verschieben Sie den Animationspfad direkt an die Stelle, an der der Textmarker laufen soll. Dazu klicken Sie einfach auf den Pfadkörper und

verschieben den Pfad mit gedrückter Maustaste. Die Feinjustierung nehmen Sie später vor.

- Den Textmarker blenden Sie jeweils über den Effekt **Eingang ▸ Verblassen** mit **Anzeigedauer ▸ Dauer ▸** »00,25« und **Anzeigedauer ▸ Start ▸ Mit Vorherigen** ein.
- Das Ausblenden erzielen Sie über den Effekt **Beenden ▸ Verblassen** mit **Anzeigedauer ▸ Dauer ▸** »00,25« und **Anzeigedauer ▸ Start ▸ Nach Vorherigen**.

10. Die Reihenfolge der Effekte müssen Sie dieses Mal folgendermaßen anpassen:
    - Textmarker mit **Pfadanimation ▸ Rechts**
    - Textmarker mit **Eingang ▸ Verblassen**
    - Doppelte Welle mit **Wischen**
    - Textmarker mit **Beenden ▸ Verblassen**
11. Wie vorher müssen Sie nun noch den Pfad so genau ausrichten, dass es wirkt, als würde der Textmarker den Text just im selben Moment markieren. Für die übrigen Textmarker-Animationen gehen Sie analog zum zweiten Textmarker vor.

Wenn Sie alles richtig gemacht haben, gleitet der Textmarker über die Markierungen, und es sieht so aus, als würde er den Text farbig anstreichen.

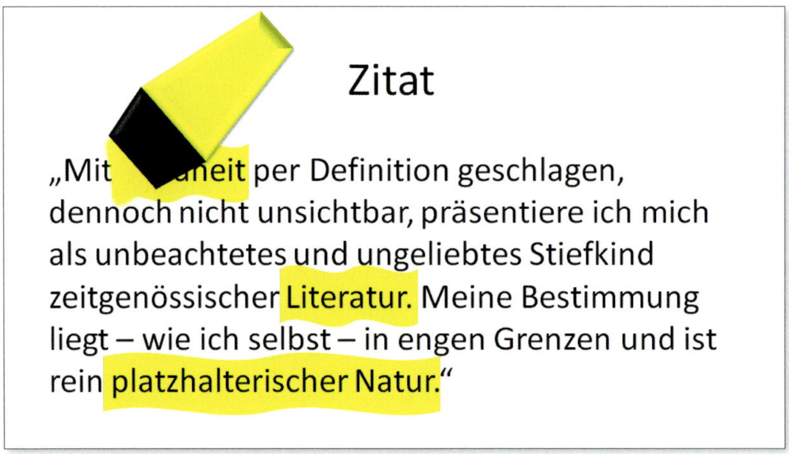

Textzeilen fokussieren

Der Vortragende möchte den Fokus normalerweise auf die Textzeile legen, über die er gerade spricht. Mit einem Fokusbalken wird das auf interessante Art und Weise unterstützt. In diesem Abschnitt lernen Sie am Beispiel einer Agenda den Fokusbalken kennen und erfahren, wie Sie ihn animieren.

1. Legen Sie zunächst eine Folie mit dem Layout **Titel und Inhalt** an. Fügen Sie mehrere Aufzählungspunkte ein (oder öffnen Sie die entsprechende Präsentation *07_Hervorhebung_Fokusbalken.pptx* aus dem Ordner *07* der Beispieldateien). Um die Übung möglichst einfach zu halten, sollte es sich jeweils um nur eine Zeile Text mit einer ausreichenden Schriftgröße handeln. Zeichnen Sie über **Einfügen ▸ Illustrationen ▸ Formen ▸ Rechtecke** ein Rechteck, das die erste Textzeile genau abdeckt, und formatieren Sie es nach Ihrem Geschmack (z. B. über **Start ▸ Zeichnung ▸ Fülleffekte**, **Formkontur** oder **Formeffekte**). Das Rechteck bzw. der Balken sollte sich einerseits vom Hintergrund und andererseits vom Text abheben. Legen Sie dann das Rechteck hinter den Text (**Start ▸ Zeichnung ▸ Anordnen ▸ Objekte sortieren ▸ Ebene nach hinten**).
2. Bevor Sie den Balken animieren, müssen Sie noch einige Einstellungen vornehmen:

   Klicken Sie mit der rechten Maustaste außerhalb der Folie, und mit einem weiteren Mausklick gelangen Sie zu **Raster und Führungslinien.** Löschen Sie das Häkchen bei **Objekte am Raster ausrichten.**

   Mit `Alt` + `F9` blenden Sie die Führungslinien (Hilfslinien) ein. Ziehen Sie die horizontale Führungslinie genau auf die Mitte der zweiten Zeile, weil wir dort den Balken platzieren wollen und das durch die Führungslinie sehr viel einfacher wird.

   Um die Führungslinien möglichst leicht verschieben zu können, fassen Sie sie am besten irgendwo außerhalb der Folie an.

   Blenden Sie den **Animationsbereich** ein (**Animationen ▸ Erweiterte Animation ▸ Animationsbereich**).

3. Markieren Sie den Balken, und wählen Sie **Animationen ▸ Animation ▸ Erscheinen**. Markieren Sie den Balken erneut, und rufen Sie **Animationen ▸ Erweiterte Animation ▸ Animation hinzufügen ▸ Animationspfade ▸ Linien** auf. Setzen Sie den Wert im Feld **Anzeigedauer ▸ Dauer** auf »00,50«, und bei **Anzeigedauer ▸ Start** wählen Sie **Beim Klicken**.

4. Verändern Sie die Länge des Pfades, indem Sie auf seine Spitze klicken und ihn mit gedrückter Maustaste so verkürzen, dass die Spitze bei der horizontalen Führungslinie »einrastet«. Testen Sie die Veränderungen über die Schaltfläche **Wiedergabe** im **Animationsbereich**.

5. Duplizieren Sie nun die horizontale Führungslinie. Mit der Maus und gedrückter `Strg`-Taste ziehen Sie die bestehende Linie nach unten. Sie erkennen den Vorgang der Duplizierung daran, dass ein kleines Pluszeichen am Mauscursor erscheint. Wenn Sie die Maus loslassen, haben Sie eine zweite Linie. Verschieben Sie sie in die Mitte der dritten Zeile.

6. Klicken Sie den Balken erneut an, und fügen Sie über **Animationen ▸ Erweiterte Animation ▸ Animation hinzufügen ▸ Animationspfade ▸ Linie** einen zweiten Pfad ein. Setzen Sie das Feld **Dauer** auf den Wert »00,50«. Verschieben Sie den Anfang des neuen Pfades mit gedrückter linker Maustaste an das Ende des ersten Pfades – meistens docken die Pfade von selbst aneinander an. Verkürzen Sie das Ende des zweiten Pfades bis zur Höhe der dritten Zeile bzw. bis zur zweiten horizontalen Führungslinie.

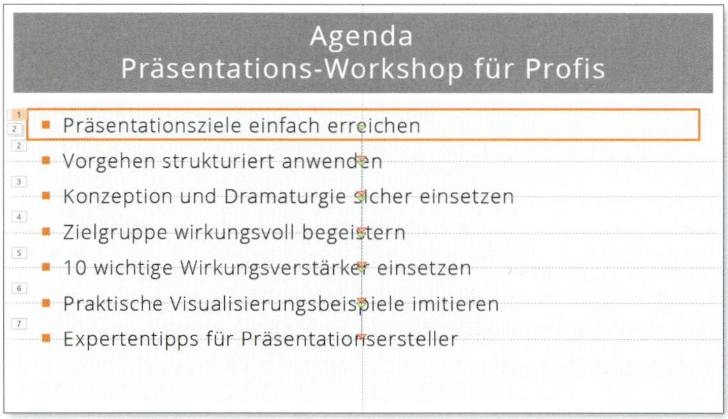

7. Verfahren Sie für die übrigen Zeilen genauso wie beim zweiten Pfad.

8. Schalten Sie jetzt die Führungslinien ab (Alt + F9), und klicken Sie den Text am Textrahmen an. Wählen Sie **Animationen ▸ Animation ▸ Eingang ▸ Verblassen**. Stellen Sie die folgenden Parameter ein, bzw. behalten Sie die Standardeinstellung bei:

- **Animationen ▸ Animation ▸ Effektoptionen ▸ Nach Absatz**
- **Anzeigedauer ▸ Start ▸ Nach Vorherigen**
- **Anzeigedauer ▸ Dauer ▸** »00,25«

9. Doppelklicken Sie im **Animationsbereich** auf den **Inhaltsplatzhalter**. Im Dialogfenster für die Effektoptionen suchen Sie sich auf dem Register **Effekt** bei **Nach Animation** einen Farbton aus, der etwas heller ist als die Schrift. Wenn die Schrift z.B. schwarz ist, wählen Sie hier einen Grauton.

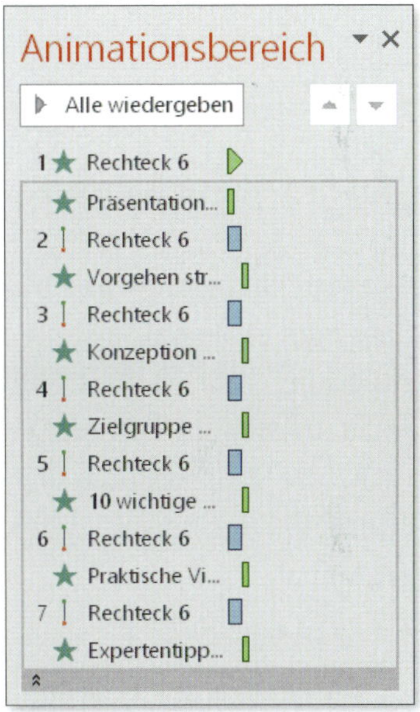

10. Um die Reihenfolge der Elemente anzupassen, klappen Sie den **Inhaltsplatzhalter** im **Animationsbereich** aus, indem Sie auf den kleinen Doppelpfeil links darunter klicken.

11. Verschieben Sie den ersten Effekt, der beim **Inhaltsplatzhalter** eingetragen ist (**Präsentationsziele** …), unter den ersten Eintrag für den Balken. Den zweiten Eintrag des Inhaltsplatzhalters (**Vorgehen strukturiert** …) schieben Sie direkt unter den zweiten Eintrag des Balkens usw.

12. Zum Schluss testen Sie Ihre Animation mit einem Klick auf die Schaltfläche **Wiedergabe**. Falls Ihnen der Ablauf der Animation noch nicht hundertprozentig genau erscheint, passen Sie gegebenenfalls ihre Abspielgeschwindigkeit an (**Anzeigedauer ▸ Dauer**), oder platzieren Sie die Pfade präziser.

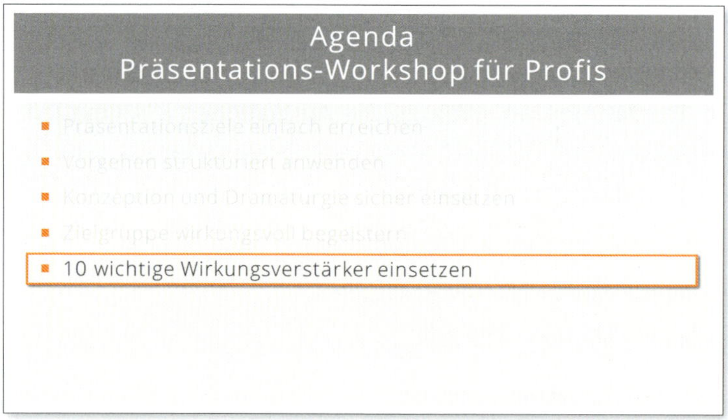

Diagrammsäulen einzeln animieren

Gerade Diagramme lassen sich sehr gut animieren. Das hat z. B. den Vorteil, dass man gezielt eine Säule auf Mausklick erscheinen lassen kann. In dieser Anleitung geht es darum, ein Säulendiagramm auf einfache Art und Weise zu animieren. Öffnen Sie eine Präsentation mit einem Säulendiagramm (z.B. die Beispieldatei *07_Säulendiagramm_animieren.pptx*, die Sie im Ordner *07* der Beispieldateien finden), oder legen Sie ein neues Säulendiagramm an.

1. Markieren Sie das Diagramm, und wählen Sie **Animationen ▸ Animation ▸ Eingang ▸ Wischen**. Für den Fall, dass Sie den Effekt nicht finden, wählen Sie in der Gruppe **Animation** den Befehl **Weitere Eingangseffekte**, und suchen Sie dort danach.

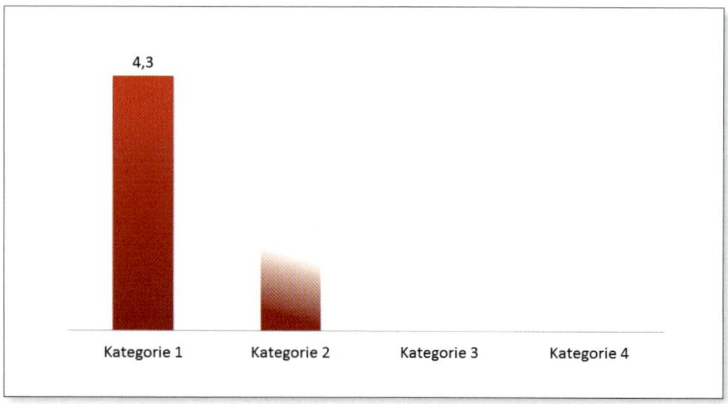

2. Bei **Animationen ▸ Animation ▸ Effektoptionen** verwenden Sie **Richtung ▸ Von unten** und **Sequenz ▸ Nach Kategorie**.

3. Wenn Sie sich die Animation anschauen, werden Sie feststellen, dass auch andere Elemente, wie z. B. Legende, Hintergrund, Achsen, auf einen Klick hin erscheinen. Viele Referenten möchten jedoch lieber gleich die Legende sehen und dann per Klick nur die einzelnen Säulen einblenden. Schalten Sie dafür über **Animationen ▸ Erweiterte Animation ▸ Animationsbereich** den **Animationsbereich** ein. Dort klappen Sie die einzelnen Einträge über den kleinen Doppelpfeil nach unten auf, sodass alle Einträge zu sehen sind.
4. Klicken Sie den ersten Eintrag an, und stellen Sie **Animationen ▸ Anzeigedauer ▸ Start ▸ Nach Vorherigen** ein.
5. Testen Sie die Präsentation über **Bildschirmpräsentation ▸ Bildschirmpräsentation starten ▸ Von Beginn an** – die Legende wird automatisch eingeblendet, und die Säulen erscheinen per Klick.

Die Stücke eines Ringdiagramms animieren

In diesem Abschnitt geht es darum, ein Ringdiagramm radial zu animieren. Sie können sich das so vorstellen: Auf dem Tisch steht eine leere runde Kuchenplatte, und nun stellt jemand einen Frankfurter Kranz Stück für Stück auf die Platte.

1. Öffnen Sie eine Präsentation mit einem Tortendiagramm (z. B. *07_Ringdiagramm_animieren.pptx* im Ordner *07* der Beispieldateien), oder legen Sie ein neues Tortendiagramm an.
2. Klicken Sie das Diagramm an, und wählen Sie **Animationen ▸ Animation ▸ Eingang ▸ Rad** aus. Überprüfen Sie noch einmal, ob unter **Animationen ▸ Animation ▸ Effektoptionen** für **Speichen** die Option **1 Speiche** und bei **Sequenz** die Angabe **Als einzelnes Objekt** ausgewählt ist. Normalerweise ist das unter PowerPoint 2016 standardmäßig eingestellt.
3. Wenn Sie die Animation in der Vorschau (**Animation ▸ Vorschau ▸ Vorschau**) genau betrachten, sehen Sie, dass die Animation nicht ganz rund läuft. Das liegt daran, dass der Mittelpunkt der Rad-Animation nicht

exakt in der Mitte des Diagramms liegt. Um dieses Problem zu beheben, gibt es zwei Lösungsansätze, die ich Ihnen in den nächsten beiden Schritten vorstelle.

4. Entweder Sie duplizieren das Diagramm (Strg + D) und schieben das Duplikat erst einmal auf die Seite. Löschen Sie im Original-Tortendiagramm die Legende und alle Elemente, die außerhalb der Torte liegen, z. B. die Beschriftungen. Um ein Element zu löschen, markieren Sie es und drücken die Entf-Taste, oder Sie entfernen das Häkchen, indem Sie rechts neben dem Diagramm auf das Plussymbol klicken. Die Torte ist jetzt größer, was vollkommen in Ordnung ist.

5. Nehmen Sie nun das Duplikat, und vergrößern Sie das gesamte Diagramm so weit, bis beide Torten in etwa gleich groß sind. Animieren Sie das Klon-Diagramm über **Animationen ▸ Animation ▸ Eingang ▸ Verblassen**. Bei **Animationen ▸ Anzeigedauer ▸ Start** stellen Sie **Nach Vorherigen** ein. Legen Sie das Klon-Diagramm abschließend in den Hintergrund, z. B. über **Start ▸ Zeichnung ▸ Anordnen ▸ Objekte sortieren ▸ In den Hintergrund**. Testen Sie die Animation über die Vorschau, und korrigieren Sie sie nötigenfalls.

6. Anstatt das Diagramm zu duplizieren, können Sie aber auch zunächst eine weiße Fläche über das gesamte Diagramm legen (wählen Sie dazu **Start ▸ Zeichnung ▸ Formen** und anschließend **Start ▸ Zeichnung ▸ Fülleffekt ▸ Weiß, Hintergrund 1**), die Mittelpunkte dieser Fläche und des Tortendiagramms übereinanderschieben (dafür stellen Sie am besten die Transparenz der Fläche auf 50 % ein, sodass Sie das Diagramm sehen können) und über **Animationen ▸ Animation ▸ Beenden** den Effekt **Rad mit Speichen ▸ 1 Speiche** einfügen.

Testen Sie die Wirkung einfach über die Vorschaufunktion (**Animationen ▸ Vorschau ▸ Vorschau**). Diese Variante funktioniert sehr gut, allerdings können Sie das Diagramm so nicht ausdrucken. Dazu müssten Sie dann die Folie duplizieren und die weiße Fläche wieder entfernen. Diese Variante finden Sie im Ordner *07* der Beispieldateien unter dem Dateinamen *07_Ringdiagramm_animieren-Final.pptx*.

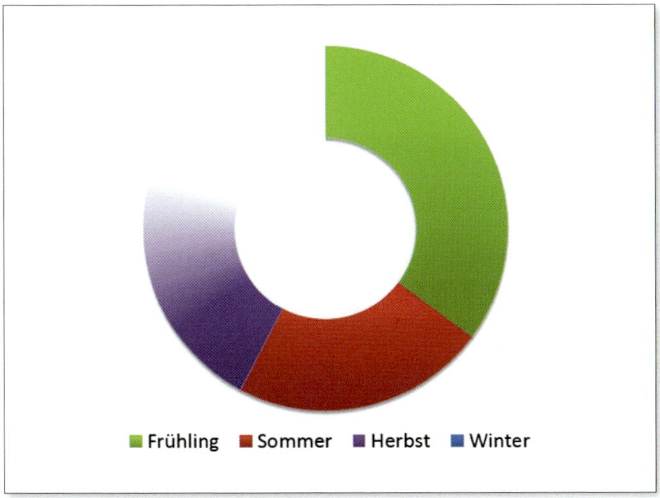

Tabellenspalten einzeln einblenden

Eine Tabelle Spalte für Spalte einzublenden sieht auf den ersten Blick sehr leicht aus. Allerdings gibt es dafür in PowerPoint keinen Befehl. Die Animation der Tabelle funktioniert nur über Umwege. Es gibt verschiedene Möglichkeiten, die ich Ihnen im Folgenden vorstelle:

1. Sie legen für jede Spalte eine eigene Tabelle an und animieren jede Tabelle einzeln. Hierbei ist exaktes Arbeiten sehr wichtig, andernfalls sieht die Animation unausgeglichen aus. Darüber hinaus können Änderungen sehr aufwendig werden, wenn sich Spalten- oder Zeilenbreiten ändern.
2. Sie müssen die Tabelle auflösen, um sie anschließend in Spalten neu zusammenzusetzen. Dazu schneiden Sie die Tabelle zunächst einmal aus (Strg + X) und fügen sie über **Start ▸ Zwischenablage ▸ Einfügen ▸ Inhalte einfügen** als **Bild (Windows-Metadatei)** wieder ein. Mit rechter Maustaste und **Gruppierung ▸ Gruppierung aufheben** – diesen Schritt müssen Sie zweimal hintereinander ausführen – können Sie anschließend alle Zellen spaltenweise neu gruppieren. Anschließend animieren Sie jede neue Gruppe. Auch hierbei ist exaktes Arbeiten äußerst wichtig, und der Aufwand für Änderungen ist leider noch höher als bei Variante 1.

3. Jede Spalte wird mit einer weißen Fläche überlagert, die dann über **Animationen ▸ Animation ▸ Beenden ▸ Wischen** die jeweilige Tabellenspalte freigibt. Dies ist eine sehr einfache und elegante Lösung. Für Änderungen müssen Sie die Flächen ausblenden (indem Sie über **Start ▸ Bearbeiten ▸ Markieren ▸ Auswahlbereich** auf das Augensymbol klicken). Um die Folie ausdrucken zu können, müssen Sie ein Duplikat anlegen, bei dem Sie die weißen Flächen entfernen.
4. Die letzte Möglichkeit, die ich in diesem Abschnitt auch detailliert vorstellen werde, funktioniert wie Variante 3, nur dass die weißen Flächen außerhalb der Folie liegen und erst beim Starten der Folie über die Tabelle gelegt werden. Die Tabelle kann sehr einfach geändert und gedruckt werden. Allerdings lässt sich das Einblenden der Fläche beim Folienstart nur mit einem Trick realisieren. Die Flächen werden mithilfe einer Pfadanimation über die Tabelle gelegt, und die Geschwindigkeit wird auf den kleinsten Wert gesetzt, nämlich 0,01 Sekunden.

Neben diesen vier hauptsächlich genutzten Varianten gibt es noch weitere Möglichkeiten, angefangen bei trickreichen Pfadanimationen bis hin zu programmierten Lösungen (mit *Visual Basic for Applications*, VBA).

TIPP

Raster ausschalten

Sie sollten immer das Raster ausgeschaltet lassen, andernfalls lassen sich die Formen nicht genau positionieren. Klicken Sie dazu mit der rechten Maustaste auf den Hintergrund der Folie und klicken dann im Kontextmenü auf **Raster und Führungslinien**. Im Dialogfenster löschen Sie alle Haken.

In diesem Abschnitt zeige ich Ihnen eine Anleitung für Variante 4, da Sie auf diese Weise Ihre Fähigkeiten im Umgang mit Animationen weiter ausbauen. Auch alle übrigen Varianten finden Sie im Ordner *07* der Beispieldateien.

1. Öffnen Sie zunächst die Folie mit der Tabelle (Beispieldatei *07_Hervorhebung_Tabelle.pptx*). Mit **Start ▸ Zeichnung ▸ Formen ▸ Rechtecke ▸ Rechteck** zeichnen Sie einen Kasten über die erste Spalte. Wählen Sie

Start ▸ Zeichnung ▸ Fülleffekt ▸ Designfarben ▸ Weiß, Hintergrund 1 und als **Start ▸ Zeichnung ▸ Formkontur ▸ Kein Rahmen**.

2. Passen Sie das Rechteck genau an die Spalte an, duplizieren Sie es, und legen Sie die Duplikate jeweils über die anderen Spalten. Richten Sie die Flächen genau passend aus, z. B. über **Start ▸ Zeichnung ▸ Anordnen ▸ Objekte positionieren ▸ Ausrichten ▸ Oben ausrichten**. Jetzt sollten alle Spalten sauber durch Kästen abgedeckt sein.

3. Markieren Sie die drei Rechtecke, und wählen Sie **Animationen ▸ Animation ▸ Beenden ▸ Wischen** aus (Achtung: nicht verwechseln mit **Eingang ▸ Wischen**!). Bei **Animationen ▸ Animation ▸ Effektoptionen** wählen Sie **Richtung ▸ Von unten**. Unter **Animationen ▸ Anzeigedauer ▸ Start** stellen Sie **Beim Klicken** ein. Schalten Sie den **Animationsbereich** ein (**Animationen ▸ Erweiterte Animation ▸ Animationsbereich**). Prüfen Sie über die Vorschau (**Animation ▸ Vorschau ▸ Vorschau**), ob die Animation gut aussieht, und korrigieren Sie sie gegebenenfalls.

4. Klicken Sie den ersten Kasten an, und wählen Sie **Animationen ▸ Erweiterte Animation ▸ Animation hinzufügen ▸ Weitere Animationspfade ▸ Linien und Kurven ▸ Rechts**. Schalten Sie mit Alt + F9 die Führungslinien ein. Verschieben Sie eine horizontale und eine vertikale Führungslinie zum Anfangspunkt des Animationspfades. Verschieben Sie nun den Animationspfad so, dass das Pfadende auf dem Kreuzungspunkt der Führungslinien liegt.

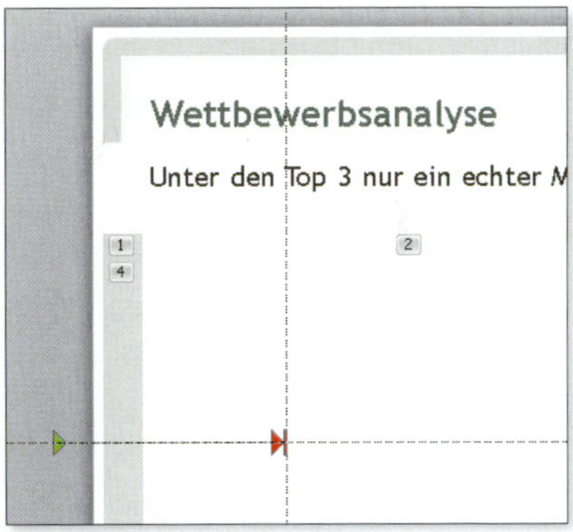

5. Klicken Sie im **Animationsbereich** doppelt auf den Eintrag für die Pfadanimation, und verändern Sie im Dialogfenster auf dem Register **Effekt** die Einstellungen wie folgt:

- **Pfad ▸ Gesperrt**
- **Gleiten Start**: »0 sek.«
- **Gleiten Ende**: »0 sek.«

6. Schließen Sie den Dialog, aber lassen Sie den Eintrag für die Pfadanimation markiert. Bei **Animationen ▸ Anzeigedauer ▸ Start** stellen Sie **Mit Vorherigen** ein und bei **Dauer** den Wert »00,01«. Rücken Sie den Pfadanimationseintrag auf die erste Position im **Animationsbereich** (**Animationen ▸ Anzeigedauer ▸ Animation neu anordnen ▸ Früher**).

7. Ziehen Sie jetzt den Kasten nach links außerhalb der Folie. Achtung: Der Pfad darf sich nicht mitbewegen! Wenn Sie jetzt mit der Taste F5 den Bildschirmpräsentationsmodus wählen, sollte sofort die weiße Fläche über der Spalte liegen. Wenn Sie dann im Bildschirmpräsentationsmodus irgendwo mit der linken Maustaste klicken, sollte die Fläche verschwinden.

8. Verfahren Sie mit den anderen Kästen genauso wie mit dem ersten. Dabei spielt es keine Rolle, aus welcher Richtung der Pfad kommt (auch wenn von oben nicht so sinnvoll ist). Legen Sie die Pfadanimation jeweils auch wieder an die erste Position.[1]

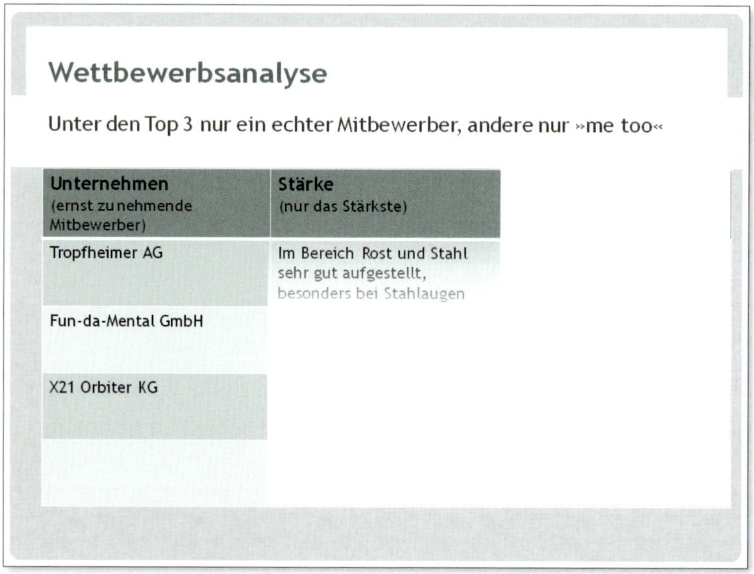

1 Der Begriff *me too* (engl. für: *ich auch*), den Sie rechts oben in der Folie sehen, stammt aus der Marketingbranche und bedeutet so viel wie nachahmen. Wenn ein Hersteller beispielsweise eine neuartige Kaffeepad-Maschine auf den Markt bringt und andere Firmen dieses (erfolgreiche) Konzept aufgreifen, bezeichnet man die Folgeprodukte dann als *me too*.

Tabellenzeilen einzeln einblenden

Im vorhergehenden Abschnitt haben Sie gelernt, welche Möglichkeiten es gibt, um Tabellen spaltenweise einzublenden. Diese lassen sich auch auf eine Animation übertragen, die Zeile für Zeile verläuft. In dieser Übung stelle ich Ihnen allerdings eine andere Möglichkeit vor, die Sie natürlich auch genauso für das spaltenweise Einblenden verwenden können. Die dazugehörigen Ergebnisse finden Sie unter den Dateinamen *07_Hervorhebung_Tabelle_Spalten.pptx* und *07_Hervorhebung_Tabelle_Zeilen.pptx* im Ordner *07* der Beispieldateien.

1. Öffnen Sie die Folie mit der Tabelle (*07_Hervorhebung_Tabelle.pptx*). Zeichnen Sie ein Rechteck über die gesamte Tabelle (**Einfügen ▸ Illustrationen ▸ Formen ▸ Rechtecke ▸ Rechteck**). Wählen Sie **Start ▸ Zeichnung ▸ Fülleffekt ▸ Weiß, Hintergrund 1** und **Start ▸ Zeichnung ▸ Formkontur ▸ Kein Rahmen**. Passen Sie das Rechteck genau an die Größe der Tabelle an.

2. Markieren Sie die Fläche, und wählen Sie **Animationen ▸ Animation ▸ Animationspfade ▸ Linien** aus. Dann stellen Sie **Animationen ▸ Animation ▸ Effektoptionen ▸ Richtung ▸ Nach unten** ein. Schalten Sie zur besseren Übersicht den **Animationsbereich** ein (**Animationen ▸ Erweiterte Animation ▸ Animationsbereich**). Prüfen Sie über die Vorschau (mit der Schaltfläche **Wiedergabe**), wie sich die Animation verhält. Die weiße Fläche, die über der Tabelle liegt, sollte sich nun ein Stück nach unten bewegen und die erste Zeile der Tabelle freigeben. Zum Nachjustieren legen Sie am besten eine senkrechte Führungslinie an den Pfad an und verkürzen oder verlängern sie, indem Sie das Pfadende mit gedrückter linker Maustaste verschieben.

   Damit Sie sich besser orientieren können, ist es sinnvoll, auch waagerechte Hilfslinien am Pfadanfang und am Pfadende zu platzieren. Gerade beim Justieren sparen Sie damit viel Zeit.

3. Klicken Sie die weiße Fläche an, und fügen Sie über **Animationen ▸ Erweiterte Animation ▸ Animation hinzufügen ▸ Animationspfade ▸ Linien** eine weitere Animation hinzu. Ziehen Sie den Pfad nach unten, indem Sie auf seinen »Rumpf« klicken, und zwar so, dass sein Anfang auf das

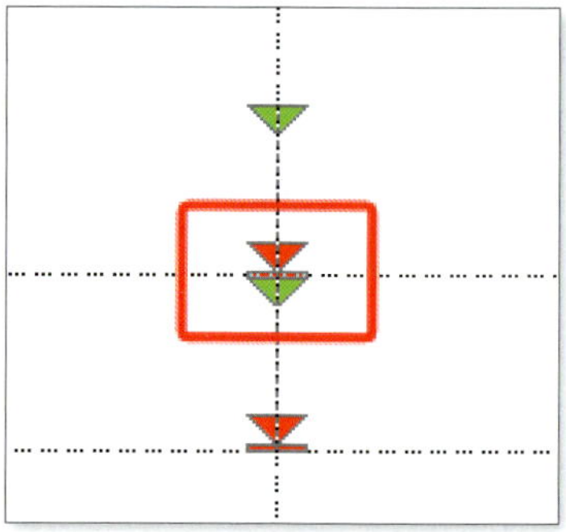

Ende des vorhergehenden Pfades trifft. Im Normalfall legen sich Pfadanfang und Pfadende quasi von selbst nahtlos aneinander.

4. Verkürzen oder verlängern Sie den zweiten Pfad, indem Sie das Pfadende mit der Maus verschieben. Kontrollieren Sie die Animation über die Vorschau (**Animation ▸ Vorschau ▸ Vorschau**), und justieren Sie gegebenenfalls nach. Daraufhin fügen Sie für jede weitere Tabellenzeile eine Pfadanimation hinzu, wie es soeben beschrieben wurde.

5. Wie schon im vorherigen Abschnitt »Tabellenspalten einzeln einblenden« ab Seite 331 erwähnt, dürfen die weißen Rechtecke zum Bearbeiten der Tabelle oder zum Ausdrucken nicht auf der Folie zu sehen sein. Fügen Sie also eine weitere Pfadanimation hinzu, und verschieben Sie den Pfad nach oben, sodass sein Ende gleich am Anfang des ersten Pfades sitzt.

6. Öffnen Sie den **Animationsbereich**, und verschieben Sie den Eintrag für diesen neuen Pfad an die erste Stelle der Liste (**Animationen ▸ Anzeigedauer ▸ Animation ▸ Neu anordnen ▸ Früher**). Bei **Animationen ▸ Anzeigedauer ▸ Start** stellen Sie **Mit Vorherigen** ein und bei Dauer den Wert »00,01«.

7. Klicken Sie die weiße Fläche an. Nun sind alle Effekteinträge im **Animationsbereich** markiert. Klicken Sie mit der rechten Maustaste auf einen der Einträge, und wählen Sie **Effektoptionen** aus dem Kontextmenü. Es öffnet sich ein Dialogfenster mit weiteren Einstellungen für die Efekte. Sollte sie nicht breits aktiv sein, klicken Sie auf die Registerkarte **Effekt**. Dort ändern Sie die Einstellungen wie folgt und schließen danach den Dialog mit einem Klick auf **OK**:

   - **Pfad ▸ Gesperrt**
   - **Gleiten Start**: »0 sek.«
   - **Gleiten Ende**: »0 sek.«

8. Schieben Sie die Fläche außerhalb der Folie, und testen Sie die Animation in der Vorschau (**Animation ▸ Vorschau ▸ Vorschau**) oder über die Schaltfläche **Wiedergabe**. Falls die Animation zu langsam läuft, verändern Sie die Zeitangabe über **Animationen ▸ Anzeigedauer ▸ Dauer**.

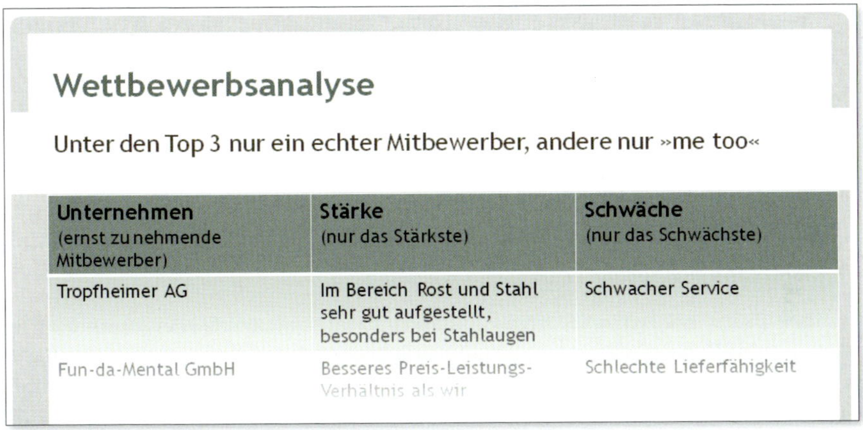

Ein SmartArt schrittweise animieren

Nachdem Sie nun bereits verschiedene Möglichkeiten der Animation kennengelernt haben, zeige ich Ihnen in diesem Abschnitt, wie Sie auch SmartArts zum Leben erwecken können.

1. Öffnen Sie die Präsentation *07_SmartArt_animieren.pptx* aus dem Ordner *07* der Beispieldateien, oder erstellen Sie selbst eine SmartArt-Grafik mit dem Layout **Alternierender Fluss** (über **Einfügen ▸ Illustrationen ▸ SmartArt ▸ Prozess**).

2. Markieren Sie die SmartArt-Grafik, und wählen Sie **Animationen ▸ Animation ▸ Eingang ▸ Wischen** aus. Bei **Animationen ▸ Animation ▸ Effektoptionen ▸ Richtung** wählen Sie **Von oben** und bei **Animationen ▸ Animation ▸ Effektoptionen ▸ Sequenz** die Option **Nacheinander** aus. Schalten Sie den **Animationsbereich** ein (**Animationen ▸ Erweiterte Animation ▸ Animationsbereich**), und klappen Sie die Effekteinträge über den kleinen Doppelpfeil aus.

3. Verändern Sie die Einzeleinträge im **Animationsbereich** wie folgt:
   - Für den zweiten Effekteintrag, »Inhaltsplatzhalter: Wissen speichern«, stellen Sie Animationen ▸ Anzeigedauer ▸ Start ▸ Nach Vorherigen ein.
   - Für den dritten Eintrag, »Inhaltsplatzhalter: Form 31«, wählen Sie Effektoptionen ▸ Richtung ▸ Von links.
   - Für den vierten Eintrag, »Inhaltsplatzhalter: Stufe 2«, stellen Sie Effekt-optionen ▸ Richtung ▸ Von unten und Start ▸ Nach Vorherigen ein.
   - Auch für den fünften Eintrag, »Inhaltsplatzhalter: Erklären können«, stellen Sie Effektoptionen ▸ Richtung ▸ Von unten und Start ▸ Nach Vorherigen ein.
   - Beim sechsten Eintrag, »Inhaltsplatzhalter: Gebogener Pfeil 32«, wählen Sie Effektoptionen ▸ Richtung ▸ Von links.
   - Für den siebten Eintrag, »Inhaltsplatzhalter: Stufe 3«, geben Sie Start ▸ Nach Vorherigen an.
   - Für den achten und letzten Eintrag, »Inhaltsplatzhalter: Anwenden dürfen«, stellen Sie ebenfalls Start ▸ Nach Vorherigen ein.

Ein Hinweis noch: Die Reihenfolge der Einzeleinträge lässt sich bei SmartArts nicht anpassen!

Sie haben mit dieser Übung gesehen, wie Sie SmartArt-Grafiken geschickt animieren können. Wenn Sie Lust haben, probieren Sie das doch einfach einmal mit anderen SmartArt-Grafiken aus.

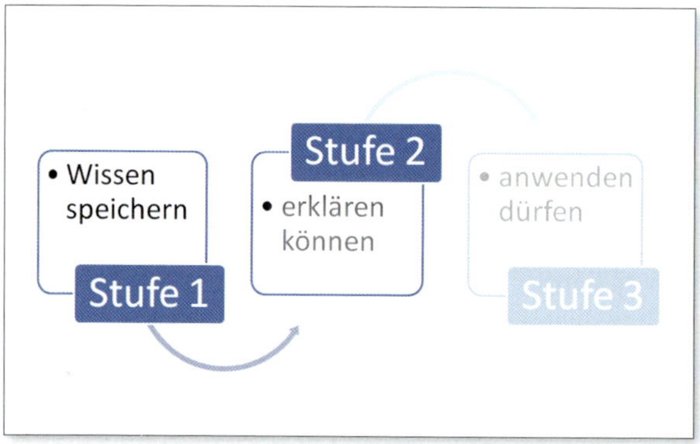

Einen Nachrichtenticker simulieren

Vermutlich kennen Sie Tickertexte aus dem Fernsehen, wenn die aktuellen Meldungen als Text unten durchs Bild laufen. Einen solchen Effekt können Sie mit PowerPoint auch für Ihre Präsentation erstellen. Unter dem Dateinamen *07_Ticker.pptx* finden Sie die zu dieser Anleitung gehörende Präsentation auch im Ordner *07* der Beispieldateien.

1. Legen Sie eine neue Folie (mit einem Layout Ihrer Wahl) an. Fügen Sie unten auf der Folie ein rotes Rechteck ein (**Einfügen ▸ Illustrationen ▸ Rechtecke ▸ Rechteck**). Legen Sie ein Textfeld an, und schreiben Sie Ihren Tickertext dort hinein. Die Zeile sollte ruhig weit über den rechten Folienrand hinausgehen.

2. Zoomen Sie die Folie kleiner, sodass möglichst der komplette Text auf Ihrem Bildschirm zu sehen ist. Daraufhin ziehen Sie das Textfeld mit gedrückter [⇧]-Taste und gedrückter linker Maustaste nach rechts außerhalb der Folie, bis der komplette Text außerhalb liegt.

3. Wählen Sie dann **Animationen ▸ Animation ▸ Animationspfade ▸ Linien**. Bei **Effektoptionen ▸ Richtung** verwenden Sie **Links**. Ziehen Sie das Pfadende mit gedrückter [⇧]-Taste so weit nach links, dass es außerhalb der Folie endet. Wie weit Sie das Ende hinausziehen müssen, hängt von der Breite Ihres Textfeldes ab. Der Abstand zum Folienrand sollte die Hälfte der Textbreite betragen.

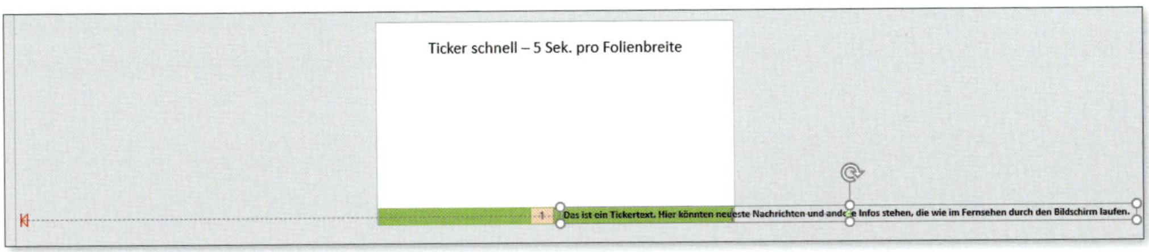

4. Die Geschwindigkeit, mit der der Tickertext über die Folie laufen sollte, hängt von verschiedenen Faktoren ab: Wie relevant ist der Text für

die Zuschauer, wie leicht liest sich Ihr Text, wie wichtig ist er? Wenn ein Wort z. B. vom rechten Folienrand bis zum linken Folienrand 8 Sekunden braucht, haben wir eine Geschwindigkeit von 8 Sekunden pro Folienbreite. Schnelle Leser schaffen 5 Sekunden pro Folienbreite, der durchschnittliche Leser braucht ca. 10 Sekunden pro Folienbreite.

5. In unserem Beispiel brauchen wir zwei Folienbreiten, um den gesamten Text anzuzeigen. Wenn wir uns für die Geschwindigkeit von 8 Sekunden pro Folienbreite entscheiden, brauchen wir folglich 2 × 8 Sekunden, also 16 Sekunden. Geben Sie bei **Animationen ▸ Anzeigedauer ▸ Dauer** den Wert »16,00« ein. Testen Sie die Animation in der Vorschau (**Animationen ▸ Vorschau ▸ Vorschau**) oder im Präsentationsmodus (⇧ + F5). Wenn Ihnen der Tickertext zu langsam vorkommt, probieren Sie einmal einen Wert von 5 Sekunden pro Folienbreite. In unserem Beispiel würden Sie dann also bei **Dauer** den Wert »10,00« eingeben.

Wir haben jetzt einen Tickertext für eine Folie erstellt. Wenn Sie auf mehreren Folien einen Ticker laufen lassen wollen, müssen Sie auf jeder Folie einen neuen Text eingeben. Falls der Ticker jedoch durchgängig sein soll, brauchen Sie eine VBA-Programmierung (Visual Basic for Applications) oder spezielle Zusatzsoftware, sogenannte *Digital-Signage-Softwarelösungen* (suchen Sie einfach bei Google nach »Digital Signage Software«).

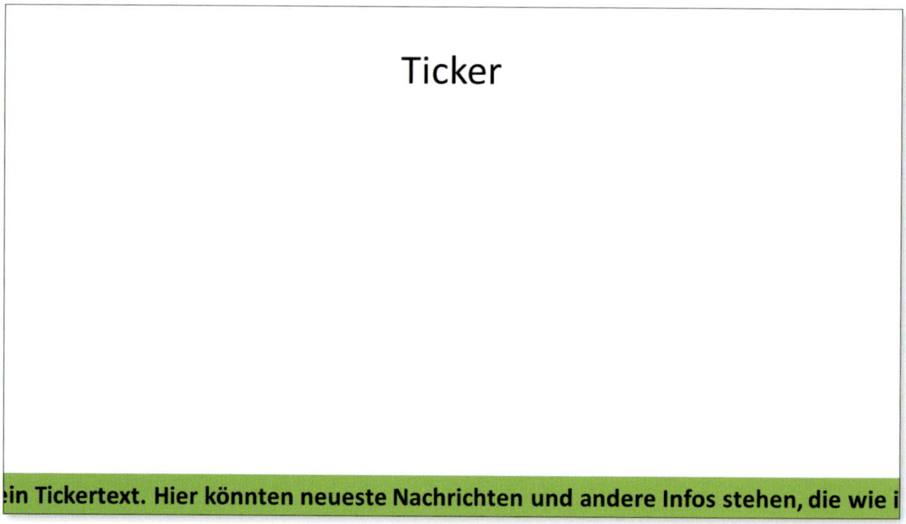

INFO

⇧-Taste beim Verschieben

Wenn Sie beim Verschieben von Elementen die ⇧-Taste gedrückt halten, erzeugt dies ein nicht sichtbares Raster, das eine genaue Bewegung der Elemente auf den Führungslinien sowie ihre Justierung ermöglicht.

Einen Workflow interessanter animiert darstellen

In diesem Beispiel werde ich Ihnen zeigen, wie man durch die richtige Reihenfolge beim Erstellen einer Animation Zeit sparen kann. Achten Sie daher darauf, die Schritte auch genau in der hier beschriebenen Reihenfolge auszuführen. Andernfalls »basteln« Sie eventuell unendlich an Ihrer Präsentation herum. Insgesamt werden Sie 168 Animationen erstellen!

1. Öffnen Sie aus dem Ordner *07* der Beispieldateien die Präsentation *07_Workflow.pptx*. Dargestellt sind die vier Phasen für die Vorbereitung einer Präsentation. Sie sehen in der Präsentation oben vier Piktogramme, darunter Text und darunter eine Reihe mit kleinen Kreisen. Die Kreise sollen eine Lichtlaufleiste simulieren.
2. Im ersten Schritt markieren Sie den ersten kleinen Kreis von links. Wählen Sie **Animationen ▸ Animation ▸ Betont ▸ Objektfarbe** aus. Bei **Animationen ▸ Animation ▸ Effektoptionen** wählen Sie eine Kontrastfarbe, z. B. Orange, Gelb oder Hellgrün. Stellen Sie bei **Animationen ▸ Anzeigedauer ▸ Dauer** den Wert »00,02« ein.
3. Markieren Sie die restlichen kleinen Kreise. Achten Sie darauf, nicht den Rahmen und auch nicht den ersten Kreis zu markieren. Wählen Sie genau dieselben Animationseinstellungen wie beim ersten Kreis (**Objektfarbe**, **Effektoptionen**, **Dauer**). Lediglich bei **Animationen ▸ Anzeigedauer ▸ Start** stellen Sie **Nach Vorherigen** ein.
4. Markieren Sie jetzt alle kleinen Kreise, eventuell müssen Sie nur den ersten Kreis zur Markierung hinzufügen. Wählen Sie **Animationen ▸ Er-**

weiterte Animation ▸ Animation hinzufügen ▸ Betont ▸ Objektfarbe. Bei **Effektoptionen** nehmen Sie den Blauton der Kreise. Bei **Animationen ▸ Anzeigedauer ▸ Start** stellen Sie **Nach Vorherigen** und bei **Dauer** den Wert »00,02« ein. Testen Sie die Animation über **Animation ▸ Vorschau ▸ Vorschau**. Sie sollten den Eindruck haben, ein Lauflicht zieht sich über die Kreise.

5. Markieren Sie das Piktogramm mit der Lupe und das Wort »Analyse«. Fügen Sie den Animationseffekt **Wischen** mit **Effektoptionen ▸ Von links** hinzu. Bei **Animationen ▸ Anzeigedauer ▸ Start** stellen Sie **Nach Vorherigen** und bei **Dauer** den Wert »00,25« ein.

6. Markieren Sie den ersten kleinen Kreis, und fügen Sie wieder eine Farbänderung über **Animationen ▸ Erweiterte Animation ▸ Animation hinzufügen ▸ Betont ▸ Objektfarbe** hinzu. Stellen Sie alle Parameter (**Objektfarbe, Dauer**) wie bei Schritt 2 ein. Anschließend gehen Sie wie bei Schritt 3 vor, und danach führen Sie Schritt 5 für das Piktogramm mit der Hierarchie und das Wort »Konzeption« aus.

7. Verfahren Sie bei den letzten beiden Phasen »Umsetzung« und »Training« wie in den Schritten vorher.

TIPP

Machen Sie sich Notizen

Führen Sie Protokoll, denn schnell hat man einen Teilschritt vergessen. Erstellen Sie eventuell eine kleine Tabelle mit Spalten für jeden Parameter, der gesetzt werden muss, damit Sie keinen übersehen.

Eine Agenda mithilfe eines Aufzugs darstellen

Der Aufzug eignet sich für viele Zwecke, z. B. eine Agenda, Zwischenkapitelfolien oder Aufzählungen.

In der folgenden Übung zeige ich Ihnen, wie Sie eine Agenda interessanter gestalten können. Am Anfang einer Präsentation ist es sinnvoll, die Zuschauer zunächst einmal abzuholen. Im metaphorischen Sinn steigen Sie in den Fahrstuhl ein (Einstieg in die Präsentation), passieren mit ihnen gemeinsam verschiedene Etagen, und am Ende der Präsentation steigen die Zuschauer wieder aus.

1. Öffnen Sie die Präsentation *07_Agenda.pptx*, die sich im Ordner 07 der Beispieldateien befindet. Auf der Folie befinden sich alle Elemente, die wir für die Animation der Agenda benötigen. Die Agendapunkte sind mithilfe einer SmartArt-Grafik aufgebaut. Der Fahrstuhl besteht aus gruppierten Symbolen und Grafikelementen für die leichtere Anpassung an die Farben Ihrer Präsentation.

> TIPP
>
> **Agendapunkte hinzufügen oder löschen**
>
> Sie können später einfach Punkte hinzu- oder wegnehmen, weil es sich bei der Darstellung um eine SmartArt-Grafik handelt. Sie müssen dann aber daran denken, die Fahrstuhlanimation entsprechend anzupassen.

2. Klicken Sie den Fahrstuhlrumpf an, und selektieren Sie die Animation **Animationen ▸ Animation ▸ Eingang ▸ Einfliegen**. Stellen Sie bei **Animationen ▸ Anzeigedauer ▸ Dauer** den Wert »02,00«, also 2 Sekunden, ein. Blenden Sie den **Animationsbereich** ein (**Animationen ▸ Erweiterte Animation ▸ Animationsbereich**). Über den Befehl **Wiedergeben ab** können Sie testen, wie der Effekt aussieht.
3. Markieren Sie die Personen, und wählen Sie für sie die Animation **Animationen ▸ Animation ▸ Weitere Eingangseffekte ▸ Einfach ▸ Hineinblitzen** (alternativ können Sie auch **Hineinschweben** verwenden). Bei **Effektoptionen** stellen Sie **Von links** ein.

4. Lassen Sie die Personen markiert, und fügen Sie über **Animationen ▸ Erweiterte Animation ▸ Animationen hinzufügen ▸ Animationspfade ▸ Linien** eine Pfadanimation ein. Klicken Sie auf das Ende des Pfades, und verschieben Sie das Pfadende mit gedrückter ⇧-Taste ein Stück nach unten (die ⇧-Taste lässt den Pfad nicht so leicht verrutschen). Orientieren Sie sich dabei bitte an dem Abstand der Figuren zur Querlinie der Agenda. Bauen Sie als Hilfestellung eventuell eine Schablone so wie in der Abbildung zu sehen (rote waagerechte Striche, die anschließend wieder gelöscht werden). Stellen Sie bei **Animationen ▸ Anzeigedauer ▸ Start ▸ Mit Vorherigen** ein und bei **Dauer** »02,00« (wenn nicht schon automatisch von PowerPoint eingetragen).

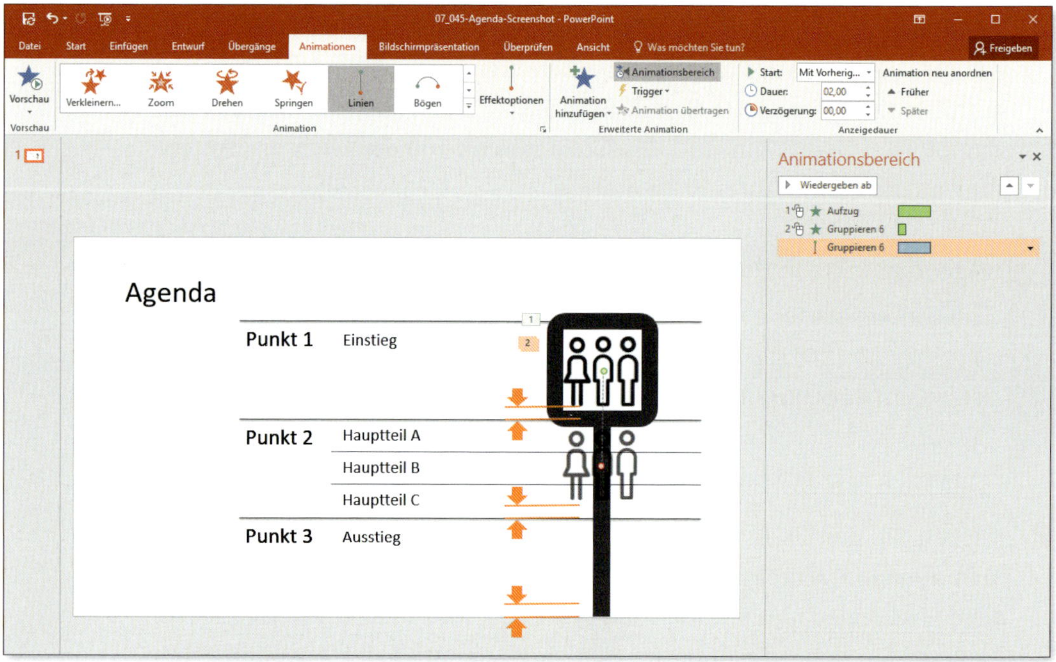

5. Klicken Sie erneut auf die Personen, und fügen Sie noch einmal die gleiche Pfadanimation ein (**Animationen ▸ Erweiterte Animation ▸ Animationen hinzufügen ▸ Animationspfade ▸ Linien**). Klicken Sie den Pfad in der Mitte an, und verschieben Sie ihn nach unten. Der Pfadanfang sollte sich mit dem Ende des ersten Pfades überdecken. Ziehen Sie das Ende des neuen Pfades mit gedrückter ⇧-Taste wieder nach unten.

Überprüfen Sie mit **Wiedergeben ab**, ob die Animation stimmt, und korrigieren Sie sie eventuell.

Zoomen Sie gegebenenfalls über den Zoomschieber unten rechts die Folie größer, um exakter arbeiten zu können.

6. Klicken Sie den Aufzug an, und fügen Sie die gleiche Pfadanimation wie bei den Personen hinzu (**Animationen ▸ Erweiterte Animation ▸ Animationen hinzufügen ▸ Animationspfade ▸ Linien**). Passen Sie das Pfadende entsprechend an.

   Um die Animation richtig zu testen, klicken Sie den dazugehörigen Eintrag im **Animationsbereich** an und verschieben ihn nach oben. Die Reihenfolge ist immer erst »Aufzug« und dann »Personen«, also würde der Eintrag 5 an Position 3 rücken. Verschieben Sie den Eintrag per Drag & Drop oder über das Menü **Animationen ▸ Anzeigedauer ▸ Animation neu anordnen ▸ Früher**.

   Um den Pfad besser und deutlicher auf der Folie erkennen zu können, klicken Sie rechts im **Animationsbereich** auf den Animationseintrag. Er wird daraufhin in der Folie hervorgehoben.

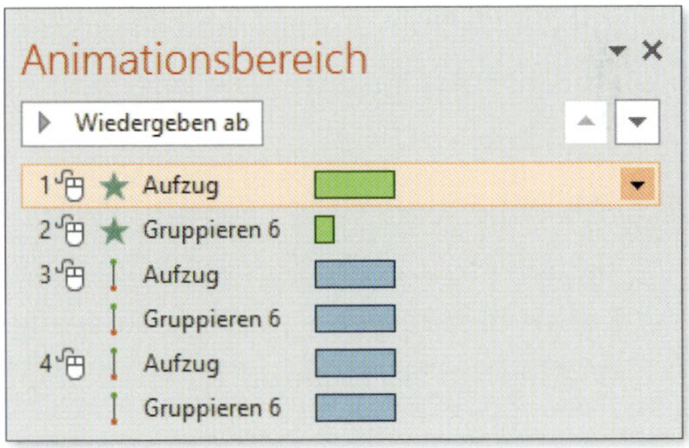

7. Wiederholen Sie Schritt 6, und platzieren Sie den Pfad entsprechend tiefer, sodass Personen und Aufzug synchron nach unten fahren. Stellen Sie beim letzten Eintrag im **Animationsbereich** von »Personen« wieder **Start** auf **Mit Vorherigen** und **Dauer** auf »02,00«. Ihr **Animationsbereich** sollte jetzt so wie in nebenstehender Abbildung aussehen.

8. Markieren Sie nun die SmartArt-Grafik, und wählen Sie über **Animationen ▸ Animation ▸ Eingang** die Animation **Wischen** aus. Bei **Animationen ▸ Animation ▸ Effektoptionen** verwenden Sie **Richtung ▸ Von links** und **Sequenz ▸ nacheinander**. Verändern Sie den Start auf **Nach Vorherigen** (**Animationen ▸ Anzeigedauer ▸ Start ▸ Nach Vorherigen**).

9. Verschieben Sie den Animationseintrag im **Animationsbereich** nach ganz oben, und klicken Sie auf die zwei kleinen Pfeilspitzen unterhalb des Eintrags. Sie sehen jetzt alle Einzeleinträge der SmartArt-Grafik-Animation. Es geht jetzt darum, alle Einträge in eine sinnvolle Reihenfolge zu bringen. Verschieben Sie den ersten Eintrag von »Aufzug« hinter Position 5 und den ersten Eintrag von »Personen« direkt dahinter. Es folgen der nächste Aufzugs- und der nächste Personeneintrag. Danach sollte ein Agenda-SmartArt-Eintrag folgen, nämlich »Punkt 2«. (Wenn Sie länger mit der Maus über dem Eintrag verweilen, sehen Sie in einer *QuickInfo* die komplette Bezeichnung des Eintrags.) Verschieben Sie den letzten Aufzug und Personeneintrag vor den drittletzten Agenda-SmartArt-Eintrag. Die folgende Abbildung zeigt die Anordnung der Einträge.

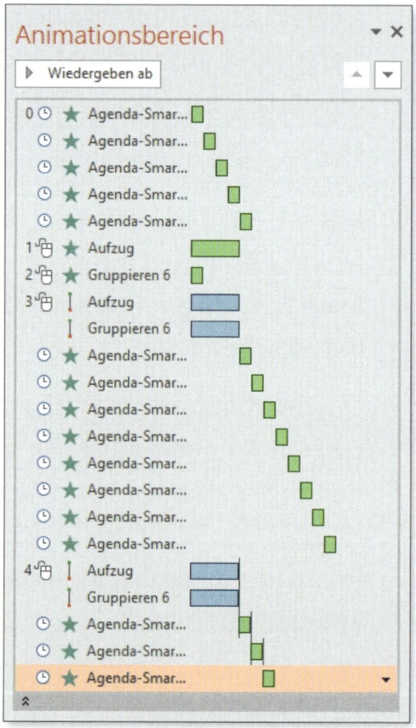

10. Abschließend lassen Sie alle Personen wieder aussteigen. Klicken Sie **Figuren** an, und wählen Sie **Animationen ▸ Erweiterte Animation ▸ Animationen hinzufügen ▸ Weitere Ausgangseffekte ▸ Einfach ▸ Herausblitzen.** Wählen Sie bei **Effektoptionen** die Option **Nach rechts.**

Die Teammitglieder vorstellen

In vielen Präsentationen werden Menschen vorgestellt. Zwei Möglichkeiten, dies überzeugend umzusetzen, werde ich Ihnen im Folgenden zeigen.

Im ersten Beispiel werden die einzelnen Teammitglieder nacheinander auf der Folie eingeblendet.

1. Öffnen Sie aus dem Ordner *07* der Beispieldateien die Präsentation *07_Team.pptx*. Beide Folien der Beispielpräsentation haben als Grundlage eine SmartArt-Grafik, die Sie bequem erweitern und für Ihre Bedürfnisse anpassen können (siehe Kapitel 5, »Tabellen, Diagramme und Schaubilder intelligent konzipieren«).
2. Bei der ersten Folie sehen Sie außerhalb der Folie dieselben Bilder noch einmal, allerdings vor einem weißen Rechteck. Das ist ein Hilfskonstrukt, damit die Bilder nachher auch gut auf der Folie zur Geltung kommen. Wenn Sie anstelle der vorgegebenen Ihre eigenen Bilder einfügen wollen, stellen Sie Ihre Porträts zunächst frei (siehe Kapitel 3, »Bilder pfiffig präsentieren«), und legen Sie sie anschließend auf das weiße Rechteck außerhalb der Folie (vorher sollten Sie die alten Bilder löschen). Gruppieren Sie Porträt und Rechteck (Strg + ⇧ + G), und kopieren Sie (Strg + C) die neu entstandene Gruppe. Klicken Sie in die SmartArt-Grafik und anschließend auf das Bild, das Sie austauschen wollen, und drücken Sie dann Strg + V (für Einfügen). Verfahren Sie bei den anderen Porträts genauso, und fügen Sie anschließend Ihren Text ein.
3. Klicken Sie auf den Rahmen der SmartArt-Grafik, und wählen Sie **Animationen ▸ Animation ▸ Eingang ▸ Wischen**. Bei **Effektoptionen ▸ Richtung** wählen Sie **Von oben**, und bei **Sequenz** wählen Sie **Nacheinander**. Stellen Sie bei **Animationen ▸ Anzeigedauer ▸ Start ▸ Nach Vorherigen** ein.
4. Blenden Sie den **Animationsbereich** ein (**Animationen ▸ Erweiterte Animation ▸ Animationsbereich**), und drücken Sie die kleine Doppelpfeilspitze ❶ unterhalb des Animationseintrags, falls Sie die Einzeleffekte der SmartArt-Grafik nicht sofort sehen sollten.

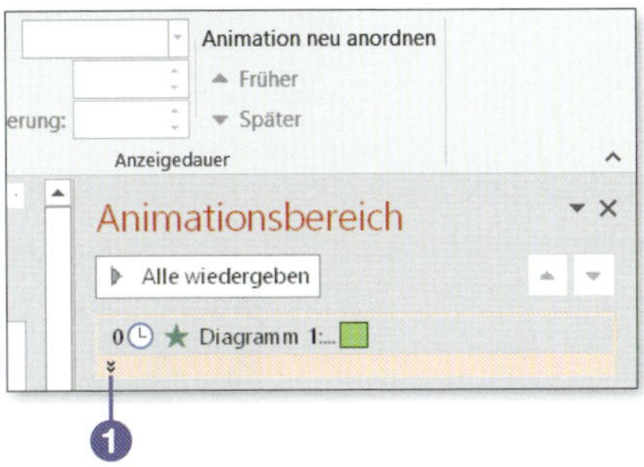

5. Klicken Sie auf den zweiten Eintrag (Team: Abgerundetes Rechteck 14), lassen Sie die Strg-Taste gedrückt, und klicken Sie nun auf die Einträge 4 und 6, also die anderen abgerundeten Rechtecke. Wählen Sie über **Animationen ▸ Animation ▸ Eingang ▸ Zufällige Balken** und bei **Effektoptionen ▸**

Richtung ▸ Horizontal. Wenn Sie jede Person einzeln vorstellen wollen, stellen Sie bei **Animationen ▸ Anzeigedauer ▸ Start ▸ Beim Klicken** ein.

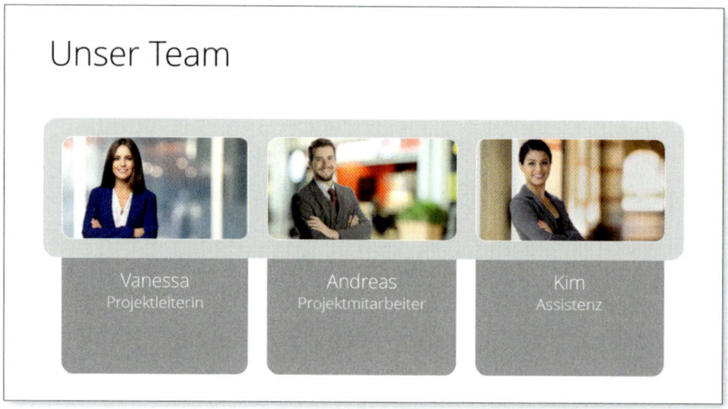

Im zweiten Beispiel gleiten die einzelnen Teammitglieder langsam von rechts in die Folie hinein.

1. Wechseln Sie zu Folie 2 der Präsentation *07_Team.pptx*. Sie sehen hier ein Team mit 13 Mitgliedern. Erweitern oder verkürzen Sie die SmartArt-Grafik am besten über den Textbereich links. Wenn Sie Bilder austauschen wollen, klicken Sie in die SmartArt-Grafik und drücken `Entf`, oder fügen Sie ein Bild aus der Zwischenablage mit `Strg` + `V` ein. Wenn Sie es eingefügt haben, können Sie über **Bildtools/Format ▸ Zuschneiden** den Ausschnitt und die Größe verändern.

2. Da die SmartArt-Grafik ja viel größer als die Folie ist, animieren wir sie so, dass die Personen von rechts in die Folie einlaufen. Verkleinern Sie im ersten Schritt die Folie mithilfe des Zoomschiebers unten rechts auf ca. 20 % (alternativ: **Ansicht ▸ Zoom ▸ Zoom**).
3. Verschieben Sie die SmartArt-Grafik nach rechts außerhalb der Folie. Wählen Sie **Animationen ▸ Animation ▸ Animationspfade ▸ Linien** und als **Effektoptionen Richtung ▸ Links**.
4. Zoomen Sie die Folie noch einmal auf 10 %, und ziehen Sie die Pfadspitze mit gedrückter [⇧]-Taste nach links, und zwar so weit, bis die SmartArt-Grafik nicht mehr auf der Folie zu sehen ist. Prüfen Sie die Animation über **Wiedergeben ab** oder über **Animationen ▸ Animation ▸ Vorschau**.
5. Wenn alles passt, stellen Sie die Geschwindigkeit über **Animationen ▸ Anzeigedauer ▸ Dauer** auf »30,00 sek.« ein. Klicken Sie anschließend auf den Animationseintrag im **Animationsbereich**, und ändern Sie die Effektoptionen. Stellen Sie **Gleiten Start** und **Gleiten Ende** auf »0 sek.«.

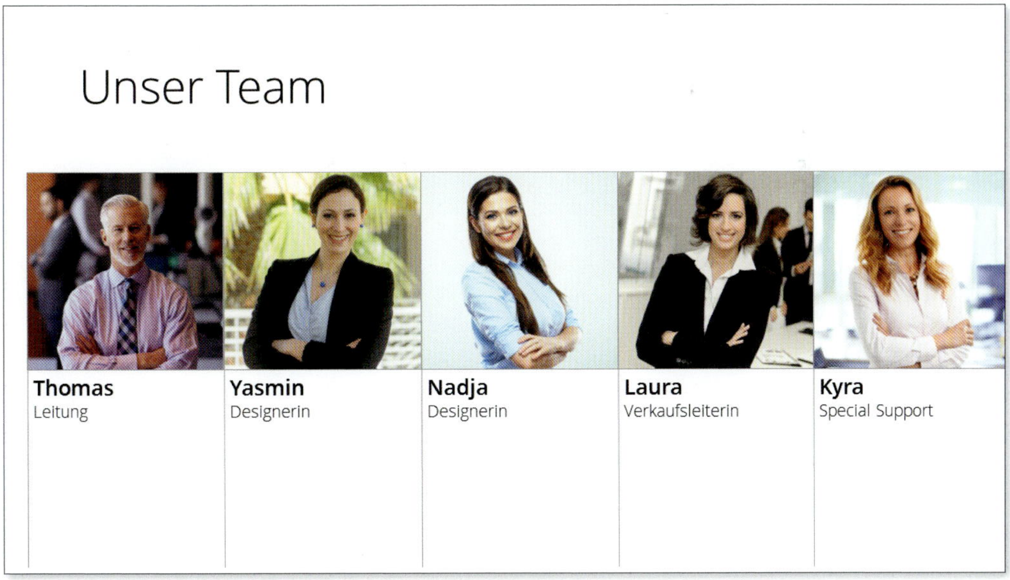

Schauen Sie sich die Präsentation abschließend über den Befehl **Bildschirmpräsentation ▸ Bildschirmpräsentation starten ▸ Ab aktueller Folie** oder mit [⇧] + [F5] an.

Kapitel 8
Video- und Audiodateien richtig einbinden

PowerPoint bietet Ihnen einige interessante Möglichkeiten, um Film und Ton in Ihre Präsentationen einzubinden und so Ihre Präsentation abwechslungsreicher zu gestalten. Gegenüber den Vorversionen wurde die Einbindung von Medien in PowerPoint 2016 noch einmal deutlich vereinfacht, und es werden noch mehr Dateiformate akzeptiert. Darüber hinaus können Videos direkt im Programm »gestaltet«, d. h. in Länge, Form, Farbe und Layout verändert oder mit Text und Grafiken überlagert werden.

Video

In diesem Kapitel werden Sie lernen, wie Sie Ihre Videos gestalterisch aufpeppen, beispielsweise mit grafischen Effekten. Sie werden sehen, wie Sie Videos und Audiodateien bearbeiten können, und darüber hinaus erfahren Sie, worauf Sie beim Einbinden solcher Dateien zu achten haben und wie Sie Videos und Audiodateien komprimieren können.

Basisfunktionen Video

Video- und Audiodateien lassen sich nicht nur als externe Dateien verknüpfen, sondern direkt in die Präsentation einbetten. Das bringt viele Vorteile: Wenn Sie die Präsentation beispielsweise weitergeben wollen, müssen Sie die Video- und/oder Sounddateien nicht mehr separat mitliefern (und können sie so natürlich auch nicht vergessen).

TIPP

Kompatibilität

In PowerPoint 2016 eingebettete Videos laufen auch unter früheren Programmversionen. Sogar in PowerPoint 2003 lassen sie sich verwenden, aber nur, wenn die Videos verknüpft wurden. Auch in der Version 2016 können Sie Videos und Sound weiterhin lediglich verknüpfen, indem Sie beim Einfügen die entsprechende Einstellung wählen. Das hat generell den Vorteil, dass Ihre Präsentation weniger Speicherplatz benötigt. Beachten Sie dazu die Hinweise im Abschnitt »Voraussetzungen für die Integration von Video- und Audiodateien« ab Seite 357.

Beim Einfügen eines Videos in eine Präsentation über **Einfügen ▸ Medien ▸ Video** bieten sich Ihnen zwei verschiedene Möglichkeiten:

1. Über den Befehl **Video auf meinem Computer ▸ Einfügen** können Sie Videos von Ihrer Festplatte einfügen. Es erscheint ein Auswahldialog mit dem **Einfügen**-Button.

   Mit einem einfachen Klick auf **Einfügen** wird das Video in die Präsentation eingebettet und kann mit allen von PowerPoint zur Verfügung gestellten Videobearbeitungsbefehlen gestaltet werden. Geben Sie die

Präsentation weiter, ist das Video automatisch in der Präsentationsdatei enthalten. Der **Einfügen**-Button lässt sich aber über die kleine Pfeilschaltfläche rechts aufklappen, und Ihnen steht dann der Befehl **Verknüpfung mit Datei** zur Verfügung.

Mit der Option **Verknüpfung mit Datei** verknüpfen Sie Videos, die auf Ihrer Festplatte liegen, mit Ihrer Präsentation. So verbraucht die Präsentation weniger Speicherplatz, allerdings müssen Sie immer daran denken, die verknüpften Dateien mitzuschicken oder beim Vortrag dabeizuhaben. Diese Option ist vor allem dann sinnvoll, wenn es sich um längere Videos handelt. Auch mit dieser Variante stehen Ihnen alle Gestaltungsmöglichkeiten offen.

2. Mit der zweiten Möglichkeit, **Onlinevideo**, haben Sie wieder mehrere Untermöglichkeiten. Sie können beispielsweise Videos von Cloud-Speichern wie *OneDrive* von Microsoft einbinden. Alternativ können Sie Videos von Diensten wie YouTube, Vimeo und Facebook verknüpfen. Die Videos sind in diesem Fall auch nur mit Ihrer Präsentation verknüpft, zum Abspielen muss also zwingend eine Verbindung mit dem Internet bestehen. Alternativ dazu können Sie auch nach passenden Videos in Ihrem Internetbrowser suchen, dort den sogenannten Einbettungscode kopieren (Strg + C) und diesen in das in PowerPoint angezeigte Feld **Aus einem Videoeinbettungscode** (Strg + V) einfügen. Auch hierbei wird lediglich ein Internetlink zum Clip hergestellt, d. h., Sie brauchen während des Vortrags eine Internetverbindung, und Sie können keinerlei Gestaltung oder Bearbeitung am Video vornehmen. Wenn Sie das Video bearbeiten möchten, müssen Sie es auf Ihre Festplatte kopieren. Dazu gibt es spezielle Programme, die Sie im Internet finden. Prüfen Sie vorher jedoch die rechtliche Lage! Nicht jedes Video darf verwendet oder bearbeitet werden.

Wie Bilder lassen sich nun auch Videos gestalten (das funktioniert allerdings nur bei Videos, die Sie über **Video auf meinem Computer** in PowerPoint geladen haben). Sie können sie beispielsweise mit Bildrahmen und Effekten versehen, sie in neue Formen einpassen, dafür eine 3D-Drehung gestalten oder sie sogar neu einfärben. Sobald Sie ein Video angeklickt haben, wird die kontextabhängige Registerkarte **Videotools/Format** eingeblendet, über die Sie sämtliche Einstellungen vornehmen können.

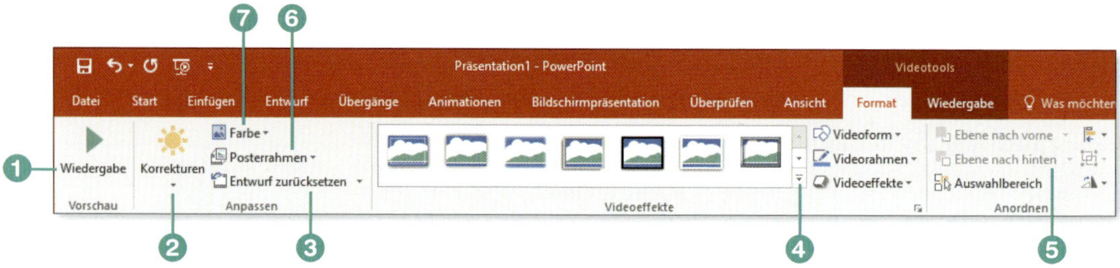

1 Wiedergabe
2 Helligkeit und Kontrast
3 Video in Grundstellung bringen
4 Rahmen, Kanten, Ausschnitt (Form) und Effekte einstellen, z. B. Schatten, räumliche 3D-Drehung usw.
5 Ebene des Videos verändern
6 Eigenes Rahmenmotiv verwenden
7 Video einfärben

Über die Registerkarte **Videotools/Wiedergabe** können Sie darüber hinaus die Abspieleigenschaften des Videos verändern. Dazu zählen Funktionen wie **Video kürzen**, **Ausblenden** und **Endloswiedergabe**.

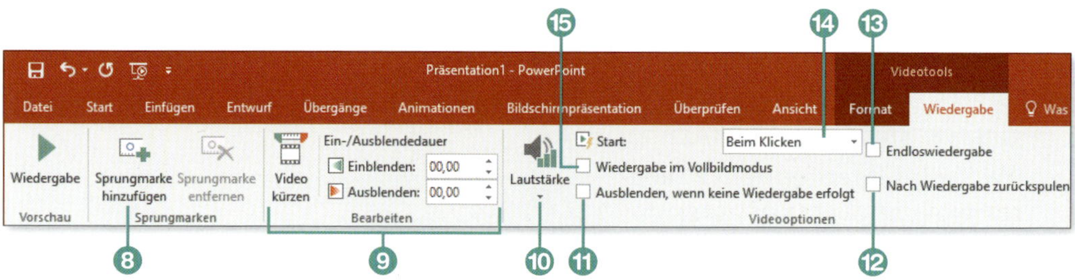

8 Sprungmarken sind Zeitmarkierungen im Video, die bestimmte Aktionen zulassen, z. B. das Einblenden eines Textes.

9 Video verkürzen, einblenden (Fade-In) und ausblenden (Fade-Out)

10 Lautstärke des Videos anpassen

11 Video nur dann zeigen, wenn es abgespielt wird, den Rest der Zeit wird das Videofenster ausgeblendet.

12 Nach der Wiedergabe wieder an den Anfang des Videos springen

13 Im Loop abspielen

14 Wiedergabe automatisch oder beim Klick auf das Video starten

15 Video im Vollbildmodus laufen lassen, d. h., alle Formatangaben werden ignoriert (führt u. U. zu schlechter Darstellungsqualität).

Wie bereits erwähnt, können Sie mit PowerPoint 2016 Texte, Formen, Bilder usw. über das Video legen und das Ganze sogar zeitlich gesteuert ablaufen lassen. Sie können also beispielsweise einstellen, dass nach einer Sekunde Film der Titel als Text erscheinen soll. Das eröffnet natürlich eine Vielzahl an Gestaltungsmöglichkeiten. Im Abschnitt »Einen Videoclip mit Text und Grafik überlagern« ab Seite 363 finden Sie dazu eine Übung.

Basisfunktionen Audio

Im Hinblick auf die Funktionalität und den Aufbau der Menüs unterscheiden sich die Einstellungsmöglichkeiten für Audiodateien nur geringfügig von denen für Videos. Im Folgenden nenne ich nur die wichtigsten Unterschiede. Wenn Sie Audiodateien einfügen, haben Sie über **Einfügen ▸ Medien ▸ Audio** zwei Wahlmöglichkeiten:

1. Mit **Audio auf meinem Computer** fügen Sie Audiodateien entweder direkt ein oder verknüpfen sie (analog zu den Videos).
2. Über **Audioaufnahme** können Sie direkt aus PowerPoint heraus eine Aufnahme mit dem Mikrofon machen.

Im Gegensatz zu einem Video kann eine Audiodatei über mehrere Folien hinweg abgespielt werden. Dazu wählen Sie **Audiotools/Wiedergabe ▸ Audiooptionen ▸ Folienübergreifende Wiedergabe** aus. Die Anzahl der Folien können Sie einstellen, indem Sie den **Animationsbereich** einblenden (**Animationen ▸ Erweiterte Animation ▸ Animationsbereich**), dort doppelt auf den Eintrag der Audiodatei (den Eintrag mit dem Play-Symbol) klicken (**Effekt-optionen**) und im Dialogfenster **Wiedergabe Audio** die Anzahl der Folien anpassen (über **Wiedergabe beenden** und **Nach**).

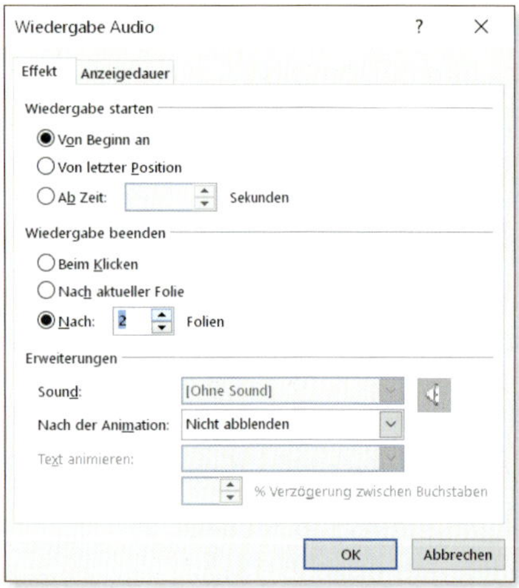

Eine einfachere Variante besteht darin, die Musik komplett endlos durch die Präsentation laufen zu lassen, d. h., am Ende der Präsentation oder Ende der Audiodatei fängt das Musikstück wieder von vorne an. Dazu reicht ein einfacher Klick auf **Audiotools/Wiedergabe ▸ Audioeffekte ▸ Im Hintergrund wiedergeben**. Direkt daneben können Sie mit **Kein Effekt** alles wieder abschalten.

Komprimierung

Um die Dateigröße einer Präsentation zu verringern (was vor allem für die Weitergabe wichtig ist), lassen sich Video- und Audiodateien, die innerhalb von PowerPoint gespeichert sind, komprimieren. Leider minimieren Sie dadurch auch deren Qualität. In der Praxis gilt es daher, einen Kompromiss aus Qualität und Dateigröße zu finden bzw. sich zu überlegen, wofür die Präsentation eingesetzt werden soll. Wenn Sie die gleiche Präsentation für verschiedene Zwecke verwenden, legen Sie am besten mehrere Varianten der Präsentation an. Die Komprimierungsfunktion finden Sie unter **Datei ▸ Informationen ▸ Medien komprimieren**. Wenn Videos oder Sounddateien ruckeln oder Sie die Präsentationsdatei verschicken wollen, sollten Sie sie komprimieren. Dabei stehen Ihnen drei verschiedene Stufen zur Verfügung, die sich jeweils auch auf die Qualität der Präsentation auswirken.

Wählen Sie nach einem Klick auf die Schaltfläche **Medien komprimieren**, die gewünschte Qualität im Menü aus. Der Komprimierungsvorgang startet unmittelbar danach. Außerdem können Sie bei einigen Videos über **Datei ▸ Informationen ▸ Medienkompatibilität optimieren** ebenfalls die Lauffähigkeit und die Abspielgeschwindigkeit verbessern. Meine Erfahrungen damit waren allerdings zwiegespalten. Bei einigen Videos hat es sehr gut funktioniert, bei anderen wurde die Qualität so schlecht, dass man fast nichts mehr auf dem Video erkennen konnte. Achten Sie daher am besten darauf, stets Sicherheitskopien von Ihrer PowerPoint-Präsentation anzulegen.

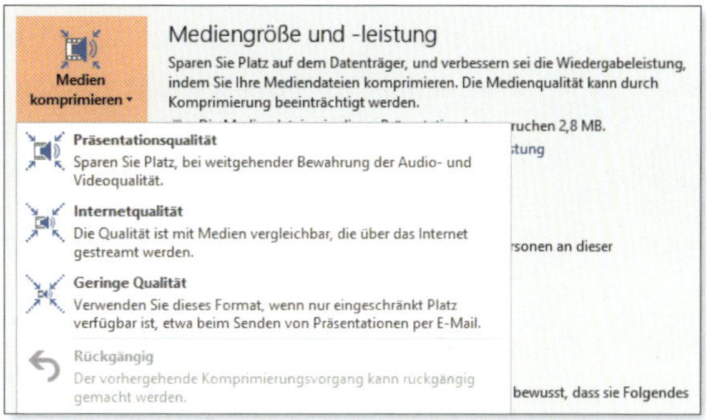

Voraussetzungen für das Einfügen von Medien

Wichtige Voraussetzungen, um Videos oder Ton in PowerPoint einzubetten, sind das richtige Videoformat und der passende Video-Codec. Das Videoformat ist die Klassifizierung eines Clips, also z. B. MPEG oder MOV. Für jedes Videoformat gibt es verschiedene Video-Codecs. Sie können sich das wie eine Art Garage vorstellen: Sie brauchen zunächst einmal einen Schlüssel, um die Garage aufzuschließen (Videoformat). Wenn Sie dann mit dem Auto aus der Garage herausfahren wollen, brauchen Sie einen weiteren Schlüssel, nämlich den Autoschlüssel (Video-Codec).

INFO

Video-Codec

Codec ist ein Kunstwort, das aus *Coder* (Codierer) und *Decoder* (Decodierer) zusammengesetzt ist. Mit diesem Verfahren werden Daten oder Signale digital codiert und decodiert, und da ein Film sehr viel Speicherplatz benötigt, werden die Videoclips beim Codieren üblicherweise auch komprimiert.

Damit ein Video überhaupt auf Ihrem Computer läuft, brauchen Sie einen sogenannten *Treiber*, der auch vom Video-Codec abhängt. Bei Betriebssystemen wie Windows oder OS X sind standardmäßig schon etliche Codecs vorinstalliert. Je neuer Ihr Betriebssystem ist, desto mehr Treiber sind installiert. Aus diesem Grund ist es möglich, beispielsweise ein Video, das Sie mit Ihrer Digitalkamera gedreht haben, auf Ihrem Computer abzuspielen. Falls das einmal nicht funktionieren sollte, lesen Sie in der Kamerabeschreibung nach, welches Format (welcher Codec) verwendet wird, und suchen Sie sich den passenden Treiber (einen aktuellen Player) aus dem Internet heraus. PowerPoint 2016 spielt die in der Tabelle aufgeführten Videoformate ab.

Videoformat	Dateiendung
Windows Media File	.asf, .asx, .wpl, .wm, .wmx, .wmd, .wmz, .dvr-ms
Audio Video Interleave oder Windows Video File	.avi
MK3D-Video	.mk3d
MKV-Dateien	.mkv
QuickTime Movie File bzw. QuickTime-Videodatei	.mov
MP4 Video	.mp4, .m4v, .mp4v, .3gp, .3gpp, .3g2, .3gp2
Movie File	.mpeg, .mpg, .mpe, .m1v, .m2v, .mod, .mpv2, .mpa
MPEG-2 TS Video	.m2ts, .m2t, .mts, .ts, .tts
Windows Media Video File	.wmv, .wvx
QuickTime	.qt, .dv
Adobe Flash Medium	.swf

TIPP

QuickTime und Movie-Format

PowerPoint 2016 kann die OS X-typischen Videoformate einlesen und abspielen. Außerhalb von PowerPoint brauchen Sie eventuell das Programm *QuickTime* (QuickTime Player) von Apple. Die im Download enthaltenen Programme wie iTunes, iCloud usw. sind nicht notwendig.

Wenn Sie ein Video in PowerPoint einbetten oder verknüpfen möchten, sind folgende Schritte notwendig:

1. Fügen Sie zunächst einfach die Videodatei in PowerPoint ein (über **Einfügen ▸ Medien ▸ Video ▸ Video auf meinem Computer** oder **Onlinevideo**). Es kann sein, dass PowerPoint einen Konvertierungsvorgang anstößt oder Treiber für die Videodatei herunterlädt. Bitte warten Sie die Zeitdauer ab – unter Umständen schon ein paar Minuten. Sie können den Fortschritt in der Fußzeile von PowerPoint mit verfolgen. Prüfen Sie anschließend, ob der Clip im Präsentationsmodus (F5) funktioniert.

2. Falls nicht, schauen Sie sich das Videoformat an (klicken Sie im Explorer mit der rechten Maustaste auf die Datei und im Kontextmenü auf **Eigenschaften**). Wenn es sich z. B. um QuickTime Movie oder Adobe Flash Medium handelt, ist auf jeden Fall ein aktueller Player (Treiber) notwendig, der aus dem Internet heruntergeladen werden kann. Falls es ein anderes Format ist, starten Sie den Windows Media Player, laden zunächst die Videodatei und versuchen dann, den Clip abzuspielen.

3. Wenn der Clip auch im Windows Media Player nicht abgespielt werden kann, fehlt ein passender Treiber, der nachgeladen werden muss.

   Im Normalfall fragt Sie der Media Player, ob er den entsprechenden Treiber, der den Video-Codec enthält, aus dem Internet herunterladen soll. Bestätigen Sie die Anforderung (vorausgesetzt, Sie haben gerade Zugang zum Internet).

4. Wenn Ihnen kein Treiber für den Video-Codec angeboten wird, können Sie sich über die rechte Maustaste und den Kontextmenüpunkt **Eigenschaften** den Video-Codec anzeigen lassen, den entsprechenden Treiber

zu diesem Video-Codec im Internet suchen und ihn manuell installieren. Als Beispiele für diesen Fall seien hier die Formate *DivX* oder *vidX* genannt.

Folgende Hinweise müssen Sie beachten, wenn Videos lediglich *verknüpft* wurden:

- Die Präsentation und die zugehörigen Videodateien müssen im selben Ordner liegen, ansonsten kann es vorkommen, dass PowerPoint die Verknüpfung nicht findet. Das passiert vor allem dann, wenn die Präsentation auf einen anderen Computer übertragen wurde.
- Legen Sie die Präsentation und die Videos nicht auf den Desktop. Verknüpfen Sie auch Videos, die auf einem Desktop liegen, nicht mit PowerPoint, denn der Desktop enthält einen benutzerspezifischen Pfad, der in PowerPoint gespeichert wird. Wenn die Präsentation mit dem verknüpften Video dann auf einem anderen PC abgespielt werden soll, müsste dort auch Ihr benutzerspezifischer Pfad vorhanden sein, was in der Regel nicht der Fall ist. Daher ist es besser, Sie suchen sich immer einen Ordner auf Ihrer Festplatte aus.
- Früher gab es häufig Probleme, wenn Pfadname und Videoname zusammen mehr als 128 Zeichen beinhalteten, weil PowerPoint den Namen einfach bei 128 Zeichen »abschnitt«. Mit der neuen Version taucht das Problem nicht mehr auf. Dennoch ist es gut, wenn der Pfad recht kurz gehalten wird, denn das bedeutet mehr Übersicht und unter Umständen auch eine kürzere Ladezeit.

Genau wie im Bereich der Videos hat Microsoft auch die Anzahl der Audioformate erhöht. So können nun beispielsweise auch Formate wie MP3 in PowerPoint eingebunden und bearbeitet werden. Audiodateien können genauso wie Videos eingebettet oder optional auch verknüpft werden. Praktisch ist auch, dass jetzt Audiodateien ein- und ausgeblendet werden können, denn gerade wenn ein Musikstück über mehrere Folien läuft, hörte der Ton vorher oft zu abrupt auf. Mit dem Ausblenden kann die Lautstärke sanft heruntergefahren werden. Ebenso wie bei Videos lassen sich Sprungmarken definieren. (Eine Sprungmarke setzt man an dem Punkt in einem Musikstück, an dem etwas passieren, z. B. ein Bild eingeblendet werden soll.)

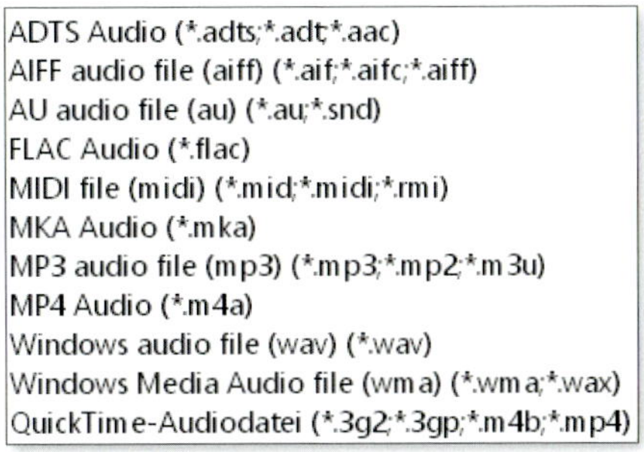

Für den Umgang mit Audiodateien in PowerPoint gelten die gleichen Regeln und Voraussetzungen wie bei den Videoclips. Falls Sie lange Musikstücke verwenden, kann die Speichergröße der Präsentation sehr groß werden. Nutzen Sie daher am besten die Medienkomprimierungsfunktion von PowerPoint. Falls das nicht ausreichen sollte, denken Sie darüber nach, die Musikstücke jeweils zu kürzen.

Beispiele für die Verwendung von Videos

Die folgenden Beispiele sollen Ihnen einen Einblick in die Gestaltungsmöglichkeiten von und mit Videos geben. Videos lassen sich im Raum drehen, mit Bildern überlagern, kreisrund ausschneiden und vieles mehr. Sie finden die meisten Funktionen dazu auf der kontextabhängigen Registerkarte **Videotools/Format**. Die Beispiele dieses Abschnitts finden Sie im Ordner 08 der Beispieldateien.

Als erstes Beispiel (*08_Videowürfel.pptx*) sehen Sie einen Würfel mit drei sichtbaren Seiten, auf denen jeweils ein Video läuft. Dazu wurden die Videos oben und rechts perspektivisch im Raum gedreht (**Videotools/Format ▸ Videoeffekte ▸ Videoeffekte ▸ 3D-Drehung**).

Die nächsten beiden Beispiele zeigen ein aufgeschlagenes Buch, auf dessen Seite ein Video läuft. Im ersten Beispiel (*08_Buch-mit-Video_1.pptx*) ist das Video ohne Videoeffekte eingebettet worden.

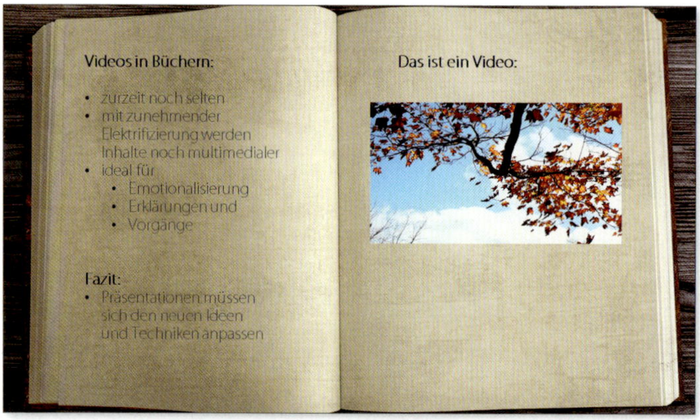

Im zweiten Buchbeispiel (*08_Buch-mit-Video_2.pptx*) ist das Video perspektivisch der Buchseite angepasst, ähnlich wie Sie es schon beim Videowürfel gesehen haben. Außerdem wurde die Videoform in ein abgerundetes Viereck verändert (**Videotools/Format ▸ Videoeffekte ▸ Videoform ▸ Abgerundetes Viereck**). Zusätzlich wurde ein Blockpfeil über das Video gelegt. Dieser Blockpfeil kann z. B. auf einen bestimmten Bereich des Videos hinweisen.

Auf der nächsten Beispielfolie (*08_Fernrohr.pptx*) sehen Sie ein Fernrohr, durch das erkennbar gemacht wird, was sich in weiter Ferne abspielt. Die Form des Videos wurde in einen Kreisausschnitt gebracht (**Videotools/Format ▸ Videoeffekte ▸ Videoform ▸ Ellipse**).

Zum Schluss dieses Abschnitts weise ich noch einmal auf die Möglichkeit der Überlagerung eines Videos mit Text, Formen oder Bildern hin. Hieraus lassen sich unzählige Ideen entwickeln, z. B.:

- einen Texthinweis zu einem Haus einblenden
- mit einem Blockpfeil auf ein Objekt im Video hinweisen
- Videos mit Untertiteln versehen
- eine Person mit einem Spotlight hervorheben
- über einem Video von einer sich drehenden Weltkugel Bilder von Wahrzeichen verschiedener Länder einblenden

Die Animationseffekte in PowerPoint erlauben interessante Interaktionen, die Ihnen ein Video so einfach nicht bieten kann. Stellen Sie sich als Beispiel Folgendes vor: Sie lassen ein eingebettetes Video endlos laufen, und auf einen Mausklick blenden Sie an bestimmten Stellen, die Sie hervorheben möchten, jeweils einen Pfeil und einen Text ein oder auch wieder aus. Die Präsentation des Videos wird dadurch aufgelockert, und auf die Zuschauer wirkt so etwas sehr spannend.

Einen Videoclip mit Text und Grafik überlagern

Die häufigsten Bearbeitungen, die an Videoclips vorgenommen werden, sind die Überlagerung durch Text und die Hervorhebung eines Teils des Videos. In der folgenden Übung (*08_Biker.pptx* im Ordner *08* der Beispieldateien) zeige ich Ihnen, wie Sie Text über einen Videoclip einblenden und Teile des Videos hervorheben.

1. Legen Sie eine neue Folie an (für diese Übung reicht ein leeres Layout). Laden Sie über **Einfügen ▸ Medien ▸ Video ▸ Video auf meinem Computer** den Videoclip *08_Biker.mp4* aus dem Ordner *08/Videos* in Ihre Präsentation.
2. Gestalten Sie das Video mit **Videotools/Format ▸ Videoeffekte ▸ Intensiv ▸ Monitor, grau**. Mit **Videotools/Wiedergabe ▸ Videooptionen ▸ Start ▸ Automatisch** lassen Sie das Video ohne Benutzerinteraktion bei Aufruf der Folie starten.

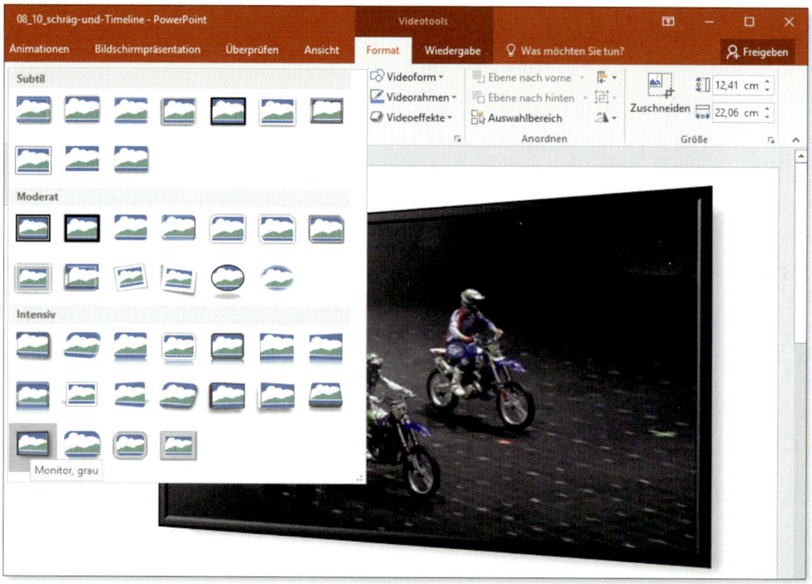

3. Über **Einfügen ▸ Illustrationen ▸ Formen ▸ Standardformen ▸ Ellipse** zeichnen Sie mit gedrückter ⇧-Taste einen Kreis über das Video – ungefähr im linken oberen Quadranten. Entfernen Sie die Füllfarbe (**Start ▸ Zeichnung ▸ Fülleffekt ▸ Keine Füllung**), färben Sie die Formkontur weiß (**Start ▸ Zeichnung ▸ Formkontur ▸ Weiß**), und ändern Sie die Strichstärke (**Start ▸ Zeichnung ▸ Formkontur ▸ Stärke**).

4. Fügen Sie in etwa oben in der Mitte ein Textfeld ein (**Einfügen ▸ Text ▸ Textfeld**), und schreiben Sie den Namen »Eddie, der Biker« hinein. Passen Sie gegebenenfalls die Schrift in Art, Größe und Stil an das Video an. Da das Video im Beispiel räumlich dargestellt ist, sieht es besser aus, wenn Sie auch den Text drehen. Klicken Sie mit der rechten Maustaste auf das Video, wählen Sie im Kontextmenü **Video formatieren** und im Aufgabenbereich **Effekte ▸ 3D-Drehung**. Notieren Sie die Parameter für die 3D-Drehung. Im Beispiel steht bei **X-Drehung** der Wert »20°« und bei **Perspektive** der Wert »55°«. Setzen Sie dann für das Textfeld »Eddie, der Biker« die gleichen Parameter ein, indem Sie darauf klicken und im Aufgabenbereich **Form formatieren ▸ Effekte ▸ 3D-Drehung** wählen (beim Wechsel auf die Form ist normalerweise schon **3D-Drehung** rechts im Aufgabenbereich ausgewählt). Wählen Sie jedoch zunächst bei **Vorein-**

stellungen ▸ Perspektive die Option **Perspektive vorn** aus, und ändern Sie dann die Parameter für **X-Drehung** und **Perspektive**. Nehmen Sie anschließend die gleichen Einstellungen auch für den Kreis vor.

5. Für die anderen Animationen sind noch einige vorbereitende Arbeiten nötig. Wir wollen festlegen, wann Kreis und Text erscheinen sollen. Wenn Sie mit der Maus auf das Video zeigen, erscheint das Wiedergabemenü. Klicken Sie dann auf das dreieckige Symbol für **Wiedergabe/Pause**. Lassen Sie das Video vorlaufen ungefähr bis zum Zeitpunkt 00:02,06. Wenn Sie das Video zu weit abgespielt haben, können Sie es entweder über die Schaltfläche **Rückwärts** zurückspulen oder direkt auf die entsprechende Stelle im Zeitbalken klicken.

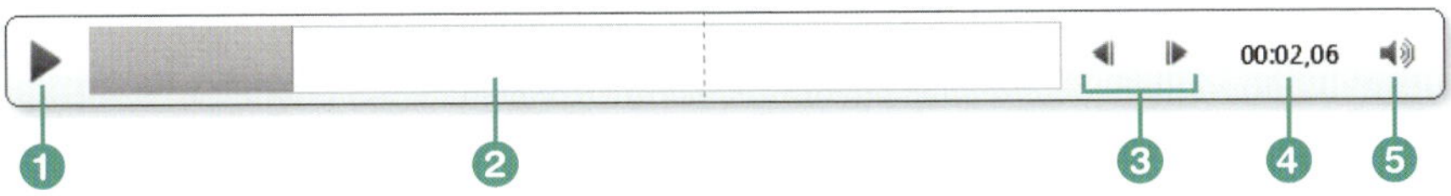

1 Wiedergabe/Pause
2 Zeitbalken mit der Möglichkeit, mit der Maus direkt auf einen Zeitpunkt zu klicken
3 Schrittweise vor/zurück
4 Zeitangabe
5 Lautstärkeeinstellung für diesen Clip

6. Wenn Sie den gewünschten Zeitpunkt erreicht haben, setzen Sie über **Videotools/Wiedergabe ▸ Sprungmarken ▸ Sprungmarke hinzufügen** eine Sprungmarke. Sprungmarken sind bestimmte Stellen im zeitlichen Ablauf des Videos, an denen eine Aktion ausgelöst wird, z. B. das Einblenden eines Bildes. Die Sprungmarke wird im Zeitbalken als kleiner Kreis angezeigt. An dieser Stelle werden später der Kreis und der Text erscheinen. Lassen Sie den Videoclip bis etwa 00:03,72 weiterlaufen, und setzen Sie dort eine weitere Sprungmarke, an der die eingeblendeten Objekte wieder ausgeblendet werden.

7. Spielen Sie das Video ab, und stoppen Sie es an der ersten Sprungmarke. Alternativ klicken Sie mit der Maus direkt auf die Sprungmarke. Platzieren Sie den Kreis und den Text wie in folgender Abbildung zu sehen, also genau auf das Video: Der Text befindet sich im oberen Drittel des Videos, und den Kreis legen Sie genau auf den vorderen Biker.

8. Markieren Sie den Text, und wählen Sie **Animationen ▸ Animation ▸ Eingang ▸ Verblassen**. Für **Animationen ▸ Anzeigedauer ▸ Dauer** stellen Sie den Wert »00,25« ein. Da die Animation an der ersten Sprungmarke beginnen soll, wählen Sie bei **Animationen ▸ Erweiterte Animation ▸ Trigger ▸ Bei Sprungmarke** die Option **Textmarke 1**.

9. Für das Ausblenden des Textes verwenden Sie **Animationen ▸ Erweiterte Animation ▸ Animation hinzufügen ▸ Beenden ▸ Verblassen**. Stellen Sie bei **Animationen ▸ Anzeigedauer ▸ Dauer** wieder den Wert »00,25« ein. Bei **Animationen ▸ Erweiterte Animation ▸ Trigger ▸ Bei Sprungmarke** wählen Sie dieses Mal **Textmarke 2**. Testen Sie die gesamte Animation über die Vorschau. Bei Fehlern können Sie auch den **Animationsbereich** einblenden und dort korrigieren.

10. Wir möchten, dass der Kreis stets die Fahrer hervorhebt. Daher benötigen wir neben dem Ein- und Ausblenden auch eine Pfadanimation. Gehen Sie für das Einblenden zunächst so vor wie beim Text. Setzen Sie allerdings für **Animationen ▸ Anzeigedauer ▸ Start** die Option **Mit Vorherigen** ein, denn der Kreis soll zeitgleich mit dem Text erscheinen.

11. Um jetzt die Pfadanimation hinzuzufügen, wählen Sie **Animationen ▸ Erweiterte Animation ▸ Animation hinzufügen ▸ Animationspfade ▸ Linien**. Bei **Animationen ▸ Animation ▸ Effektoptionen** wählen Sie für **Rich-**

tung die Option **Rechts**. Unter **Animationen ▸ Anzeigedauer ▸ Start** nehmen Sie **Mit Vorherigen**, und bei **Animationen ▸ Erweiterte Animation ▸ Trigger ▸ Bei Sprungmarke** geben Sie **Textmarke 1** an.

12. Die Dauer der Pfadanimation können Sie ganz einfach berechnen, indem Sie die Differenz zwischen der zweiten und der ersten Sprungmarke nutzen: in unserem Beispiel also 3,72 Sekunden minus 2,06 Sekunden = 1,66 Sekunden. Dieser Wert muss bei **Animationen ▸ Anzeigedauer ▸ Dauer** eingegeben werden. Der Einfachheit halber können Sie auch den Wert »1,66« angeben.

13. Schalten Sie den **Animationsbereich** ein (**Animationen ▸ Erweiterte Animation ▸ Animationsbereich**). Markieren Sie den Eintrag für die Pfadanimation, und öffnen Sie über die rechte Maustaste die **Effektoptionen**. Ändern Sie im Dialogfenster die Werte in den Feldern **Gleiten Start** und **Gleiten Ende** jeweils auf »0 sek.«.

14. Markieren Sie jetzt wieder das Video auf der Folie, und klicken Sie die zweite Sprungmarke an (oder lassen Sie das Video abspielen, und stoppen Sie es an genau dieser Stelle). Blenden Sie über [Alt] + [F9] die Führungslinien ein, und verschieben Sie eine waagerechte und eine senkrechte Führungslinie so, dass ihr Kreuzungspunkt mitten auf dem Motorradfahrer liegt.

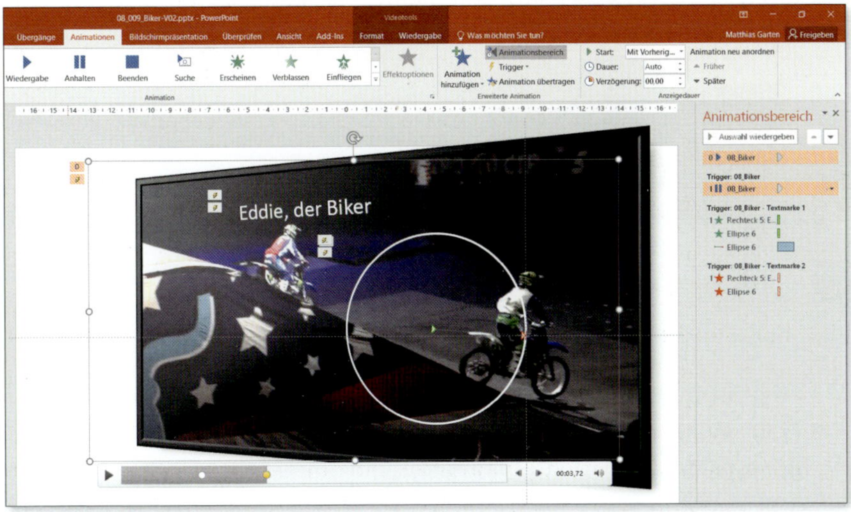

15. Verschieben Sie nun noch das Pfadende auf den Kreuzungspunkt, damit sich der Kreis nur bis zu diesem Punkt bewegt. Testen Sie den gesamten Ablauf im Bildschirmpräsentationsmodus [F5], und nehmen Sie gegebenenfalls Korrekturen vor.

Sie haben mit dieser Übung gesehen, was mit den Videofunktionen von PowerPoint möglich ist. Früher sind solche Ergebnisse nur mit Videoprogrammen möglich gewesen, heute funktioniert das innerhalb von PowerPoint und bietet Ihnen damit mehr Flexibilität und Gestaltungsmöglichkeiten.

Eine attraktive Diashow mit Musik anlegen

PowerPoint bietet eine Komfortfunktion zum schnellen und einfachen Erstellen von Fotoalben und Diashows: **Fotoalbum**. Damit können Sie im Handumdrehen Ihre digitalen Fotos in einer interessanten Präsentation aufbereiten. Wie Sie das anstellen, zeige ich Ihnen in diesem Abschnitt. Die dazugehörige Präsentation finden Sie unter dem Dateinamen *08_Fotoalbum.pptx* im Ordner *08* der Beispieldateien.

1. Kopieren Sie zunächst am besten alle digitalen oder eingescannten Bilder, die Sie in die Diashow aufnehmen wollen, in einen Ordner. Sie können auch die Bilder aus dem Ordner *08/Bilder* verwenden. Das ist zwar technisch nicht unbedingt erforderlich, aber Sie sparen so eine Menge Zeit.

Achten Sie darauf, dass die Bilder in einer Mindestauflösung von 1024 × 768 Pixeln vorliegen, andernfalls leidet die Qualität der Darstellung. Falls Sie beabsichtigen, vor größerem Publikum zu präsentieren, und die Projektoren höhere Auflösungen ermöglichen (z. B. 1920 × 1080 Pixel, Full-HD-Auflösung), sollten Sie entsprechend die Pixelwerte Ihrer Bilder erhöhen.

2. Öffnen Sie PowerPoint, und rufen Sie den Befehl **Einfügen ▸ Bilder ▸ Fotoalbum ▸ Neues Fotoalbum** auf. Es erscheint ein Dialog, in dem Sie die Bilder einlesen können. Wählen Sie über die Schaltfläche **Datei/Datenträger** die gewünschten Bilder aus, und laden Sie sie. Nachdem PowerPoint diese eingelesen hat, können Sie ihre Reihenfolge verändern und festlegen (über die Pfeiltasten unterhalb der Box **Bilder im Album**). Bei Bedarf fügen Sie auch noch Textfolien ein (über die Schaltfläche **Neues Textfenster**).

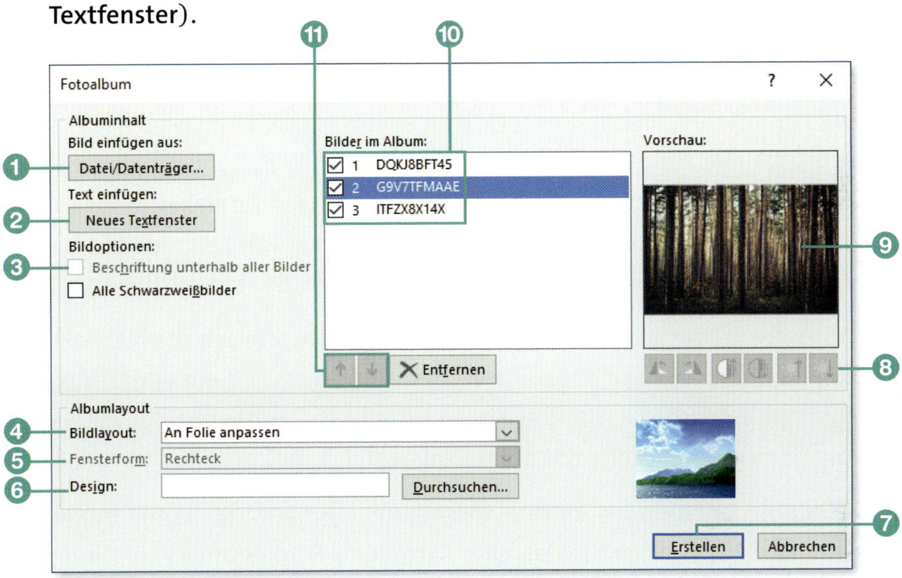

1. Bilder auswählen
2. Textfolie einfügen
3. Wenn ein Design ausgewählt ist, kann festgelegt werden, ob direkt unter den Bildern Text platziert wird.
4. Bild an die Foliengröße anpassen oder mehrere Bilder auf eine Folie einfügen.
5. Die Gestaltung eines Bildes kann über die Fensterform angepasst werden.
6. Auswahl eines Masterlayouts bzw. eines Foliendesigns
7. Fotoalbum als neue Präsentation erstellen oder eine bestehende Präsentation bearbeiten und aktualisieren
8. Bildkorrekturen wie Drehen, Kontrast, Helligkeit
9. Vorschau
10. Ausgewählte Bilder
11. Reihenfolge ändern

3. Wie Sie in der Abbildung sehen, können Sie im Dialogfenster **Fotoalbum** außerdem jedes Bild einzeln oder, wenn Sie die Häkchen setzen, auch mehrere Bilder drehen und in Helligkeit und Kontrast anpassen. Lassen Sie im Bereich **Albumlayout** das Bildlayout bei **An Folie anpassen**. Wenn Sie die verschiedenen Möglichkeiten des Bildlayouts testen möchten, können Sie die Übung auch mit einem anderen Bildlayout wiederholen.

4. Klicken Sie auf **Erstellen**, wird eine *neue* PowerPoint-Präsentation erzeugt, unabhängig davon, wie viele andere Präsentationen Sie gerade geöffnet haben.

5. Weil im Feld **Bildlayout** die Option **An Folie anpassen** eingestellt war, werden jetzt alle Bilder in Foliengröße dargestellt, d.h., wenn ein Bild zu klein ist, wird es automatisch größer skaliert und umgekehrt. Das spart Ihnen eine Menge Zeit – gerade wenn Sie an Digitalfotos mit sehr hohen Auflösungen denken, die meistens sehr viel größer als die Folie sind.

   Wenn Sie Bilder im Seitenverhältnis 4:3 haben, werden die Folien nicht komplett auf die Foliengröße eingestellt, da das Seitenverhältnis des Fotoalbums 16:9 ist. Stellen Sie in diesem Fall einfach über **Entwurf ▸ Anpassen ▸ Foliengröße** das Verhältnis auf 4:3 um.

6. Wenn Sie noch etwas an den Grundeinstellungen des Fotoalbums ändern wollen, können Sie das über **Einfügen ▸ Fotoalbum ▸ Fotoalbum bearbeiten** tun.

7. Damit die Bilder weich überblendet werden, können Sie auch hier mit Effekten arbeiten, z.B. **Verblassen**. Wechseln Sie dazu in die Foliensortierung (**Ansicht ▸ Präsentationsansichten ▸ Foliensortierung**), und ordnen Sie den einzelnen Folien anschließend über die Registerkarte **Übergänge ▸ Übergang zu dieser Folie** Überblendungen zu, z.B. **Verblassen**, **Form** oder Ähnliches.

8. Markieren Sie dann alle Folien, indem Sie z.B. einen Rahmen um die Folien mit gedrückter linker Maustaste ziehen, und setzen Sie unter **Übergänge ▸ Anzeigedauer ▸ Nächste Folie** das Feld **Nach** auf den Wert »00:04,00«. Wechseln Sie anschließend wieder in die Standardansicht (**Ansicht ▸ Präsentationsansichten ▸ Normal**). Nun ist die eigentliche Diashow fertig.

9. Wenn Sie möchten, können Sie auf einzelnen Folien auch noch Text oder Formen hinzufügen (**Einfügen ▸ Illustrationen ▸ Formen**). Stellen Sie sich z. B. vor, Sie erstellen eine Diashow zu Ihrem letzten Urlaub. Sie könnten beispielsweise die Namen von Städten, Plätzen, Personen usw. oder Stichwörter zu bestimmten Erlebnissen einfügen. Wenn Sie etwas besonders auffällig darstellen wollen, können Sie eine Hervorhebung nutzen, z. B. einen Pfeil einzeichnen. (Wie Sie wissen, gibt es auch hierbei zahlreiche Möglichkeiten zur Animation; siehe Kapitel 7, »Effekte und Animationen sinnvoll einsetzen«.)

10. Eine andere Möglichkeit besteht darin, die Diashow mit Musik zu unterlegen. Beschaffen Sie sich dazu zunächst ein Musikstück in digitaler Form, z. B. als MP3- oder WAV-Datei. Wechseln Sie dazu auf die Folie, mit der zeitgleich die Musik starten soll. Zum Einfügen rufen Sie **Einfügen ▸ Medien ▸ Audio ▸ Audio auf meinem Computer** auf und laden das Stück in Ihre Präsentation. Wenn das Audiosymbol auf der Folie erscheint, verschieben Sie es auf den Randbereich und nehmen folgende Einstellungen vor:

- Damit das Musikstück auch über mehrere Folien zu hören ist, haken Sie **Audiotools/Wiedergabe ▸ Audiooptionen ▸ Folienübergreifende Wiedergabe** an.
- Um das Audiosymbol während der Diashow unsichtbar zu machen, wählen Sie **Audiotools/Wiedergabe ▸ Audiooptionen ▸ Bei Präsentationen ausblenden**.

11. Darüber hinaus können Sie die Anzahl der Folien einstellen, bei denen Musik zu hören sein soll. Das ist beispielsweise dann nützlich, wenn Sie mehrere Musikstücke abspielen wollen. Zum Beispiel könnten Sie es in Ihrer Urlaubs-Diashow auf den ersten zehn Folien eher gemächlich angehen lassen und auf den folgenden Folien immer poppiger werden. Blenden Sie dazu den **Animationsbereich** ein (**Animationen ▸ Erweiterte Animation ▸ Animationsbereich**), und doppelklicken Sie auf den Audioeintrag im **Animationsbereich**. Im Dialogfenster **Wiedergabe Audio** können Sie auf dem Reiter **Effekt** im Bereich **Wiedergabe beenden** die exakte Anzahl von Folien in das Feld **Nach** eingeben.

12. Um schließlich das Musikstück sanft ein- und auszublenden, wie Sie es z. B. aus dem Radio kennen, nutzen Sie die Funktion zum Ein- und Ausblenden von Audiodateien (**Audiotools/Wiedergabe ▸ Bearbeiten ▸ Ein-/Ausblendedauer**).

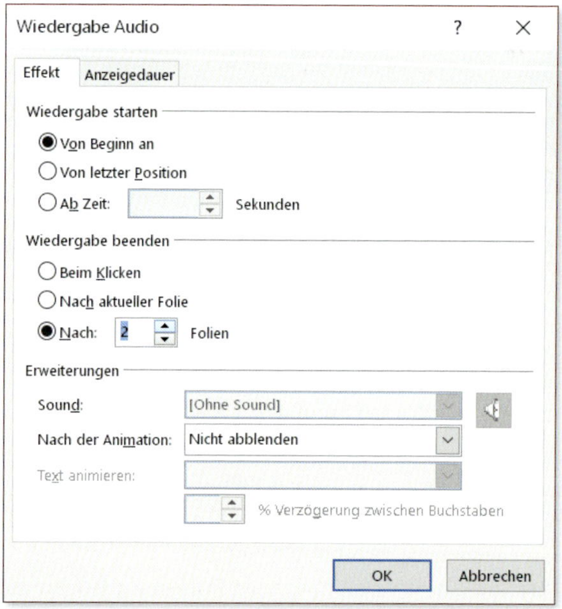

Sie haben gesehen, wie schnell eine Diashow erstellt ist. Es spricht also nichts dagegen, wenn Sie bei Ihrer nächsten Firmenfeier ein paar Digitalfotos machen und diese zum Ende der Feier mit interessanten Übergängen auf einem Bildschirm oder einer Leinwand abspielen.

Kapitel 9
PowerPoint-Dateien geschickt weiterverwenden

PowerPoint bietet eine Reihe von Möglichkeiten, eine Präsentation auf externen Datenträgern, online, mobil oder auch in anderen Formaten weiterzugeben bzw. zu verarbeiten.

Spannend sind auch die sich damit eröffnenden Möglichkeiten, gemeinsam an einer Präsentation zu arbeiten. Daraus ergeben sich Vorteile wie der leichtere und schnellere »Transport« aufgrund kleinerer Dateigrößen, die Unveränderbarkeit des Inhalts, eine praktischere Handhabung und Weiterbearbeitung oder auch eine schnellere Bearbeitung im Team.

Weiterverwendung

In diesem Kapitel zeige ich Ihnen, wie Sie PowerPoint-Präsentationen gemeinsam mit anderen bearbeiten können, wie Sie Ihre Präsentationen in der Cloud einfach speichern und über das Internet vorführen können und wie Sie sie als PDF, Video oder Word-Datei exportieren. Das Thema Cloud bzw. Cloud-Computing ist in den letzten Jahren zur Selbstverständlichkeit geworden. So stehen zahllose Online-Speicherplattformen wie etwa OneDrive von Microsoft, Google Drive, iCloud von Apple, Dropbox, Box u.a. zur Auswahl. Wenn Sie Dateien in der Cloud speichern, befinden sich diese nicht mehr auf Ihrer lokalen Festplatte, sondern in der metaphorischen Wolke (engl.: *cloud*).

PowerPoint und die Cloud

Der Onlinespeicherplatz von Microsoft heißt OneDrive. Hier können Sie Ihre Dokumente, Fotos, Videos, Musikdateien oder eben auch Präsentationen ablegen und sie bei Bedarf auch anderen Nutzern zur Verfügung stellen. Es ist selbstverständlich möglich, für die Zusammenarbeit einen anderen Cloud-Anbieter zu wählen, etwa Dropbox, da OneDrive jedoch direkt in allen Office-2016-Programmen, also auch in PowerPoint 2016, eingebunden ist, gestaltet sich der Austausch über den Microsoft-Dienst am bequemsten.

OneDrive bietet Ihnen kostenfrei 15 GByte Speicherplatz, also genug, um etliche Präsentationen, Dokumente, Bilder und Videos zu speichern. Zusätzlich erhalten Sie über die kostenlosen OneDrive-Apps für alle gängigen Betriebssysteme, wie Windows, OS X, iOS (iPhone, iPad) und Android, auch von anderen Systemen Zugriff auf Ihre Daten. Nicht zuletzt können Sie auch über jeden Browser unterwegs über *onedrive.live.com* Ihre Daten abrufen.

Damit Sie OneDrive nutzen können, benötigen Sie ein Microsoft-Konto. Haben Sie sich für ein Office-365-Abonnement entschieden, verfügen Sie automatisch über ein Konto und einen OneDrive-Account, andernfalls können Sie sich unter *onedrive.live.com* für den Dienst registrieren und erhalten den kostenfreien Speicher.

In PowerPoint können Sie dann über **Datei ▸ Speichern unter** Ihre Präsentation direkt in OneDrive speichern. Sollte Ihnen OneDrive noch nicht als Speicherort in PowerPoint angezeigt werden, klicken Sie auf **Ort hinzufügen**, und verknüpfen Sie PowerPoint mit Ihrem OneDrive-Konto. Liegt die Präsentation einmal in der Cloud, also in OneDrive, ist es sehr einfach, sie anderen Personen zur Bearbeitung zu schicken oder vorzuführen.

Die Präsentation freigeben

Eine Vielzahl an Optionen, um PowerPoint-Präsentationen zu versenden, vorzuführen oder zu verarbeiten, finden Sie in PowerPoint 2016 unter dem Befehl **Datei ▸ Freigeben**. Wichtige Voraussetzung dafür ist allerdings, dass Sie ein Microsoft-Konto haben, z. B. eine Outlook.com-E-Mail-Adresse oder einen OneDrive-Account. Die interessantesten Freigabemöglichkeiten stelle ich hier vor.

Wenn Sie z. B. Ihre Präsentation anderen Personen im Internet vorführen oder zur Verfügung stellen wollen, können Sie dazu die Funktionen bei **Datei ▸ Freigeben** verwenden. Wenn die Präsentation noch auf Ihrer Festplatte liegt, finden Sie folgende Befehle:

- **Mit Personen teilen:** Das funktioniert nur, wenn die Datei in OneDrive gespeichert wird und Sie die E-Mail-Adressen der Empfänger kennen. Sie bestimmen, ob die Person bzw. die Personen die Präsentation nur anschauen, downloaden oder auch bearbeiten darf. Die Funktion ist sehr praktisch, wenn Sie schnell viele Personen mit einem Microsoft-Konto einladen wollen.
- **E-Mail:** Sie können Dritten auf diese Weise einfach die Präsentation im Original, als Link (im lokalen Netzwerk), als PDF, als XPS (ein Microsoft-eigenes PDF-Format, das aber kaum genutzt wird) und als Internetfax (natürlich nur dann, wenn Sie einen Faxanbieter haben) zur Verfügung stellen. Faxanbieter finden Sie problemlos im Internet, wenn Sie nach »Fax versenden« suchen, oder folgen Sie den Anweisungen, die Ihnen nach einem Klick auf **Als Internetfax senden** angezeigt werden.

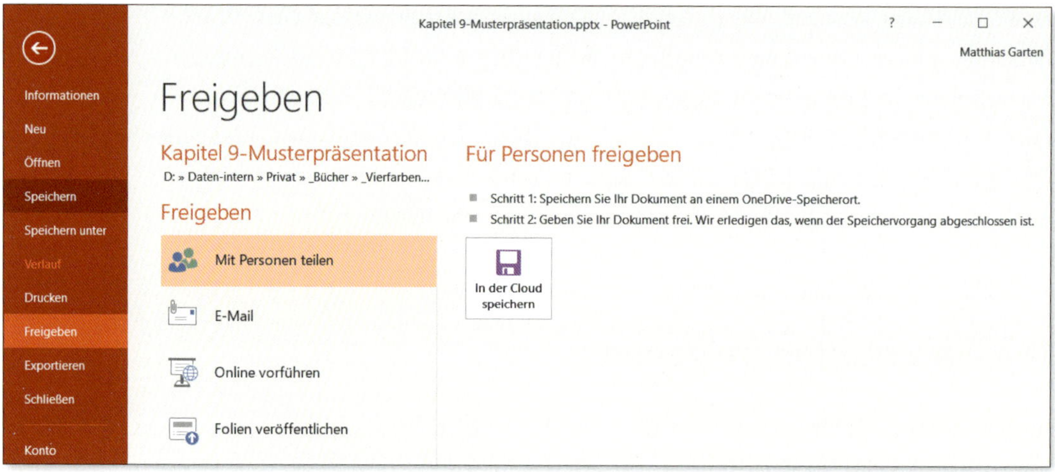

- **Online vorführen:** Nachdem Sie sich angemeldet haben, wird die Präsentation in einen Onlinespeicher geladen, und Sie erhalten einen Link, den Sie kopieren können. Alternativ können Sie direkt eine E-Mail an die Empfänger senden. Sobald der Link von einem Empfänger aufgerufen wird, startet dessen Browser, und er kann die Präsentation analog Ihrer Vorführung verfolgen. Allerdings kann er Funktionen wie Zoom, Laserpointer, Stift usw. nicht nachverfolgen, weil sie nicht übertragen werden. Sie steuern die Präsentation so wie bei einer Offlinepräsentation, d. h., Sie können auch eine Referentenansicht einblenden usw.

  Wenn Sie als Referent [Esc] drücken und in die Normalansicht zurückgekehrt sind, sehen Sie einen neuen Menüpunkt **Online vorführen**. Sobald Sie **Online vorführen ▸ Online vorführen ▸ Onlinepräsentation beenden** anklicken, ist die Vorführung beendet, und der Link ist nicht mehr gültig!

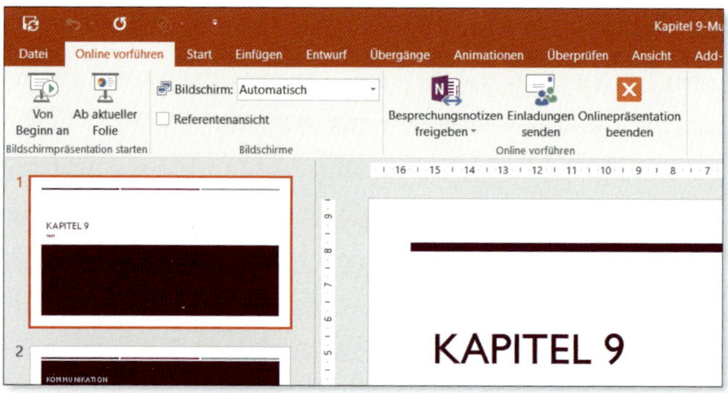

INFO

Nur für Ad-hoc-Termine

Sobald Sie versuchen, PowerPoint oder die Präsentation zu schließen, werden Sie aufgefordert, die Onlinevorführung zu beenden – deshalb eignet sich die Funktion **Online vorführen** eher für zeitnahe Termine und nicht für lang im Voraus geplante Präsentationen.

- **Folien veröffentlichen:** Damit haben Sie die Möglichkeit, alle oder auch ausgewählte Folien in SharePoint (dem Dokumentenmanagement-System von Microsoft) zu speichern.

Im Folgenden zeige ich Ihnen nun, wie Sie Dateien mit anderen Personen teilen und dank OneDrive zeitgleich gemeinsam bearbeiten können.

Zusammenarbeit offline oder in der Cloud

Mit PowerPoint 2016 können Sie auf einfache Art und Weise Präsentationen gemeinsam bearbeiten. Die Arbeitsweise ist gerade dann sehr sinnvoll, wenn zahlreiche Abstimmungsprozesse notwendig sind. Als Funktionen dienen dazu die Kommentar- und Vergleichsfunktionen auf der Registerkarte **Überprüfen** und die **Freigeben**-Funktion ganz rechts im Menüband. Folgende Szenarien der Zusammenarbeit sind vorstellbar:

Die erste Variante ist die klassische, denn sie kommt ohne Cloud-Funktionen aus. Person A erstellt auf ihrem PC eine PowerPoint-Präsentation und sendet sie an Person B. Person B bearbeitet die Präsentation auf ihrem PC und sendet diese zurück. Über die Funktion **Überprüfen ▸ Vergleichen** (1) kann Person A beide Versionen miteinander abgleichen.

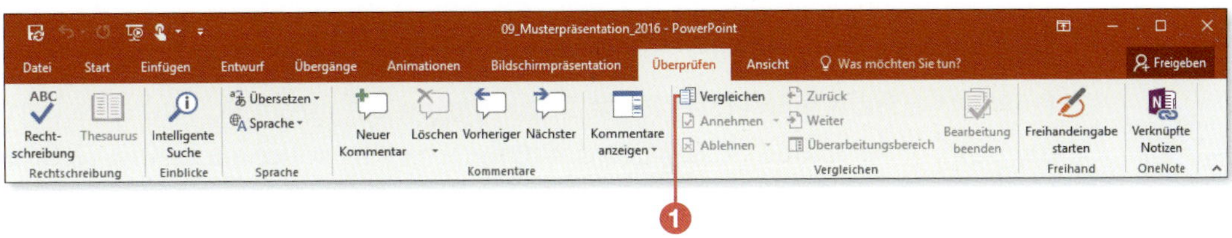

Zusätzlich kann über die Funktion **Überprüfen ▸ Kommentare ▸ Neuer Kommentar** ① und die Beantwortung von Kommentaren im Kommentarfenster ein Dialog zwischen beiden Personen stattfinden.

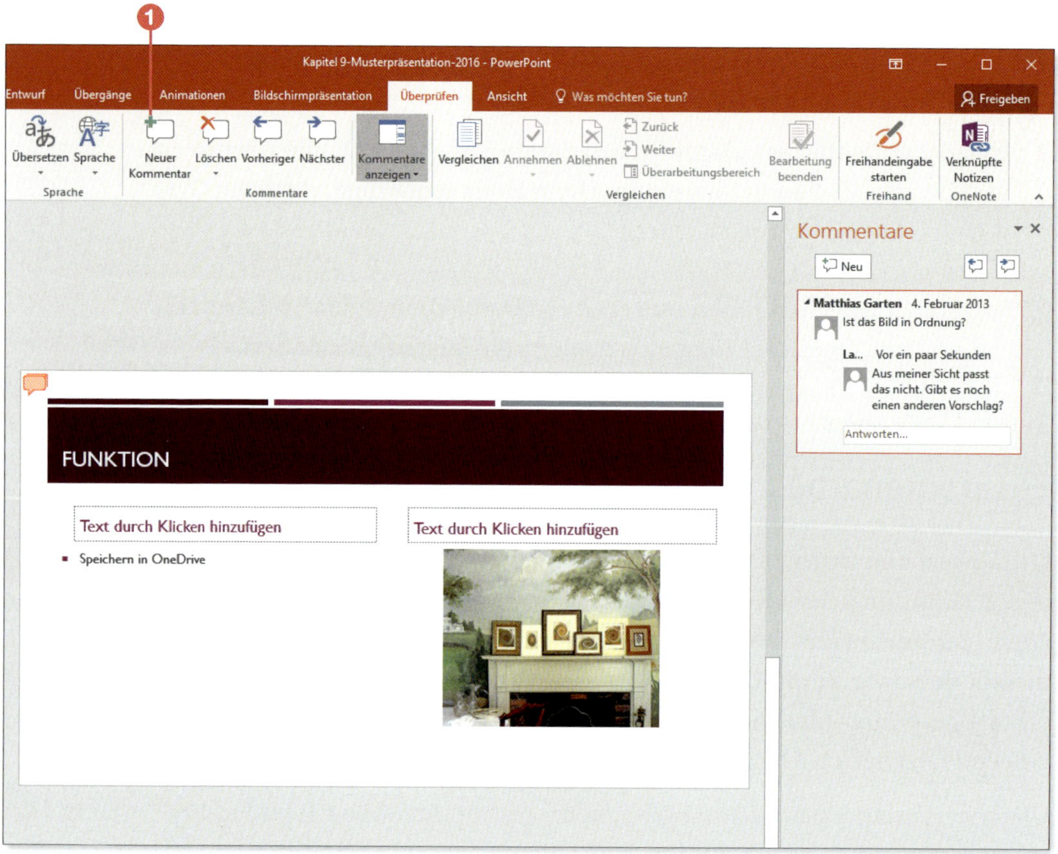

Auf der Folie (über dem Bild) befindet sich der Kommentarmarker, der Kommentarbereich mit Dialog ist rechts zu sehen.

Die zweite Variante nutzt im Gegensatz zur ersten die Möglichkeiten von OneDrive, dem Onlinespeicher von Microsoft.

Person A erstellt eine PowerPoint-Präsentation auf ihrem PC und speichert die Datei in der Cloud (z. B. Microsoft OneDrive, die sollte auch eingerichtet bzw. installiert sein). Dazu wählen Sie **Start ▸ Freigeben ▸ Mit Personen teilen ▸ In der Cloud speichern**.

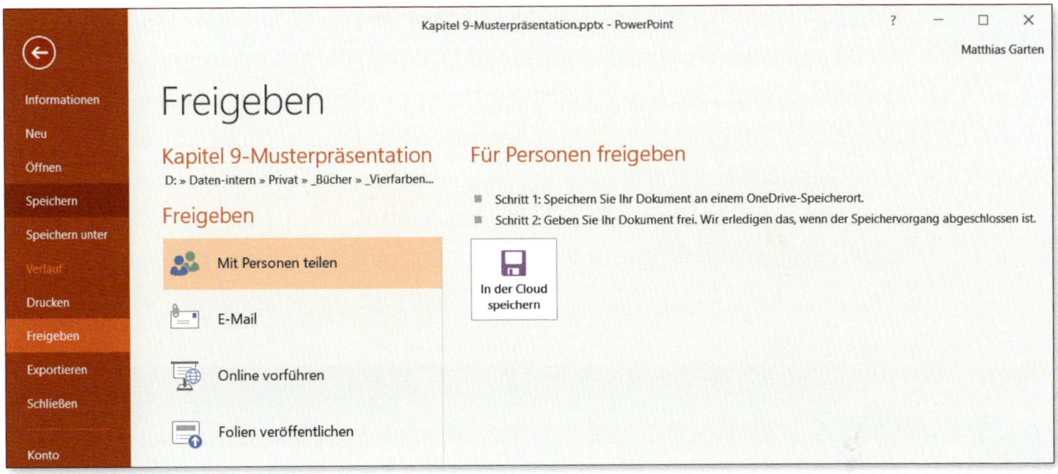

Die Präsentation wird jetzt in OneDrive hochgeladen, und Sie sehen den Button **Für Personen freigeben**. Mit einem Klick darauf gelangen Sie zurück in die Bearbeitungsansicht, in der Ihnen nun rechts der Aufgabenbereich **Freigeben** mit verschiedenen Freigabemöglichkeiten angezeigt wird.

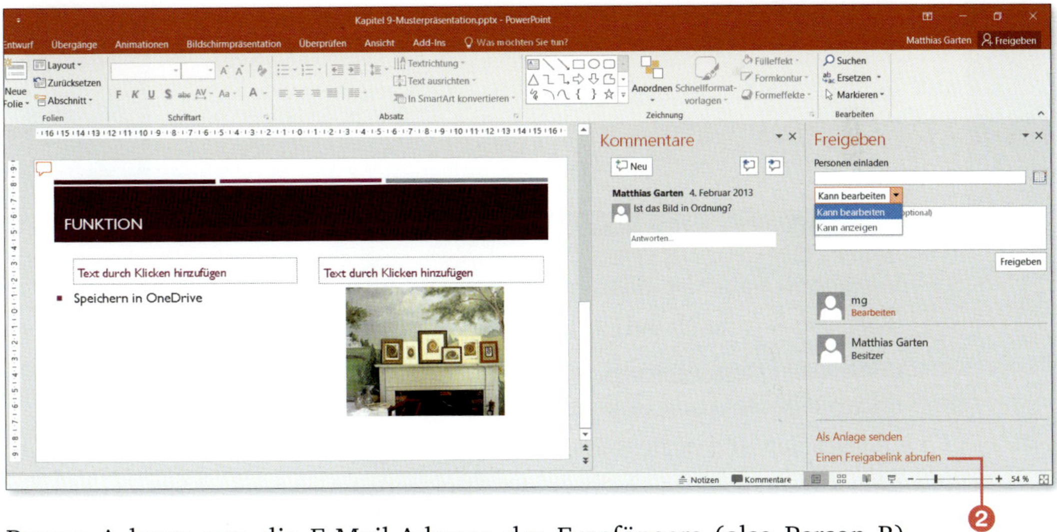

Person A kann nun die E-Mail-Adresse des Empfängers (also Person B) eingeben und damit einen Link zum Bearbeiten oder nur zum Anzeigen senden. Alternativ lässt sich über den Befehl **Einen Freigabelink abrufen** ❷ der Link in die Zwischenablage kopieren und so in ein Mail-Programm, ein Word-Dokument oder Ähnliches übernehmen.

Erhält Person B den Bearbeitungslink von Person A, kann sie (sofern sie keine PowerPoint-Version installiert hat) PowerPoint Online nutzen und die Präsentation im Browser bearbeiten. Beim Anzeige- und Bearbeitungslink besteht die Möglichkeit, die Präsentation mit einem Klick auf **Herunterladen** zu laden und lokal (also offline) zu bearbeiten. Es ist im Sinne der schnellen Zusammenarbeit sinnvoll, die Präsentation in der Cloud zu belassen – außer Ihre Internetverbindung oder Ihr Computer sind sehr langsam.

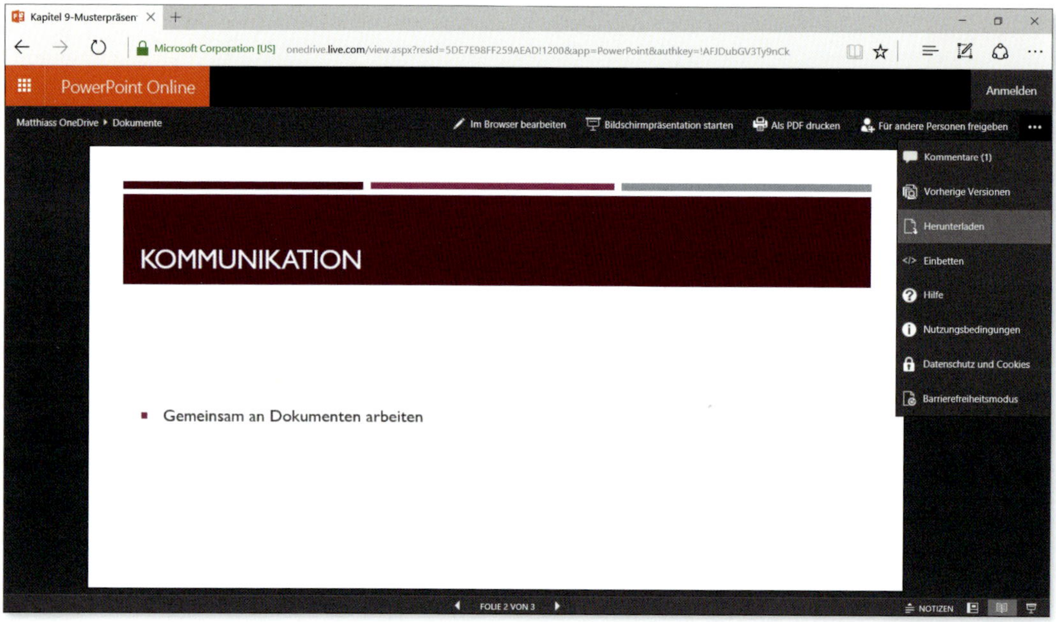

Vorteilhaft dabei ist, dass PowerPoint Online nicht nur auf Windows-Systemen, sondern auch auf anderen Systemen läuft, z. B. iOS von Apple. PowerPoint als Programm ist nicht notwendig. Damit sind iPads, iPhones und Android-Tablets und Smartphones in der Lage, PowerPoint-Präsentationen abzuspielen und zu bearbeiten. Der Nachteil der Online-Version liegt darin, dass nur ein sehr eingeschränkter Funktionsumfang, geschätzt ca. 1/3 der vollen Funktionalität, vorhanden ist. Kommentare sind allerdings möglich, und ich denke, dass damit eine wichtige Funktion für die Zusammenarbeit abgedeckt ist (**Bearbeitungsansicht ▸ Kommentare anzeigen** bzw. **Kommentare ▸ Neu** oder **Antworten**, um einen Kommentar zu verfassen).

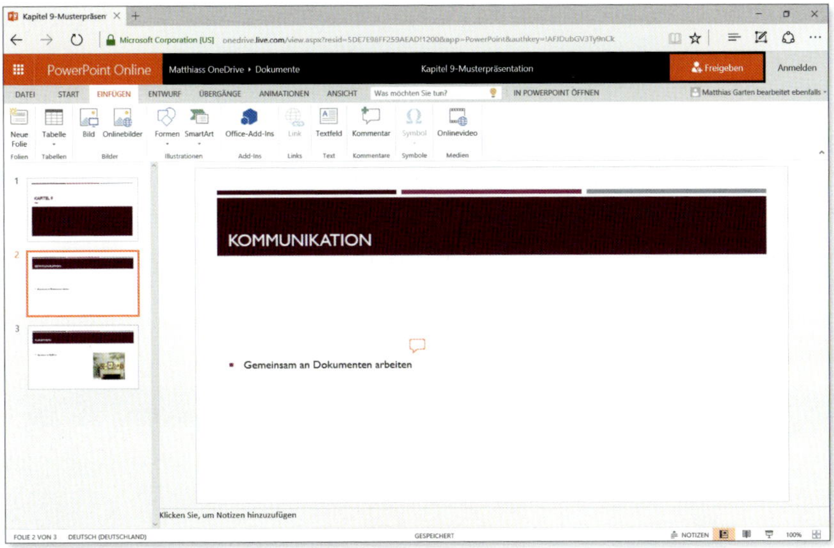

Arbeiten im Browser dank PowerPoint Online

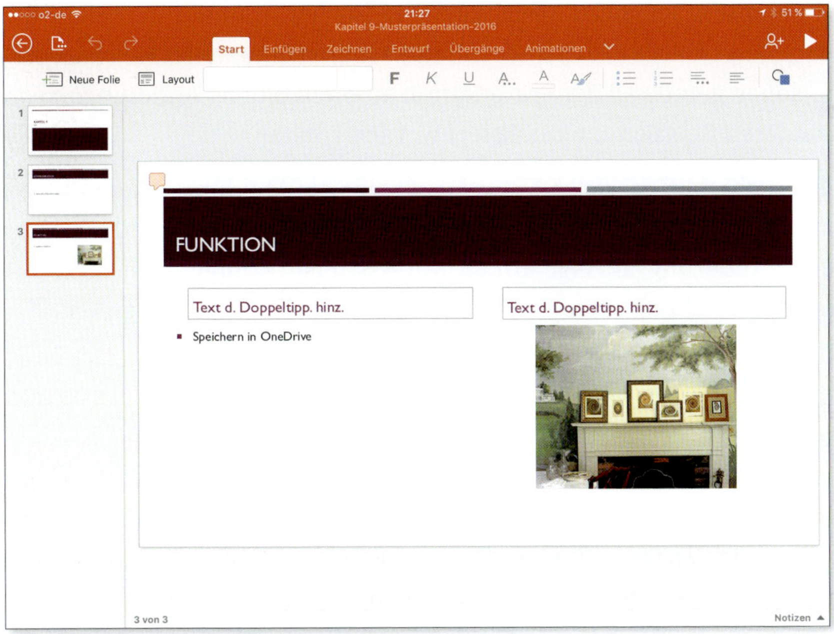

Die PowerPoint-Oberfläche unter iOS auf dem iPad. Die Ähnlichkeit zur PC-Version ist deutlich zu erkennen.

Wie Sie in den folgenden beiden Abbildungen sehen, können Sie sogar auf dem iPhone Ihre Präsentationen bearbeiten. Über das Formatsymbol ❶ gelangen Sie zum Menü, um weitere Formatierungsoptionen anwenden zu können. Wie in der Desktopversion, in der die verschiedenen Aufgabenbereiche kontextabhängig eingeblendet werden, werden Ihnen auch bei der Arbeit auf mobilen Geräten entsprechende Menüs ❷ mit weiteren Bearbeitungsoptionen angezeigt.

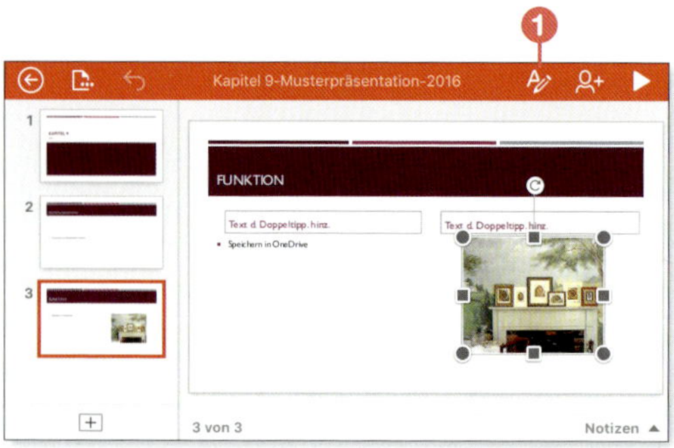

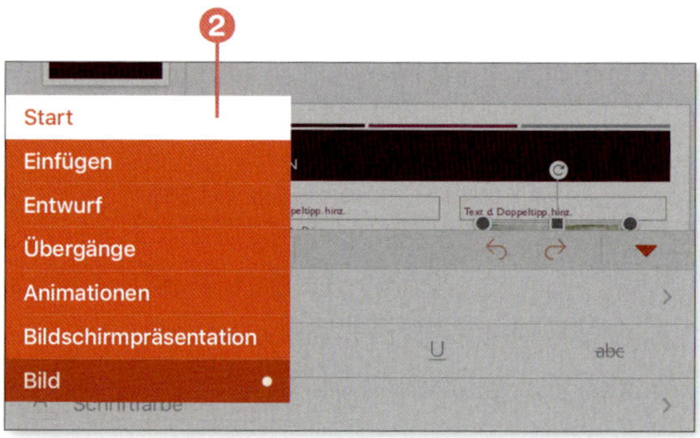

Arbeiten mehrere Personen gleichzeitig an der Präsentation, erhalten Sie Statusmeldungen zum Bearbeitungsstand. Oben rechts sehen Sie etwa, wie viele Personen gerade an der Präsentation arbeiten und ob Änderungen von einem anderen Bearbeiter aktualisiert werden können.

Je nach Geschwindigkeit des Netzes erscheint die Meldung innerhalb von Sekunden, es kann aber mitunter auch ein paar Minuten dauern, bis der andere die Änderungsanzeige erhält. Auf jeden Fall können über diese Art und Weise sehr schnell Änderungen hin- und hertransportiert werden.

Die Präsentation exportieren

Es gibt mehrere Wege, eine PowerPoint-Präsentation zu exportieren. Vier von ihnen stellte ich Ihnen nun vor. Die wohl am häufigsten genutzte Option besteht darin, aus der Präsentation eine PDF-Datei zu erstellen.

Das PDF-Format von Adobe hat den Vorteil, dass Ihre Präsentationen auf allen Computern gleich aussehen, egal ob Sie einen PC, einen Mac oder einen Linux-Rechner verwenden. Die Präsentation kann nicht mehr ohne Weiteres geändert werden, und Sie können sie überall auf Webseiten ablegen und mit einem kostenfreien PDF-Reader lesen und ausdrucken. Außerdem ist sie in PDF-Form leicht per E-Mail zu versenden.

Allerdings liegt einer der Hauptnachteile von PDF-Dateien darin, dass Effekte und Animationen nicht mit konvertiert werden. Es bleibt zu hoffen, dass sich das in einer der nächsten Versionen ändern wird.

Um Ihre Präsentation also in ein PDF-Dokument umzuwandeln, wählen Sie **Datei ▸ Exportieren ▸ PDF/XPS-Dokument erstellen ▸ PDF/XPS-Dokument erstellen**. PowerPoint bietet Ihnen die beiden folgenden Speichergrößen zur Auswahl:

- **Standard (Onlineveröffentlichung und Drucken)**: Diese Option bedeutet eine größere Dateigröße, dafür aber auch bessere Qualität. Dieses Format sollten Sie dann wählen, wenn Sie die Präsentation auch ausdrucken wollen.
- **Minimale Größe (Onlineveröffentlichung)**: Diese Variante ist sehr gut geeignet, wenn Sie die Präsentation per E-Mail versenden oder zum Anschauen auf eine Website stellen möchten.

Über die Schaltfläche **Optionen** ❸ können Sie weitere Einstellungen vornehmen.

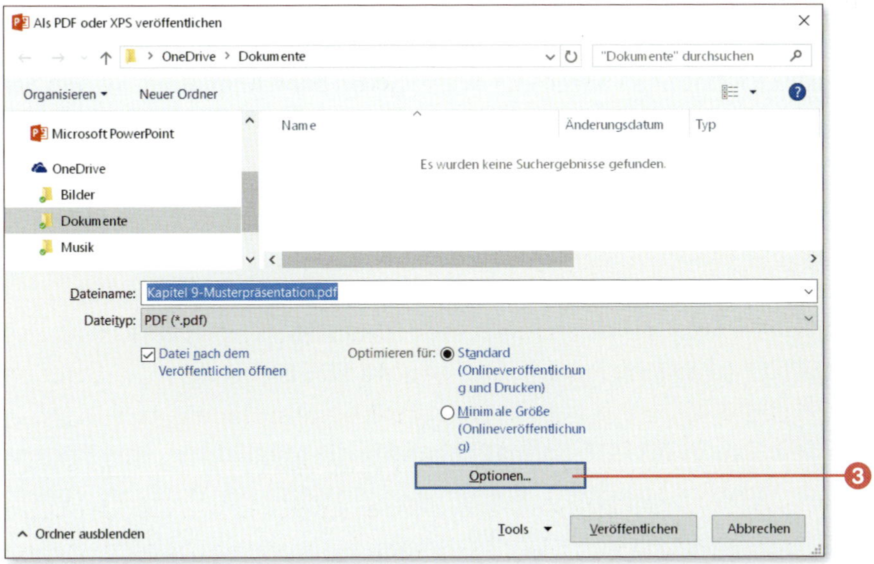

Sie haben z. B. die Möglichkeit, nur die aktuelle Folie auszuwählen oder aber die gesamte Präsentation mit sechs Folien pro Seite auszugeben (wenn Sie bei **Was veröffentlichen** ❶ die Option **Handzettel** auswählen).

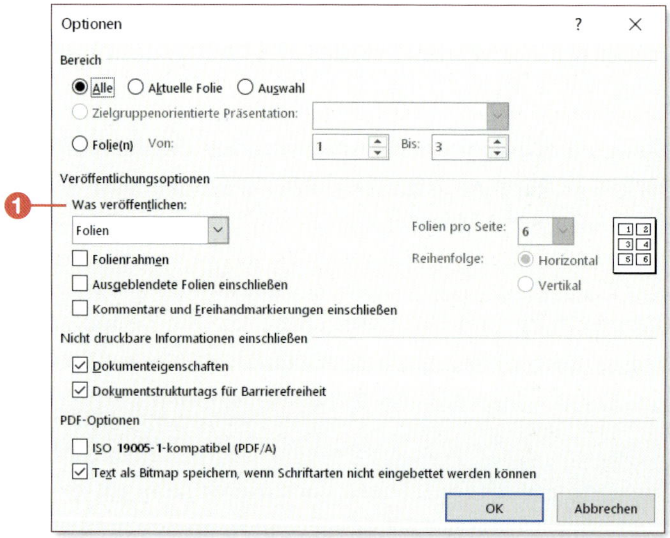

Alle Folien Ihrer Präsentation werden statisch übernommen, d. h., Animationen, Übergänge usw. werden entfernt. Achten Sie deshalb darauf, dass Ihre Folien auch ohne die Animationen alle wichtigen Informationen enthalten. Um das zu testen, können Sie die Animationen mithilfe der folgenden Einstellung ausblenden: **Bildschirmpräsentation ▸ Bildschirmpräsentation einrichten ▸ Optionen anzeigen ▸ Präsentation ohne Animation**. Stellen Sie diese Einstellung aber am besten direkt nach dem Test wieder zurück.

INFO

Animationen

Möchten Sie Animationen und Übergänge in Ihrer PDF-Datei haben, nutzen Sie PDF-Converter von Drittanbietern, z. B. *Adobe Acrobat* oder *PDF Converter Professional*, oder Dienstleistungsservices wie *AnPFiFF* (*Animierte PowerPoint-Folien im PDF-Format*).

Neben dem Export ins PDF-Format haben Sie die Möglichkeit, Ihre Präsentation als Video zu speichern, um sie beispielsweise bei YouTube, Vimeo, Facebook usw. hochladen zu können.

Im Gegensatz zur PDF/XPS-Erstellung werden bei der Ausgabe als Video sämtliche Animationen, Übergänge, Videodateien, Sounds, Kommentaraufzeichnungen und sogar die Stiftmarkierungen mit umgewandelt, die der Referent während des Präsentationsmodus vorgenommen hat. Für das Endformat stehen das MP4-Format und das Windows-eigene WMV-Format zur Verfügung. MP4 ist auf sehr vielen Betriebssystemen und Plattformen lauffähig, daher empfehle ich Ihnen auch, dieses einzusetzen. Die Vorteile eines solchen Videos liegen auf der Hand:

- Die Präsentation ist vor Veränderungen geschützt.
- Das ausgegebene Video kann von allen angeschaut werden, unabhängig davon, ob die richtige PowerPoint-Version bzw. das Programm überhaupt installiert ist.
- Der Videoclip kann weiterverarbeitet werden.
- Die MP4-Datei lässt sich bei YouTube & Co. oder auch sozialen Netzwerken, etwa Facebook, hochladen.

Nach einem Klick auf **Datei ▸ Exportieren ▸ Video erstellen** können Sie zwischen verschiedenen Einstellungen wählen, die sich zum einen auf die Qualität des Videos beziehen und zum anderen die Übernahme von gesprochenen Kommentaren und Anzeigedauern betreffen.

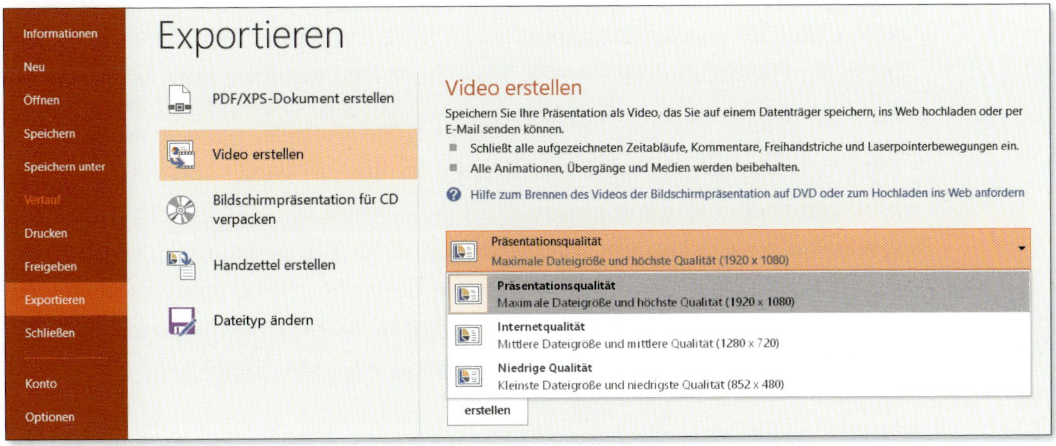

Es stehen drei verschiedene Qualitätsstufen zur Verfügung:

1. **Präsentationsqualität**: Mit dieser Option erzielen Sie die größte Auflösung (1440 × 1080 Pixel bei 4:3-Präsentationen und 1920 × 1080 Pixel bei 16:9-Präsentationen). Diese Videos sind damit für HD-Fernseher und Computermonitore geeignet.
2. **Internetqualität**: Diese Einstellung ist für das Hochladen ins Web und zum Brennen auf DVD geeignet. Es handelt sich um die mittlere Auflösung: 960 × 720 Pixel bei 4:3-Präsentationen und 1280 × 720 Pixel bei 16:9-Präsentationen.
3. **Niedrige Qualität**: Mit dieser letzten Option erstellen Sie eine Videodatei, die für Tablets, Smartphones usw. geeignet ist. Diese niedrigste Auflösung beträgt 640 × 480 Pixel bei 4:3-Präsentationen, 852 × 480 Pixel bei 16:9-Präsentationen.

TIPP

YouTube & Co.

Portale wie YouTube, Vimeo, Facebook rechnen automatisch die Auflösung herunter. Wenn Sie Ihre Präsentation auf Videoplattformen veröffentlichen möchten, empfehle ich Ihnen, die Einstellung **Präsentationsqualität** zu wählen.

Bitte berücksichtigen Sie bei der Auswahl der Qualität vor allem die Schriftgröße, die Sie verwendet haben. Es ist nicht sinnvoll, eine 12-Punkt-Schrift bei einer Größe von 640 × 480 Pixel darzustellen! Eine gute Schriftgröße für die Videowandlung liegt bei mindestens 24 Punkt.

Natürlich können Sie mit PowerPoint auch Ihre Präsentation vertonen und z. B. gesprochene Kommentare einfügen. Wenn Sie also ein Mikrofon anschließen bzw. wenn ein Mikrofon bereits in Ihrem Laptop integriert ist, sprechen Sie im Präsentationsmodus einfach Ihren Text zu den Folien dort hinein (**Bildschirmpräsentation ▸ Einrichten ▸ Bildschirmpräsentation aufzeichnen**). Für die Aufzeichnung haben Sie zwei Möglichkeiten:

1. von Beginn der Präsentation an
2. ab der aktuellen Folie, was sehr praktisch ist, da Sie dadurch kleinere Sequenzen besprechen können

Mit beiden Varianten werden der Ton, die Dauer von Mausklick zu Mausklick sowie die Anzeigedauer der Animationen und Folienübergänge in der Präsentation gespeichert (wobei die eingestellte Dauer für Animationen und Folienübergänge sowieso in der PowerPoint-Datei gespeichert ist).

TIPP

Bildschirmaufzeichnung vs. Bildschirmpräsentation aufzeichnen

Beide Funktionen klingen ähnlich, unterscheiden sich aber deutlich. Bei **Bildschirmpräsentation aufzeichnen** werden die Mausklicks, die Tastaturanschläge, die Zeiten der Klicks sowie eventuell eine Tonquelle aufgezeichnet. Sie haben nach der Aufzeichnung die Möglichkeit, die aufgezeichneten Parameter in die PowerPoint-Datei zu übernehmen und nachträglich auch zu ändern. Beispiel: Sie haben die Präsentation gestartet und klicken auf der ersten Folie nach sechs Sekunden weiter auf die nächste Folie, so wird nach der Aufzeichnung genau dieser Wert beim Folienübergang auf der Folie eingestellt. Den Wert können Sie nachträglich noch ändern. Zeichnen Sie Ton auf, wird auf jeder Folie eine Audiodatei eingefügt.

Anstelle der Funktion **Bildschirmpräsentation aufzeichnen** können Sie aus PowerPoint heraus auch einen *Screen Recorder* (**Einfügen ▸ Medien ▸ Bildschirmaufzeichnung**) starten, um damit aus Ihrer Präsentation ein Video zu erstellen. Sie können nun auch Bildschirminhalte, die sich außerhalb von PowerPoint befinden, aufzeichnen und Schritte in PowerPoint erklären. Nachdem Sie die Funktion gestartet haben, müssen Sie einen aufzuzeichnenden Bereich auf Ihrem Bildschirm auswählen. Anschließend klicken Sie auf **Aufzeichnen**, und die Aufzeichnung startet. Wenn Sie die Aufnahme beenden wollen, drücken Sie [Win] + [⇧] + [Q]. Unmittelbar danach wird in Ihre Folie ein Video eingefügt, das Sie jetzt weiterbearbeiten können.

So haben Sie in PowerPoint eine kostenfreie Alternative zu Programmen wie *Camtasia* und anderen. Das ist sehr praktisch für kurze Erklärfilme oder Schulungsvideos, weil es schnell und einfach funktioniert. Wenn Ihre Ansprüche bei der Aufzeichnung steigen, lohnt sich allerdings der Umstieg auf ein professionelles Programm.

Wenn Sie die Präsentation als Video ausgeben wollen, haben Sie schließlich die Möglichkeit, gesprochene Kommentare und gespeicherte Zeitabläufe mit in das Video zu übernehmen, was z. B. den Vorteil hat, dass der Zeitablauf genau Ihren Vorstellungen entspricht.

Falls Sie die Option **Aufgezeichnete Zeitabläufe und Kommentare nicht verwenden** nicht ausgewählt haben, können Sie einer Folie pauschal eine Standzeit zuweisen, z. B. 5 Sekunden. Das ist deshalb erforderlich, weil die Mausklicks bei einem Video ja entfallen und irgendwann einmal die nächste Folie im Video erscheinen soll.

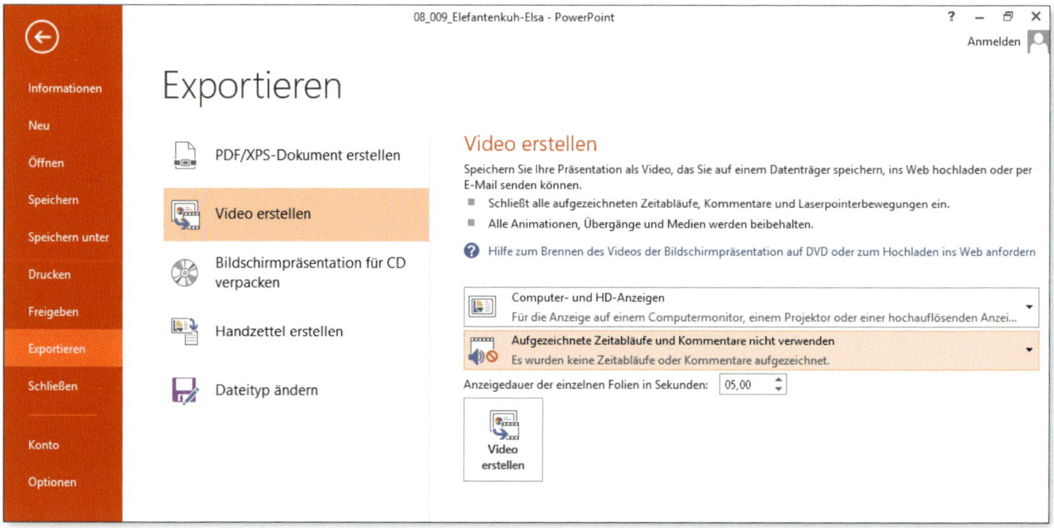

Sie können Ihre Präsentation nicht nur in ein anderes Dateiformat überführen, sondern auch einfach auf einem externen Datenträger speichern, etwa auf einer CD.

Wenn Sie beim Speichern Ihrer Präsentation die Option **Exportieren ▸ Bildschirmpräsentation für CD verpacken** wählen, wird die gesamte Präsentation sozusagen mit Zubehör zu einem Paket verschnürt, sodass sie mit allen Einstellungen, Übergängen, Animationen und verknüpften Dateien sogar auf einem Computer gezeigt werden kann, auf dem PowerPoint nicht installiert ist. Das Ergebnis des Verpackens ist ein Dateiordner, der im Browser läuft. Dort gibt es einen Button **Viewer herunterladen**. Mithilfe des Viewers können Sie die Präsentation auch ohne PowerPoint-Installation abspielen.

Es wird also nicht nur die Präsentation selbst gespeichert, sondern auch ein PowerPoint-Viewer sowie sämtliche verknüpfte Dateien und Schriftarten.

Diese Funktion ist daher ebenfalls hilfreich, wenn Sie Ihren Vortrag auf einem fremden Rechner abspielen wollen und nicht über dessen technische Gegebenheiten Bescheid wissen. So ist sichergestellt, dass der Vortrag so abläuft, wie Sie ihn erstellt haben.

TIPP

USB-Stick statt einer CD verwenden

Anstelle der CD können Sie die Daten zeitgemäßer auch einfach auf einen USB-Stick kopieren. Wählen Sie dazu die Option **In Ordner kopieren**.

Zu guter Letzt können Sie eine PowerPoint-Präsentation auch an ein anderes Programm aus dem Office-Paket übergeben, nämlich an Word.

Mit der Option **Handzettel erstellen** können Sie Ihre Folien in Microsoft Word einfügen und dort um Fließtext, Datum, Seitennummern usw. ergänzen. In früheren Versionen hieß diese Funktion **Senden an ▸ Word**. Die Funktion eignet sich z. B. sehr gut, wenn Sie eine Ausarbeitung Ihres Vortrags oder ein Vortragsmanuskript schreiben.

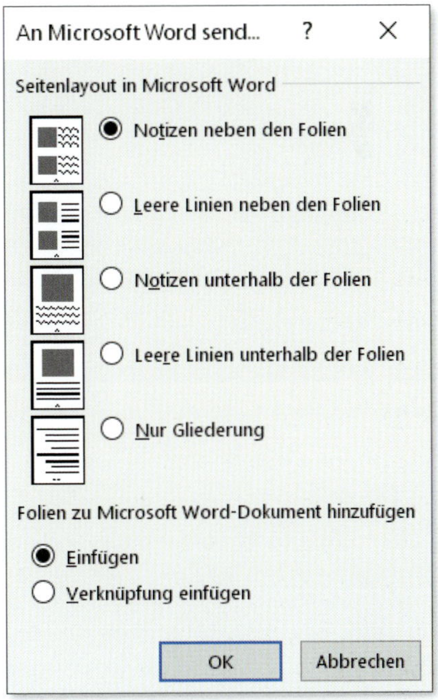

Sie können Ihre Folien auf verschiedene Arten an Word übergeben. Bei der ersten Option erscheinen die Notizen rechts neben den Folien, bei der zweiten Variante sehen Sie rechts von den Folien leere Linien. Mit der dritten Option zeigt Ihnen Word die Notizen unterhalb der Folien, bei der Variante vier dann leere Linien unter den Folien. Schließlich können Sie festlegen, dass Word nur die Gliederung Ihrer Präsentation übernehmen soll.

Wenn Sie die Folien häufig verändern, sollten Sie die Option **Verknüpfung einfügen** vorziehen. Auf diese Weise wird jede Änderung an einer Folie auch im entsprechenden Word-Dokument übernommen. Achten Sie dabei aber darauf, dass die PowerPoint-Präsentation nicht umbenannt oder in ein anderes Verzeichnis (einen anderen Ordner) verschoben wird, denn sonst erkennt Word die Verknüpfung nicht mehr. Am besten speichern Sie auch das Word-Dokument und die zugehörige PowerPoint-Datei im selben Ordner.

Kapitel 10
Weiterführende Informationen

Prinzipiell lässt sich sagen, dass der Entwicklungsschwerpunkt bei PowerPoint 2016 in der Benutzerfreundlichkeit lag. So sind beispielsweise die Teamarbeit und das Teilen per Cloud vereinfacht worden, damit einhergehend wurde die gesamte Cloud-Integration verbessert. Aber auch Funktionen wie Freihandzeichnen, einige Hilfestellungen wie das »Was möchten Sie tun?«-Eingabefeld, der Designer zur leichteren Foliengestaltung und die Animation Morphen wissen zu überzeugen. Unter dem Strich wird das Programm dadurch komfortabler und benutzerfreundlicher.

Informationen

Es ist zu erkennen, dass Microsoft sich langsam, aber stetig von der Einmalinstallation einer Software verabschiedet und seine Softwareprodukte kontinuierlich verbessert. Das Unternehmen folgt also einer Entwicklung, die sich in den letzten Jahren beispielsweise bei Anwendungen für Smartphones durchgesetzt hat. Neben der Fehlerbeseitigung kommen in diesem Zuge möglicherweise auch neue Funktionen hinzu, sodass Sie als Nutzer von den Updates profitieren und motiviert werden, es zu installieren.

Ein wichtiger Punkt ist auch die Unterstützung von Tablet-Rechnern. Dem wird durch die Funktion **Fingereingabe ▸ Maus** Rechnung getragen. Nach Aktivierung haben alle Knöpfe einen größeren Abstand zueinander und sind dadurch auch mit dem Finger sehr gut zu bedienen.

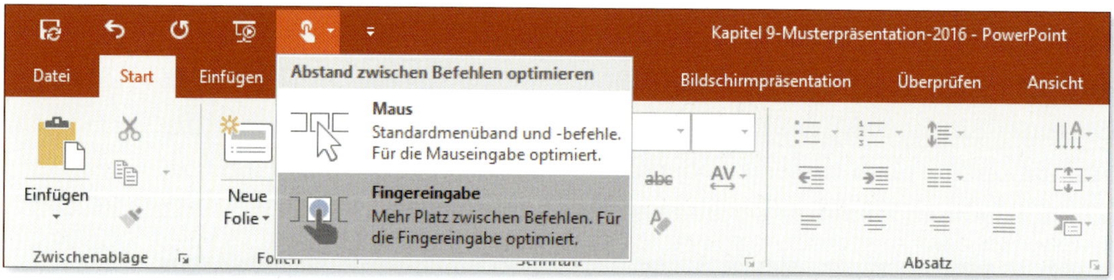

Ein Umstieg auf PowerPoint 2016 ist vor allem mit Windows 10 zu empfehlen, denn dadurch ist die gesamte Bedienung komfortabler, optisch weicher und gefühlt schneller. Man nimmt den Umstieg zunächst nicht wahr, verwenden Sie dann jedoch wieder eine ältere PowerPoint-Version, wird Ihnen der Unterschied bewusst werden.

PowerPoint App und PowerPoint Online

Gerade im Bereich der mobilen Apps für Smartphones und Tablets (iOS, Android, Windows Phone) hat Microsoft deutlich nachgelegt. So muten alle PowerPoint-Versionen nahezu identisch an und erleichtern so die Arbeit auf verschiedenen Geräten. Durch die Cloud-Anbindung lassen sich jetzt bequem und systemübergreifend Dateien bearbeiten und vorführen.

Microsoft hat zumindest auf iOS-Geräten verstanden, dass die Integration von anderen Cloudspeicher-Anbietern wie Box und Dropbox wichtig ist, denn viele Nutzer speichern dort ihre Daten. OneDrive kann ebenfalls auf allen Endgeräten genutzt werden und ist natürlich im Zusammenspiel mit Office eine gute Lösung.

Tipps und Hinweise

Abschließend gebe ich Ihnen noch ein paar Tipps mit auf den Weg, mit denen Sie die Qualität Ihrer Präsentationen deutlich steigern können:

- Arbeiten Sie mit der Cloud, denn Sie werden die Flexibilität zu schätzen lernen. Achten Sie am Anfang darauf, keine sensiblen Daten zu speichern. Erst wenn Sie genügend Erfahrungswerte haben, sollten Sie sich mit dem Thema näher beschäftigen.
- Sammeln Sie gute Folienideen in einem Ordner auf Ihrem PC oder, noch besser, auf einem Cloud-Speichersystem. Die Cloud hat den Vorteil, dass Sie von überall schnell auf Ihre Dokumente zugreifen können.

- Legen Sie eine eigene Folienbibliothek mit besonders gelungenen oder aufwendigen Folien an, auf die Sie bei Bedarf immer wieder zurückgreifen können.
- Legen Sie einen Bilderordner an, den Sie themen- und teamübergreifend nutzen können, beispielsweise in der Cloud, eventuell sogar auf einer Onlineplattform (z. B. Flickr), damit Sie von überallher Zugriff darauf haben.
- Arbeiten Sie möglichst immer mit der neuesten Version von PowerPoint. Diese Aktualität bietet Ihnen zwei große Vorteile: Erstens erleichtern Sie sich die Arbeit und sparen viel Zeit, zweitens bleiben Sie immer auf dem Laufenden, was Trends und Techniken angeht. Mit der Office-365-Version erhalten Sie automatisch Updates und können neue Features nutzen.
- Bilden Sie sich in Bezug auf Präsentationen und deren Gestaltung kontinuierlich weiter. Bleiben Sie am Ball. Nutzen Sie Sharing-Plattformen wie *SlideShare*, *SlideOnline*, *SlideCorner* u. a., um neueste Informationen zu Präsentationen und Präsentationstechniken zu bekommen. Denken Sie daran, die Gestaltung unterliegt Trends, außerdem entwickeln sich Techniken, Stile und Gepflogenheiten stetig weiter. In meinem jährlichen *Presentation Trend Report* beschreibe ich die aktuellen Veränderungen und bin immer wieder überrascht, was sich in einem Jahr getan hat.

Wenn Sie diese Tipps beherzigen, werden sich Ihre Präsentationen deutlich von anderen Präsentationen abheben. Am besten legen Sie direkt los!

Download der Beispieldateien und Hilfe

Auf der Internetseite zum Buch (*www.vierfarben.de/3965*) finden Sie alle Beispieldateien und Vorlagen, die für die Anleitung im Buch verwendet werden, kostenlos zum Download. Das Passwort für das Archiv lautet *ppt2016!Garten*.

Downloads mit weiteren Ideen, Workshops sowie Hilfestellungen finden Sie auf *www.smavicon.de*. Um regelmäßig einen Newsletter mit aktuellen Tipps und Tricks zu erhalten, melden Sie sich einfach unter *www.smavicon.de* an. Auf dieser Seite finden Sie auch einen Blog, neueste Infos und Präsentationstrends sowie Hinweise zu jährlich stattfindenden Präsentationsevents, wie etwa dem *Presentation Rocket Day*.

Falls Sie Unterstützung bei Ihren Präsentationen brauchen, Fragen, Anregungen und Ideen haben oder eine Rückmeldung zu diesem Buch geben möchten – schreiben Sie mir einfach eine E-Mail an *kontakt@smavicon.de*, oder kontaktieren Sie mich über Facebook bzw. Xing. Ich freue mich über Ihre Kontaktaufnahme und helfe Ihnen gerne weiter.

Ich wünsche Ihnen viel Erfolg und kreative Momente bei all Ihren PowerPoint-Präsentationen!

Ihr Matthias Garten

Glossar

Add-Ins Ergänzende Programme, die die Funkt ionen von Microsoft PowerPoint erweitern, indem sie benutzerdefinierte Befehle und spezielle Features hinzufügen. Das PowerPoint-Add-In hat die Dateiendung *.ppa*. Die aktuell installierten Add-Ins finden Sie unter **Datei • Add-Ins**.

Auflösung Anzahl der Bildpunkte (Pixel) in horizontaler und in vertikaler Richtung (Breite und Höhe). Die Auflösung spielt eine wichtige Rolle bei der Bildanzeige auf Computermonitoren, Projektoren, LCD- und Plasmadisplays, Digitalkameras usw.

AVI (Audio Video Interleaved Container) Microsoft-Standard für Audio- und Videodaten.

Beamer Synonym für *Videoprojektor*. Heutzutage haben jedoch fast alle Beamer auch Datenanschlüsse, sodass der Begriff generell Geräte bezeichnet, die sowohl Daten als auch Videos projizieren können.

Benutzerdefinierte Präsentation Auch als *zielgruppenorientierte Präsentation* bezeichnet. Bei dieser Präsentationsform werden nur die von Ihnen ausgewählten Folien angezeigt. Auf diese Weise sind verschiedene Präsentationen möglich, z. B. eine Kurzversion mit nur 10 Folien und eine Langversion mit 30 Folien.

Bildkomprimierung Die Auflösung des Bildes wird verringert, und zugeschnittene Bildteile werden gelöscht. PowerPoint bietet diese Funktion an, aber mit externen Programmen wie NXPowerLite lässt sich eine noch größere Komprimierung erzielen (siehe auch *Komprimierung*).

Chart Der Begriff kommt aus dem Englischen und bezeichnet ursprünglich ein Diagramm. Im Deutschen wird der Begriff allgemeiner für projizierte elektronische Folien verwendet.

ClipArt Ursprünglich Illustrationen, die aus sogenannten *ClipArt-Büchern* ausgeschnitten und in eigene Collagen eingeklebt wurden. Heute bezeichnet man damit eine Sammlung von kleinen, in der Größe veränderbaren Computergrafiken, die sich als einfache Verzierung ohne überflüssige Details verwenden lassen.

Cloud Die Abkürzung für *Cloud-Computing* bezeichnet die Zurverfügungstellung von Infrastruktur fernab des eigenen Rechners. Für den Nutzer stellt sich die Infrastruktur wie Software, Speicher usw. nicht mehr real, sondern nebulös dar, deswegen auch der Begriff *Cloud*, zu Deutsch *Wolke*.

Codec Kunstwort aus den beiden englischen Begriffen *coder* und *decoder*. Es bezeichnet die Kompression eines Datenstroms. Videos werden kodiert, um die Dateigröße klein zu halten und ein flüssiges Abspielen zu gewährleisten. Codecs sind in sogenannte *Containerformate* integriert (siehe *Container*).

Container Ein Dateiformat, das verschiedene Datenformate enthalten kann, in der Regel Daten verschiedener Codecs, z. B. Video- und Audiospuren. Containerformate sind z. B. AVI, MOV (QuickTime) oder MPEG.

Design Um Ihren Präsentationen ein professionelles Erscheinungsbild zu verleihen, z. B. durch ein oder mehrere Folienlayouts mit harmonierenden Farben (Farbdesign) und einem passenden Hintergrund sowie entsprechenden Schriftarten (Schriftartendesign) und Effekten (Effektdesign), können Sie ein Design nutzen. Designs können in Folien auch auf Tabellen, SmartArt-Grafiken, Formen oder Diagramme angewendet werden.

Effektdesign Eine Gruppe von visuellen Attributen, die auf Elemente in einer Microsoft-Office-Datei angewendet werden. Zusammen mit dem Farbdesign und dem Schriftartendesign bildet das Effektdesign das Gesamtdesign der Präsentation (siehe auch *Design*).

Farbdesign Eine Gruppe von Farben, die in einer Microsoft-Office-Datei verwendet werden. Das Farbdesign, das Schriftartendesign und das Effektdesign bilden zusammen das Gesamtdesign der Präsentation (siehe auch *Design*).

Feature Merkmal, Charakteristik. Bei Computerprogrammen wie PowerPoint versteht man darunter dessen Funktionen und Eigenschaften.

Folienbibliothek Bezeichnet a) eine bereits vorhandene Datenbank mit Einzelfolien zur weiteren Verwendung und b) eine Datenbank, in der eigene Folien verwaltet werden können (siehe auch *Folienmanager*).

Folienlayout Anordnung von Elementen auf einer Folie, z. B. Titel- und Untertiteltext, Listen, Bilder, Tabellen, Diagramme, AutoFormen oder Filme.

Folienmanager Add-In, mit dessen Hilfe Sie PowerPoint-Folien freigeben, speichern und verwalten können. Wenn Sie eine Präsentation in einem Folienmanager veröffentlichen, werden die Folien als einzelne

Dateien (Bild) dargestellt, damit sie schneller gefunden und aktualisiert werden können. Es gibt Einzelplatz-, Netzwerk- und Webversionen (z. B. *http://sharepoint.microsoft.com*).

Folienmaster Die übergeordnete Folie in einer Hierarchie von Folien, in der sämtliche Informationen über das Design und das Folienlayout einer Präsentation gespeichert sind (einschließlich der Hintergründe, Farben, Schriftarten, Effekte, der Größe der Platzhalter und deren Positionierung). Jede Präsentation enthält mindestens einen Folienmaster. Er wird oft auch *Masterfolie* genannt.

Font Elektronische Form (Zeichensatz) einer Schriftart.

Freistellen In der Fotografie, in der Druckvorstufe und in der Computergrafik die Befreiung eines Motivs von einem störenden Hintergrund; die Maske zum Freistellen eines Bildes nennt man üblicherweise *Freisteller*.

Handout Unterlagen, die an das Publikum ausgegeben werden.

Kompatibilität Die Version PowerPoint 2016 bietet beim Speichern die Möglichkeit, Dateien so abzuspeichern, dass sie auch mit früheren Versionen von PowerPoint geöffnet werden können.

Komprimierung Verkleinerung der Dateigröße unter Beibehaltung der maximalen Qualität. In der Regel kann die Qualität der Komprimierung jedoch eingestellt werden. PowerPoint bietet beispielsweise die Komprimierung von Bildern und Videos an.

Layout Siehe *Folienlayout*.

Masterfolie Synonym für den*Folienmaster* in PowerPoint.

Menüband/Multifunktionsleiste Enthält alle wichtigen Programmfunktionen und besteht aus Registerkarten, die wiederum Aufgaben- bzw. Befehlsgruppen umfassen. In diesen Gruppen finden sich die einzelnen Befehle. Zusätzliche Karteireiter, z. B. **Bildtools**, **Diagrammtools** oder **Tabellentools**, erscheinen in Abhängigkeit von der aktuellen Markierung auf der Folie.

MPEG (Moving Picture Experts Group) Eine Gruppe von Experten, die sich mit der Standardisierung der Videokompression und den dazugehörigen Bereichen beschäftigt, z. B. Audiodatenkompression oder Containerformaten. Umgangssprachlich wird hiermit meistens jedoch nicht die Expertengruppe, sondern ein spezieller Standard der Video- und Audiodatenkompression bezeichnet. Die wichtigsten Videoformate bzw. Codecs sind MPEG-1, MPEG-2 und MPEG-4. Die Dateiendungen lauten z. B. *.mpg*, *.mpeg* oder *.mp4*.

Notizen Stichwörter bzw. Texte für den Präsentierenden, die das Publikum nicht sieht.

Pixel (px) Einheit für die Bild- oder Bildschirmauflösung (Bildpunkt).

Platzhalter Eingabefelder, die im Folienmaster definiert werden und in der normalen Bearbeitung als leere Rahmen erscheinen. Sie enthalten Texte oder Elemente wie SmartArts, Tabellen, Diagramme oder Bilder. Der Vorteil der Platzhalter liegt in ihrer leichten Anpassbarkeit an neue Folienmaster und Vorlagen.

PowerPoint Viewer Mit dem PowerPoint Viewer lassen sich PowerPoint-Präsentationen auch ansehen, ohne dass Microsoft Office installiert ist. Der Viewer ist in PowerPoint selbst integriert und kann über **Datei ▸ Speichern und Senden ▸ Bildschirmpräsentation für CD verpacken** mit ausgegeben werden. (Alternativ lässt sich die Viewer-Software auch aus dem Internet herunterladen.) Mit dem Viewer können Sie Präsentationen anzeigen und ausdrucken, jedoch die Dokumente nicht bearbeiten. Ein weiterer Nachteil besteht darin, dass Makros nicht ausgeführt werden, doch können so auch keine Viren eingeschleust werden.

PowerPoint-Vorlage Siehe *Vorlage*.

.pps/.ppsx Dateiendung für eine PowerPoint-Bildschirmpräsentationsdatei. Wenn Sie PowerPoint-Dateien in diesem Format speichern, werden diese nach dem Aufruf sofort im Bildschirmpräsentationsmodus gestartet. Die Endung *.pps* bezeichnet das Format bis zur Version 2003, *.ppsx* wird ab Version 2007 verwendet.

.ppt/.pptx Dateiendung für eine PowerPoint-Datei. Die Endung *.ppt* bezeichnet das Format bis zur Version 2003, ab Version 2007 wird die Endung *.pptx* verwendet. Wenn die Datei in PowerPoint 2016 im Kompatibilitätsmodus abgespeichert wird, kann sie auch in früheren Versionen geöffnet werden.

Presenter Bezeichnet eine Fernbedienung (siehe auch *Remote Control*), im Englischen auch den Vortragenden.

QuickTime Eine von Apple entwickelte Multimedia-Architektur. Im QuickTime-Containerformat (Dateiendung *.mov*) kann eine Vielzahl von Audio-, Video- und Grafikformaten eingebunden und wiedergegeben werden.

Remote Control Infrarot- oder Funkfernbedienung. Sie dient der Steuerung von Geräten wie Fernsehern, Projektoren, Monitoren und neuerdings auch Computern. Im Zusammenhang mit PowerPoint wird sie auch häufig *Funkmaus* genannt.

Schriftartendesign Gruppe von Haupt- und Hilfsschriftarten, die auf eine Microsoft-Office-Datei angewendet werden. Das Schriftartendesign, das Farbdesign und das Effektdesign bilden zusammen das Gesamtdesign der Präsentation (siehe auch *Design*).

Slide Synonym für *PowerPoint-Folie*.

Template Wird im Webdesign als Vorlage (Schablone) verwendet, die die Möglichkeit bietet, komplette Layouts einer Website auf einfache Weise auszutauschen. Im Zusammenhang mit PowerPoint ist damit der Folienmaster gemeint.

Theme Themenvorlage für unterschiedliche Themen, z. B. Winter, Urlaub oder Sport.

Viewer Siehe *PowerPoint Viewer*.

Vorlage Das Muster (Blaupause) einer Folie bzw. einer Gruppe von Folien, das als POTX-Datei gespeichert wird. Vorlagen können Layouts, Designfarben, -schriftarten und -effekte, Hintergrundformate und sogar Text enthalten. Sie können eigene Vorlagen erstellen und diese speichern, wiederverwenden und für andere Benutzer freigeben. Außerdem finden Sie über **Datei ▸ Neu** kostenlose Vorlagen der unterschiedlichsten Arten, die Sie für Ihre Präsentation verwenden können.

XPS (XML Paper Specification) Ein Dokumentformat, mit dem Sie den Inhalt eines Dokuments anzeigen, speichern, freigeben, digital signieren und vor Änderungen schützen können. In Windows lässt sich ein XPS-Dokument in jedem Programm erstellen, in dem Sie drucken können. Ein solches Dokument können Sie jedoch nur mithilfe eines XPS Viewers anzeigen, signieren oder schützen.

Bildnachweise

Depositphotos: ArenaCreative (S. 11), evgenyataman (S. 55), dibrova (S. 90 unten), biaggi123 (S. 107), eunikas (S. 155), sprokop (S. 201), freshes12 (S. 351), szefei (S. 373), io_nia (S. 391)

Dollar Photo Club: BillionPhotos.com (S. 15), Kurhan (S. 22), auris (S. 26), .shock (S. 30/31), ra2 studio (S. 44 oben), ValentinValkov (S. 44 Mitte), tashatuvango (S. 49 links/S. 51 unten), furuoda (S. 49 rechts), Vladislav Kochelaevs (S. 51 oben links), lenetsnikolai (S. 63 oben), littlestocker (S. 63 Mitte), Andrey Kuzmin (S. 63 unten), PRUSSIA ART (S. 91 unten rechts), Lukas Gojda (S. 91 oben/unten links, unten rechts), ipopba (S. 92 oben links), Giorgio Pulcini (S. 92 oben Mitte), Sondem (S. 92 oben rechts), GaudiLab (S. 105), rh2010 (S. 106), M.Gove (S. 109), gow27 (S. 162 oben), Kaspars Grinvalds (S. 217), Lukasz Zakrzewski (S. 224), SkyLine (S. 241), albertobrian (S. 263), Tatiana Shepeleva (S. 270), Taiga (S. 293), cunico (S. 306), Minerva Studio (S. 348 oben links), Carlos Santa Maria (S. 348 oben Mitte), elnariz (S. 348 oben rechts), Minerva Studio (S. 348 unten rechts), .shock (S. 349 links), puckillustrations (S. 349 Mitte links), Yuriy Shevtsov (S. 349 Mitte), javiindy (S. 349 Mitte rechts), gzorgz (S. 349 rechts), lassedesignen (S. 362 oben), 12frames (S. 362 links unten)

Fotolia: Saklakova_XL (S. 45)

Freepik.com: S. 171

Gregor Pfitzer: S. 118

Jürgen Schmid: S. 119 oben

Matthias Garten: S. 117

MEV: S. 312 unten rechts

StockSnap.io: Skitter Photo (S.92 unten links), Ryan McGuire (S.92 unten Mitte), Patrick Pilz (S. 92 unten rechts), Dan Gribbin (S. 123), Josh Reeder-Esparza (S. 128), Leeroy (S. 138), Alejandro Escamilla (S. 143), Anthony Delanoix (S. 145), Andrew Pons (S. 149), Maria Shanina (S.153), Vladimir Kudinov (S. 153), Redd Angelo (S. 153), davide ragusa (S. 283), Startup Stock Photos (S.285 oben), Luis Llerena (S. 285 unten rechts), Helloquence (S. 285 unten links), Annie Spratt (S. 362 rechts unten), Mike Enerio (S. 368 links), Sebastian Engler (S. 368 Mitte rechts), Jacob Repko (S. 368 Mitte links), Aaron Kato (S. 368 rechts)

Unsplash.com: Ales Krivec (S. 122)

Stichwortverzeichnis

B

G

Q

R

S

V

W

X

Y

Z